杭州文史研究會、民國浙江史研究中心　編

民國杭州史料輯刊

第五冊

國家圖書館出版社

第五冊目录

一年來之杭州社會……一
改造杭州市街道計劃意見書……五五五
杭州市區設計圖……六三一
杭州市區街道圖……六三三

（僞）杭州市政府社會局　編

一年來之杭州社會

（僞）杭州市政府社會局，民國二十八年（1939）鉛印本

一年來之杭州社會

民國二十八年六月

杭州市政府社會局編

杭州市一年來之社會總目

一　題詞
二　圖
三　總務
四　自治
五　工商業
六　公益救濟
七　教育
八　綢業市場

九　貨物經理所
十　公濟典
十一其他
十二圖表

故前市長何公希甫遺像

何故市長遺言

余素性坦白不畏艱險居莫干山日以救濟難民爲職志事聞於中樞一再以杭州市長之職相浼固辭不獲爰推素志毅然膺受斯職七閲月來自以爲對國對民俯仰無怍故於自衛一事雖承知好建議每以救濟難民尚感經費支絀何忍以此再事靡費不圖余之誠終難見諒致遭狙擊余不自悔更不尤人惟傷勢既重體力不勝自知不起所最希望於同人者勿以余之逝而自懈務須繼續余之志願以杭市人民爲重各盡職責使此可憫之遺黎日臻來蘇之境並一秉

政府既定万針以謀貫澈中日兩國平等互助之真誠使同文同種唇齒相依之兩民族各能真切了解獲收共存共榮言行共趨一致之實效乃得達到東亞永久和平與世界大同之目的余雖在九泉亦深盼念焉

二十八年一月二十五日

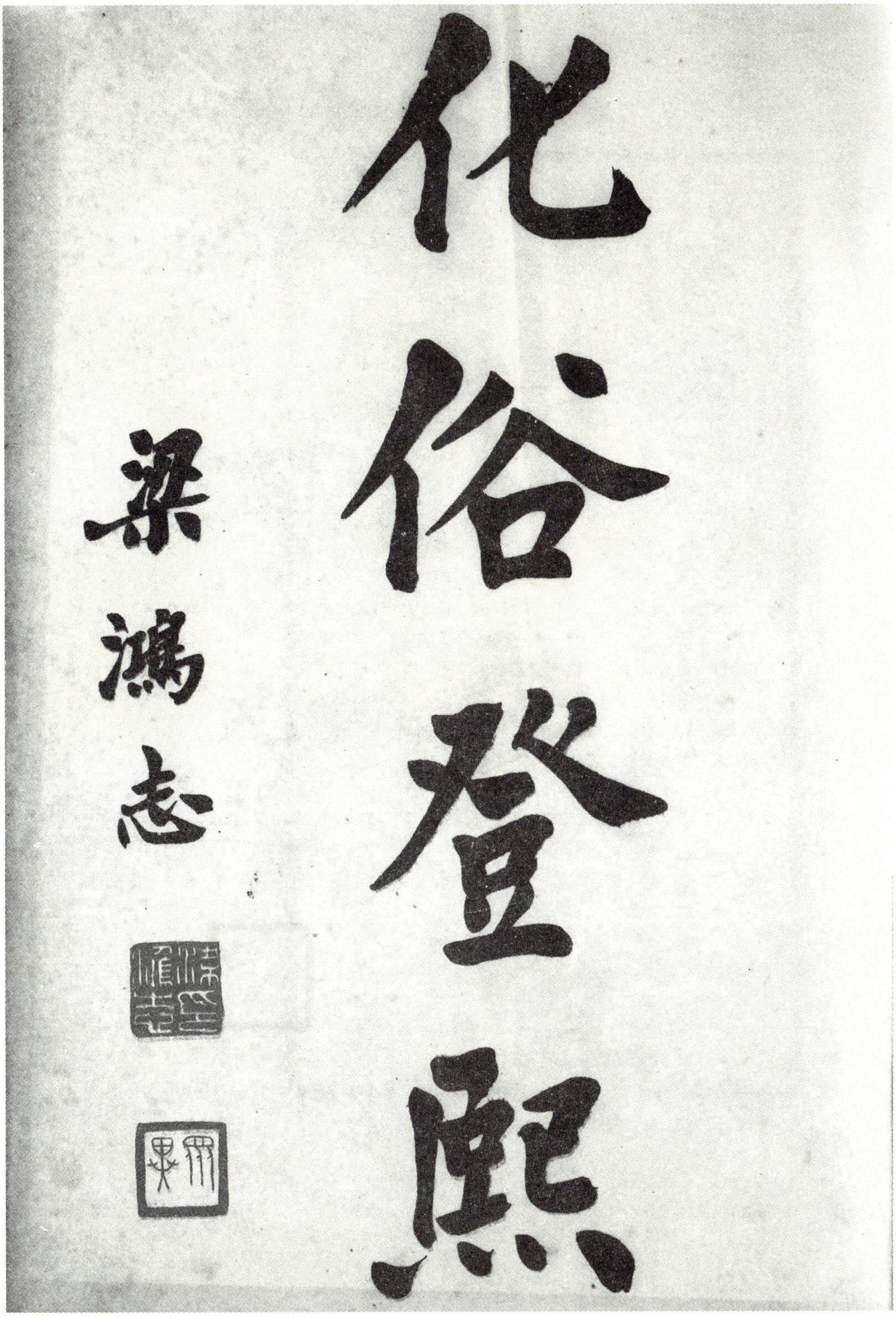
化俗登熙
梁鴻志

經正民興

温宗堯題

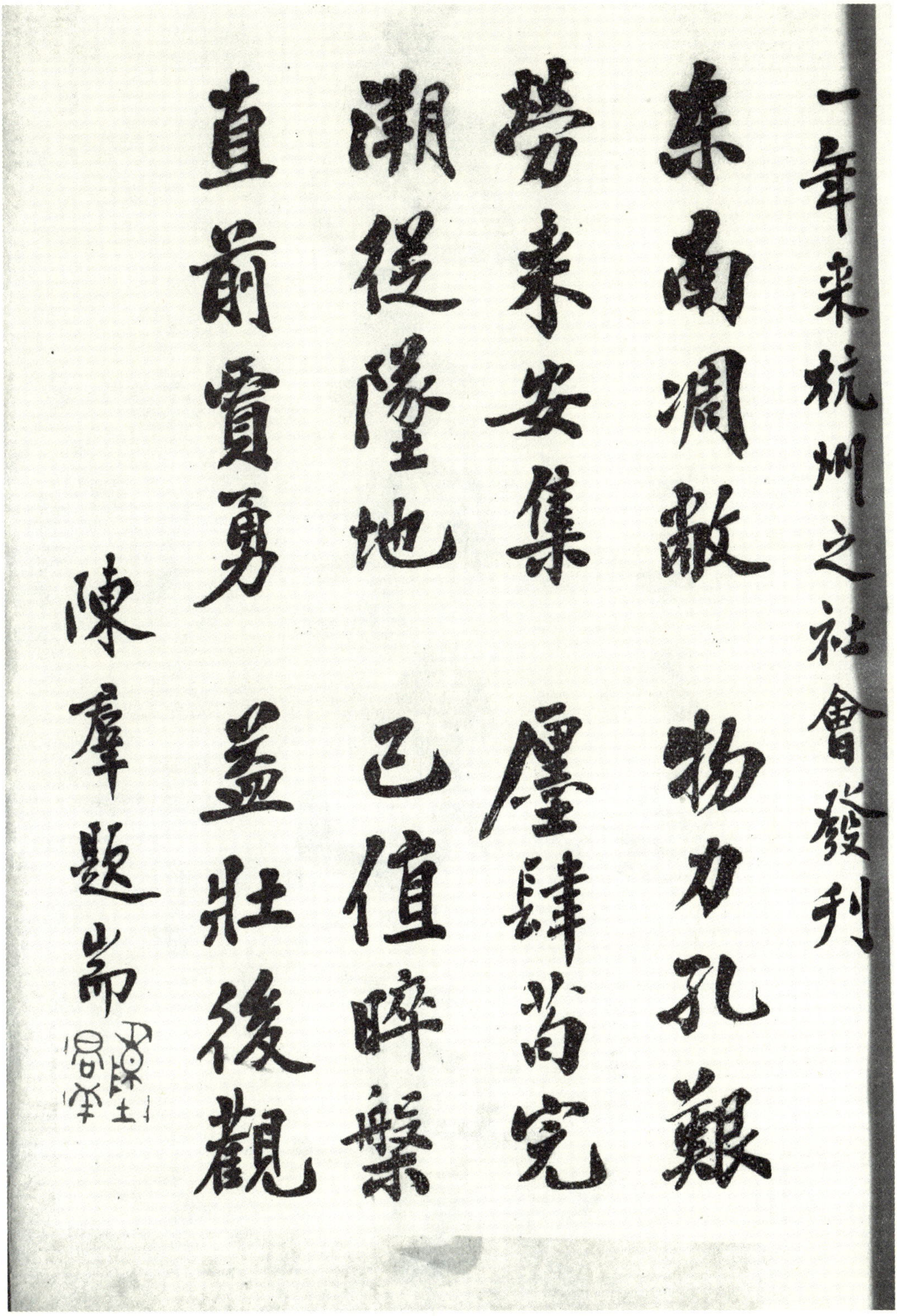
一年来杭州之社會發刊
东南凋敝 物力孔艱
勞来安集 壘肆苟完
潮從隳地 已值晬槃
直前賈勇 益壯後觀
陳摩題耑

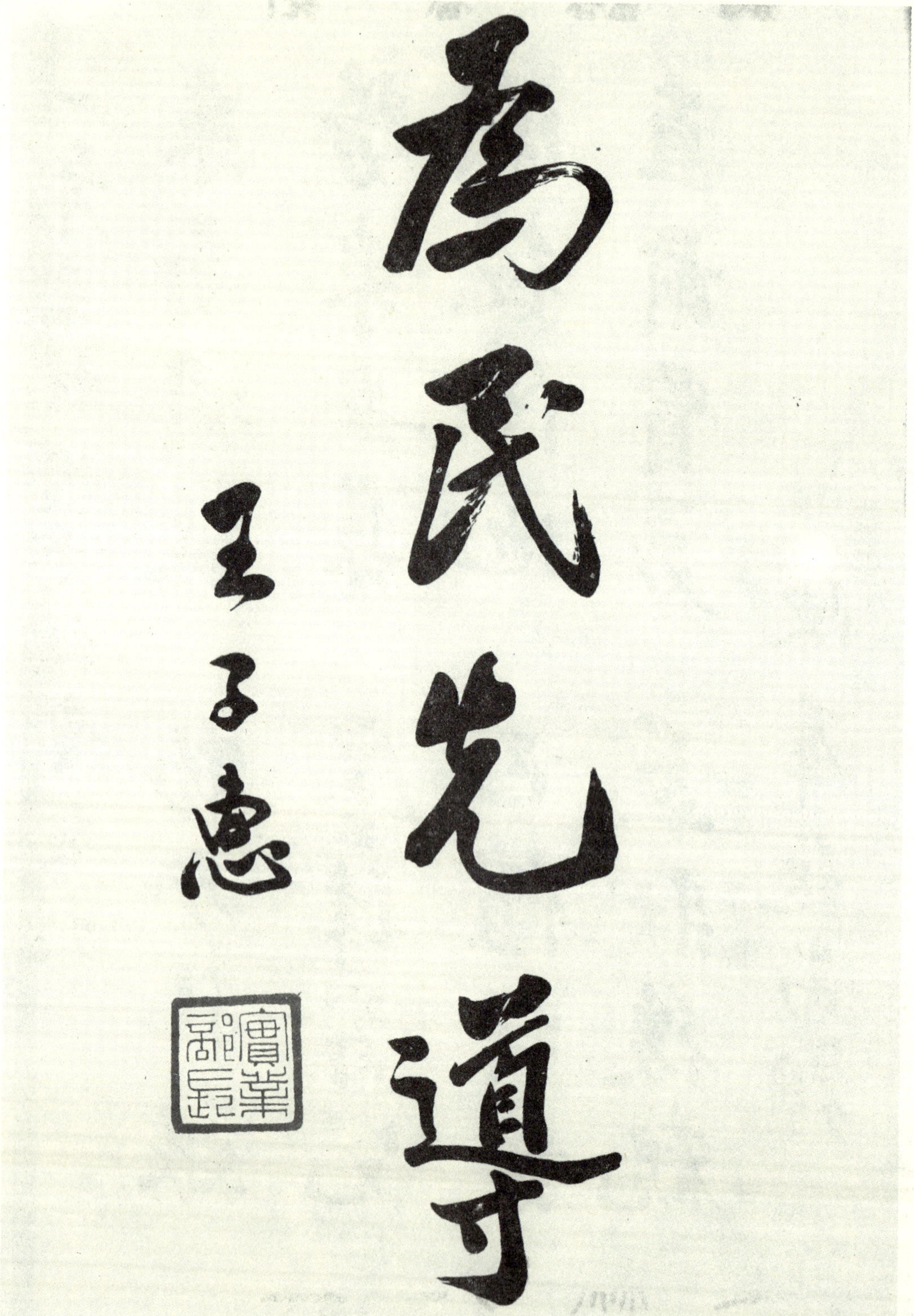
爲民先導
王子惠
實業部長

一年来杭州之社會

龍飛鳳舞古稱臨安山川景物東南之冠
劫後城市蕭條滿目前非名賢觀俱撫亡
幕府政績頌溢福星撫民以惠字治以經
廛閈歡娛湖山增色陳詞昭信以作典式

顧澄題

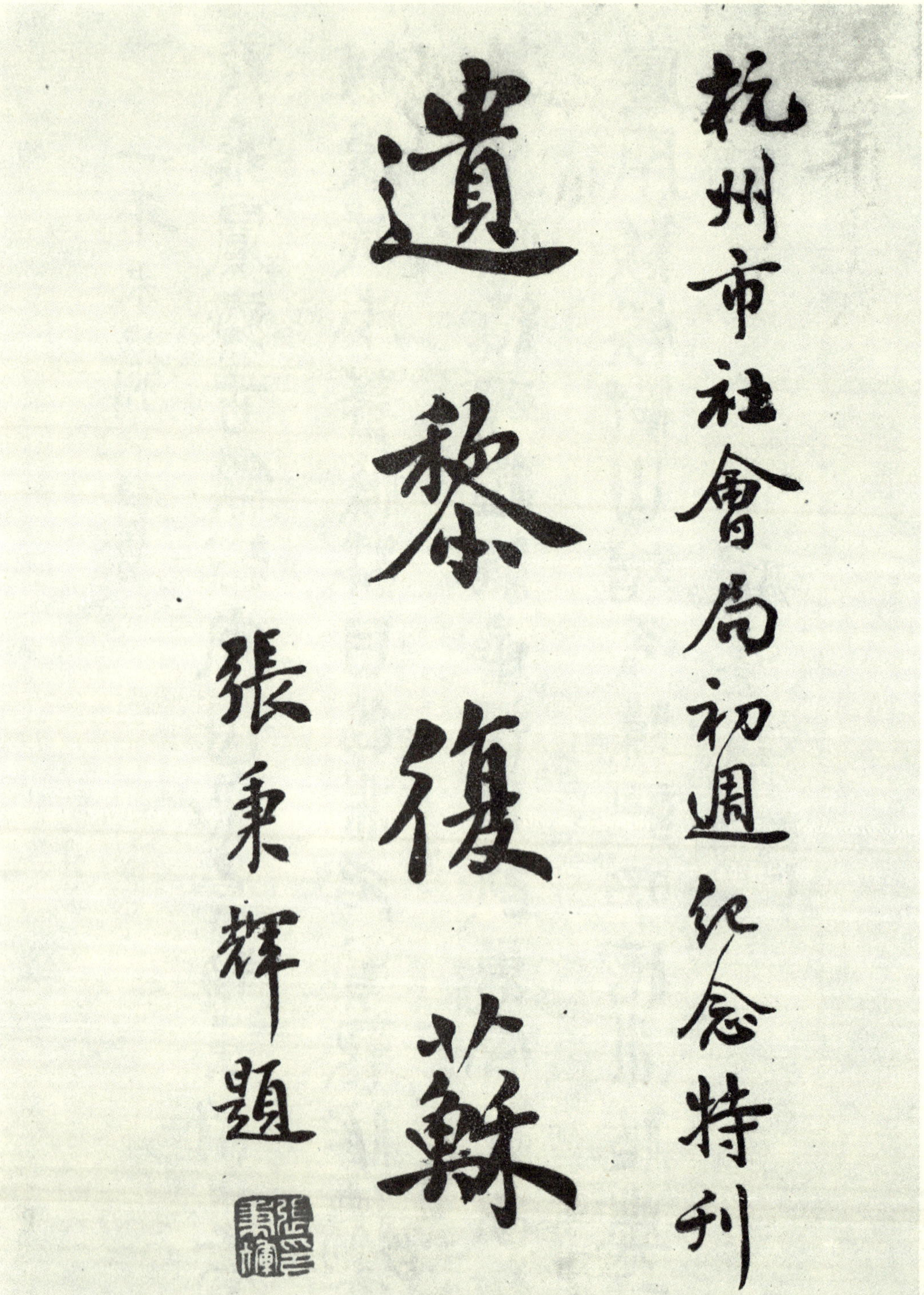
杭州市社會局初週紀念特刊
遺黎復蘇
張秉輝題

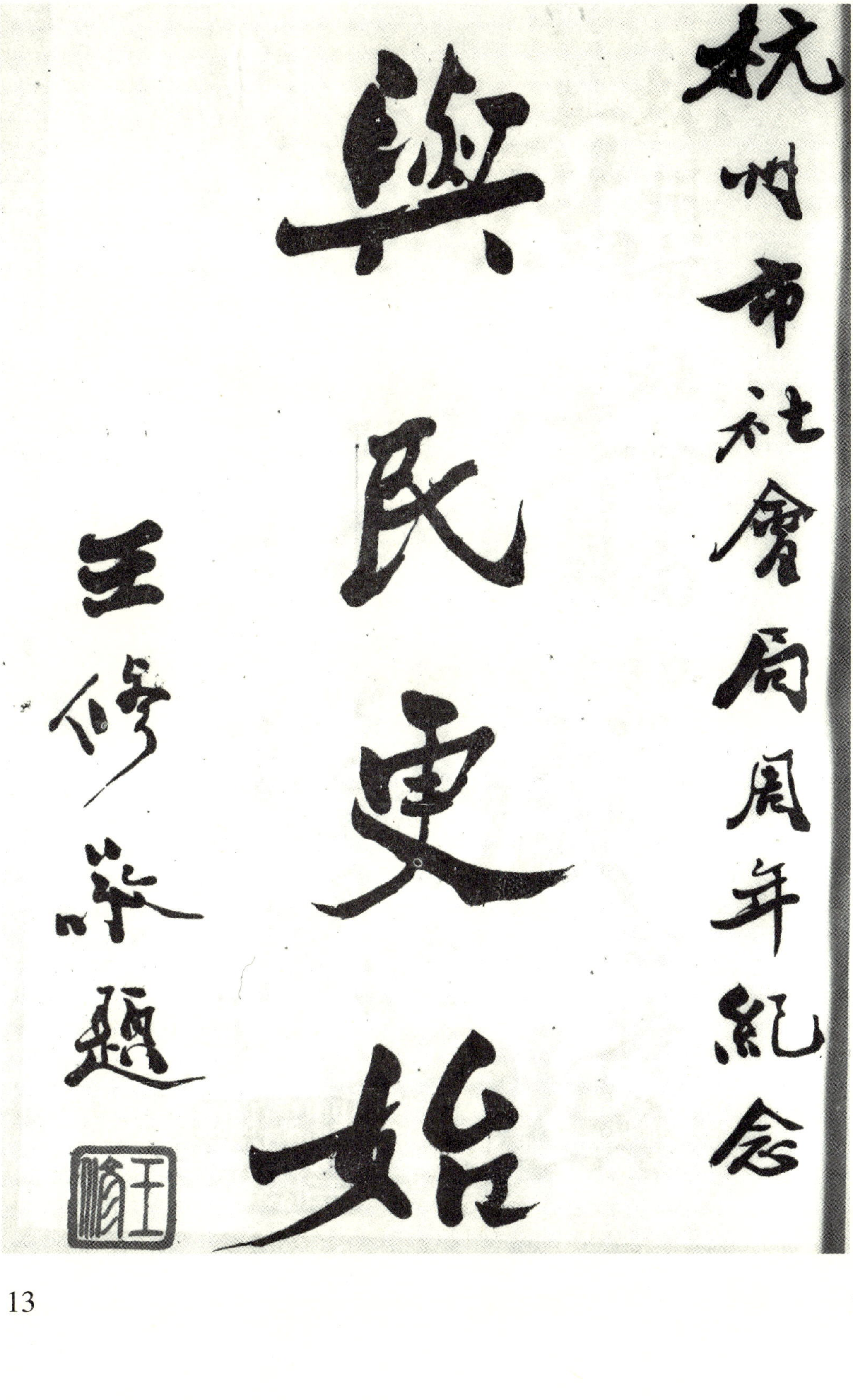
杭州市社會局周年紀念
與民更始
王修華題
王修

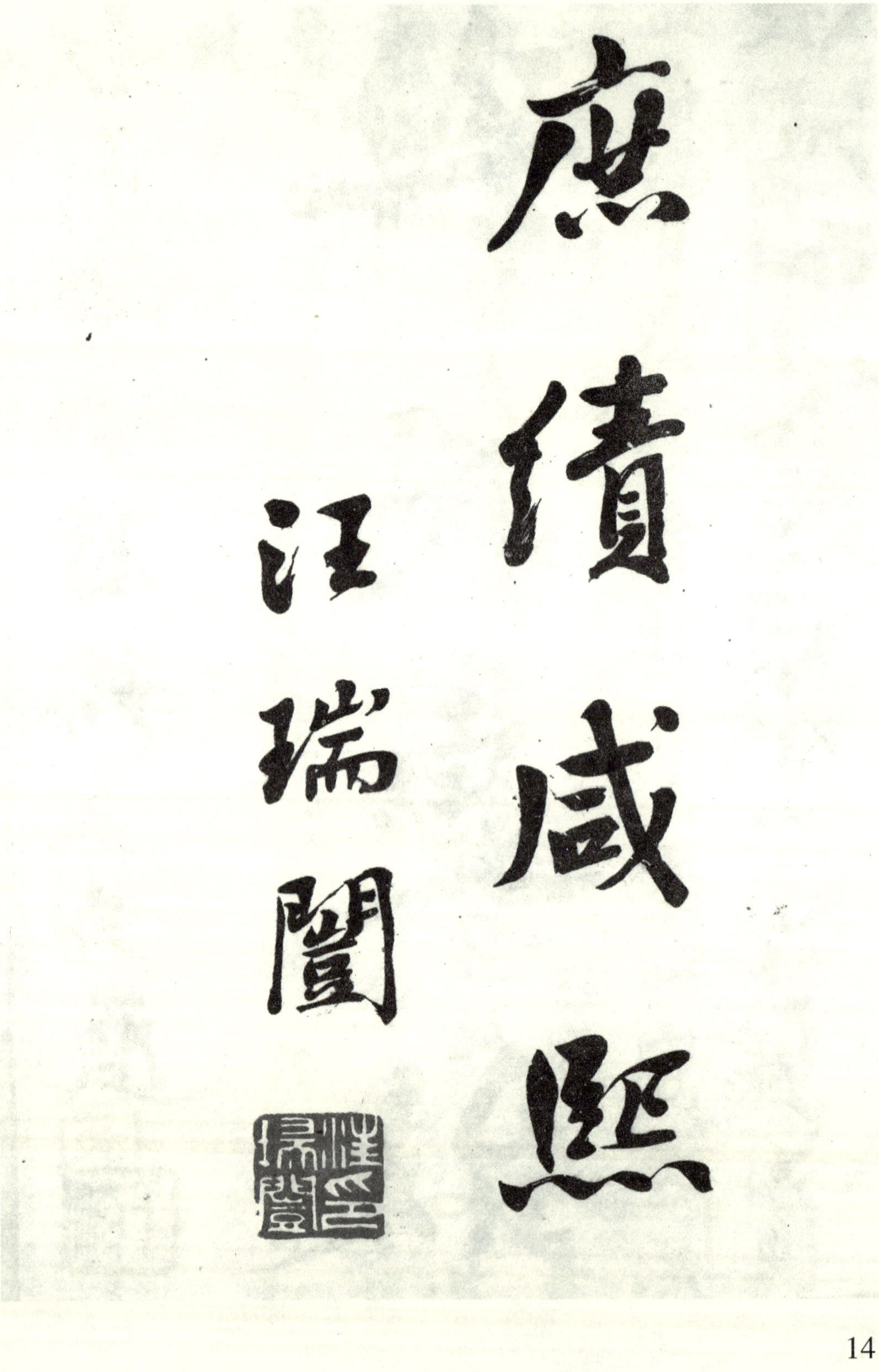
庶績咸熙
汪瑞闓

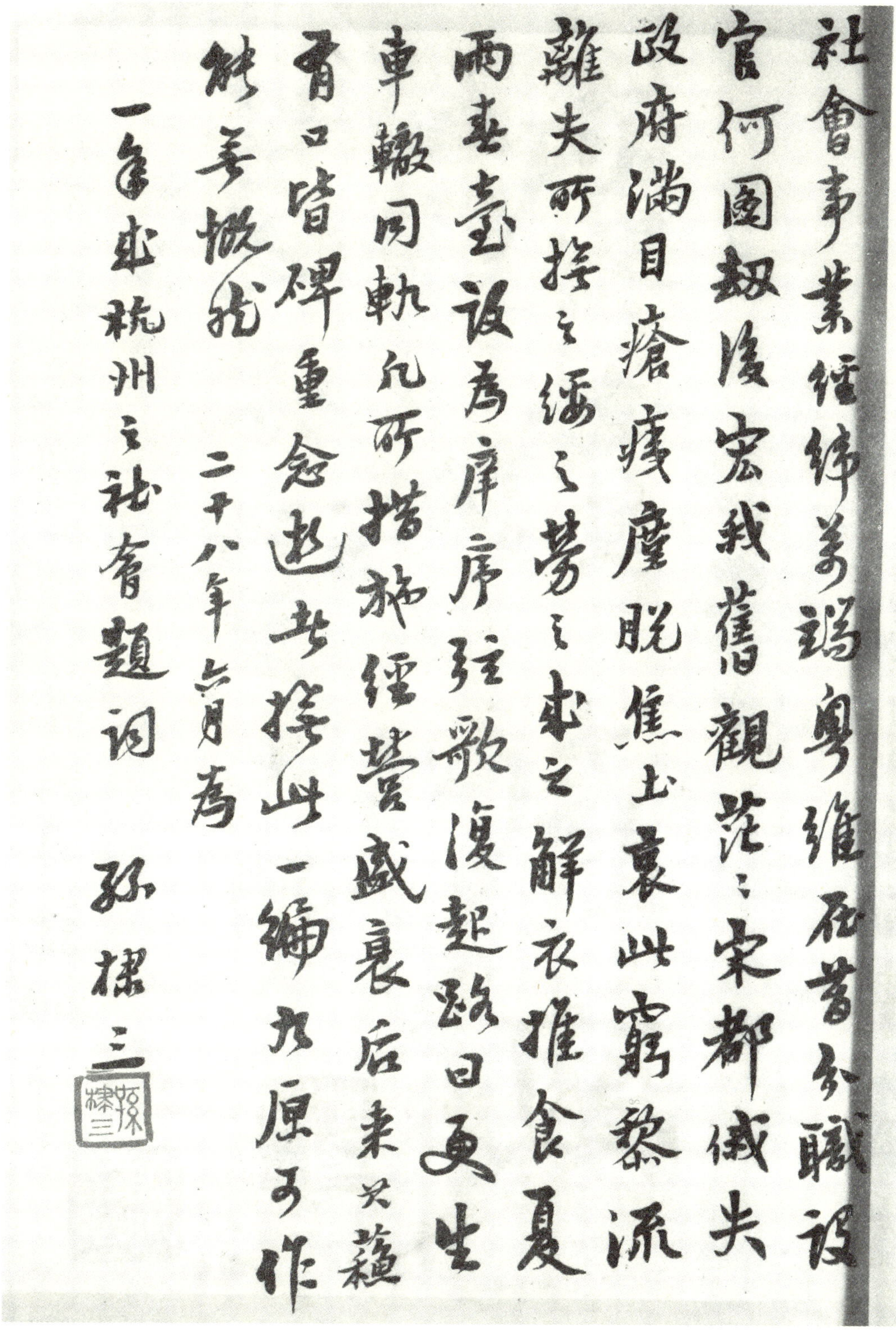
社會事業經緯萬端粵維往昔分職設
官何圖叔後宏我舊觀茫茫宋都儀失
政府滿目瘡痍靡脫焦土哀此窮黎流
離失所揆之經之勞之來之解衣推食夏
雨春臺設為庠序弦歌復起致日更生
車轍同軌凡所措施經營盛衰后來莫蘊
有口皆碑重念趙者揆此一編九原可作
能無慨然
二十八年六月為
一年來杭州之社會題詞　孫棣三
孫棣三

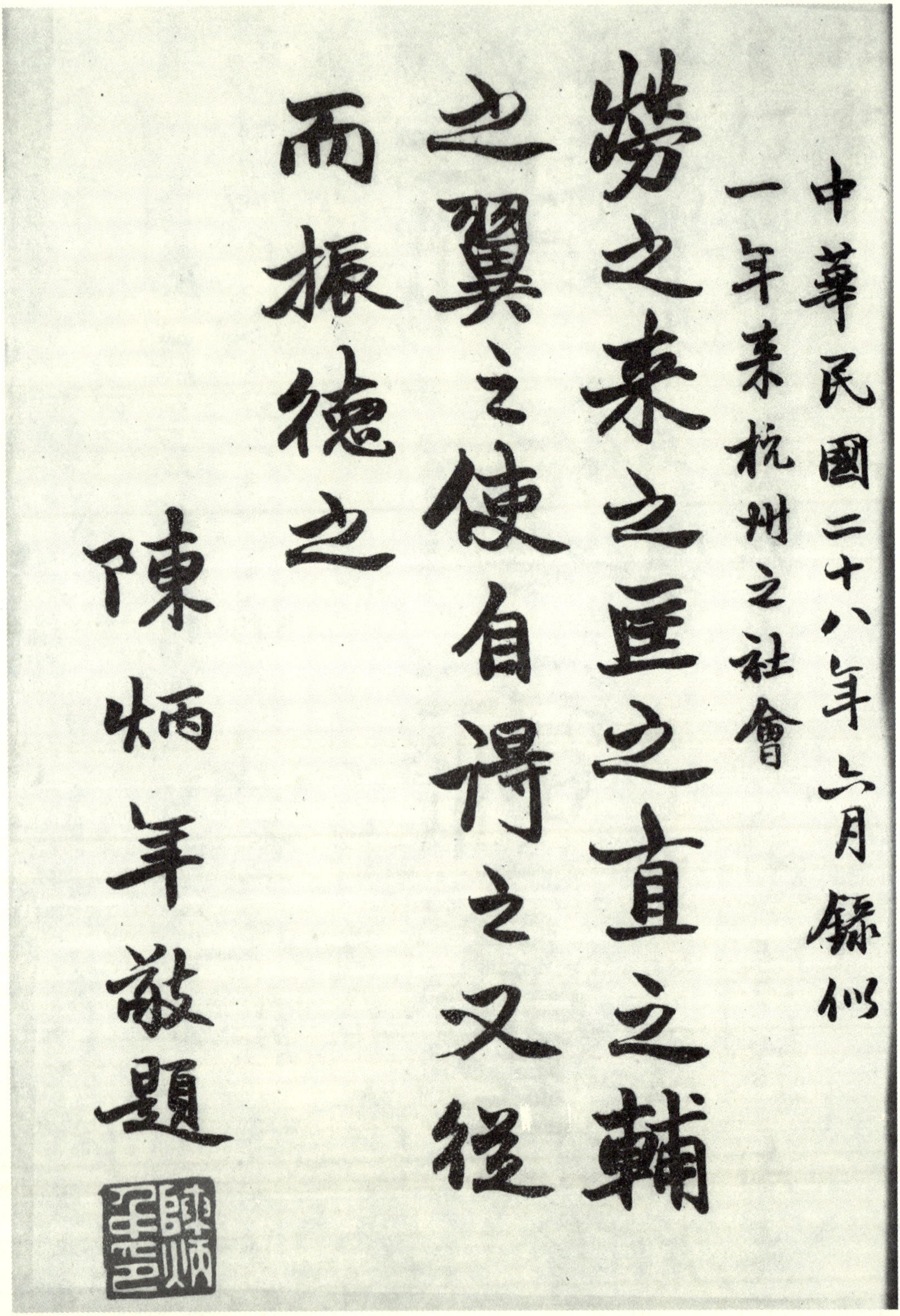

中華民國二十八年六月錄似
一年來杭州之社會
勞之來之匡之直之輔之
翼之使自得之又從
而振德之
陳炳年敬題

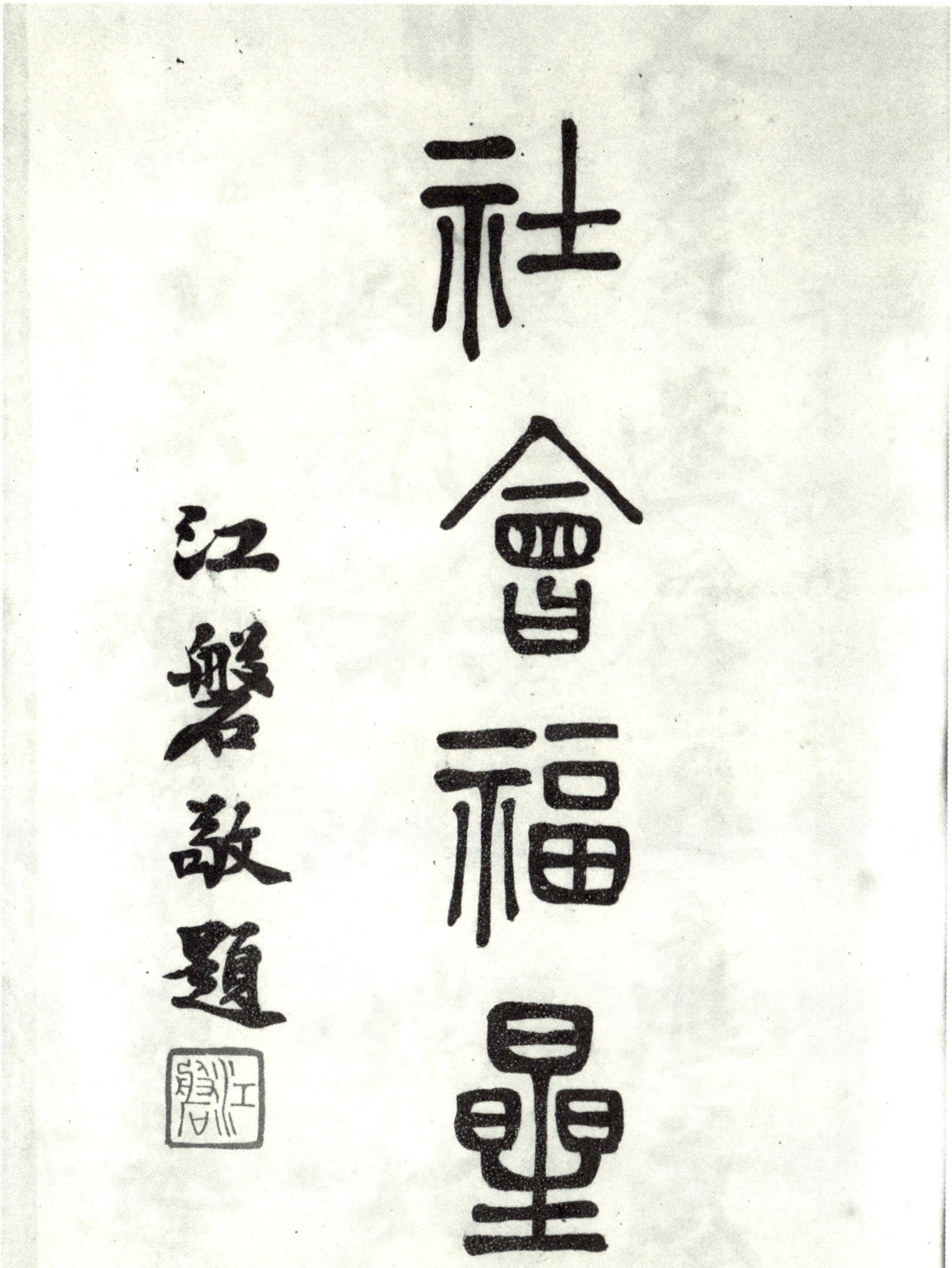
社會福星
江磐石敬題

人羣進化因應咸宜
日新月異羣端始基
古吳嚴家淦敬題

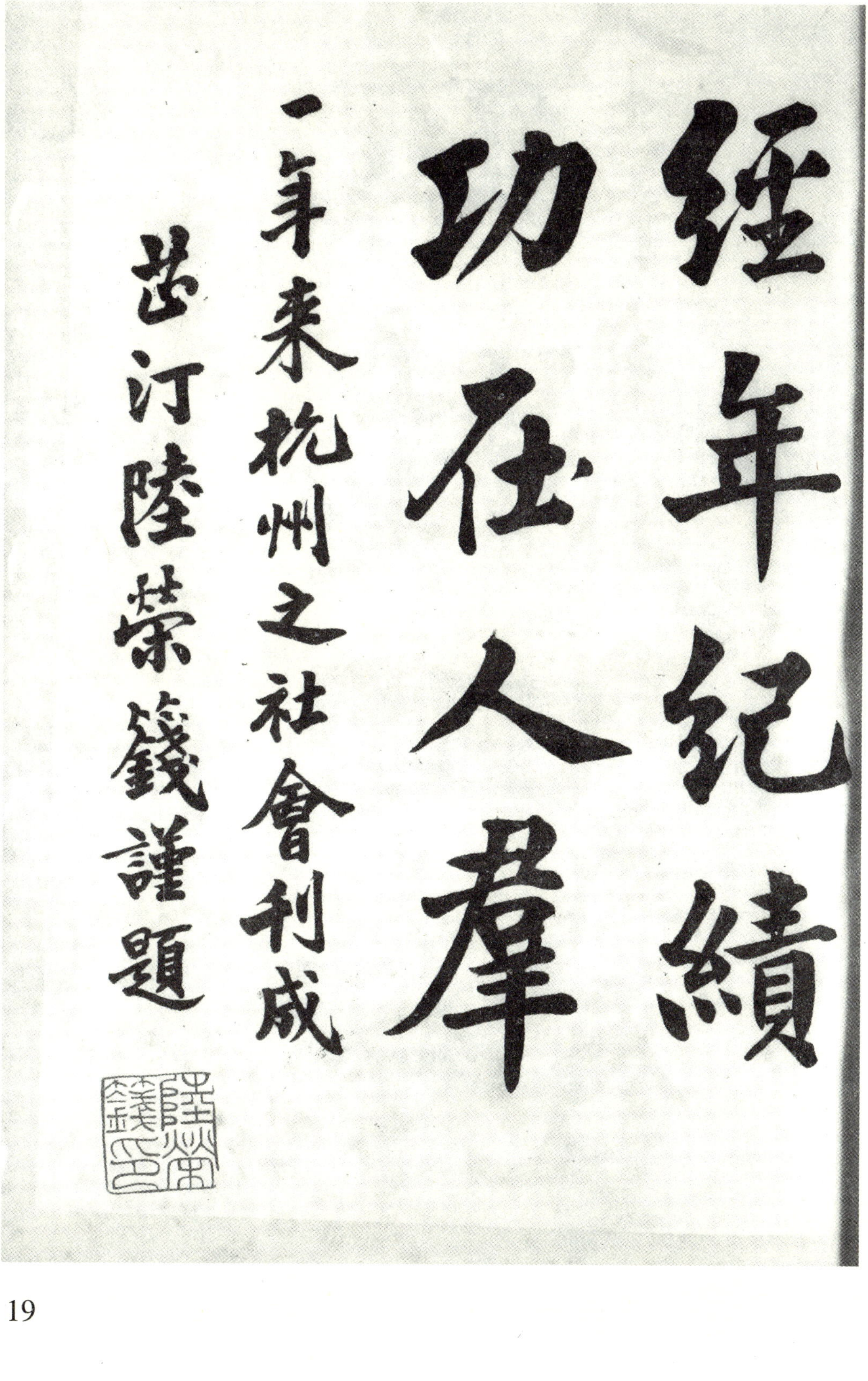
經年紀績
功在人羣
一年来杭州之社會利成
茁汀陸榮籛謹題

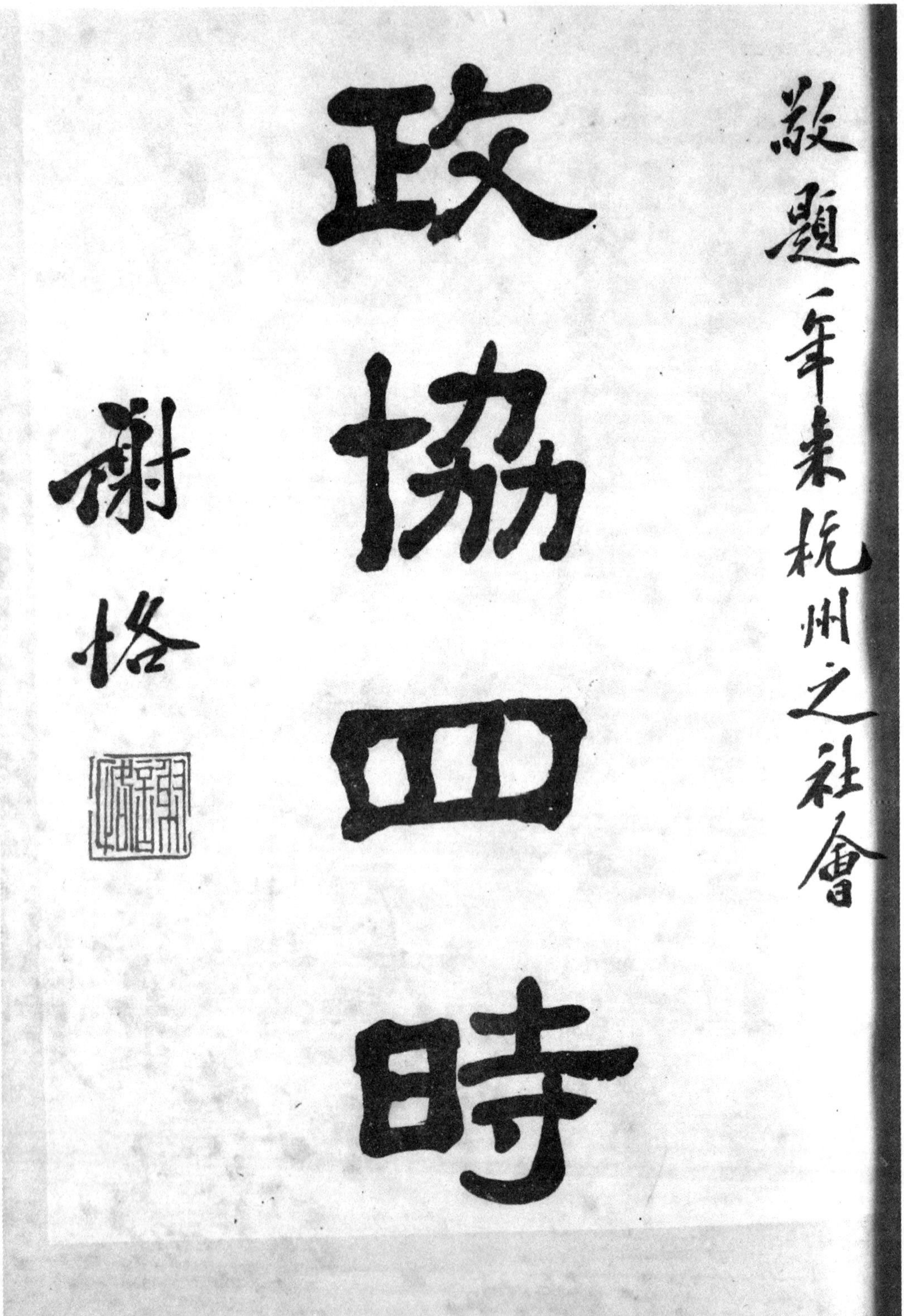
敬題一年來杭州之社會
政協四時
謝格

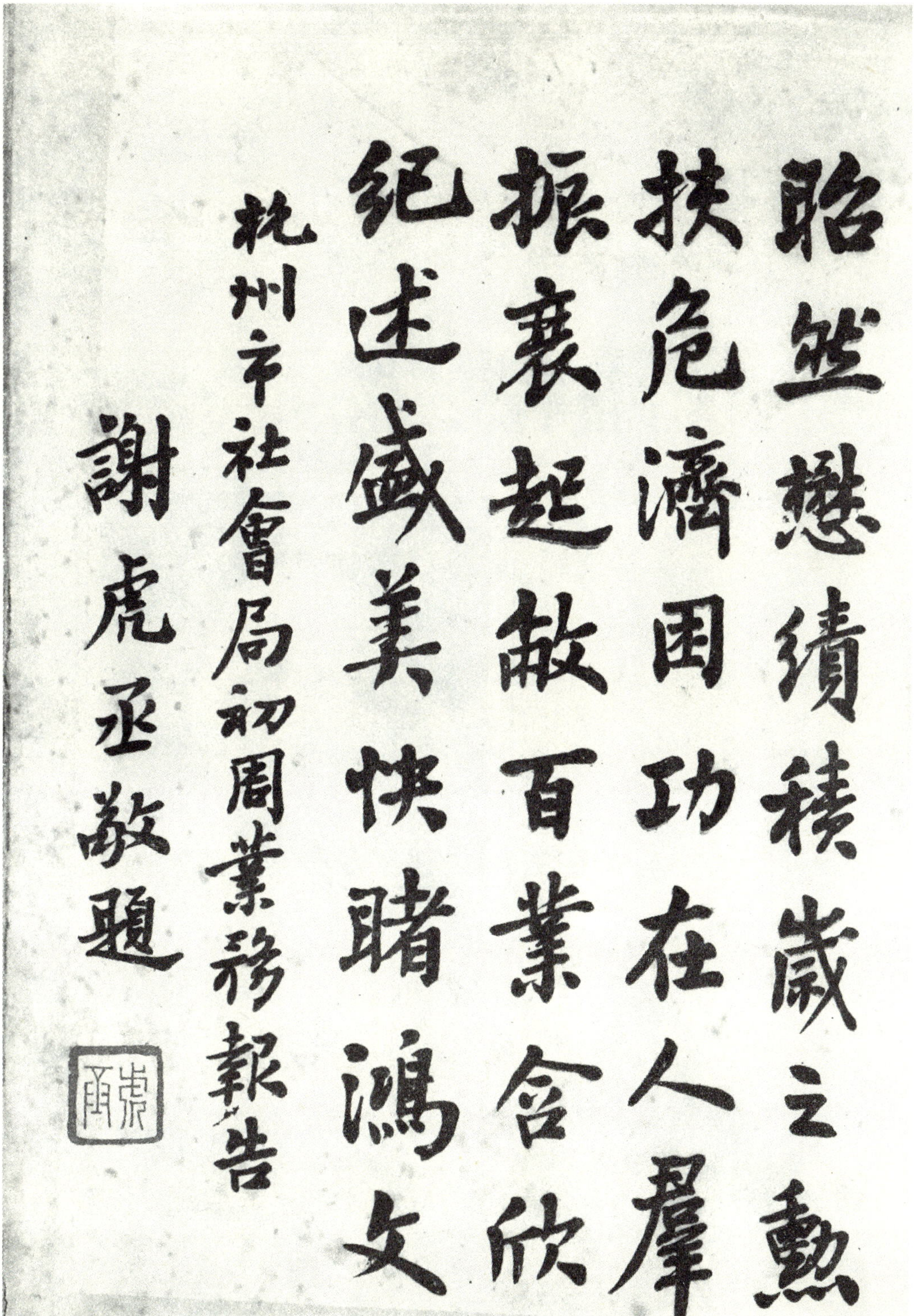
貽丝懋績歲之勳
扶危濟困功在人羣
振衰起敝百業含欣
紀述盛美快睹鴻文
杭州市社會局初周業務報告
謝虎丞敬題

汪省長

市長

社會事業萬端其措施推進方法承平與非常時期各有不同守忠忝長社會歲星晬經一週回溯受任之始鑒於瘡痍之未盡復工商之有待扶植芸芸衆庶視之如傷昕夕籌維以救濟爲唯一之要務於任卹諸端經營策劃勞力以赴貧民衣食住之需要既已次第有以應付矣而於便民便商如公典貸款民食諸問題亦相繼成立而謀有以解決之願一年以來雖黽勉從事不敢告勞計劃與事實幸衍有以相應容之實際上人民之沾溉者能有幾何市區元氣之恢復者能有幾何每一睠念輒皇然慊然不安於中爰羅列經過分別纂集語云鑑往知來因是而思將來社會種種之事業若何而能邁進民衆之困苦若何而能解除工商之前途若何而能發達農村若何而能復興教育若何而能普及習慣風俗若何而能改良閭閻若何而能益臻安堵則是編也或亦促進社會進步之嚆矢乎竊願邦人賢達勿視爲程功之具而加以評議同人於焉研討而因以益善其後斯區區編輯之主旨也剞劂既竟因弁數言於篇首

許守忠

杭州市政府社會局全體職員攝影
二十年五月

社會局
三科長
三科岳朝陽
一科李維漢
二科王五權

杭州市社會局職員

一科同人

二科同人

三科同人

杭州市各區公所全體職員
一區
二區
三區
四
五區
六區
七區

杭州
市立中學校
全體教職員

杭州市社會局公濟典
杭州市社會局公濟典全體職員

杭州市私立小學校教職員
(二)
惠興
觀成
郁文
養正
普成
懷幼

交易
杭州市社會局
輸出入貨物經理所
倉庫

總務

老大綸綢布莊
備貨豐富
花色新穎
選料精良
定價低廉
比衆
薄利多賣
久享盛名
歡迎參觀
（地址）
羊壩頭

社會局收發文件程序

一、本局總收發各科收發職員辦理收發文件者須依照本程序之規定

二、凡外來公文由總收發員拆封編號摘由填明收到日期登入總收文簿（以社字循環編號）除明電緊急公文隨到隨送外每日分上午十一時下午四時兩次彙送第一科經科長按來文性質註明某科主辦隨即送呈局長批閱仍發還總收發員登入「送科文件簿」分送各科

三、凡封面註明「密件」「密電」或「局長親啓」字樣總收發員不得開折即時登「呈閱簿」送呈局長

四、到文附有現幣者總收發員應將現幣先送事務股取具收條黏附原件仍照第二條辦理

五、凡市府交辦文件概照本程序第二第四條手續辦理並加蓋交辦字樣戳記

六、各科收到發來文件即由科收發編號摘由填明到科日期登入「收文分簿」送由科長閱後分交各主管股擬簽意見送請科長核簽後登送核簿送由第一科科長核轉局長核示再交第一科文書股擬稿

七、文稿由文書股擬辦後登入送稿簿按科分立先送第一科科長核定如由各科主管者應再送各科科長核章後呈送局長核閱判行如擬府稿經局長覆核後轉呈市長判行

八、文稿經局長判行後發還第一科登入送繕簿送文書股繕寫並由校對員詳細核對檢明附件登入送印簿用印監印員蓋印後送還第一科發交總收發凡繕校市府文稿用印時登入「送府印簿」送交市府監印員用印逕自發送

九、總收發員收到發文後檢明附件按發文類別編號摘由填明發文日期登入發文簿後固封發送

十、已發文稿每日由總收發彙送管卷員歸檔管卷員於收到文稿時於發文簿上加蓋「文稿歸檔」戳記以便查考

十一、本程序如有未盡事宜得隨時修正之

十二、本程序呈奉局長核准施行

社會局收發文件週報表

第　週　月　日——月　日

月日									統計
交辦收文	呈								
	咨								
	公函								
	箋函								
	訓令								
	指令								
	代電								
本局收文	呈								
	咨								
	公函								
	箋函								
	訓令								
	指令								
	委令								
	批示								
	布告								
	代電								
本局發文	呈								
	簽呈								
	咨								
	公函								
	箋函								
	訓令								
	指令								
	委令								
	批示								
	布告								
	代電								
交辦收文總數									
本局收文總數									
本局發文總數									

杭州市政府社會局二十七年度經常費概算書

科目	月份分配概算數	備考
第一款 本局經常費	三・六一五〇〇	
第一項 俸給費	二八四〇〇〇	
第一目 俸薪	二五二〇〇〇	
第一節 薦任官俸	四〇〇〇〇	
第二節 委任官俸	一七二〇〇〇	
第三節 僱員薪給	四〇〇〇〇	
第二目 工資	一二〇〇〇	
第一節 丁役工資	一二〇〇〇	
第三目 公費	二〇〇〇〇	
第一節 局長公費	二〇〇〇〇	
第三項 辦公費	七七五〇〇	
第一目 文具	一五〇〇〇	
第一節 紙張	八〇〇〇	

第二節　筆墨	二〇〇〇
第三節　簿籍	二〇〇〇
第四節　雜品	三〇〇〇
第二目　郵電	二〇〇〇
第一節　郵費	一〇〇〇
第二節　電費	一〇〇〇
第三目　消耗	一四〇〇〇
第一節　燈火	三〇〇〇
第二節　茶水	二〇〇〇
第三節　薪炭	三〇〇〇
第四節　油脂	一〇〇〇
第四目　印刷	四〇〇〇
第一節　印刷品	四〇〇〇
第五目　修繕	六〇〇〇
第一節　房屋	三〇〇〇

科目	金額	備考
第二節 車輛	三〇〇	
第六目 旅運費	一三〇〇〇	
第一節 旅費	一〇〇〇〇	
第二節 運費	三〇〇〇	
第七目 雜支	七五〇〇	
第一節 廣告	三〇〇〇	
第二節 報紙	一五〇〇	
第三節 雜費	三〇〇〇	
第八目 特別費	一六〇〇〇	
第一節 公宴費	一〇〇〇〇	
第二節 醫藥費	三〇〇〇	
第三節 其他	三〇〇〇	
第二款 市立圖書館	三八四〇〇	呈奉 市政府核准流用
第一項 俸給辦公費	三八四〇〇	
第一目 俸薪	三三〇〇〇	

第一節　委任官俸	一四〇〇〇	
第二節　僱員薪給	一九〇〇〇	
第二目　工資	二四〇〇	
第一節　丁役工資	二四〇〇	
第三目　辦公費	三〇〇〇	
第一節　館內辦公費	三〇〇〇	
第三款　公園管理處	二七八〇〇	呈奉　市政府核准流用
第一項　俸給辦公費	二七八〇〇	
第一目　俸薪	二〇〇〇〇	
第一節　委任官俸	一二〇〇〇	
第二節　僱員薪給	八〇〇〇	
第二目　工資	四八〇〇	
第一節　園丁工資	四八〇〇	
第三目　辦公費	三〇〇〇	
第一節　辦公費	三〇〇〇	

杭州市政府社會局二十八年度經常費支出概算書

支出經常門

科目	本年度概算數	月份分配概算數	備考
第一款 本局經常費	六一、八八四元〇〇	五、一五七元〇〇	
第一項 俸給費	五〇、〇四〇〇〇	四、一七〇〇〇	
第一目 俸薪	四五、八四〇〇〇	三、八二〇〇〇	
第一節 簡任官俸	五、四〇〇〇〇	四五〇〇〇	局長一人敘簡任六級月支官俸四五〇元合計如上數
第二節 薦任官俸	七、二〇〇〇〇	六〇〇〇〇	科長三人敘薦任六級月各支二〇〇元合計如上數
第三節 委任官俸	二九、八二〇〇〇	二、四八五〇〇	督學一人月支一四〇元一人月支一二〇元一人科員十四人月支一四〇元一人月支一二〇元二人月支一〇〇元四人月支八〇元七人辦事員二十人月支六〇元一人月支五五元二人月支五〇元四人月支四五元四人月支四〇元四人月支三五元五人合計如上數
第四節 雇員薪俸	三、四二〇〇〇	二八五〇〇	
第二目 工資	一、八〇〇〇〇	一五〇〇〇	
第一節 丁役工資	一、八〇〇〇〇	一五〇〇〇	公役十人平均月各支一五元合計如上數
第三目 公費	二、四〇〇〇〇	二〇〇〇〇	

第一節　局長公費	二、四〇〇〇〇	二〇〇〇〇
第二項　辦公費	一一、八四四〇〇	九八七〇〇
第一目　文具	一、八〇〇〇〇	一五〇〇〇
第一節　紙張	九六〇〇〇	八〇〇〇
第二節　筆墨	二四〇〇〇	二〇〇〇
第三節　簿籍	二四〇〇〇	二〇〇〇
第四節　什品	三六〇〇〇	三〇〇〇
第二目　郵電	三八四〇〇	三二〇〇
第一節　郵費	一二〇〇〇	一〇〇〇
第二節　電費	二六四〇〇	二二〇〇
第三目　消耗	二、〇四〇〇〇	一七〇〇〇
第一節　燈火	三六〇〇〇	三〇〇〇
第二節　茶水	二四〇〇〇	二〇〇〇
第三節　薪炭	二四〇〇〇	二〇〇〇
第四節　油脂	一、二〇〇〇〇	一〇〇〇〇

第四目　印刷	一、二〇〇〇〇	一〇〇〇〇
第一節　印刷品	一、二〇〇〇〇	一〇〇〇〇
第五目　修繕	九六〇〇〇	八〇〇〇
第一節　房屋	三六〇〇〇	三〇〇〇
第二節　車輛	六〇〇〇〇	五〇〇〇
第六目　旅運費	一、五六〇〇〇	一三〇〇〇
第一節　旅費	一、二〇〇〇〇	一〇〇〇〇
第二節　運輸	三六〇〇〇	三〇〇〇
第七目　什支	一、〇二〇〇〇	八五〇〇
第一節　廣告	三六〇〇〇	三〇〇〇
第二節　報紙	一八〇〇〇	一五〇〇
第三節　雜費	四八〇〇〇	四〇〇〇
第八目　購置	九六〇〇〇	八〇〇〇
第一節　器皿	四八〇〇〇	四〇〇〇
第二節　圖書	二四〇〇〇	二〇〇〇

第三節 什品	二四〇〇〇	二〇〇〇
第九目 特別費	一、九二〇〇〇	一六〇〇〇
第一節 公宴	一、二〇〇〇〇	一〇〇〇〇
第二節 醫藥	三六〇〇〇	三〇〇〇
第三節 其他	三六〇〇〇	三〇〇〇

杭州市政府經臨各費支出憑證單據證明暫行規則

(一)本規則依據本府歲出經臨各費審核規程暫行辦法第四條之規定訂定之

(二)凡市歲出經臨各費以正當受款人之收據爲主要證明其他憑證單據均爲參考之附件

(三)凡領款收據應由領款人簽名蓋章其印章並應與署名相符

(四)凡市歲出經臨各費非有正式單據不能證明報銷但事實上無法取得正式單據其支付數目在一元以內者得由經手人具單蓋章聲敍理由並應由主辦庶務人員暨主管科長核章證明

(五)凡商號收款收據須註明實收數目收款日期商號開設之地址付款機關名稱

(六)購辦物品應由商號於發票上註明實收現金數目收款日期商號開設之地址及某機關查照字樣並在實收數目上蓋用有商號名稱之收訖印章作爲收據其另具收據者仍應附具發票

(七)市政府暨各附屬機關職員因公出差旅費單據報銷應聲明左列事項

一、因公出差之事由

二、起訖日期
三、停留地點(指更換車船之地點而言)
四、關於輪船火車汽車及其他舟車等之艙位車位等級種類價目表
五、關於因公發電之事由(應取得電報電話等收據)
六、關於延滯期限之事由
(八)凡工程費之支出除正式單據外應加具概算書估計書計劃書各項圖表合同抄本投標文件等全案附件
(九)各項憑證單據均應由承辦庶務人員主管科長蓋章證明其用途不能顯示者應在發票上簡單註明之
(十)凡非漢文之單據應由經手人將其中主要各點附譯漢文
(十一)凡購用郵票除單據粘貼報銷外應另附郵票支用清單
(十二)凡各項印刷品印竣後其樣張樣本應由承辦庶務室留存兩份以便審核報銷時調閱
(十三)凡刊刻各項圖章戳記除單據粘貼報銷外應加附底樣
(十四)凡爲參考之憑證單據附件應於辦理報銷時一併粘貼並應在附件上註明係某號單據之附件
(十五)本規則如有未盡事宜得隨時修正之
(十六)本規則自杭州市政府核准公布之日施行

杭州市政府經常費編送書表單據暫行辦法

（一）市政府暨所屬各機關經常費應按照規定經費預算月份預算分配數實支實報

（二）市政府暨所屬各機關經費預算內各項目節除特別費外得流用辦理惟以不超越每機關月份預算總額爲原則

（三）市政府暨所屬各機關關於各項物品及用費除由市府庶務室給領者外其因特殊情形經由各機關主管長官核准交由各該機關之庶務添購支付者應按旬列單連同單據移報　市府庶務室記帳以資統一

（四）市政府暨所屬各機關經常費各項用款之支付應取得合格之原始單據用作報銷憑證

（五）市政府暨所屬各機關各職員俸薪表及收據應由各機關主管科依照一定手續負責辦理所有公役工餉表庶務用款單均應由　市政府庶務室分別各編六份幷將收據及單據號數分別填列不得遺漏

（六）庶務用款單科目應依照規定預算科目排列次序

（七）各項用款單據應依照預算科目粘貼單據粘存簿並於每目後註明本日單據起訖號數單據共計件數及用款總額以清界限

（八）單據粘存簿內所粘各種單據騎縫處除各機關分別蓋印外經辦庶務人員亦應逐一加蓋私章以明責任

（九）單據簿內在第一目單據粘貼終了後其第二目應貼之單據須另易一頁粘存以免混亂至於

空白處則寫空白字樣仍由經辦庶務人員在空白字樣上蓋章

（十）市府庶務室應逐月編製各項表單層送　主管科長（祕書處第一科）及主管長官（祕書主任）核章並分別移送各機關長官及主管科核章再由各關係機關主管科經辦會計人員編製收支對照表支出計算書各六份及單據粘存簿連同市府庶務室移送之各項表單於次月十五日以前一併彙送財政局審核轉帳不得逾限致妨計務

（十一）市政府暨所屬各機關逐月經費編送書表單據報銷事務除均照本辦法辦理外所有市府直轄暨各局所屬各機關關於經費支出編製各項書表單據簿報銷等應由各機關經辦會計人員參照本辦法辦理由機關呈送各該主管機關彙轉財政局審核轉帳

（十二）本辦法如有未盡事宜得隨時修正之

（十三）本辦法自杭州市政府核准之日實行

杭州市政府會計規程

第一條　杭州市政府為整理及統一會計特制定本規程本市政府及附屬機關均適用之

第二條　會計年度每年七月一日開始至次年六月三十日終止

第三條　每會計年度之歲入歲出事務整理完結之期不得延至次年九月三十日

第四條　杭州市一切款項均應統收統支在市金庫未成立以前暫由財政局負責辦理

第五條　財政局收支款項每日應編製庫存表每月應編製收支對照表送呈　市長查核并將收支對照表送登市政月刊

第六條 財政局每月應將收支款項概況編製月報表呈送 市長查核

第七條 市政府各局處及附屬機關應於一月三十一日以前編製各該機關歲入歲出概算書(第一級概算)送由財政局整理後交市政會議審核

第八條 前條概算書經市政會議審核後由財政局彙編本市歲入歲出概算書(第二級概算)於二月二十八日以前呈送上級機關

第九條 歲入歲出概算均分經常臨時兩門編製

第十條 歲入歲出概算應附與概算有關之設施計劃或各項參考說明書

第十一條 凡各項工程費非一個年度內所能完竣者應編繼續費總額概算書俟議決核定後應劃歸某年度費用若干則編入該年度概算書內即將繼續總額概算書附於年度概算書後至第二年度以後除附繼續總額概算書外並附過去年度間辦理該項事業經過情形

第十二條 如本年度預算費用在整理完結期內尚不能竣事者或尚未舉辦者應將餘款或原額聲明事由撥入下年度預算內從新編列原有科目則於年度決算結束後截止

第十三條 預算成立後在本年度中間除非常事變或其他重大原因外不得請求追加預算外之支出

第十四條 關於市歲出項下經常經費市各機關應於年度預算成立後十五日內依照預算編製逐月預算分配表送財政局查核

第十五條 財政局接到市各機關逐月預算分配表後應彙編市庫歲入歲出逐月分配表呈送

市長備查財政局彙編逐月預算分配表得僅列項目略出各節

第十六條　關於市歲出項下臨時支出市各機關應於事業未舉辦前在年度預算範圍內編具概算連同計劃書圖樣等附件送請　市長審核

第十七條　本市歲入以及其他各項收款由人民繳納款項後應由收款機關掣發收據

第十八條　市各機關經收款項應於收款後一定時間內連同單據如數解財政局核收前項收款時期由財政局與各主管局處或機關會商後具報　市長核定

第十九條　出納完結年度之收入及其他預算外之收入均作現年度之歲入

第二十條　市各機關於年度終了後其領用經費如有餘剩應悉數繳還以重公帑

第二十一條　市政府各項專款悉由財政局另款保管除指定用途外不得移作他用

第二十二條　市政府各項歲出統由財政局依照預算或逐月預算分配表簽請　市長核定後填發支付通知由各機關備具領款書向財政局領取

第二十三條　直接支付不在各機關經費內領支之款（如罰金充獎等）應由主管各機關錄案函知財政局簽請　市長核發

第二十四條　收支款項程序另訂之

第二十五條　市各機關簿記之登記科目除另行規定外歲入歲出各項必須依照預算科目不得自由出入

第二十六條　市各機關應備預算決算總册逐年預算決算分別按年錄入

第二十七條　市各機關應備賬簿目錄將各項賬簿順序編號後登入

第二十八條 市各機關所用簿記表單書冊須由各負責人員簽名蓋章

第二十九條 各種賬簿除另有規定得接續登記者外每會計年度終了後應更換一次

第三十條 各種賬簿均應順序編號在會計年度中間非經用完不得更換新簿

第三十一條 凡簿記上應遵守之規則簿記人員均應遵守

第三十二條 市附屬機關應按照同年度第一級概算編具決算報告書四份限八月三十一日以前呈送本政府交財政局審核彙編

第三十三條 本政府決算經 市長審核後即交財政局彙編

第三十四條 本市歲入歲出總決算報告書彙編後於十月十五日前呈送上級機關

第三十五條 市各機關應於每月經過後十五日內編製收入支出計算書收支對照表各四份連同憑證單據呈送市政府查核

第三十六條 本規程自杭州市政府公佈之日施行

杭州市政府歲出經臨各費審核規程暫行辦法

一 市政府會計事宜係由財政局負責辦理關於市歲出經臨各費之審核事項亦應由財政局處理其審核規程在未奉 維新政府內政部制定明令公布以前均依本規程暫行辦法辦理之

二 審核市政府暨各附屬機關歲出經臨各費概算應注意左列事項

一、科目支配是否適當

二、數目核算是否符合

三、用途是否正確需要

三　審核市政府暨各附屬機關歲出經臨各費概算時發現特殊情形應即簽請主管會計科長轉呈各級長官核示辦理或會同各該關係機關審查

四　審核市政府暨各附屬機關歲出經臨各費報銷單據書表應行注意左列事項

一、各項單據是否合於憑證單據證明暫行規則之規定（憑證單據證明暫行規則另訂之）

二、各項單據手續是否完備

三、規式是否符合

四、數目核算是否符合及有無超越概算情事

五　審核市政府暨各附屬機關歲出經臨各費報銷單據書表時發現數目核算不符單據手續未合等各項情事得依照左列規定辦法辦理之

一、書表數目核算不符或重複誤列漏列者應即退還原編送機關查核更正

二、單據手續未合者應即退還原編送機關更正之

三、規式不合者應即退還原編送機關更正之

四、未曾列入概算之支出或支出數目超越概算定額應即簽請　主管會計科長轉呈　各級長官核示辦理

五、發現其他特殊情形或關係重要者應即簽請　主管會計科長層轉　各級長官核示辦理

六　審核市歲出經臨各費概算及報銷得隨時調閱各關係機關文件合同契約證據卷宗惟須簽請主管會計科長轉呈　財政局長商准各該關係機關主管長官後辦理之

七 審核各項憑證單據書表等相符或完竣後應由審核人員於原件上蓋章證明之

八 本規程如有未盡事宜得隨時修正之

九 本規程自杭州市政府核准公布之日施行

杭州市政府轄管區內公私立公益慈善機關調查表（杭州市社會局製發）

名稱		
所在地		創辦年月日
負責人姓名		職員人數
沿革		
有無附屬機關		
經費收支情形	經費來源	
	收支情形	收入
		支出
		收支比較
內容設備		
事業範圍		

現狀	今後推進計劃	備攷

填表須知

一、本表所指公益慈善機關如救濟院養老所託兒所感化所乞丐收容所貧兒所平民習藝所及一切含有慈善救濟之公私立機關均屬之

二、本表發交各區區公所負責分別調查填報須逐份於右方下角蓋用區公所印鈐

三、區公所主任應於調查表後方簽名蓋章

四、如有附屬機關須於「有無附屬機關」一欄內分別填明其名稱所在地及負責人姓名

五、經費收支情形一欄應分別填明預算數或約數以年計者應註明以年計數以月計者應註明以月計數

六、「內容設備」及「現狀」兩欄應按照事實詳細填列如有附件並須抄送附件

七、如係臨時性質之公益慈善機關於備考欄內加以註明

寺廟登記條例草案（維新政府內政部頒布）

第一條　凡爲僧道住持或居住之一切公建募建或私家獨建之壇廟寺院庵觀除依關於户口調查及不動產登記之法令辦理外並應依本條例登記之

前項所謂僧道指僧尼道士女冠而言

第二條　寺廟登記分左列三種由住持之僧道聲請辦理

一、人口登記

二、不動產登記

三、法物登記

第三條　寺廟人口登記以僧道爲限但寺廟內之雇傭或寄居僧道人等亦在登記之列

第四條　寺廟內之住持及其他有執事之僧道應於登記時註明其職務前項有職務之僧道如有變更或增減時應隨時聲請登記

第五條　非僧道而爲寺廟之主者準用前條之規定一併登記

第六條　未成年人不得登記爲僧道

第七條　僧道還俗時應聲請註銷登記

第八條　寺廟不動產包括寺廟本身建築物及其附屬之土地房屋而言法物包括宗教上歷史上或美術上有重要關係之佛像神像禮器樂器法器經典雕刻繪畫及其他保存之一切古物而言

第九條　寺廟之不動產及法物有增益或有減損時應隨時聲請登記廟產依向例不許變賣者仍照向例辦理

第十條　寺廟登記在各縣縣由公署在特別市或普通市由社會局負責辦理

第十一條　辦理寺廟登記各機關應置左列各簿

一、寺廟登記總簿
二、寺廟人口登記簿
三、寺廟不動產登記簿
四、寺廟法物登記簿
前項各種簿式另定於後

第十二條　縣公署特別市或普通市社會局據寺廟申請登記時應於三日內派員調查其聲請情形
如查與事實不符應令原聲請人據實更正

第十三條　第一次登記限於三個月內辦理完竣
前項期限自本條例郵遞到達之日起算

第十四條　第一次登記辦理完竣後其經辦機關縣公署應造冊呈報該管省政府民政廳備案特別市社會局應造冊呈報該管特別市政府備案普通市社會局應造冊呈由該管市政府轉送該管省政府民政廳備案
冊報格式另定於後

第十五條　縣公署特別市或普通市社會局於第一次冊報後每屆三六九十二月月終應將續行登記情形造冊具報其造報程序依前條之規定

第十六條　已經縣公署特別市或普通市社會局登記之寺廟不動產如發現與依照關於不動產登記之法令辦理不動產登記事宜之機關所登記之各種事項不符時應即查照該機關所登記者更正

第十七條　寺廟違反本條例各規定者得視情節之輕重依左列處罰之
一、情節輕微者科以二十元以下之罰鍰仍强制使之登記
二、情節重大者科以一百元以下之罰鍰或撤換其主持

第十八條　本條例自公布日施行

監督寺廟條例草案（維新政府內政部頒布）

第一條　凡有僧道住持之宗教上建築物不論用何名稱皆爲寺廟

第二條　寺廟及其財產法物除法律別有規定外依本條例監督之
前項法物謂於宗教上歷史上美術上有關係之佛像神像禮器樂器法器經典雕刻繪畫及其他向由寺廟保存之一切古物

第三條　寺廟屬於左列各款之一者不適用本條例之規定
一、由政府機關管理者
一、由地方公共團體管理者
一、由私人設立並管理者

第四條　荒廢之寺廟由地方自治團體管理之

第五條　寺廟財產法物應向該管地方官署呈請登記

第六條　寺廟財產法物爲寺廟所有由住持管理之
寺廟有管理權之僧道不論用何名義均認爲住持但非中華民國人民不得爲住持

第七條 住持於宣揚教義修持戒律及其他正當開支外不得動用寺廟財產之收入

第八條 寺廟之不動產及法物非經所屬教會之決議並呈請該管官署之許可不得處分或變更

第九條 寺廟收支款項及所興辦事業住持應於每半年終報告該管官署並公告之

第十條 寺廟應按其財產情形興辦公益或慈善事業

第十一條 違反本條例第五條第六條或第十條之規定者該管官署得革除其住特之職違反第七條或第八條之規定者得逐出寺廟或送法院究辦

第十二條 本條例於西藏西康青海蒙古之寺廟不適用之

第十三條 本條例自公布日施行

(一)寺廟登記總簿格式

寺廟名稱				
所在地				
編號				
建立年代				
公建募建或私家獨建				
住持		法號或姓名		
		現住或他住		
執事僧道人數		現住		
		他往		
傭工人數				
寄居僧道人數				
不動產	本廟	面積畝數		
		屋舖間數		
		池沼畝數		
		樹木株數		
	附屬	面積畝數		
		屋舖間數		
		池沼畝數		
		樹木株數		
法物件數		佛像神像		
		禮器樂器		
		經典		
		其他		
登記年月日				
備考				

(二)寺廟人口登記簿

人字第　　號

省　　縣市　　區　　村街　　門牌廟字第　　號

寺廟名稱

登記年月日　中華民國　　年　　月　　日

住持法號

年齡

住持年數

變動

類別／項別	僧名法姓道號尼稱或名	男女別	年歲齡及月	籍貫	住寺廟年數	出家原因	剃度年月日	還俗	失踪	他往	疾病	死亡	其他	備考
徒衆														
寄居														
客士														

說明

一、類別欄以徒衆寄居客士傭工爲別
二、出家原因欄以被動主動或其他因貧食口多等
三、失踪欄凡他往而不明去向者以失踪論

傭工

(三)寺廟不動產登記簿

寺廟名稱	所在地	住持法號	總計	在城鎮不動產 共計	在城鎮不動產 屋鋪	在鄉村不動產 田 耕地 已耕	在鄉村不動產 田 耕地 未耕 有生產	在鄉村不動產 田 耕地 未耕 無生產	在鄉村不動產 園	在鄉村不動產 池沼 有生產	在鄉村不動產 池沼 無生產	在鄉村不動產 樹木 有生產	在鄉村不動產 樹木 無生產	備註

（四）寺廟法物登記簿格式

寺廟名稱					
法物種類					
數量					
狀態					
何時取得					
取得原因					
保存經過情形					
寶貴點何在					
登記年月日					
備考					

（五）寺廟登記報告表

寺廟名稱					
編號					
建立年代					
公建募建或私家獨建					
住持 法號或姓名					
住持 現住或他往					
執事僧道人數					
本廟僧人數					
傭工人數					
寄居僧道人數					
不動產 本廟 面積畝數					
不動產 本廟 屋舖間數					
不動產 本廟 池沼畝數					
不動產 本廟 樹木株數					
不動產 附屬 面積畝數					
不動產 附屬 屋舖間數					
不動產 附屬 池沼畝數					
不動產 附屬 樹木株數					
法物件數 佛像神像					
法物件數 禮器樂器					
法物件數 經典					
法物件數 其他					
調查年月日					
備考					

杭州市集團結婚辦法

第一條 杭州市政府爲提倡集團結婚領導市民實行節約起見特制定本辦法

第二條 凡居住本市市民或非居住本市人民經本市居住人民之證明者如舉行結婚均得參加集團結婚典禮

第三條 集團結婚每隔三月舉行一次其日期規定如左

一月一日
四月一日
七月一日
十月一日

第四條 凡參加集團結婚者應於婚期一個月以前先向本政府社會局領填申請書幷隨繳最近二寸半身相片男女各三張及費用銀十元經核准後發給登記證屆期憑證參加
前項申請書應填明左列各款
一、結婚人姓名年齡籍貫職業及詳細住址
二、主婚人姓名年齡籍貫職業及詳細住址
三、介紹人姓名年齡籍貫職業及詳細住址
四、雙方介紹及結合手續是否合法
五、各方關係人已否完全同意
六、結婚人主婚人介紹人簽名蓋章
七、證明居住本市市民方法或非居住本市人民經居住本市市民之證明方法
八、申請登記年月日
第五條 經核准登記之結婚人於婚期前二十五日公告之
第六條 前條公告之結婚人如關係人認爲非法者應於婚期前十日呈請本政府社會局核辦
第七條 集團結婚禮堂視參加人數之多寡臨時指定幷於兩星期前公告之

第八條　集團結婚由市長及社會局長證婚或同時邀請本省其他長官爲證婚人

第九條　結婚證書由本政府製發

第十條　結婚儀式及參加集團結婚須知另行規定之

第十一條　本辦法如有未盡事宜得隨時修正之

第十二條　本辦法自公布日起施行

杭州市　登記申請書

第　屆集團結婚　　第　號

參加者		姓名	年齡	籍貫	職業	詳細住址
結婚人	男					
	女					
介紹人	男方					
	女方					
主婚人	男方					
	女方					

雙方介紹及結合手續是否合法	各方關係人已否完全同意	附繳之件	照片		登記 年 月 日
			登記費		

黏貼結婚人照片處		申請人蓋用印章	新郎		新娘	
			介紹人	主婚人	介紹人	主婚人

結婚者身份證明

居住本市市民	身份證種類	號碼	非居住本市人民	代爲證明者市民				
				姓名	年齡	職業	住址	身份證種類及號碼
新郎								第　等　號
新娘								第　等　號

參加集團結婚須知

一、經杭州市政府核准參加之結婚人應照公告規定結婚時日由主婚人邀同介紹人並率領結婚人親赴市政府社會局報到并於結婚證書上蓋用印章

二、結婚時間於公告時規定主婚人應邀同介紹人并率領結婚人於規定結婚時間前三十分鐘齊集禮堂

三、結婚時新郎應一律穿藍袍黑褂着黑皮鞋黑襪新娘應一律穿粉紅色長袍

四、結婚時不得雇用舊式伴喜娘惟得請用儐相

五、禮堂內不准散撒花紙等物

六、結婚時除男女結婚人及雙方主婚人介紹人外其餘親友均須憑觀禮券入場觀禮是項觀禮券得於婚期前一日由主婚人向市政府社會局免費領取

七、婚禮舉行完畢參加結婚人應由主婚人領導依次退出禮堂

八、參加者應遵照各項規定手續辦理否則得臨時拒絕參加。

集團結婚儀式

一、奏樂

二、證婚人入席

三、介紹人入席

四、主婚人入席

五、結婚人入席
六、行集團結婚禮
結婚人各相向對立行三鞠躬禮
七、結婚人依次互換紀念品
八、證婚人印發結婚證書
九、結婚人依次領取證書
十、證婚人致訓詞
十一、來賓致祝詞
十二、主婚人代表致答詞
十三、奏樂
十四・禮成

杭州市政府收管經租市區空屋暫行辦法

第一條　本辦法依據杭州市政府督促空屋所有人依限聲請登記暫行辦法第七條之規定訂定之

第二條　凡杭州市政府轄區內之空屋其原所有人或代管人逾期未經遵照本府所頒督促空屋所有人依限聲請登記辦法辦理登記手續者得依照本辦法辦理之

第三條　凡本市市民或非本市市民而居住本市者均得覓具妥實舖保填具申請書並預付申請

費二元向本府社會局申請承租前項空屋其申請書式樣另定之

第四條　凡承租市區空屋其地點可由承租人自行指定須於申請書內詳細載明但社會局於必要時得令其在租用之先變更承租地點

第五條　凡承租市區空屋者須依照店住屋估計委員會估定租額按月繳納租金并聲明承租用途

第六條　凡承租市區空屋者得請求規定租用期間如原主回杭欲收回自用時須於一個月以前聲明終止契約

第七條　申請承租人認繳租金數額如不合店住屋租價估計委員會估計標準時社會局得拒絕承租

第八條　申請承租人經核准通知承租後應於三日內遵照杭州市房屋租賃暫行規則前來社會局辦理訂租手續

第九條　承租空屋應採用本府規定租約合同及租摺由承租人自行向本府財政局購用

第十條　申請承租人經核准通知承租後倘或逾期延不訂租社會局除將其原繳申請費沒收外並得將申請承租空屋另行租給他人

第十一條　承租人於訂租時免除應付押租但須預付租金一個月

第十二條　承租人自辦妥訂租手續之日起計算租金以後應按月照約預繳先付後住不得拖欠

第十三條　承租人租期未滿如欲退租者須繳清定租期內之租金并由社會局派員點收裝摺無誤後方得取銷租約

第十四條　承租人經核准退租後應將原訂租屋合同呈繳社會局註銷

第十五條　承租人退租時其租金計算至出屋之日止

第十六條　承租人在承租期內倘原房主返杭辦妥補行登記手續將原房屋收回時承租人應遵照社會局通知與原房主接洽更換新約

第十七條　承租人接到社會局前條通知後應將原訂租約合同呈繳註銷其租金結算至註銷合同之日止

第十八條　其他一切租賃手續仍按照杭州市房屋租賃規則辦理

第十九條　本辦法自公布日起施行如有未盡事宜得隨時修正之

杭州市調整市區租賃房屋事項暫行辦法

第一條　杭州市政府為消弭市區房屋欠租及租金減折之糾紛並規劃整理市區租屋辦法俾臻繁榮起見特制定本辦法

第二條　本辦法凡在本市區之房主及租户均應遵守

第三條　在左列期間內租户應繳之租金應予分別減免

甲・自二十六年八月份起至同年十一月份止按照原訂租金數額減付二分之一

乙・自二十六年十二月份起至二十七年六月份止租金全部豁免但房主及租户在此時期內另有新訂契約關係者應履行新訂契約

第四條　自二十七年七月份起租户應向房主按月付租其租價即照原定租金由雙方商洽酌減

另訂同意新約如有一方不能同意者得由區辦事處妥爲調解在一星期內使之妥洽設調解無效即將經過情形報告店住屋租價估計委員會辦理

第五條　自二十七年七月份起倘房主尚未回杭租户須將應繳租金交付房主之正代式理人其無代理人者應將租金暫送市政府保管將來房主回杭時得向市政府領還此項租金

第六條　房屋在事變時如有重大損壞者在未經修復期內租金免繳須俟修復後方可收取租金

第七條　房屋在事變時發生損壞經租户修復完好者其所需修理費用得向房主在應繳租金內扣算

第八條　自二十七年七月份起倘租户尚未回杭房主得按照本辦法第四條之規定計算租金在租户原繳押租或保證金內扣除

第九條　房主扣算原租户租金倘已超過原繳押租或保證金數額而租户仍未回杭房主得報告該管公安分局將原租户遺存之生財物件開單堆積一處由房主及該管公安分局公同負責保管

第十條　房主將原租户遺存生財物件處置停當後得申請該管公安局許可證明將房屋另行召人承租

第十一條　原租户回杭時得在報告回杭一個月以後申請該管公安分局許可證明會同房主向新租户取還原有生財物件

第十二條　凡關閉之市房市政府得通告限期復業否則將原有房屋由市政府代行租與他人營業其租金暫由市政府保管將來原房主回杭得向市政府領還此項租金并自行向新租户

接洽一切

第十三條　自二十七年八月份起倘房主業已離杭市政府得按徵收房屋捐規則向租户徵收房捐租户應代表房主担負墊納捐款之責任

第十四條　代表房主繳納房屋捐之租户得將墊付之捐款在應繳租金內扣還其扣還部分按所墊捐款全數二分之一計算

第十五條　其他一切租賃房屋手續仍按普通租賃辦法辦理

第十六條　本辦法經杭州市政府核准後公布施行如有未盡事宜得隨時修正之

杭州市西湖大禮堂鏡湖廳暫行租用規則

第一條　凡本市各機關團體學校及各界市民如欲臨時租用西湖大禮堂或鏡湖廳時均依照本規則之規定辦理之

第二條　凡欲租本市西湖大禮堂或鏡湖廳作爲應用場所者其舉行事項以左列範圍爲限

甲、舉行集會或演講

乙、舉行歌舞音樂戲劇等遊藝表演

丙、招待中外賓客

丁、各界團體或市民舉行婚喜慶祝

戊、經杭州市政府認可之其他事項

第三條　凡欲租西湖大禮堂或鏡湖廳作爲應用場所者須於三日前備具書函（機關團體學校

等須用正式公函市民須領填印備之申請書）逕向杭州市政府社會局登記幷須開附
下列各款
甲、租用者姓名及住址（如係機關團體學校填列負責人姓名）
乙、租用目的（照本規則第二條敍明具體事實）
丙、租用時日（自　月　日上下午時至　月　日上下午　時止）
丁、認繳租金數額
戊、其他說明事項

第四條　凡聲請租用者經登記准予租用後即須繳付全部租價由杭州市政府社會局掣給收據及憑單交由承租人持向西湖大禮堂及鏡湖廳逕與管理員接洽應用

第五條　凡遇有兩方申請登記於同日租用者依照左列規定辦理
甲、申請登記者一方爲公共機關團體一方屬於私人應由公共機關團體儘先租用
乙、申請登記者如同爲公共機關團體或同爲私人應以申請先到者儘先租用

第六條　租用之期間每天自上午六時起至下午十二時止承租者每次至少須租用一天不足一天者以一天計算

第七條　租金按日計算租用大禮堂者每日收費念元另取水電費拾五元租用鏡湖廳者每日收費拾元另取水電費陸元照數實收概須預繳其有特殊情形經杭州市政府許可者不在此限

第八條　租用人所需應用物件如爲場內所未備者租用人應行自備

第九條　租用人應注意下列各項

甲、舉行集會演講其內容不得有違反法令或不良行爲否則得臨時責令停止

乙、舉行遊藝表演不得收售券資但爲慈善或公益事業而籌款售券者不在此限其應行對於政府及警察局呈報之手續概由租用者自行辦理

丙、招待中外賓客應由租用者將賓客姓名及在杭住址開單彙報杭州市政府社會局備查

丁、舉行婚喜慶祝者限於招待中上流社會人士

戊、對於場內公物須加意愛護如有損壞應即照價賠償

己、會場佈置招待應由租用者自行處理一切佈置以不損壞牆垣及其固著物爲原則

庚、租用者非經商准不得擅留人員在場內留宿

第十條　違反前條各項規定之一者處以五元以上百元以下之罰金

第十一條　租用人除繳納規定費用外場內僕役人等如有需索情形得報告杭州市政府社會局核辦

第十二條　本規則自公佈日起施行如有未盡事宜得隨時修正之

租用西湖大禮堂/鏡湖廳登記申請書

字第　　號

租用人	
姓名	
住址	

租用地點	租用目的	租用時日	認繳費額數		申請登記年月日	備考
			租金	水電費		
		自　月　日　上下午　時起至　月　日　上下午　時止				
			其他事項說明			

申請登記人　　　　　　（簽名蓋章）

說明

一 申請租用者如係機關團體須於租用人一欄填列負責人姓名

二 租用目的一欄須按照租用規則第二條敍明具體事實

三 認繳租費數額須按照租用規則第七條規定各費計算於登記時一次繳清

各地方倉儲管理規則（維新政府內政部頒佈）

第一章　總綱

第一條　各地方為備荒卹貧設立之積穀倉分為縣倉市倉區倉鄉倉鎮倉義倉六種依本規則辦理之

縣鄉鎮各倉為必設倉市倉區倉之設立由省政府或民政廳就地方情形定之

第二條　縣倉市倉歸縣公署或市政府區倉歸區公所鄉倉鎮倉歸鄉公所或鎮公所辦理其由私人捐辦之倉稱爲義倉依監督慈善團體法之規定辦理之

第三條　縣市區鄉鎮各倉各冠以縣市區鄉鎮之名其義倉名稱由創辦者自定
各倉積穀數目縣市各倉由省政府或民政廳定之區倉由縣公署定之鄉鎮各倉以一户積穀一石爲準按數遞加
前項穀數適用度量衡法第四條容量之規定

第四條　縣市區鄉鎮各倉籌備積穀應以地方公款辦理如無地方公款時得依左列辦法行之
一、派收
二、捐募
派收應於豐年粮賤時以公平方法徵集其貧乏之户不得派收
捐募應向殷實民户熱心公益之人行之
派收及捐募倉穀應以本色照收
派收或捐募完竣後應造具出穀人姓名及穀數清單榜示之

第五條　縣市區鄉鎮各倉積穀不得挪作别用或變價存儲其依法使用之倉穀須於一年内填還

第六條　縣市區鄉鎮倉穀應由縣知事市長區長鄉長鎮長各自負責管理並由地方各推舉公正士紳三人至五人協助之
前項管理遇縣知事市長區長鄉長鎮長交替時均應依交代程序辦理

第七條　縣公署或市政府應於每年一月三十日以前彙造縣市各倉及縣公署以下之區鄉鎮各倉上年積穀總數報由民政廳彙造全省各縣市積穀總數清冊送由省政府轉咨內政部備案縣公署並應分報該管道尹公署備案

第二章　縣市倉

第八條　縣倉市倉應於縣公署或市政府所在地設立之

第九條　縣市各倉應用舊有倉廒或以官產改建新倉

前項倉廒之建築及修葺費由地方公款開支之

第十條　縣公署或市政府對於左列事項須分別呈經民政廳或省政府核准備案

一、倉廒之建築及修葺事項

二、倉穀之派收或捐募事項

三、倉穀之出入及以陳易新事項

四、倉穀之管理事項

第十一條　縣市倉穀之使用依左列辦法行之

一、平糶

二、賑放

第十二條　縣市各倉收放倉穀時須由縣公署或市政府約集地方法團代表蒞視之

第三章　區鄉鎮倉

第十三條　區鄉鎮各倉應於區鄉鎮公所所在地設立之

第十四條　區鄉鎮各倉得以公共寺廟或房產充之

倉廒之建築及修葺費由區鄉鎮公款開支之

第十五條　區鄉鎮各公所對於左列事項區公所應呈經縣公署鄉鎮公所應呈經區公所核准備案

一、倉廒之建築及修葺事項

二、倉穀之派收或捐募事項

三、倉穀之出入及以陳易新事項

四、倉穀之管理事項

區公所對於鄉鎮公所辦理前項第二款第三款事項須轉呈縣公署核准其第一款及第四款事項應彙報縣公署備案

第十六條　區鄉鎮倉穀之使用依左列辦法行之

一、貸與

二、平糶

三、賑放

前項貸與總額以所存倉穀三分之一爲限於每年青黃不及時准各貧户告貸俟新穀登場按四釐加息將本利一併歸倉

第十七條　區鄉鎮各倉收放倉穀時區倉由區公所呈請縣公署派員驗視鄉鎮各倉由鄉公所或鎮公所呈請區長驗視之

第十八條 區鄉鎮各倉儲穀數量每年終時區倉由區公所報縣公署鄉鎮各倉由鄉公所或鎮公所報經區公所轉報縣公署備案

第四章 義倉

第十九條 各地方義倉除依監督慈善團體法及監督慈善團體法施行規則辦理外其設於區鄉鎮者並應分報當地區鄉鎮公所查考

第二十條 義倉儲穀之使用依第十六條辦理之但關於第十六條第二款平糶價格須經主管官署核准

第二十一條 義倉儲穀數量每年終時應報主管官署查考

第五章 附則

第二十二條 特別市政府舉辦各倉得比照本規則辦理

第二十三條 縣市倉儲管理細則由民政廳或省政府定之由民政廳定之者並應報省政府備案

區鄉鎮倉儲管理細則由縣公署定之並報民政廳及該管道尹公署備案

第二十四條 本規則施行後舊有縣市以下所設立之各積穀倉均應按照本規則辦理

第二十五條 本規則自公布日施行

杭州市名勝古蹟保管委員會簡章 一

第一條 本會定名為杭州市名勝古蹟保管委員會

第二條 本會以發揚文化維護名勝古蹟為宗旨

第三條　本會委員分當然委員及聘任委員兩種由左列人員組織之

甲、當然委員

一、社會局長

二、社會局第二科科長

三、社會局第三科科長

四、各區區長

五、中學校代表一人

六、小學校代表二人

七、社教機關代表一人

八、其他關係機關代表二人至四人

乙、聘任委員由社會局就具有左列資格之一者聘任之其人數無定額

一、努力提倡文化事業者

二、熟諳地方掌故者

三、對於保管名勝古蹟富有經驗者

第四條　本會以社會局長爲主席如遇缺席時得臨時推選之

第五條　本會決議之方案由社會局長核定施行

第六條　本會各委員均爲無給職

第七條　本會關於處理文書編製紀錄及保管議案等事宜均由社會局職員兼任之但遇必要時

得另酌設有給職員

第八條　本會常會定每月一次臨時會議無定期均由主席召集之

第九條　本會應需經費由市政府核撥之

第十條　本會會址附設於市政府社會局

第十一條　本市名勝古蹟管理規則另定之

第十二條　本簡章呈由杭州市政府核准公布施行

杭州市名勝古

機關	委員姓名
社會局	許守忠
市政府祕書處	鄭繼功
社會局第二科	王五權
社會局第三科	岳朝陽
中學代表	王宇澄
小學代表	張宗禹
	江浩
	沈海帆
	謝月溪

蹟保管委員會委員名單

各區區長	徐友富
	魏竣宗
	范錦章
	馮逸庵
	王壽彭
國際觀光局	
地方士紳及熟悉掌故人士	謝月溪
	程仰坡
	陸佑之
	高爾和
	武部齋
	鄒景叔
	葉聘三
	嚴少山

地點　市政府會議室

時間　二十八年四月二日上午十時

出席者

第二區　謝月溪

嚴少山

王宇澄

岑仲玥

閑林

鄭繼功

張宗禹（汪叔英代）

江浩

陳元凱

潘英

沈海帆

主席　王五權　紀錄　嚴厚貽

決議事項

一、就杭州正中書局出版西湖導遊錄中先行撮選本市最著之名勝古蹟五十餘處計劃整理保管由社會局第二科選定

二、組織名勝古蹟保管委員會就下列人員中分別聘定組織

（一）社會局局長

（二）各區區長

（三）社會局第二科科長

（四）社會局第三科科長

（五）當地士紳三人至五人

（六）市立中學校長一人

（七）市立小學校長二人

（八）國際觀光局主人

（九）市政府祕書處鄭祕書

杭州市名勝古蹟保管委員會第一次會議紀錄

地點　市政府總辦公廳

時間　二十八年五月三日下午三時

出席人員　高爾和　江浩

謝虎丞　張宗禹

馮逸庵　王宇澄

徐友富張谷聲代　岳朝陽

沈海帆　嚴少山
范錦章　王壽彭
魏峻宗　陸佑之
謝月溪　王五權

主　席　王五權　紀錄　嚴厚貽

決議事項

一、主席提議關於杭州市名勝古蹟保管委員會籌備會議紀錄及組保管委員會情形前經呈報　市政府備案茲奉指令飭擬簡章呈候核辦等因自應遵照至該項簡章應如何擬訂敬請
公決

決議推舉鄒景叔先生暨社會局二三兩科科長爲起草委員草擬章則交由下屆會討論

二、加聘葉聘三鄒景叔武劼齋三先生爲本委員會委員（由社會局分函敦聘）

三、下屆會議定期五月十日下午二時舉行

杭州市名勝古蹟保管委員會第二次會議紀錄

地點　市政府會議室

時間　二十八年五月十日下午二時

出席人員　嚴少山　張宗禹

陸佑之趙代　王壽彭謝月溪代
沈海帆　王宇澄
岳朝陽　江浩
王五權嚴厚貽代　謝月溪
許守忠　徐友富

主席　許守忠　紀錄　嚴厚貽

決議事項

一、修正通過杭州市名勝古跡保管委員會簡章十二條（附原文）

二、呈請市政府令飭工務局將市區名勝古跡陸續測繪地形圖（比例尺規定爲二百分之一至千分之一）送存社會局供由本會參考計劃整理

三、呈請市政府頒發本會鈐記以備啓用

四、市區各名勝古跡所在地擇尤樹立導遊標誌規定製成木牌用中日兩國文字加以說明由岳委員朝陽負責辦理交各區公所會同該管警署分別樹釘儘先於本月月底樹釘五十處、其餘陸續分別樹釘預備三個月內辦理完竣

主席　許守忠
紀錄　嚴厚貽

自治

杭州市地方自治過去之檢討及將來之計劃和希望

本市地方自治雖已將全市區坊保甲各級自治組織完成惟此僅籌辦自治入手之第一步驟此後應遞進之工作除充實整飭區坊公所內容外即爲强化保甲制度及訓練指導人民之政治知能以發展地方自治事業當今在全市區坊保甲組織完成之下而熟察各級自治團體猶在靜默狀態鮮有顯著的進展其原因在乎人民無自治能力而一般身任保甲長者因受環境之支配畏首畏尾不能有充實力量之表示今後之計劃擬定如下：

一、確定保甲長權利：保甲長原爲地方自治人員因無政府津貼待遇之必要惟當茲百政待舉之際保甲長爲接近人民者事務繁瑣責任綦重對於保甲長權利以政府力量所及似應確定以固職守

二、舉辦保甲長訓練：現任保甲長都由區坊長遴選薦充對於自治法規保甲制度未必個個均能明瞭熟悉是以不得不加以相當訓練惟因人數衆多可由政府分期聘請訓練人員前赴各區區公所集合行之如甲數較多之區再分批或分坊訓練之

三、奬勵熱心辦事之保甲長：各保甲長由政府隨時考查予以奬勵

四、充實保甲組織：本市市民五方雜處土著極少對於保甲制度殊欠健全應切實相互監護遇有匪徒匿跡即行檢舉

五、勵行人事登記：人事登記關係户口極大本府現已製定表式分發各區遵辦由保甲長隨時據實報告

六、設立巡迴督導員：各區地方情形各不相同各區是否能秉承政府意旨推行新政各級自治人員是否能恪守職責故應先設巡迴督導員一人專任各區巡迴督導之職

七、釐定自治人員之任用及考核辦法：各區區長區助理員等任用條例在未奉　維新政府頒發以前宜釐訂考核奬懲辦法以示儆惕而重自治

八、整理地方自治經費：各區原有自治款項應即逐一清查如有收益過少或基產被佔或爲舊董虧欠或被私人匿管者即予分別整理追繳一面並將各自治款項除另有規定特別管理者外均由　市政府統一收支管理之

九、發展在經濟上爲本區特殊需要之自治事業：社會興衰民生榮枯繫於經濟而一區一鄉之維持其經濟命脈者必有主要之物產與事業存焉或稻或棉或蠶桑或絲綢或爲工業或爲商業此則因地制宜因勢利導由政府督飭各自治團體查明主要產業研究改良或由自治團體先自試辦或領導人民組織合作社分別辦理使其改善品質增加生產或擴充其營業力謀發展如是則人民方面獲利既多地方收入亦得寬裕矣

杭州市編查保甲戶口計劃

1. 凡本市編查保甲戶口辦法悉遵　內政綏靖部編查保甲戶口暫行條例辦理
2. 全市按照七個自治區域編查並以　　月　　日爲結束之期
3. 凡本市不論已編查或未編查各區所屬保甲戶口悉遵照　部訂條例及本府規定期限改編或

編查

4. 在編查保甲清查戶口期間由各區公所酌量各區情形委派若干編查員於總動員日分段查編城區每百戶委派一人鄉區每五十戶委派一人並得飭市警察局派警協助

5. 俟各區編查員將戶口編查完竣後應由區公所派員復查再由本府派員抽查

6. 各區編查員得酌給川膳費由本府撥給之

7. 凡編查時一切應用表冊概由本府印發

8. 凡編查程序及經費預算另訂之

一、編查程序——分三期

第一期　準備時期——自　月　日起至　月　日凡編訂門牌印刊各項表冊召集各區區長會議選派編查員通告市民等準備工作屬之

第二期　總動員日期——定　月　日為總動員日期全體編查員一律出發儘一日之時間編查或因特別事故不克查就者應於三日補查齊全並須注意其有無變動情形

第三期　完成時期——　月　日坊公所人事登記開始　月　日前須將編整保甲推舉保甲長收取切結謄寫戶籍正冊復查及抽查戶口造送統計表等一切事宜辦理完竣

二、保甲編查方法大要

普通戶的編組

1. 戶的編定——住戶以一家爲一戶店戶以一店爲一戶
2. 編成保甲方法——從戶編起集合二十戶編爲一甲集合二十甲編爲一保
3. 編組順序——甲內戶的順序保內甲的順序及坊內保的順序在整個村落中應依村落方向自左至右自前至後在整個市鎮中應自東至西自南至北

船戶的編組

1. 船戶的種類——凡船上戶口以船爲家的爲船戶有漁船營業船航船花舫自用船幾種
2. 戶的編定——以一船爲一戶
3. 編成保甲方法——從戶編起集合十戶編爲一甲集合十甲編成一保
4. 編組時注意事項——以坊爲範圍就常泊地點着手按照各類船隻的幫別分類分幫編定
5. 編組順序——每坊中每類每幫各保每保各甲每甲各戶的順序可依編查先後而定

公共戶的編組

1. 公共戶的種類——凡官署學校工廠軍營監獄習藝所醫院祠堂會館公所各交通機關處所如車站郵電局輪船公司及其他公共團體等均爲公共戶
2. 戶的編定——以一個公共處所爲一戶
3. 編組方法——公共戶不編入普通戶之甲內亦不自行編甲各戶直屬於普通戶之保
4. 編戶時注意事項——公共戶編組以普通戶之保爲範圍

寺廟戶的編組

1. 寺廟戶的種類——凡寺院庵廟宮觀禪林及教堂教會等均爲寺廟戶
2. 戶的編定——以一所寺院爲一戶
3. 編組方法——寺廟戶不編入普通戶之甲內亦不自行編甲各戶直屬於普通之保
4. 編組時注意事項——寺廟戶編組以普通戶之保爲範圍

外僑戶的編組

1. 外僑戶的種類——在中國境內的外國人住戶或店戶爲外僑戶
2. 戶的編定及編合方法——外僑戶和臨時戶一樣看待並可免除一切保甲任務

臨時戶的編組

1. 臨時戶的種類——因作工而臨時搭蓋處所居住的爲臨時戶
2. 戶的編定——有家屬及傭工的應以家長家屬及傭工合爲一戶多數人集居的以一個處所內所有人合爲一戶
3. 編合方法——臨時戶附在鄰居普通戶的甲內各戶次之末

不能編戶的

1. 游民乞丐——如無收容所等設立應另立簿冊登記
2. 棚戶——來去無定之夫工亦可另立簿冊登記

杭州市保甲宣傳委員會簡章

第一條　本委員會爲宣傳保甲之重要推行保甲上一切事宜而設立之

第二條　本委員會委員名額暫定十三人除社會局局長社會局第一科科長爲當然委員外由會局第一科第三科各指派一人警察局代表一人各區區公所代表二人坊公所代表二人中學校代表一人小學校代表二人杭州新報社代表一人組織之並由社會局局長爲主席委員

第三條　本委員會委員均爲義務職

第四條　本委員會之職務如下

1.編纂關於保甲之宣傳品及講演稿

2.規定保甲中心訓練日期及宣傳講演一切事宜

3.編纂各級學校保甲中心訓練補充教材

4.指派或聘請講演員

第五條　本委員會所需宣傳品印刷費呈請　市府專款撥用之

第六條　本委員會會議無定期由主席委員召集之

第七條　本委員會俟此次戶口編完竣保甲長產生後即行撤銷

第八條　本簡章呈請　市政府核准施行

附保甲委員會委員產生方法

一、社會局局長社會局第一科科長爲當然委員並由社會局局長爲主席委員

二、社會局第一科第三科由科長指派各二人（第一科朱主任大希　第三科潘科員英）

三、警察局代表由社會局函請公推一人行政科科員杜春
四、各區區公所代表二人由各區區長互推之區公所范錦章　魏峻宗
五、坊公所代表二人由各區區長遴選之坊公所朱少臣　阮其煜
六、市立中小學校代表二人由社會局第三科遴選之市立中學校虞開仕　市立小學校張宗禹
七、杭州新報社代表一人由社會局聘任之　何治平

修正人事登記暫行條例

附表式八種

第一條　各省市於戰事甫定之時原有户口諸多變動調查實難正確茲特製定本條例及表式先行舉辦人事登記以備查考

第二條　人事登記暫分左列八項

一　回籍
二　未回籍
三　遷徙
四　分居
五　死亡
六　婚姻
七　出生
八　繼承

第三條　各省政府由民政廳按照規定表式製備登記簿冊發交各道尹分別轉發各縣公署或各自治會頒發原有區鄉鎮坊等公所隨時分項登記

第四條　凡各回籍人民有應行登記事項須於十日內報明前條各會所登記其有財產契約上關係者並須交驗證據藉資證明

前項交驗證據須隨時發還至遲不得逾一日「並絕對不准徵收分文及私索」

第五條　各自治會或各區鄉鎮坊公所每屆月終須編造登記清冊呈報所直轄市縣公署考核但有重要情節須立時報明

第六條　市縣公署接收各自治會或各區鄉鎮坊公所登記表冊後須依照戶口調查統計報告規則及表式編製市縣戶口變更統計表分別呈報該管道尹轉由民政廳彙編總表呈由省政府咨送內政部備案

第七條　區鄉鎮坊公所或自治會尚未成立之地方辦理人事登記得由警區代行其職務

第八條　辦理人事登記機關不得向登記人徵收任何費用及私索分文如違查明嚴重處分

第九條　辦理人事登記人員成績優良者得由直轄市縣公署呈報該管道尹轉由民政廳彙呈省政府咨送內政部分別獎勵

第十條　人事登記表由原登記機關保存之

第十一條　本條例自公布日施行

人事登記表式(一)（清冊同）

某省某縣某維持會
某市某區
某特別市區鄉鎮坊公所

回籍登記表

年　月份

回籍者之姓名	性別	年齡	職業	回籍年月日	原籍與住地	現住門牌號數	備考

說明

一、表中揭載事項以某自治會及原有之區鄉鎮坊公所爲範圍（各表準此）

二、回籍者之姓名即前受戰事影響避難他處今因戰事平定全家回籍或若干人回籍之真實姓名

三、表中原籍與住地一欄如原住地無恙仍可安居者則可不塡（各表準此）

人事登記表式（二）（清册同）

某省某縣市
某特別市
某維持會
某市區鄉鎮坊公所

未回籍登記表

年　月份

未回籍者之姓名	性別	原有職業	離籍之年月日	最後來信地方	最後來信之年月日	離籍之原因	現在家屬戶主及其親屬	家屬現在地方門牌號數	備考

說明

一、凡避難離家毫無音信且不知其流落之所在地者登記此表

二、表中年齡係指未回籍者之現在年齡而言

人事登記表式（三）（清册同）

某省某縣市某維持會
某特別市市區鄉鎮坊公所

遷徙登記表

年　月份

遷徙者之姓名	性別	年齡	職業	原籍	遷往之住址	遷來或遷往之住址	遷來或遷往之口數	遷徙之年月日	備考

說明

一、表中遷徙者之姓名一欄係填寫戶主之姓名

二、此表登記例如某人由甲地遷往乙地均於『遷徙前之住址』欄內填甲地及門牌號數『遷來或遷往之口數』欄內填丁口數目在甲地登記表填遷往乙地登記表則填遷來

人事登記表式(四)(清册同)

某省某縣市某維持會
某特別市某區鄉鎮坊公所

分居登記表　　年　　月份

分居者之姓名	性別	年齡	職業	原籍與住地	現住地方門牌號數	分居後之口數	分居後所有之不動產概數	與所分居者之姓名及其關係	分居之中間人	分居之年月日	備考

說明

一、表中分居者之姓名一欄如父子兄弟分居則父子兄弟之姓名各填一格

二、分居後之丁、口數目及分居後所有之不動產概數係就各人分居所有者而言

三、與分居者之姓名及其關係一欄如與第幾人分居則填弟某弟某如與兄幾人分居則填兄某兄某其餘類推

四、此項分居登記在本年內暫行登記自登記之日起計至滿一年另編爲一戶

人事登記表式（五）（清册同）

某省某縣 市 某 維持會
某特別市 某 區鄉鎮坊公所

死亡登記表

年 月份

死亡者之姓名	性別	年齡	職業	死亡年月日	死亡原因	原籍與住地	現住地方門牌號數	備考

說明

一、表中年齡一欄應記死亡者死亡時之實得年齡

二、死亡原因欄內應將死亡者因何病何傷或服何毒或受流彈被炸及患何罪刑等項詳細登載

人事登記表式（六）（清册同）

某省某縣　　維持會
某特別市 市 某 區鄉鎮坊公所

婚姻登記表

年　月份

結婚者之姓名	性別	年齡	職業	婚姻類別	原籍與住地	現住地方門牌號數	主婚親屬	介紹人	成婚之年月日	備考
男										
女										
男										
女										
男										
女										
男										
女										
男										
女										
男										
女										
男										
女										

說明

一、表中婚姻類別一欄應將結婚者爲初婚續或婚兼祧再醮等項分別登載
二、男女兩方如有一方非本地方人只須記其原籍與住地而現住地方一欄無須記載
三、主婚親屬一欄有父填父無父填母無父母者或填伯叔兄弟及其他戚姓親屬
四、介紹人一欄如係舊式婚姻可填媒人姓名

人事登記表式（七）（清册同）

某省某縣維持會
某特別市某區鄉鎮坊公所

出生登記表

年　　月份

出生者之姓名	性別	類別	出生年月日	出生者之父母					備考
				姓名	年齡	職業	原籍與住地	現住地方門牌號數	

說明

一、出生者之姓名即嬰孩之姓名如無名祇記其姓（或有乳名亦可記入）

二、類別係指出生者爲婚生子女或非婚生子女或養子女而言但非婚生子女或養子女之出生年月日不明時得於備考欄內附註之

人事登記表式（八）（清册同）

繼承登記表

某省某縣　市　某　維持會　年　月份
某特別市　區鄉鎮坊公所

繼承人及被繼承人之姓名	性別	年齡	職業	原籍與地址	現住地方門牌號數	原有親屬關係	現在親屬關係	繼承人之不動產概數	繼承人之年月日	備考
繼承人										
被繼承人										
繼承人										
被繼承人										
繼承人										
被繼承人										
繼承人										
被繼承人										
繼承人										
被繼承人										
繼承人										
被繼承人										
繼承人										
被繼承人										

說明

一、表中原有親屬關係一欄係指繼承人被繼承人未繼承前之關係及稱呼而言如叔姪甥舅等皆是

二、現在親屬關係一欄係指繼承後之關係及稱呼如言父子母子祖孫等皆是

三、不動產概數一欄須將應繼承之房屋田地總數詳細記載

鄉區自衛團組織條例

第一章 總則

第一條 鄉區自衛團以防剿匪共增進人民自衛能力編查保甲輔助軍警維持地方治安爲宗旨

第二條 凡鄉區原有之團隊及其他一切自衛團體亦得依本條例之規定改編爲自衛團

第三條 鄉區自衛團以鄉長管轄之區域爲自衛區域

第二章 組織

第四條 鄉區自衛團之組織如左

一、自衛團丁十人至十四人編爲一班每班設班長一名副班長一名負教練及管理之責

二、以二十四人至五十人爲一分隊設分隊長一員每三分隊爲一中隊設中隊長一員教練員一員每三分中隊爲一大隊設大隊長一員大隊附一員負教練及管理之責

三、每三大隊爲一團設團長一員團附一員以鄉董爲團長總轄全鄉自衛事宜

四、鄉所屬之市集村莊住戶在五十戶以上者得設一班其班長由保長任之在百戶以上三百戶以下者得設一分隊或一中隊其分隊長中隊長則以團董兼充倘非

團董駐在地或認團董非適當者得以當地公正人士或以殷實商家充認之

五、住戶在五百戶以上者得設一大隊或數大隊其大隊長人選依本條例第四條辦理

六、各縣知事兼任總團長設副團長一人以地方公正人士或殷實商家充任之

七、每中隊訓練事項應由教練員切實負責每一班訓練應由副班長切實負責

第五條　凡身體强壯品性善良之男子具有左列資格者得充自衛團丁

一、在本鄉有確定住所者

二、有正當職業或有恆產者

三、常川居住本鄉而與本鄉公正人士殷實商家有親戚故舊連屬關係者

第六條　自衛團長團附大隊長大隊附中隊長分隊長由總團長分別委任呈報省政府備案其副團長亦同

第七條　各大隊或中隊應將左列事項送由團長核轉總團長備查

一、中隊長以下官佐之聯保切結

二、團丁名冊及聯保切結

前項冊式及結式由各省政府定之

第八條　自衛團辦公地點就地方公有房舍或祠廟使用之

第九條　自衛團得由總團長頒發木質圖記但非關係自衛團事宜不得鈐用

第十條　自衛團之旗幟由綏靖部規定式樣公布製用

第十一條　自衛團區域內居民所有自衛槍械子彈准其正式充作自衛之用給予槍照以資保證

第十二條　凡屬自衛槍械及子彈應在編制自衛團之先自行呈報縣公署經派員檢查屬實烙印編號登記後仍責令自行保管

第十三條　自衛團之槍械倘不足准許使用之定額時得由總團長呈報省政府設法撥給足額

第十四條　正式使用之槍械一律按照烙印之次序編號發給槍照照上粘附使用人本身照片由各省政府特別市政府分期彙報綏靖部備查

第十五條　如因防剿匪共消耗子彈時應隨時呈報總團長轉呈省政府核銷及予以補充

第十六條　如有遺失槍械子彈訊明情節分別治罪

第十七條　凡有私藏槍械彈藥隱匿不報經告發或查獲者依照刑法懲治之

第十八條　綏靖部得隨時檢查各鄉區槍械以防遺失輾轉流爲匪用

第四章　教育

第十九條　自衛團之教育以三個月爲一期

第二十條　精神教育由總團長聘請有相當學識者任之

第二十一條　術科教育由各中隊之教練員負責學科教育由總團長聘請富有軍事學識之人員担任

第五章　監督事項

第二十二條　自衛團之監督事項如左

一、測驗思想
二、稽考技術及勤惰
三、檢驗體格及調查品行
四、查核經費之收入及支出
五、點驗槍械
六、其他應行監督事項

第六章　獎懲

第二十三條　自衛團辦理自衛事宜有左列情形之一者得由縣公署呈請省政府分別從優獎䘏
一、捕獲經通緝或懸賞緝拿之匪犯者
二、遇匪共劫掠擾亂奮勇抵禦保全地方者
三、臨近鄉區匪警馳往援救擊退匪衆者
四、當場擒獲匪共奪獲其槍械子彈者
五、因捕拿匪共受傷或斃命者

第二十四條　自衛團辦理自衛事宜有左列情事之一者得由縣公署核給獎賞
一、密報匪共之計劃或行動因得預爲防範及剿捕者
二、密報匪共之窩藏處所因而捕獲訊明屬實者
三、救火禦災異常出力者
四、担任教練成績優良者

第二十五條　自衛團辦理自衛事宜有左列情事之一者由縣公署分別依法懲處或呈報省政府核辦

一、容留匪共或形跡可疑之人隱匿不報者

二、本部發生匪驚不出力抵禦者

三、誣陷良善或濫行逮捕者

四、藉端騷擾或詐取財物者

五、檢閱及訓練無故不到者

第二十六條　自衛團辦理自衛事宜有左列情事之一者由縣公署查明情形呈報省政府分別依法懲處

一、接濟匪共及反動份子以軍火者

二、圖謀不軌者

三、明知上兩項情事故意縱容者

四、以文字圖書宣傳赤化經指證屬實者

五、散布謠言意圖擾亂治安經指證屬實者

第二十七條　有前二條情事除本犯治罪外其他連保各人比照保甲連保賞罰暫行章程第二條各項辦理

第七章　經費

第二十八條　自衛團除担任教育及辦理文牘人員酌給薪水外其餘一律爲義務職

第二十九條　自衛團經費由總團長召集會議就地籌集之其籌款辦法決定後由總團長核定呈報省政府備查

第三十條　自衛團經費除由團長大隊長或中隊長按月將收支數目公布外幷由團長彙造清冊呈報總團長核明轉報省政府備案

第八章　附則

第三十一條　本條例施行細則由各縣自定呈請省政府備案

第三十二條　本條例由綏靖部呈請行政院備案咨照各省政府通令各縣公署切實遵行

第三十三條　本條例自公布日施行

杭州市二十七年編查保甲户口臨時費預算書

科目	預算數		說明
第一款編查保甲户口臨時費	二七六七	五〇	
第一項編查員津貼	八〇〇	〇〇	
第一目編查員津貼	八〇〇	〇〇	
第一節編查員津貼	八〇〇	〇〇	城區三區約以三萬户計每百户派編查員一人鄉區四區約以二萬五千户計每五十户派編查員一人共計全市應派編查員八百人每人津貼川膳費各一元合計如上數
第二項印刷費	八〇三	五〇	

科目	元	角分	說明
第一目印刷調查表費	五九九	五〇	
第一節普通戶調查表	五六一	〇〇	城區平均每戶二張鄉區每戶一張全市共需表八萬五千張正副二份共計十七萬張添印一成作為預備共印十八萬七千張每千張以三元計合計如上數
第二節船戶調查表	三	三〇	全市約計船戶二百五十戶平均每戶二張正副二份共計一千張添印一成共印一千一百張以三元計合計如上數
第三節寺廟調查表	三三	〇〇	全市約計寺廟庵觀等一千所平均每所五張正副二份共需一萬張添印一成共計一萬一千張每千張以三元計合計如上數
第四節公共處所調查表	二	二〇	全市約計公共處所五百所正副二份印一千張加印一成共計一千一百張每千張以二元計合計如上數
第二目門牌切結印刷費	二〇四	〇〇	
第一節門牌印刷費	一三二	〇〇	全市以六萬戶計需用門牌六萬張加印一成共計六萬六千張每千張以二元計合計如上數
第二節切結印刷費	七二	〇〇	全市普通戶以五萬五千戶計每五戶填具切結三張共需三萬三千張加印三千張共計三萬六千張每千張以二元合計如上數
第三項抄錄費	九七五	〇〇	
第一目抄錄費	九七五	〇〇	
第一節正本抄錄費	九七五	〇〇	城區每戶二分需費六百元鄉區每戶一分五厘需費三百七十五元合計如上數(鄉區寺廟徒衆較多者酌加抄錄費)
第四項雜支	一八九	〇〇	
第一目雜支	一八九	〇〇	
第一節編查員腕章	四〇	〇〇	布質腕章八百方每方以五分計合計如上數

第二節 坊公所保甲長用牌標識	八九〇〇	坊公所掛牌用鉛製每塊需費一元共計二十九元保甲長辦公處用紙質標識六千一百五十條紙六十一元合計如上數
第三節 保甲長證明書	六〇〇〇	保甲長證明書用紙質卡片印六千一百五十份約計如上數

清鄉區內各縣編查保甲戶口暫行條例

第一條　內政綏靖部為安定社會促進民眾自治能力並輔助清鄉工作起見特訂定本條例

第二條　清鄉區內各縣知事應即根據實際情形劃分全縣為若干區依照本條例之規定限期編組保甲清查戶口

前項編查限期由省公署以命令定之仍咨部備查

第三條　在編組保甲清查戶口期間得由縣知事遴派地方公正人士為編查委員分赴各區協同辦理依限完成

前項編查委員所需經費應由縣公署編造預算呈省核定後在自治費項下支給不得由地方供應

第四條　保甲之編組以戶口為單位戶設戶長十戶為甲甲設甲長十甲為保保設保長

保以上城區為坊設坊長鄉區為鄉或鎮設鄉鎮長

第五條　保甲須按照戶口及地方習慣並地勢限制以及其他特殊情形依左列方法編組之

一、城區各坊鄉區各鄉鎮應就該管區域內原有界址編定不得分割本坊或本鄉鎮之一部編入他坊或他鄉長

二、各保應就該管原有界址內順序編定不得分割併入他保

三、各户由各甲之左方起順序挨户編組

四、編餘之户不滿之甲者六户以上得另立一甲五户以下併入鄰近之甲編餘之甲不滿一保者六甲以上得另立一保五甲以下併入鄰近之保

五、住户在一村不滿十户者得編爲一甲不滿十五户者亦得編爲一甲在十五户以上不滿二十户者得分編爲二甲

六、保甲内之住户如確知流亡在外者應暫時保留其甲户之次序俟歸來時由保甲長查明補編之

第六條　寺廟船户及公共處所應以保爲單位另立字號分別編查寺廟列爲廟字號船户列爲船字號公共處所列爲公字號按照所定表格填寫表式附後

前項寺廟或公共處所内有住户者仍就各户編查

第七條　户口之編查由縣知事監督之其程序如左

一、編定及清查門牌由編查委員執行

二、復查由區長執行

三、抽查由縣公署執行

第八條　清查户口應按編定各户挨次發給門牌依照户口調查表據實照填張貼户外易見之處不得遺失損壞

門牌及住户户口調查表式附後

第九條　户口編查完竣後分別普通户口及外國人寄居中國户口爲第一表船户户口寺廟户

戶口爲第二表城區由各坊長鄉區各鄉鎮長報由區公所彙塡區戶口統計表呈報縣公署彙製全縣戶口統計表分呈該省公署及該管道尹公署存查表式附後

第十條　保甲之名稱應載明某縣某區某坊某鄉某鎮第幾保第幾甲以示區別

第十一條　戶長由該戶內之家長充之但遇左列情形不在此例

一、家長因特別事故或女性家長不願充任戶長之職務時得指定行輩較次者之一人爲戶長

二、一戶有二家以上時各家各編一戶各立戶長

第十二條　甲長由本甲內各戶長公推一人擔任之保長由本保內各甲長公推一戶長担任之但遇第五條第六款之情形甲內住戶流亡未歸者得暫合二甲以上現住在家之戶共推一人爲甲家俟流亡戶歸來後再行分推

第十三條　坊長或鄉鎮長由本坊或鄉鎮內各保長公推一保長兼任或就本坊或鄉鎮內之公正人士公推一人担任之

第十四條　有左列情形之一者不得充任坊長或鄉鎮長

一、年未滿四十歲者

二、非本地土着者

三、無恆產者

四、不識字者

五、曾受刑事處分之宣告或褫奪公權尚未復權者

第十五條　有左列情形之一者不得充保長及甲長

一、年未滿二十五歲者

二、非本地土著者

三、無恆產者

四、曾受刑事處分之宣告或褫奪公權尚未復權者

五、曾受赤匪脅從雖邀准悔過自新而尚在察看管束期間者

六、曾爲赤匪脅從雖邀准悔過自新而尚在察看管束期間者

第十六條　保甲之推定或變更由甲内戶長聯名報告於保長之推定或變更由保内甲長聯名報告於坊長或鄉鎮長坊長或鄉鎮長之推定或變更由坊或鄉鎮内保長聯名報告於區長

保甲長由區長委任呈報縣公署備案

坊長或鄉鎮長由區公所造具姓名清冊呈報縣公署核委轉報該省公署及該管道尹公署備案

第十七條　前項之坊鄉鎮保甲長既經推定給委不得藉故請辭亦不得擅自變更

縣知事查明坊鄉鎮長或保甲長有不能勝任或認爲有變更之必要時得令區公所轉飭原公推人另行改推

區長查有前項情形時亦得據情呈請縣知事核准另行改推

原公推人認爲有第一項情形時亦得聯名呈明區長轉呈縣知事核准改推

第十八條　保甲編定後保甲長應召集甲長開保甲會議協定保甲規約共同遵守規約中應行訂定之事項如左

一、關於區域事項
二、關於編製門牌調查戶口事項
三、關於境內出入人之檢查取締事項
四、關於水火風災之警戒及救護事項
五、關於匪患之警戒通訊及搜查事項
六、關於防匪碉堡或其他工作之籌設事項
七、關於過境公路幹線或本處應備支綫之修築及電桿橋樑與一切交通設備之守護事項
八、關於保持地方安甯秩序之必要事項

第十九條　保甲規約割定後保甲長一律簽名並繪製保甲略圖載明本保內之坊地名鄉鎮村名及戶口數連同簽名之規約一份呈由鄉鎮長轉呈區公所彙呈縣公署備案

第二十條　坊長鄉鎮長承區長之指揮監督負維持該管坊鄉鎮內安甯秩序之責其職務如左

一、監督所屬保長之執行職務事項
二、輔助區長之執行職務事項
三、教誡本坊鄉鎮內住民毋爲非法事項
四、輔助軍警搜捕匪犯事項

五、曾參加反動或曾受赤匪脅從現已邀准悔過自新者之察看管束事項
六、督率本坊鄉鎮內應辦碉堡工事之設備或建築事項
七、經費之收支及預算決算之編製事項
八、戶口移動之查報事項
九、其他依法令規定應由　鎮長執行事項

第二十一條　保長承坊鄉鎮長之指揮監督負維持保內安甯秩序之職務如左
一、輔助坊鄉鎮長之執行職務事項
二、監督甲長之執行職務事項
三、教誡保內住民毋爲非法事項
四、曾參加反動或曾受赤匪脅從現已邀准悔過自新者之察看管束事項
五、督率保內應辦碉堡工事之設備或建築事項
六、其他依法令或保甲規約之規定應由保長執行事項

第二十二條　甲長承保長之指揮監督負維持甲內安甯秩序之職其職務如左
一、輔助保長之執行職務事項
二、清查甲內之戶口編製門牌取具聯保連坐切結事項
三、檢查甲內奸宄及稽查出境人民事項
四、輔助軍警及保長搜捕匪犯事項
五、教誡甲內住民毋爲非法事項

第二十三條　保甲內各戶之戶長須一律簽名加盟於保甲規約之規定應由甲長執行事項
六、其他依法令或保甲規約之規定應由甲長執行事項
保甲內各戶之戶長須一律簽名加盟於保甲規約由其他處遷來或新歸或新充戶長者亦須加盟於各該保甲內之現行規約

第二十四條　各戶戶長如依前條規定一律加盟保甲規約外應聯合甲內他戶戶長至少五人共具聯保連坐切結互相勸勉監視絕無通匪或縱匪情事如有違犯者他戶應即密報懲辦倘瞻徇隱匿各戶須負連坐之責切結式附後
前項切結由甲長面交各戶戶長依式簽名或捺印並由甲長簽押每結分填三份呈由保長彙齊遞呈坊鄉鎮長區長分別存查

第二十五條　各戶戶長遇有左列情事發生時應即報告甲長
一、知有形跡可疑之人潛入者
二、留客寄宿及其別去或家人出外經宿之旅行及歸來者
三、出生死亡遷入徙出致生戶口上之異動者

第二十六條　保長甲長知戶口有異動或接受保甲內戶長或住民之通知時除依照戶口異動查報辦法遞報外遇有前條第一款之情形時升得先行爲搜索逮捕之緊急處分

第二十七條　保長甲長因執行職務須本保本甲共同協力時甲長得隨時召集甲內各戶長分配任務保長得隨時召集保內各甲長分配任務

第二十八條　坊鄉鎮保長之圖記由縣公署刊發圖式附後

第二十九條　保甲內之住戶如藏有槍枝應報由區公所轉報縣公署驗明烙印登記給照違者以私

藏軍火論
前項之民有自衛槍炮登記烙印給照條例另訂之

第三十條　甲長保長辦公處設於甲長保長之住宅坊長鄉鎮長之辦公處應就該管地方原有之寺宇或公共處所設置之

第三十一條　保甲經費由各省公署編製預算由縣公署在自治經費項下支給

第三十二條　凡保甲內住民有勾結窩藏匪犯或故縱脫逃者除依刑法及其他特別法令從重懲罰外凡甲長及曾具切結聯保之各戶長應各科一日以上三十日以下之拘留
遇前項情形甲長或聯保之戶長有知情匿庇者仍依法分別治罪但自行發覺曾據實報告并能協助搜查逮捕者甲長及戶長免予處罰應科第一項之拘留不得易科罰金

第三十二條　違犯左列各款之一者科一元以上四十元以下之罰金
一、拒絕加盟於二十三條所指之保甲規約者
二、遇有第二十五條所列各款之情形匿而不報者
三、填報戶口不實或任意銷燬門牌者
四、凡經分配工作而不遵辦者
五、依保甲規約分配之任務而竟敢怠職者
前項所科罰金如不依限或無力繳納者得以一元折算一日易科拘留

第三十四條　坊鄉鎮長或保甲長濫用職權或貽誤要公者除以其他法令應受懲治外得按其情節依左列各款處罰

一、百元以下之罰金
二、當衆譴責
三、免職

第三十五條　凡遇左列情形之一者得由縣公署呈由道尹公署轉報省公署及內政綏靖部分別核奬或給卹
一、偵悉股匪潰兵來侵之企圖報告迅速而保全地方者
二、搜獲赤匪重要機關或擒獲著名匪徒經訊明法辦者
三、搜獲匪黨散兵祕運或埋藏之槍械子彈或大批粮秣者
四、協助軍警抵禦搜捕匪犯而異常出力者
五、對於保甲職務辦事成績異常優良足資摸範者
六、因檢舉匪徒致受報復因抵禦搜捕赤匪致受傷亡者

第三十六條　本條例如有未盡事宜得由省公署斟酌地方情形詳細擬定咨由內政綏靖部酌核修正之

第三十七條　本條例自公布之日施行

附各種表式
一、門牌
二、普通戶戶口調查表
三、船戶戶口調查表
四、寺廟戶口調查表
六、縣區戶口統計表第一表
七、縣區戶口統計表第二表
八、聯保連坐切結
九、坊鄉鎮保長圖記式

一、門牌

存根

縣公署　　為

存查事茲發給第　　區　　坊鄉鎮第　　保第　　甲

第　　戶戶長　　門牌一張除填發外特此存查

中華民國　　年　　月　　日

第　　字　　號

縣第　　區　　坊鄉鎮第　　保第　　甲第　　戶

門牌

類別／調查事項	戶長	眷屬 男	眷屬 女	附住 男	附住 女
姓名					
年齡					
居住年數					
職業		增減　口	增減　口	增減　口	增減　口
附記		口	口	口	口

牌

傭工		共計	說明
男	女		一、本門牌除户長應照事分別填湖外其餘只分類填寫男女口數 二、本門牌應懸門首以便隨時清查 三、經此次清查據各户長親屬附住傭工有遷移及增減時報明甲長轉報登記並在門牌上註明增減 四、此門牌不取分文由縣發給
口增減	口增減		
口	口		

二、普通住户户口調查表

縣第　區　坊鄉鎮第　保第　甲第　户

事別＼鎮別	户長	親屬稱謂			
姓名					
性別					
年齡					
出生年月日					
籍貫					
已未婚嫁					
是否識字					
居住年數					
職業					
有無槍械					
他往何處					
附記					

同居關係				傭工		共計
						男女
						口口現住男女
						口口他往男女
						口口

說明

一、凡戶不分正附一門牌分住數家而每家各推戶長者以數戶計同父兄弟雖分者仍同居者或雖非兄弟關係而由同居二家以上合推一戶長者均以一戶計異居者無論何種親屬關係以各戶計姻戚或同族相依過度及朋友隻身寄居者仍列入該戶同居欄內以一戶計店鋪以一招牌爲一戶無招牌者以門面計同一門面如有二鋪基係一鋪東者以一戶計係二鋪東者以二戶計前店後家而係家居同居者以一戶計不同主者以二戶計

二、凡戶長指同居親屬之尊長言兄弟同居者以兄爲戶長但有故障或尊長屬女性不願充任戶長者得指定行輩較次之一人爲戶長店鋪以店東爲戶長如店東不在店内以鋪掌理爲戶長合資店鋪以掌事之鋪東爲戶長前店後家同一主者從家之戶長

三、凡家長以外之人口如係戶長之宗親若父母姊妹兄弟子孫及其配偶等均填入親屬欄内並

註明稱謂其餘親友人等同居者填入同居者格內並須註明關係雇工人等填入傭工格內

四、姓名格內須填寫姓名不得用別號戶長更不得以某堂某字號等公共名稱雜填但婦人不便填寫者婦人得以氏女子得以長次等字代之

五、籍貫格內本籍者註其所居之地名同籍本省而不同縣者註縣名不同省者兼註省名

六、是否識字格內其識字者應註明識字程度其不識字者應註明不識字

七、居住年數格內本籍者人填世居如係客籍者則註明寄居年數

八、職業格內何業只填何業如無職業者即填入無字

九、每戶各占一頁若人口衆多之戶一頁不敷者得分填數頁但須註明某戶第幾頁

十、清查時如有肺病及其他可注意之事即在附記欄內註明

三、船戶戶口調查表

船戶戶口調查表　年　月　日

縣第　區　坊鄉鎮第　號特編船字第　號

類別／事別	姓名	性別	年齡出生年月日	籍貫	已嫁	未婚	是否識字	居住年數	職業	有無槍械	他往何處	附記
戶別												
親屬												

稱謂		同居關係				傭工		共計	
								男	女

說明

一、船戶以在陸地上無一定所在以船爲家者爲限非以船爲家而在陸上有一定住所者則以住戶戶口論應依住戶表編查不得重編船戶

二、凡船各以戶記

三、調查時雖值船他往或船上人口有他往者仍須填註但須將在地及事由註明於附記欄內

四、每船戶各占一頁若人口衆多之船戶一頁不能填註者得分填數頁但須註明某船戶第幾

頁

五、其他關於調查事項之說明參照住戶調查表

四、寺廟戶口調查表

寺廟戶口調查表　　年　月　日

寺廟名稱　　縣第　區　鎮鄉第　坊　保第　甲第　號　門牌廟字

類別＼事別	僧道名稱	姓名或法名	性別	年齡年月日	籍貫	是否識字	所在地居住年數	剃度年月日	附記
戶長									
徒衆									
傭工									
共計	男　女			口					

說明

一、稱寺廟者凡寺院庵廟宮觀禪林洞刹等皆屬之稱戶長者即該寺廟之住持
二、僧道名稱指僧尼道士女冠而言但以居住寺廟者爲限若香火道士行脚僧人不居住寺廟者則以住戶戶口論
三、各寺廟住持以外之僧道均入徒衆格內
四、姓名格內如道士之有姓名填其姓名其他不以姓名著稱者填以法名
五、籍貫指俗家屬籍而言
六、調查時雖值本人他往仍須填註但須將所在地及事由註明於附記格內
七、調查時須另行編號加一廟字以示區別
八、各教堂教會及清真寺應與寺廟視同一律但調查時應分別改填其相當名稱又徒衆一格亦應以居住該教堂教會或清真寺爲限
九、每寺廟各占一頁若僧道衆多之寺廟一頁不能填列者得分廟數頁但須註明某寺廟第幾頁
十、其他關於調查事項之說明參照住戶戶口調查表

五、 公共處所戶口調查表

公共處所戶口調查表

縣第　　區　　坊/鄉第　　鎮　　保門牌公字第　　號

名稱	公官私設	辦事人數		其他人數		傭工人數		共計	
所在地	主管人姓名	男	女	男	女	男	女	男	女

說明

一、公共處所凡公署兵營監獄習藝所學校工廠醫院祠堂教堂教會會館公所等皆屬之

二、祠堂會館醫院教堂教會等公共處所內有住戶者仍應另填住填户口調查表

六、　省　　縣户口統計第一表

七、　　省　　縣戶口統計第二表

類別	事別	區別 男	區別 女	總計 男	總計 女	備考
普通戶口	戶數					
	人口總數					
	現住					
	他往					
	壯丁					
	是否識字					
	職業 有					
	職業 無					
	非家屬同居者					
外國人寄居中國戶口	戶數					
	人口總數					
	現住					
	他往					
	壯丁					
	職業 有					
	職業 無					
	國籍之區別 英					
	美					
	法					
	俄					
	德					
	日					
	其他					
	無國籍人					

中華民國　　年　　月　　日

造報機關署名蓋章

填報例

一、縣與區所用統計格式一致惟在區者標題內某縣之下應加某區

一、各區報縣之表區別一欄改爲坊鄉鎮別應填坊鄉鎮名各縣報省者區別一欄應填區名

一、本表所列係屬格式其行應於製表時按照區之多寡增加之

省　　縣户口統計第二表

類別	事別	區別	男	女	男	女	總計 男	總計 女	備考
船户户口	户數								
	人口總數								
	現住								
	他往								
	壯丁								
	識字								
	職業	有							
		無							
	非家屬同居者								
寺廟户口	户數								
	人口總數								
	現住								
	他往								
	壯丁								
	識字								
	宗教	佛							
		道							
		回							
		耶							
		天主							
		其他							
公共處所	處數								
	人數								
	男								
	女								

中華民國　　年　　月　　日

造報機關署名蓋章

疫報例

一、各教堂教會中之外國人一面計其數於本表寺廟户口欄內一面仍計數於户口統計表外國人寄居中國户口欄內維須於本表備考說明其重複之數

一、户口統計表第一表填載例於本表適用之

爲出具切結事人結得甲內各户所填人口職業等項均屬實在並無爲匪通寓匪等情自出結後互相監察倘有上開不法行爲凡結聯保之人應即行報告核辦如有扶同隱匿不爲揭報者甘負連坐之責所具切結是實

縣別	區別	坊鄉鎮別	保別	甲別	户別	户主姓名	蓋章或畫押	甲長姓名	蓋章或畫押	附記

中華民國　　年　　月　　日

坊鄉鎮保長圖記式

(一)

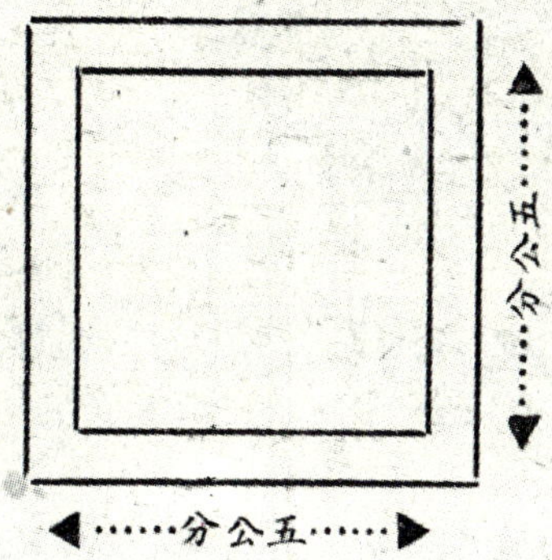

(二)

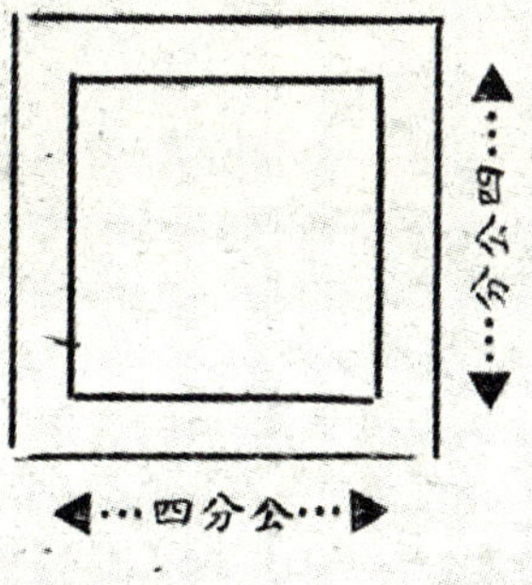

一、坊鄉鎮文曰『某縣第　區　坊鄉鎮圖記』

二、保文曰『某縣第　區　坊鄉鎮第　保圖記』

存根

杭州市政府　為

存查事茲發給第　區　坊第　保第　甲

第　戶戶長

門牌一張除填發外特此存查

中華民國　年　月　日

字第　號

門

杭州市第　區、坊第　保第　甲第　戶

調查事項別	姓名	年齡	居住年數	職業	附記
戶長					
親屬 男				口	增減 口
親屬 女				口	增減 口
附 男				口	增減 口

牌

住	傭	工	共計
女	男	女	男女
口	口	口	口
增減	增減	增減	增減
口	口	口	口

說明

一、本門牌除户長應照事分別填清外其餘只分類填寫男女口數

二、本門牌應懸門首以便隨時清查

三、經此次清查據各户長親屬附住傭工有遷移及增減時報明甲長轉報登記並在門牌上註明增減

四、此門牌不取分文由市政府發給

普通住户户口調查表

杭州市第　區　坊第　保第　甲第　户

年　月　日

事別＼類別	户長	親		
姓名				
性別				
年齡				
出生年月				
籍貫				
婚嫁已未				
識字是否				
居住年數				
職業				
槍械有無				
他往何處				
附記				

屬稱謂	同居關係

傭工

共計	現住	他往
男　口 女　口	男　口 女　口	男　口 女　口

船户户口調查表

年　月　日

杭州市第　區　坊第　號特編船字第　號

類別＼事別	姓名	性別	年齡	出生年月	籍貫	已未婚嫁	是否識字	居住年數	職業	有無槍械	他往何處	附記
户別												
親屬												

稱謂							同居關係					傭工		

共計	
男	
女	

寺廟戶口調查表

年　月　日

寺廟名稱　杭州市第　區　坊第　保第　甲第　門牌廟字　號

類別／事別	戶長	徒								
僧道名稱										
姓名或法名										
性別										
年齡										
出生年月										
籍貫										
是否識字										
所在地居住年數										
剃度年月日										
附記										

公共處所户口調查表

名稱

所在地

杭州市第　區　坊第　保門牌公字第　號

共計	衆傭工										
男女口											

公官私設	主管人姓名	辦事人數		其他人數		傭工人數		總計	
		男	女	男	女	男	女	男	女

爲出具切結事人結得甲內各戶所填人口職業等項均屬實在並無爲匪通窩匪等情自出結後互相檢察倘有上開不法行爲凡結聯保之人應即行報告核辦如有挾同隱匿不爲揭報者甘負連坐之責所具切結是實

市別	
區別	
坊別	
保別	
甲別	
戶別	
戶主姓名	
蓋章或畫押	
甲長姓名	
蓋章或畫押	
附記	

杭州市

第　區

第　坊

第　保

第　甲

第　戶	第　戶	第　戶	第　戶	第　戶

中華民國　年　月　日

工商業

杭州市參燕業同業公會會員

西蜀商店參燕銀耳莊	地址	太平坊三十號
益元參燕號	地址	望仙橋靴兒河下三號
寅豐參燕號	地址	清河坊四二號
裕昌參燕號	地址	清河坊七十號
葆元參燕號	地址	壽安路二七號

農工商事業過去檢討與將來之希望

緒言

溯自事變以後一切事業毋論鉅細莫不遭遇數十年來未有之厄運當秩序未復時人民顛沛流離百業停頓市廛蕭條民無以生目睹當時亂離之象者皆以爲地方經此大難元氣損傷民乏餘資遑談復興然而時逾二載昔之冷落街頭今則熙來攘往途爲之塞而市場之繁榮燦爛以與嚮者相較奚啻天壤雖與事變前之情形不能相提並論然以短促之時間有限之財力而發展至得最高之成效雖云民力使然但何故市長之毅力精神洵足多者雖不幸而遭狙擊致各種進行事業遽告停頓但各事業一經策動其一貫之前進力曾未中止仍在繼續策動今得吳市長來杭主政下車伊始即提綱挈領擇要施治將來之快速邁進可拭目而待然論改革必先知其所以然者始得定取舍之方得過去之經驗愈多則處理之結果愈臻美善乃理之必然故爲求將來之進步起見更須退而研究改善提討取法於過去之設施情形則在有所依循之下可得更完善之發展孰曰不宜爰特將過去之農工商事業經過之情形檢討之於先然後再列論將來之發展希望尚幸予以賜言俾資依據

(一)農業方面　杭市戰後之農業所受影響尚少以地方秩序恢復甚速耕農均得重返田園從事耕種且杭市農產素以茶及雜糧爲大宗米僅少數故迄至日前已得漸復常態即以茶產而論去歲收成以時局未靖產量慘落不過十萬元左右今歲人民返里者日衆時局安定得以悉心耕作又經政府促令組織茶漆業同業公會統制管理之結果其出產竟銳增至二十四萬元一時茶商茶戶及經紀人均甚活躍呈未有之繁榮氣象但據茶戶所稱今歲茶山以兩年不經整理施肥出產頗受影響則預料明

年之茶葉可更臻蓬勃矣其他雜粮若麥荳瓜果蔬菜其出產足以供給本市之食用而有餘惟遠離市區之地則以受匪徒之侵擾不能恢復常態米麥雜粮均產四、六、七各區六區尤饒並有特產棉花綠蔴藥材四、五兩區為產茶區即聞名全國之龍井茶產地茶絲兩項同為杭市兩大名產杭市繁榮胥賴此兩項出產也市府並曾舉耕牛借貸以濟佃農之不及但市區農民多為自耕農對耕牛之需要甚少故是項計劃未曾見諸實現揆之實情杭市農產應重於茶蔬菜雜粮棉花之出產是項種植品欲改良其品質增加其出產額首應注重種植之改良農民類皆墨守陳法不知利用科學方法故出產均賴天時人力初不能預計歉豐其影響至大吾人覺應有設立農產實驗場之需要以資研究杭市各區土壤之成分應施用何種肥料適於何種之種植然後以實驗所得施之於農民務使農民普遍通曉科學種植之重要乃使易於增加產量之農產品大量擴張其種植面積則農產質量方面均能平均提高農村經濟可臻健全鞏固乃意料中事也目前距市區遼遠之地以萑苻未靖農民之趨避致不能種植者有之其能種植而不能依照平時之產量者亦有之總之尚未得安就所業克享農村之樂此則又待乎和平之未臨矣

二、工業方面　杭市在過去雖非工業區然為出產絲綢之發源地故織綢工業方面甚為發達現以機綢業尚未恢復原狀故均為小規模之工業尚未臻完全企業蓋戰後各工廠均遭破壞恢復不易必須有大額之投資方能達復蘇之望但甫經大亂向之擁有資產者相率避居他方甚至為企業主者亦棄其所營而遠走彼等藉時局未安定為詞觀望不前故目前大規模企業除政府所有者外均未能即速復業吾人未能引為滿意者也試以戰前後之工廠數相較至為明顯茲略舉之以作參考

工廠類別	事變前家數	事變後家數

一、鐵工廠	一〇三	二七
二、棉織廠	三三	一〇
三、營造廠	六三	四
四、肥皂廠	一九	三
五、鋼扣廠	九	一
六、牛奶廠	四	二

上列僅爲已知之一部份其無從調查者尚不在內其相差數最多約爲十六倍即可見戰前後企業活動之程度故茲者實爲目前應予解決之一大問題蓋其相差數最大者爲應用最廣之企業其差數較小者爲不重要之企業以前者恢復爲難而後者資本較小恢復自易然大規模之企業收容工人數亦多其開業與否對社會經濟有甚大之影響其開業閉業每致影響數百數千之工人生活問題簡接而對社會之安定社會經濟之流動莫不一髮動而全身皆動善則社會安定百業振興胥賴於是惡則社會經濟之崩潰社會之恐慌莫不肇於是故目前數千失業工人在追求職業之際應如何之措置始能得圓滿之結果則莫若獎勵提倡手工業製造日用品由政府指導監督之設經營發達而後可發展爲正式之企業在政府亦僅以少數之的款辦理之而人民得有所業雙方均蒙其惠無形中一切恐慌問題亦因是而解決目前杭市無業人民至爲衆多若輩日無所事乃造成多數偷盜等不良行爲饑寒生盜賊茲言不虛吾人對茲極應採取治本之辦法即使彼等之生活問題得以澈底解決可毋需用治標之辦法以治標且不持久也總之對恢復舊有業爲目前所不可能則求而之次亦必使人民得不坐以待斃斯爲然乎

三、營業登記方面　自杭市秩序底定自治會成立即從事辦理各種工商營業之登記惟限於範圍除小規模者外未有詳盡之計劃迨市府成立乃刷新各項組織擬訂工商業暫行組織辦法及辦理發給工商業營業執照手續等各種法規使商民得以準繩故商民之復業前來登記者極爲踴躍在去歲八月間爲登記數之最高峯普通及特種工商業工商業共計一六七四戶約爲其他月份登記總數之三倍其他月份之登記數約在一百戶至三百戶之間截至現在止(六月底)普通工商業登記總數爲四〇八六戶特種工商業登記總數爲三〇四戶總數爲四三九〇戶資本額自三百元以下起至十萬元以上止分爲九級資本總額爲一、七二六、四四五元可謂係市府成立後之著績但以本府現對請領執照者尚未採最嚴格制度故亦有少數商店未領執照故約計杭市商店爲五千戶資本總額可達二百萬元與事變前之比較約爲二分之一在遭兵災後年餘之時間已有如此之成績何故市長之功實不可沒(此後秩序日趨安定民衆歸鄉日衆當可更易新面目)惟目前各商號小資本者固抱貿利主義其規模較大資本較雄厚者往往抱敷衍及維持夥友爲目的不求發展營業故欲恢復事變前之舊態尚待時間之促進也

四、促進同業公會方面　杭市商業之復興既如上述則爲統制便利及商民之利益起見自有推行同業公會之必要且政府與商民間之連帶關係至爲重要不能不連絡因政府爲有組織之行政機構而商民爲散漫無統制之羣衆不易直接發生連繫惟同業公會始爲政府與民衆間之連繫者故商業一臻繁榮同業公會之設立即屬刻不容緩之急務爰於一月間召集各同業領袖開會促進其即速成立同業公會並擬訂「杭州市工商業同業公會暫行組織辦法」「杭州市人民或工商等項團體舉行會議申請書」俾資遵照其間並經商會之協助迄至目前止已成立之同業公會計二十六家在籌備

中西未成立者計十家與事變前之公會數相較相差尚大惟與京市公會相較僅差三家然在戰後原有同業公會負責人均未來杭得此亦覺匪易已成立各公會努力工作者固不在少但亦有二三公會因經濟人力關係不能儘量推行會務吾人為謀促進公會之能力起見擬予以經濟上之補助並實施嚴密之推動會務計劃使其機構完整力量普遍實施則匪特公會本身可臻健全且由而產生之商會亦可為有力之機構前途希望正無窮盡

五、度量衡方面　查度量衡新制本局奉令繼續推行即於去年八月間呈擬「規復杭市度政之暫行辦法」經市府核准施行茲將該辦法刊列於下：並將最近工作進行概況略述於左以供關心社會事業者作一參考

暫行辦法（附件）

（一）按照該辦法之第一步本局業經奉頒標準器之一部份其餘標準器具亦在繼續請領中一方面函請工務局製備衡器量器檢定並定製檢定火烙印架以為清理雜亂量器之第一步本局準備於必要時成立度量衡檢定所以一事權以利推行

（二）本局鑒於度量衡成器之紛亂影響商業前途甚巨故曾擬籌設度量衡製造廠精造民用度量衡新器以公造公賣性質出現期杜絕流弊推行迅速惟因當時交通不便材料來源缺乏且市面亦未臻繁榮是以中途罷議誠屬遺憾目前市況已漸趨繁榮不久仍擬籌設使度政前途入於正軌而商賈之間亦不致有所紛擾

（三）在檢定所未成立之前本局即從事於一切之準備以期將來收事半功倍之成效如舉辦營業登記舉行製造店調查以及尋覓相當房屋作為度量衡檢定室等（附登記辦法調查表式樣）

（四）本局鑒於戰後地方原氣衰頹民食關係整個動脈如不善加處理即有混亂不可收拾之危險而度量衡中之量器復爲糧食中之最重要器具其影響亦最大本局爲調節民食重視度政而免貧民受剝削起見特舉行全市量器總檢驗前後五日計檢得升斗量器九百件之多其中經過修理準確者在半數左右此項工作對於保障民食甚多裨益

（五）查度量衡新制貴在普遍推行本局除呈請市府佈告並通令所屬行通用外並製定度量衡單位簡明換算表數種函發各機關學校懸掛以作參考（附表式）復爲明瞭全市度政之劃一情形並爲便於統計及管理起見現正從事調查本市各機關公用度量衡器之數目及是否適合標準（調查表式兩種）（附件）又編製本市歷來新舊器之比較及物價折合表一種（附表式）分發各機關學校及各同業公會以資參考以期便利推行

（六）在製造廠未成立以前本局爲便利市民採購新器及杜絕不合法度量衡器輸入起見呈請飭令貨物經理所兼營新制度量衡器具以及有關度量衡之文具等件之買賣以爲倡導並飭令各收稅卡檢查輸入之度量衡器以昭慎重而免紛亂

（七）本局爲重視度政之推行起見呈請飭令警察局通令所屬查禁不合法度量衡器之販賣並糾正各所屬機關沿用不合標準之度量衡器而期普遍劃一

（八）最近本市商業日見繁榮各種交易亦逐漸旺盛度量衡器之使用亦日見繁雜本局爲求徹底劃一起見擬於最近舉行全市度量衡器總檢查（附檢查登記表）而期得收實效本局爲求徹底劃一新制起見擬積極推行檢定檢查工作復以市內度量衡器製造商經督促而先後復業者已有二十餘家之多其所出成器亦屬可觀茍非予以合法之管理則劃一前途將有不堪設想之虞是以檢定所之設

置為目前所迫切需要者本局除呈請實業部續發度量衡標準器外並擬於檢定所成立以後另設一規模較大之民用度量衡器製造廠一所以製造精密之成器藉以輔助新制之推行以上係本局之度量衡工作概況及目前之計劃尚有不週及遺漏之處望我市內明達之士加以指正教益不勝幸甚

杭州市糧食管理委員會簡章

一、本會定名為杭州市糧食管理委員會

二、本會以調節本市糧食評定市區內米價為宗旨

三、本會以左列委員組織之

（一）杭州市政府祕書處一人（限於祕書科長）

（二）杭州市社會局第二科一人

（三）杭州市商會一人

（四）杭州市公安局一人

（五）杭州市米業公會二人

（六）米行公會一人

四、本會設常務委員一人以市政府代表担任之

五、本會定每星期三開會一次遇必要時得召集臨時會議

六、本會須有委員半數以上之出席方得開會出席委員半數以上之同意方可決議可否同數取決於主席

七、本會議定價目除函報杭州市政府查照外應通告市區以內米舖一律照辦倘各鄉鎮米價確有
不能劃一時得由各該米舖聲述理由檢同辦貨憑證函請本會隨時開會議決
八、各米舖米價倘有不待本會議決擅行變價者得由本會議定罰法函請公安局執行
九、本會附設於市政府
十、本簡章呈奉　市長核准施行

杭州市農民借貸耕牛暫行辦法

第一條　杭州市政府救濟農村扶助市區農民耕種俾資增加生產起見特制定本辦法

第二條　市區農民借貸耕牛由市屬各區區公所遵照本辦法辦理之

第三條　借貸耕牛之市區農民以確係有田無力購備耕牛者爲限

第四條　農民借貸耕牛凡聯合集田滿四十畝至五十畝者得推舉田畝最多之農民一人爲代表申請借貸耕牛一頭其耕種田畝如單獨滿三十畝至五十畝者亦得自行申請借貸

第五條　農民申請借貸耕牛須先期填具申請書送請該管區公所請求登記經審查合格後貸予之其申請書內須填明左列各款
一、申請人或申請代表之姓名年齡籍貫住址及身份證號碼
二、耕田畝數
三、田畝所在地
四、每年收穫平均數

五、有無畜牛經驗
六、有無畜牛設備
七、兩家殷實鋪保
八、備考

第六條　農民借貸耕牛價格一律規定爲每頭　　元於借貸開始時先繳代價百分之三十餘數分左列兩期清繳

一、第一期繳款　二十八年五月底以前繳付百分之三十
二、第二期繳款　二十八年十月底以前繳付百分之四十

第七條　農民借貸耕牛如確係無力遵照規定繳款期限繳還價款者須於事先陳明理由經該管區公所調查屬實呈報本市政府社會局核准得予展期五個月至七個月但每戶以展期一次爲限

第八條　農民借貸耕牛如無法歸還價款者其欠繳部份概由保證人負責代爲照數賠償

第九條　貸給農民耕牛由本市政府精密剔選分別編號烙印發交各區區公所召集承貸農民抽籤貸領

第十條　農民貸借耕牛於牛價償還清楚時即取得耕牛所有權惟在未償清牛價以前對於所貸耕牛不得有轉借變賣情事違則嚴重處罰

第十一條　農民貸得耕牛須善加愛護倘因過度役使操作致耕牛中途受傷死亡者概由借貸農民負責

第十二條　農民借貸耕牛一律由本市政府社會局製發耕牛保護證於開始貸給時交由各區區公所轉給貸牛農民存執概不收費

第十三條　各區區公所在農民承貸耕牛期內應隨時派員赴貸牛農民居在地巡查察看

第十四條　各區區公所辦理農民貸牛事項應於二十八年二月六日以前將申請登記借貸戶數及需要耕牛頭數編造清冊呈報本市政府社會局

第十五條　各區區公所登記貸牛頭數如彙計總數不滿五十頭得宣告暫行保留停止借貸

第十六條　本辦法經杭州市政府核准公布施行如有未盡事宜得隨時修正之

農民借貸耕牛申請書

（杭州市第　　區區公所承辦）

申請人或申請代表	姓名		年齡		籍貫	
	詳細住址					
	身份證號碼					
田畝	數量					
	所在地					
	每年收獲平均收入					
平日有無畜牛經驗						
現時有無畜牛設備						

申請貸借耕牛隻數	
申請年月日	

殷實商鋪具保				
牌號	店址	資本額	經理人姓名及身份證號碼	蓋用商店戳記

備考	

區長審核意見	審核者簽名蓋章

申請人（簽名）印鑑

附註：此項申請書須繕送一式兩份由該管區公所存查并彙報杭州市政府社會局備案

杭州市社會局取締挑埠規則

第一條 凡在杭州市以挑埠爲營業者皆適用本規則之規定

第二條 凡欲開設挑埠者須向該管區公所領填營業申請書由區公所查明轉呈社會局核准給予營業執照後方准開設其申請書應開明左列各款

一、挑埠主人姓名籍貫年齡住址及户籍證號碼

二、設埠地點（應附略圖並說明）

三、牌號
四、挑夫人數及其姓名年齡籍貫住址及戶籍證號碼
五、五家以上殷實商家保結

第三條　該管區公所受前條之申請後須派員調查屬實始得轉呈請發給執照如查得舖保不實及有不正當之行爲或有妨礙他埠之營業者不得轉請執照前項執照在每年三月換給一次繳納執照費一元

第四條　凡挑埠雇用挑夫須年滿十八歲以上五十歲以下身體强壯熟悉途徑而無不正當行爲者

第五條　凡挑埠須自備三聯單薄遇承挑貨物時將物件大小數目挑費數額挑送起訖地點及挑夫之姓名分別載明一聯交物主收執一聯存埠一聯按旬報送區公所（轉呈社會局）備查

第六條　凡挑夫不得沿途兜攬生意

第七條　凡挑夫對於貨客不得於定價外別立名目任意需索

第八條　挑夫價目由各挑埠自行協議按照挑送地點之遠近及物件之輕重詳細列表由該管區公所轉呈社會局核定後呈市政府備案

第九條　凡遇承挑物件如有遺留在埠應立即送交原主查收若已給聯票後在中途遺失者該埠須負賠償責任

第十條　如遇托運人暨挑埠間發生糾紛時應由該管區公所負責處理調解之

第十一條 凡挑埠如有變更第二條所列各款時仍須遵照同條手續重行申請

第十二條 凡遇挑埠無照營業者應由區公所勒令登記如違不遵照者得處以十元以下之罰金

第十三條 凡違反第五條至第七條者處以五元以下之罰金

第十四條 前項罰金各該管區公所應製給收據並將存根罰金於每月終一併報解社會局核收

第十五條 本規則如有未盡事宜得隨時修正之呈請市政府備案

第十六條 本規則自呈奉市政府核准公布施行

請領營業執照申請書

牌號		地點		種類	
申請人姓名		年齡		籍貫	
住址					

股東姓名	年齡	籍貫	住址

挑夫姓名	年齡	籍貫	住址

營業執照

杭州市政府　　爲
發給營業執照事案據第　　區公所呈報據市民　　聲稱在　　地方
第　　號門牌開設　　請准予發給營業執照等情據此經核與杭州市取
締　　暫行規則相符合行發給執照以資證明
右給　　收執
市長
社會局局長
中華民國　　年　　月　　日
字第　　號

字第　　號

存根

杭州市政府　　爲
發給執照事據第　　區公所呈報據市民　　聲稱在　　地方第
號門牌開設　　請准予發給營業執照等情據此經核與杭州市取締
暫行規則相符除發給執照以資證明外留此存根備查
中華民國　　年　　月　　日
字第　　號

領用運輸通行旗證保證書

立保證書人　　　　今願保證　　　　號店主　　　　領用運輸通行旗一面暨運輸憑單一紙限於　　月　　日繳銷敬乞准予頒給如有逾期不將原旗證繳銷或避不遵繳罰金及其他不法行爲均由保證人完全負責謹上

杭州市政府社會局

立保證書人

印鑑

牌號

住址

職業

中華民國　　年　　月　　日

注意：辦理發給運輸通行旗證手續印於背頁務各遵守

一、聲請領用運輸旗證之商民以曾經給有營業執照之工商業爲限但機關及團體因公務或事業上之需要請求發給旗證者不在此例

二、爲愼重起見請領旗證之商民概須覓具舖保填送保證書呈局以憑存核機關及團體則無須覓保惟須用正式書面向局請領

三、每一商號或每一機關團體每次以領用旗證一份爲限每份須繳手續費大洋二角

四、領用旗證須預先報明期限每次最多不得逾三日（但有特殊情形者得於事先陳明請求酌寬日期）到期須將原領旗證呈局繳銷

五、領用旗證之商民如逾期不來局繳銷原旗證者其超過日數按日處以罰金壹元倘有避不繳納者本局得責成原保證人負責追究並照繳罰款

六、領旗證之商民如有運輸貨物應向本市直轄稅收機關完納稅項違則嚴懲但搬運自己貨物不屬進出口買賣性質者不在此限

發給運輸通行旗證繳費收據

今收到聲請人　　號店主　　繳到請領運輸旗證手續費大洋二角除掣給通知單交由該聲請人逕向本會祕書處換領運輸通行旗一面暨運輸憑單一紙外特給此據存執

注意：旗證限於　　月　　日繳銷倘或逾期不繳每日處罰金壹元

經手人

中華民國　　年　　月　　日

字第　　號

辦理發給運輸旗證手續

領取運輸通行旗證通知單

茲據聲請人　　號店主　　聲請領用本會運輸通行旗一面暨運輸憑
單一紙限於　　月　　日繳銷所有聲請手續業已辦理完竣即請
查照發給爲荷此上
秘書處
經手人
中華民國　　年　　月　　日

字第　　號

發給運輸通行旗證收費存根

今收到　　號店主　　繳到運輸通行旗證手續費大洋二角業經通知
秘書處准予發給運輸通行旗一面暨運輸憑單一紙并限於　　月　　日繳銷除
掣給收據及通知單外立此存根備查
經手人
中華民國　　年　　月　　日

一、聲請領用運輸旗證之商民以曾經給有營業執照之工商業爲限但機關及團體因公務或事業上之需要請求發給旗證者不在此例

二、爲愼重起見請領旗證之商民概須覓具鋪保填送保證書呈局以憑存核機關及團體則無須覓保惟須用正式書面接洽請領

三、每一商號或每一機關團體每次以領用旗證一份爲限每份須繳手續費大洋二角

四、領用旗證須預先報明期限每次最多不得逾三日（但有特殊情形者得於事先陳明請求酌寬日期）到期須將原領旗證呈局繳銷

五、領用旗證之商民如逾期不來局繳銷原旗證者其超過日數按日處以罰金一元倘有避不繳納者本局得責成原保證負責追究并照繳罰款

六、經辦發給旗證事項人員須按日將發出收回旗證份數及起訖號數分別列報主管科科長核轉局長備查并將收回憑單逐份加蓋作廢印戳黏貼原根以憑考核

七、經辦發給旗證事項人員須按日將收得手續費及罰金分別彙繳會計處轉解財政局核收

八、是項發給運輸旗證事項由社會局第二科指定特別工作人員負責辦理之

九、領旗證商民如有運輸貨物應向本市直轄稅收機關完納稅項違則嚴懲但搬運自己貨物不屬進出口買賣性質者不在此限

杭州市工商業申請領取營業執照暫行辦法

第一條　凡在杭州市轄境內經營工商業者均應依照本辦法之規定

第二條　凡經營工商業者不論開始營業或恢復營業均應覓具兩家殷實鋪保向杭州市政府社會

局領塡申請書及保證書申請審查合格給予營業執照後方准營業其申請書保證書式樣另定之

第三條　凡經營工商業者領取營業執照後如欲變更牌號改變店主遷移店址或改變營業種類者應另具申請書請求換領營業執照方准營業（完全手續）

第四條　領取營業執照時須遵繳下列各費

（甲）印刷費——不論營業資本額之多寡每份納費一角二分

（乙）執照費——營業資本額在三千元以上者如甲種納費二元

營業資本額在二千元以上者爲乙種納費一元五角

營業資本額在一千元以上者爲丙種納費一元

營業資本額在五百元以上者爲丁種納費六角

營業資本額在三百元以上者爲戊種納費四角

凡領取營業執照之工商業其資本額不滿三百元者免收執照費超過三千元者其超過部份按每千元增加納費五角累進計算

第五條　營業執照應懸於營業場所明顯易見之處並不得轉借他人

第六條　凡已經開業之工商業如依法停止營業時應將營業執照呈請核銷

第七條　營業執照如有遺失或損毀時應先登報聲明再行備文呈請補發其納費手續仍照本辦法第四條規定辦理

第八條　凡違反本辦法第二條三、五、七各條規定者應酌量處以十元以上百元以下之罰金其

情節較重者幷得吊銷其營業執照

第九條　本辦法自公布日施行

第十條　本辦法如有未盡事宜得隨時修正之

辦理發給工商業營業執照手續

（一）申請領取營業執照之商店或工廠須先期前來本市社會局領填申請書及保證書其領填手續如左

甲、申請書　照式填送兩份須蓋用商店或工廠圖記及店主或經理人印鑑內一份由社會局存案一份送財政局備查其應受衛生檢定或工務審查之工商營業須另行加填申請書以憑分別核轉

乙、保證書　照式填送一份須由保證人分別簽署加蓋印鑑及商店圖記由社會局存備查考

（二）申請領取營業執照之商店或工廠於填送申請書及保證書時幷須於左列各項證明文件中檢取一種一併繳驗

甲、已領有營業執照或許可證者

一、前治安維持會頒給之營業執照

二、前自治委員會頒給之營業執照

三、大日本憲兵隊核給之正式營業許可證

乙、未領有許可證或營業執照者

一、杭州市商會掣給之復業登記證

二、租用店屋之正式契約

（三）申請領取營業執照之商店或工廠所呈繳之申請書保證書及證明文件經審核後如認爲手續不合或有可疑之點得拒絕其申請

（四）申請領取營業執照之商店或工廠所呈繳之證明文件經核准登記後概行加蓋「杭州市政府社會局驗訖」字樣圖戳原件仍予發還

（五）核准發給營業執照之商店或工廠須遵章繳納手續費及印刷費由本府製給收據及換領執照憑單以資執存

（六）核准發給營業執照之商店或工廠須於一星期後持具換領執照憑單前來換領營業執照

（七）核准發給營業執照之商店或工廠倘有將本府製給收據及換領執照憑單損毀或遺失者須登報聲明作廢並由原保證人具書證明方准補給

（八）辦理發給營業執照時間爲每日上午八時半至十一時半下午一時半至四時半

聲請領取營業執照

租用店屋調查報告

商店牌號	
所在地	
賃屋人姓名	
房主姓名	
相當負責人姓名	
介紹人姓名	
相當負責人與主房之關係	
介紹人與賃屋人之關係	
介紹人與房主或相當負責人之關係	
租用房屋情形與租約所載是否相符	
調查者意見	
調查日期	年　月　日

調查員　簽名蓋章

杭州市政府

工商業申請登記保證書

立保證書人　　今願共同保證　　確係正當

商民現擬在　　地方第　　號門牌開設

字號　　店/廠　敬乞

准予登記給發營業執照如有不法行為由保證人

完全負責謹上

杭州市政府

立保證書人

印鑑

牌號

住址

職業

身份證等　　號

印鑑

牌號

住址

職業

身份證等　　號

中華民國　　年　　月　　日

杭州市政府

工商業登記申請書

字第　　號

<table>
<tr><td rowspan="2">商號名稱</td><td>牌號</td><td colspan="6"></td></tr>
<tr><td>地址</td><td colspan="6"></td></tr>
<tr><td colspan="2">營業種類</td><td colspan="6"></td></tr>
<tr><td colspan="2">資本金額</td><td colspan="2"></td><td colspan="2">獨資或合資</td><td colspan="2"></td></tr>
<tr><td colspan="2">經理姓名</td><td></td><td>年齡</td><td colspan="2"></td><td>籍貫</td><td></td></tr>
<tr><td colspan="2">住址</td><td colspan="6"></td></tr>
<tr><td colspan="2">開設年月日</td><td colspan="6"></td></tr>
<tr><td colspan="2">登記年月日</td><td colspan="6"></td></tr>
<tr><td colspan="2">繳驗證件</td><td colspan="6"></td></tr>
<tr><td colspan="2">身份證明書</td><td colspan="6">等第　　號</td></tr>
<tr><td colspan="2">備考</td><td colspan="6"></td></tr>
</table>

商店蓋章　　　　經理人蓋章

杭州市政府

工商業請領營業執照繳費收據

今收到

廠公司行號繳來營業執照印刷費執照費　　元　　角　　分

正此據

經手人

中華民國　　年　　月　　日

字第　　號

杭州市政府

換領營業執照憑單

茲查商人　　在　　地方第　　號門牌開設　　廠公司號行經

本府審查合格憑本聯單准予發給第　　號營業執照

經手人

中華民國　　年　　月　　日

字第　　號

杭州市政府

請領營業執照繳費存根

今收到

廠公司行號繳來印刷照執費　　元　　角　　分正除發給第　　號營業

執照外留此存根備查　經手人

中華民國　　年　　月　　日

杭州市政府社會局

徵收營業執照費通知書

茲據

申請工商業登記在　　地方第　　號門牌開

設　　廠公司行號　業經本局審查合格准予發給第　　號營業執照依領取營業

執照暫行辦法第四條規定營業資本金　　元應徵收執照費銀　　元　　角即希

貴局照數核收見覆備查特此通知此致

財政局

社會局

中華民國　　年　　月　　日

此聯由繳款人交送
財政局存留備查

社字第　　號

杭州市政府社會局

徵收營業執照費通知回單

茲准　字第　號第一聯通知申請工商業登記人　開設

廠/公司/行/號應繳營業執照費銀　元　角業已如數收訖除將第一聯

截存作賬並填給收款收據交由繳款人收執外特此復知此致

社會局　財政局

中華民國　年　月　日

此聯由繳款人繳款後送交社會局換領執照

社字第　號

杭州市政府社會局

徵收營業執照費通知存根

茲據　申請工商業登記在　地方第　號門牌開

設　廠/公司/行/號業經本局審查合格准予登給第　號營業執照依領取營業執照

暫行辦法第四條規定營業資本銀　元應徵收執照費銀　元　角除填製一二

兩聯通知財政局照數核收見覆外特留存根備查

經辦人

中華民國　年　月　日

此聯社會局存查

一年來之杭州社會　工商案　二七

工商業營業執照

杭州市政府　為

發給執照事據　呈請在本市轄境　地方第

號門牌開設　店核與杭州市工商業申請領取營業執照暫

行辦法相符合行發給執照以資證明

右給　收執

市長

社會局局長

中華民國　年　月　日

社字第　號

字第　號

存根

杭州市政府　為

發給執照事據　呈稱在本市轄境　地方第

號門牌開設　店核與杭州市工商業申請領取營業執照暫

行辦法相符除發給執照外留此存根備查

中華民國　年　月　日

社字第　號

工商業營業執照

杭州市政府　為

發給執照事據　呈請在本市轄境　地方第

號門牌開設　店核與杭州市工商業申請領取營業執照暫

行辦法相符合行發給執照以資證明

右給　收執

市　長

社會局局長

中華民國　年　月　日

社字第　號

字第　號

存根

杭州市政府　為

發給執照事據　呈稱在本市轄境　地方第

號門牌開設　店核與杭州市工商業申請領取營業執照暫

行辦法相符除發給執照外留此存根備查

中華民國　年　月　日

社字第　號

杭州市人民或工商等項團體舉行會議申請書

團體名稱		
所在地		
主持人	職銜	
	姓名	年齡　籍貫
	職業	
	詳細住址	
	身份證號碼	
開會地點		
預定開會日期	起	月　日　時
	迄	月　日　時
會議召集人數	出席	
	列席	
會議目的及預定討論事項		

申請年月日	備考

申請人　　（簽名蓋章）

附記

一、凡團體舉行會議須於會期前七日向杭州市政府社會局領填申請書依照填具一式四份正式備文呈送社會局核奪

二、前條申請書以一份存社會局餘三份送警察局分別查轉關係方面接洽核辦其核辦結果由警察局通知社會局以憑轉飭知照

三、此項申請書由申請人向杭州市政府社會局領填每開會議一次填送一式四份候核飭遵

四、此項申請書除由申請人簽名蓋章外并須逐份加蓋團體正式印記

五、如列有會議日程應檢四份一併呈送

六、凡團體申請開會非經批示照准不得率先舉行如違嚴予查究

七、凡團體申請開會經批准後應照呈報時日如期舉行不得擅行變更

八、凡團體申請開會經呈奉核准舉行會議時警察局均須派員到場監視

杭州市工商業同業公會暫行組織辦法

第一條　凡在本市轄境內有固定牌號經營各種正當之工商業均須依照本辦法之規定組織同業公會

第二條　同業公會以維持增進同業之公共利益及矯正營業之弊害爲宗旨

第三條　同業公會之組織須有同業公司行號七家以上之發起但同一區域內以一會爲限前項發起人先行造具名冊填明牌號營業地址及營業主或經理人姓名經歷附同章則規約草案各二份呈由本府核奪經派員視察認爲合法後許可其組織並須於一月內成立及設置辦事處於本市區域內

第四條　同業公會組織完竣後即須造具全體會員名冊送請備案經本府圈定候選人再行定期召開會員大會並呈請本府派員出席指導監選

第五條　同業公會章則規約須有同業公司行號代表三分之二以上之通過方得議決修正時亦同前項規章應載明左列各款

一、名稱及所在地

二、辦理之事務

三、組織及職員之選任

四、關於會議之規定

五、關於同業入會出會及會員除名之規定

六、關於經費之籌措及保管出納辦法

七、關於違背會章之處分方法

八・公會之存在期間

第六條　同業公會會員之代表每一商店得派代表一人但其最近使用人數超過五十人者得增加代表一人如商店在一千家以上每五家互推代表一人在一千五百家以上者每十家互推代表一人如在二千家以上者每二十家互推代表一人爲會員代表出席會員大會

第七條　有左列各款情事之一者不得爲同業公會會員之代表

一・受破產之宣告尚未復權者

二・褫奪公權者

三・非實際從事本業者

四・未領取身份證明書者

五・無行爲能力者

六・未領營業執照者

第八條　凡同業公司行號不論專營及兼營斯業者均得爲同業公會之會員如一商店而兼營數業者既已加入甲業公會得免加入乙業公會但須遵守乙業之各項規章及義務

第九條　同業公會不得以其名義爲營利之事業

第十條　同業公會得設委員七人至十五人由委員中互推常務委員三人或五人就常務委員中選任一人爲主席（或會長）均爲名譽職但因辦理會務得核實支給公費

第十一條　同業公會有違背法令逾越權限或妨害公益及委員間意見紛歧糾紛迭起及其他不正當行爲者得由本府派員指導整理或勒令解散其同業公會職員或會員有違背章約或

其他重大情節者得由公會議決令其退職或勒令停業並須呈報本府備案

第十二條　同業公會之預算決算按照會計年度造送呈核其經辦主要會務應每月造具工作報告

第十三條　同業公會組織成立後呈由本府刊發圖記應納國幣四元改組時亦同

第十四條　本辦法施行前其原有之工商各業同業團體不問其用公所、行、會、會館、或其他名稱其宗旨合於本辦法第二條所規定者均應於本辦法施行後一個月内依照本辦法改組

第十五條　本辦法如有未盡事宜得隨時修正之

第十六條　本辦法經杭州市政府公布施行修正時亦同

公益救濟

傷外專科

沈保慶

診所　鹽橋直街廿一號

掛號两角

贈送　神效肝胃氣痛藥

精理内傷外損接骨入口骱癰疽疔瘡楊梅下疳五淋白濁魚口便毒以及遠年瘋氣針灸腰痠背痛童子勞症肝胃腹痛食積痞塊咳嗽吐血善取多牙多骨等症皆有挽回造化之功本醫生費廿餘年血心研究丸散膏丹專治各症另立仿單使服故能沉疴奇效恐有假冒特此聲明佈告貧病施藥施診

淋病梅毒專家

郭競志醫士

診所　本市英士街十二號

本醫士對於新淋當日止痛三天包好久濁指日全愈梅毒疳氣藥到病除未出頭魚口横痃用特種方法治療無須開刀限日消散一無痛苦之憂盡可胆大放心也

杭州市市民失業登記表

字第　號

職業種類　界第　號　身份證　等第　號

姓名	住址	出身	經歷	擅長技能	家庭狀況	介紹工作處所 月日	備考
性別				失業時期 年 月	證明人		
年齡				失業後生活狀況	簽名蓋章 住址 住址		
籍貫	從前職業						

字第　　號

職業種類　　界第　　號

茲據市民　　業已按照失業登記手續將各欄逐項填明存留並由
二人證明外合給此證

右給

中華民國二十七年　　月　　日

杭州市政府社會局綏卹處

字第　　號

填表須知

一、按照表列各欄須詳細填明
二、從前職業欄應切實填寫不得泛填農工商等字樣
三、經歷欄應與本人固有職業相同其他短期工作可不必填入
四、擅長技能欄以經歷上著有成績或有特殊興趣者而言
五、職業種類可不必填寫
六、中縫字號應照各區辦事處號碼依次填列並加蓋各該區辦事處鈐記
七、左面一聯交登記人執存右面一聯每五日呈報市政府社會局備查

杭州市社會局綏恤處組織大綱

(一)本處隸屬於社會局其主旨在綏恤市內之窮民以期少有所養壯有所用老廢殘病無不各得其所

(二)本處活動之範圍包涵助成中小工商復業及職業介紹徵工救濟暨社會謀福利諸種事業

(三)本處設主任一人總攬處務由　社會局長呈請　市長委任之

(四)本處設總務調查實施三組每組設組長一人辦事員若干人實施組由處主任兼任

(五)本處之經常費由市府按月發給事業費除由市府撥發外並得向私人及社團籌募之

(六)本組織大綱由　市長核准後施行之

杭州市社會局綏恤處辦事規程

第一條　本規程依據杭州市社會局辦事細則第二十三條訂定之

第二條　本處辦理一切救恤事務除法令別有規定外悉依本規程之規定

第三條　本處設主任一人秉承　局長綜理全處事務並指揮監督全處職員

第四條　本處設三組分掌各組事務

第五條　總務組職掌如左

(一)關於本處員工之考勤及請假登記事項

(二)關於文書撰擬及收發繕校事項

(三)關於每週工作報告事項

(四)關於文卷之編號及簿籍登記保管事項

(五)關於現金出納及保管事項

(六)關於會計部份一應事項

(七)關於處務會議之紀錄事項

(八)關於不屬於其他各組事項

第六條　調查組職掌如左

(一)關於中小工商業之現實狀況調查事項

(二)關於工商失業登記及介紹事項

(三)關於以工代賑事項

(四)關於市區內老弱殘廢救濟調查事項

(五)關於其他一切調查事項

第七條　實施組職掌如左

(一)關於回杭難民請求填發身份證登記事項

(二)關於孤苦無依之老弱婦孺殘廢之安撫及遣送回籍事項

(三)關於籌設粥廠庇寒所及散賑寒衣事項

(四)關於救濟工商失業事項

（五）關於救濟等事之設計及章則撰擬事項
（六）關於慈善捐款及物品勸募徵集事項
（七）關於一應散賑救濟之監察事項
（八）關於其他實施綏恤事項

第八條　本處辦公「值日」「值宿」「值星」時間及休假悉照社會局之規定行之

第九條　本處職員請假由同級職員兼代仍連帶負責並依市政府給假規則行之

第十條　本處處務會議每週舉行一次由主任處員組長組織之遇必要時得由關係人員蒞席陳述意見

第十一條　本處處理文書辦法依照社會局處理公文文書程序辦理之

第十二條　本處工作報告每星期五下午三時前彙編送局

第十三條　本規程如有未盡事宜得隨時修正呈報備查

第十四條　本規程自簽請社會局核准後施行並呈報　市政府備案

杭州市社會局綏恤處職員系統表

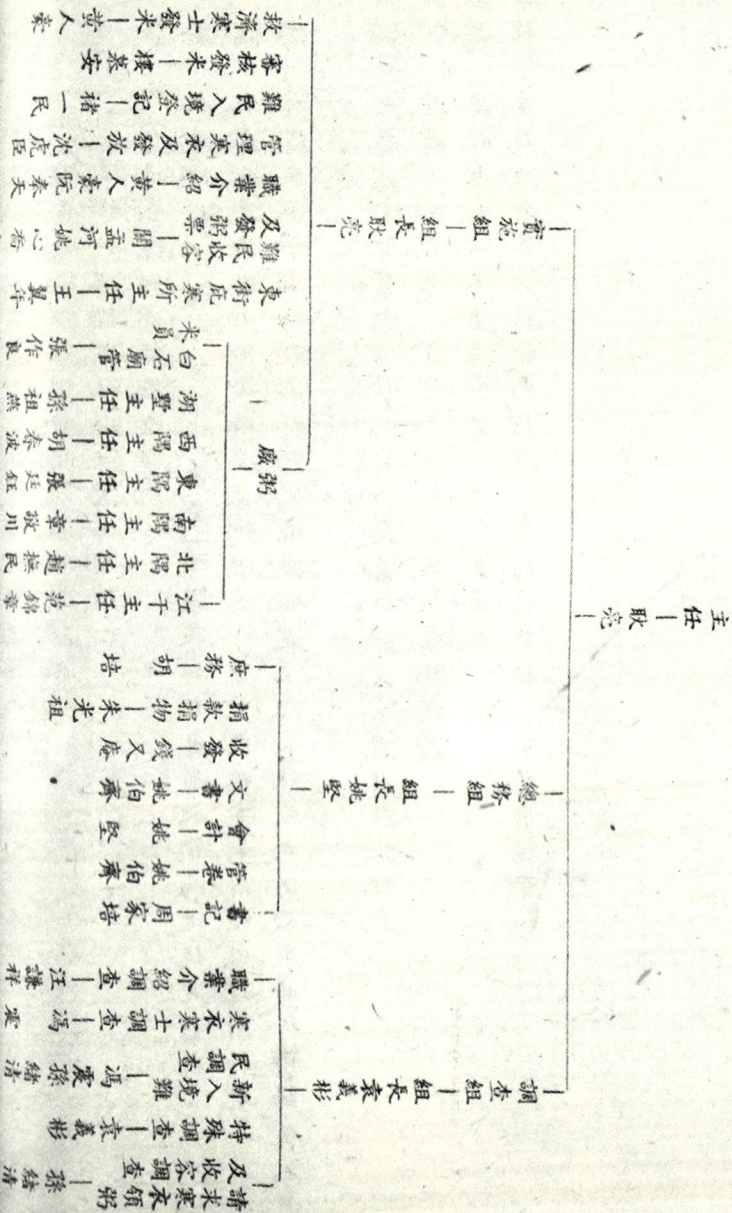

- 主任—耿亮
  - 調查組—組長袁義彬
    - 請求寒衣領粥及收容調查—孫緒清
    - 特殊調查—袁義彬
    - 新入境難民調查—馮震　孫緒清
    - 寒衣寒士調查—馮震
    - 職業介紹調查—汪謙祥
  - 總務組—組長姚堅
    - 書記—周家培
    - 管卷—姚伯齊
    - 會計—姚堅
    - 文書—姚伯齊
    - 收發—錢又庵
    - 捐款捐物—朱光祖
    - 庶務—胡培
  - 實施組—組長耿亮
    - 廠粥
      - 江干主任—范錦章
      - 北隅主任—趙撫民
      - 南隅主任—章敬川
      - 東隅主任—張廷鈺
      - 西隅主任—胡春波
      - 湖墅主任—孫祖燕
      - 白石廟管米員—張作良
    - 東街庇寒所主任—王翼年
    - 難民收容及發粥票—關孟河　姚心香
    - 職業介紹—黃人豪　阮奉天
    - 管理寒衣及發放—沈虎臣
    - 難民入境登記—褚一民
    - 審核發米—樓慕安
    - 救濟寒士發米—黃人豪

杭州市社會局綏恤處庇寒所暫行收容規則

一　本處收容之貧民暫以老弱婦孺及確實貧苦無依者爲限

二　凡欲投入本處庇寒所者應由本人或本人之親友先向區公所公安局或本處申請除詳填姓名年齡貧苦狀況及身份證號碼外並應填明證明人之姓名職業住所經本處派員調查屬實方得收容

三　凡投入本處庇寒所收容之貧民應隨帶本人日用之寒衣棉被及碗筷等物品

四　有不良嗜好及惡病者概不收容

五　既經收容之貧民如有因犯規而經開除者不再收容

六　本處庇寒所管理規則另訂之

七　本規則自呈奉　杭州市政府核准施行

扶助庇寒所内貧民歸家辦法

一　此項辦法旨在扶助庇寒所内之貧民歸家復業並使市府對於救濟費之應用發揮較大之效能

二　凡願歸家之男女成人月給米一斗五升三歲至十二歲之兒童月給米九升至庇寒所結束時爲止

三　上述施米由本處發給領米簿在指定米店領取十日一領隔日作廢

四　凡已發領米證者應在身份證上加蓋「領米」二字（十二歲以下之兒童用注射證）以免轉入他

庇寒所或接受市府或其他慈善團體之接濟

五　本辦法實施後市府收容所除老弱殘廢絕對無依者外對於一般貧民即停止收容

六　本辦法呈請市府核准施行

貧民助米辦法

一　凡係真正無以爲生之貧民須向本處填寫申請書經詳細調查屬實後方可領受本項接濟

二　申請書須有證明二人代爲證明但證明人須有下列資格之一

甲　委任以上之公務人員

乙　城區區長坊長（暫以城區爲試驗區）

丙　現任市立中小學校長

丁　各叢林寺廟之住持僧人

戊　現在開業中照具有千元以上資本金之商店

三　成人每月給米一斗五升三歲至十二歲之兒童每月九升十日一次憑米票按期至指定米店領去

四　凡已接受市府或其他慈善機關救濟者不能再接受本項救濟領有施粥證者僅得領受半額

五　本項救濟暫以成人二千人及兒童六百人爲限

六　此項救濟應與市府庇寒所同時截止

七　本項救濟經過相當期之試驗如覺不妥得隨時呈請市府停止之

八　本辦法如有未盡事宜得呈請市府修改之

兒童免費午餐辦法

一　本辦法爲救濟貧苦家庭之兒童並以減輕市府他項救濟

二　本項救濟可與市內其他慈善機關合辦之

三　本市先於上中下城各辦一處每處三百人以後視各方財力及舉辦之成績斟酌增加之

四　參加之兒童以八歲至十五歲者爲合格

五　日中每人發菜飯一盒(約米三合)准其攜帶回家

六　兒童在領午餐前須受教育(識字唱歌或練習步伐行列)一小時

七　須該管區坊長之證明經調查屬實後方可報名

八　凡已接受市府及其他慈善團體兩餐救濟之兒童不得參加

杭州市立職業介紹處對於各機關團體或部隊徵工暫行辦法

一　凡正式之各機關團體或部隊向本處徵集工人須遵照本辦法辦理之

二　凡徵工之機關團體或部隊須先期將需用人數及工作類別工作期限等通知本處

三　凡做工之工資以工作之繁簡及工人技能之優劣而定每工除供給伙食外不得低于法幣三角如須自備伙食者應另加伙食費其各業原訂有工價者應照原工價發給

四　做工之工資應先期與本處協定並可委託本處發放

五　凡本處發放工資由收款工人出具收據宗送原徵工處所備查本處照數發放概無折扣並不收受任何酬報

六　凡因工受傷或致病者應由徵工處所代爲醫治或酌予醫藥費用其在醫治期内之工資仍應照發

七　凡因工殞命者應由徵工處所與本處協定酌予撫恤其數額自二百元至一千元由死亡者之直系親屬覓保具領以一次爲限其有特殊情節者另定之

八　本辦法呈請市政府核准施行

杭州市職業介紹處簡章

第一條　本處直轄於杭州市政府爲救濟全市平民階級之失業者於可能範圍内代爲介紹職業藉以招聘人材助成工商業之復興而設立之

第二條　本處設總務調查介紹三股其職掌如左

總務股　掌理文書庶務及助成小工商業之復興等事宜

調查股　掌理登記調查統計等事宜

介紹股　掌理連絡招聘介紹等事宜

第三條　凡本市内外各商店工廠機關團體或私人需要何種人材可向本處接洽由本處代爲招聘

第四條　凡本市之失業市民無不良嗜好及未受刑事處分者可向本處辦理登記手續經本市居民二人之證明並由本處調查確實得量材代爲介紹其登記表式另定之

第五條　凡本市之小工商業失業者除照章辦理登記手續外本處得酌量情形助成其復興

第六條　本處不收任何一切費用

第七條　本簡章如有未盡事宜得隨時修正之

第八條　本簡章經杭州市政府核准施行

杭州市社會局綏恤處二十七年十月開辦費支出概算書

科目	支出臨時門 概算數	說明
第一款　本處開辦費	四四〇〇〇	
第一項　辦公費	四四〇〇〇	
第一目　購置	一二〇〇〇	
第一節　器皿	六〇〇〇	保險箱油印機硯瓦印泥洋印色及零星物件
第二節　車輛	六〇〇〇	自由車二輛
第二目　修繕	三〇〇〇	
第一節　工料	二〇〇〇	房屋器具修理
第二節　裝配	一〇〇〇	

科目	每月概算數	說明
第三目 水電	三〇〇〇	
第一節 電燈	一〇〇〇	電燈接火費電燈泡等
第二節 電話	一〇〇〇	電話裝費
第三節 自來水	一〇〇〇	接水費修理費
第四目 印刷	二〇〇〇	
第一節 印刷	二〇〇〇	印刷宣傳品捐款收據章則及刊佈廣告
第五目 雜支	六〇〇	
第一節 雜支	六〇〇	

杭州市社會局綏恤處二十八年度經常費每月支出概算書

科目	每月概算數	說明
支出經常門		
第一款 本處經常費	一四三〇〇	
第一項 俸給費	一〇〇八〇	
第一目 俸薪	九六〇〇	
第一節 主任俸給	二〇〇〇	主任一人月支如上數

科目	元	角分	說明
第二節 職員薪給	七六〇	〇〇	組長二人月各支八十元處員二人月各支六十元辦事員六人月各支四十元書記二人月各支三十元雇員六人月各支三十元合計如上數
第二目 工資	四八	〇〇	
第一節 勤務工資	四八	〇〇	勤工四人月各支十二元合計如上數
第二項 辦公費	四二二	〇〇	
第一目 文具	一一〇	〇〇	
第一節 紙張	二〇	〇〇	公文紙張圖表等
第二節 筆墨	一〇	〇〇	中外筆墨
第三節 簿籍	二〇	〇〇	表冊賬簿等
第四節 文具什品	二〇	〇〇	文具上之什品等
第五節 印刷	四〇	〇〇	印刷宣傳品等
第二目 郵電	二〇	〇〇	
第一節 郵費	一〇	〇〇	
第二節 電話	一〇	〇〇	
第三目 消耗	六〇	〇〇	

第一節　茶水薪炭	三二〇〇	本處職員茶水及難民到處時之茶水
第二節　燈火	二八〇〇	本處電燈費
第四目　修繕	二〇〇〇	
第一節　修繕	二〇〇〇	房屋及器具之修理費
第五目　旅運費	五〇〇〇	
第一節　旅費	四〇〇〇	職員出差之費
第二節　運費	一〇〇〇	搬運募集物品之費
第六目　雜支	七〇〇〇	
第一節　雜支	七〇〇〇	刊登佈告各種報紙零星設備及各項設備
第七目　特別費	九二〇〇	
第一節　公安費	五〇〇〇	本處與中外各團體接洽之處甚多應有聯絡應酬等費
第二節　難民膳費	一二〇〇	難民夜間到處不能出城由處供給夜膳一次每人每次約八分算全月約計一百五十人本節開支雖屬事業性質但
		本處事業費僅粥廠寒衣費及寒期收容所三項無法併入故列入經常門
第三節　其他	三〇〇〇	整理舊棉衣臨時工工資

杭州市社會局綏恤處民國二十七八年度事業費支出總概算書

支出臨時門

科目	概算數		說明
第一款 本處事業費	一八九•五四六	○○	
第一項 施粥廠七處	一四八•一三○	○○	
第一目 柴米	一三四•一八七	五○	
第一節 粥米	一二二•五二五	○○	粥廠七處每日施粥一餐每廠領粥人數東南西北湖墅五處約計每處七千五百人江干白石廟二處每處約計五千人每人每餐需米二合小孩減半領粥時憑發粥執照暨施粥日票東南西北湖墅五處每處每日需米十五石以三個半月計共一百零七天需米八千零二十五石江干一處每日需十石以三個月計九十天需米九百石白石廟一處由該處自辦擬淨津貼米五百石共需米九千四百二十五石價以十三元計算合計如上數
第二節 茅柴	一○•七一○	○○	東南西北湖墅江干六處需米八千九百二十五石茅柴每斤約四厘每米一石需柴三百斤計價一元二角合計如上數
第三節 碾米工資	六○	○○	湖墅廠用倉糙米一石機成白米需機工一角合計如上數
第四節 裝載運費	八九二	五○	粥廠七處除白石廟外其餘六處粥米八千九百二十五石每石運費連上下力平均約一角合計如上數
第二目 七廠辦公費	一三•九四二	五○	
第一節 薪給	四•五七九	○○	東南西北湖墅五廠每廠主任一人月支二十二元職員八人月各支十二元勤工十人月各支八元四個月計（包涵登記及結束）三千九百六十元江干廠主任一人月支二十二元職員六人月各支十二元勤工八人月各支八元三個半月計五百五十三元白石廟廠主任

			一人月支二十二元三個月計六十六元合計如上數
第二節　員工食米	三・六六六	〇〇	主任職員工人佛教會和尚保衛團警察廟內和尚丐役地保等東南西北湖墅五廠每廠每日平均需食米四斗四個月）連登記期間及結束）計需食米二百四十石江干廠三個半月需米四十二石每石約十三元算合計如上數
第三節　修建	九六〇	〇〇	修建廠屋粥灶搭棚木欄干各廠破壞情形不同平均每廠約一百六十元以六廠計合計如上數
第四節　購置	八四〇	〇〇	每廠粥鍋六隻大小不同約十四元至二十元本屆須添新鍋過半數鍋圈粥桶水桶銅勺鏟刀等均須新添每廠約一百四十元以六廠計合計如上數
第五節　水電工程	二五〇	〇〇	每廠裝電燈工料約計二十五元東南兩廠裝自來水每廠約五十元合計如上數
第六節　津貼菜資	一・〇五七	五〇	佛教會和尚三人保衛團七人警察五人每人每日折菜一角東南西北湖墅五廠四個月計九百元江干廠三個半月計一百五十七元五角
第七節　雜費	一・八九〇	〇〇	紙張筆墨簿籍燈火（市內電氣因受軍部統制故雖已裝置但不能接火故每晚需用煤油）茶水印刷淘籮掃帚畚箕六廠平均每廠九十元三個半月計合計如上數
第八節　印給粥憑證	七〇〇	〇〇	奉市長諭粥廠領粥每人應發給領粥憑證一本計一百零七天每本印價一分大小以七萬口算計七萬本合計如上數
第二項　寒衣費	六・九二〇	〇〇	
第一目　新寒製衣	六・四〇〇	〇〇	
第一節　新製寒衣	六・四〇〇	〇〇	新製寒衣二千套每套三元二角算合計如上數
第二目　舊寒衣徵集費	五二〇	〇〇	

科目	金額（元）	（角分）	說明
第一節 舊寒衣徵集費	一六〇	〇〇	印寒衣奉獎謝宣傳品獎金轉運費以及諸種雜費等
第二節 軍衣改製工資	三六〇	〇〇	舊棉襖夾衣拆改背心約三千件夾馬褂改孩童褲一千五百條平均每件改價約八分
第三項 期寒收容所	三四·四九六	〇〇	
第一目 膳宿費	三四·〇〇〇	〇〇	
第一節 膳費	二八·〇〇〇	〇〇	庇寒所兩處以二千人計每人每日二餐每餐扯五分八厘強每月約三元五角算以四個月為期與粥廠分別處理合併聲明
第二節 寢具	六·〇〇〇	〇〇	棉被每條約價三元二千人需二千條合計如上數
第二目 薪給	二五六	〇〇	
第一節 薪給	二五六	〇〇	每所主任一人月支十十元工役一人月支十二元以四個月為期合計如上數
第三目 雜費	二四〇	〇〇	
第一節 雜費	二四〇	〇〇	庇寒所內燈火茶水及一切零星支出每月每所三十元以四個月為期合計如上數

新由他處歸杭市民請領戶籍證登記單

民國　　年　　月　　日填給

申請者	姓名		性別		年齡	
	籍貫		職業		住址	
	自何處來					

附註：本單限三日內送該管區公所領取戶籍證切結　填發機關蓋章

杭州市政府社會局

舉辦新入境市民登記保證書

具保證書人　　今保得　　新由　　入境確係正當良民嗣後
如有一切不法行爲概由保證人負完全責任所具保證書是實

此上

杭州市政府社會局

保證人　　住

身份證　　等第　　號

店號（蓋用書柬）

被保人姓名	性別	年歲	籍貫	職業	在杭住址	從何處來

旅行保證書

第　　號

姓名	
年齡	
職業	
身份證住址	
現在住址	
旅行地	
旅行目的	
日期	
隨帶物件	
身份證等號	等第　　號
黏貼相片	備註

按右開各項經一保證並由本局派員調查相符據實無假倘發生不法行為該保證人願負完全責任特立保證書為證

連帶保證人　　印

杭州特務機關長　殿

中華民國　　年　　月　　日

旅行申請/保證書

第　號

旅行者姓名

年齡

籍貫

職業

身份證住址門牌　新舊

現住地址門牌　新舊

黏貼相片

黏粘相片

身份證　等第　號

隨帶　件

旅行地點

旅行目的

日期

備註

旅行申請人　簽名蓋章

保證人　蓋章

牌號　店戳

營業地址

營業執照第　號

按右開各項確係實情倘有發生不法行為保證人願負完全責任決不推卸特立保證書是實理合具書請求

鈞局核轉發給旅行保證書實爲德便謹呈

杭州市政府社會局

調查者 ★……★ 意見

中華民國二十八年　月　日

杭州市政府社會局核發旅行保證書記載表

中華民國二十　年　月　日填報

號數	被保證人姓名住址	原被證人姓名住址	旅行地	起訖日期	旅行目的	身份證號碼

杭州市政府社會局救濟電織機業貸噴倍爾絲辦法

第一條　本政府爲救濟本市電織機業凡已接電之電機戶得貸給噴倍爾絲原料（以下簡稱絲）使其恢復開工凡聲請審核貸貨等手續悉依本辦法之規定

第二條　每機貸絲數量暫定每一電機　包至　包計估定價洋　元　角　分　釐正由社會局核定之

第三條　凡已接電之電機原料缺乏之機戶應先向社會局聲請登記經派員調查確實後即通知該機戶領取貸絲證及保證書填具妥保經本局調查確實呈奉局長核准後方得貸絲其貸絲證及保證書由本局核發之

第四條　貸絲證除由承借機戶填具貸絲數量及電織機號碼（由本局編定）署名簽章外貸絲者

必須有相當生財之同業二家以上負責担保並填具保證書經本局查實方可借給但已經作保者不得再作第二次保證如有下列二項之一者亦得保證借貸

(一)二家以上之殷實鋪保

(二)相當人士二人經社會局認可者

第五條 保證等手續完備後即由社會局核發通知書由承借電織機户持向本府貨物經理處領取應得之貸絲數量

第六條 凡領取貸絲後如因故不能開織應將所領取貸絲數量仍繳還社會局不得轉移他人如有此項情事因而遺失者應責成原領取人歸還如原領取人無法歸還由原保證人負責賠償

第七條 凡電織機户將貸絲織成貨品後由自行推銷至所出貨品之税則由財政局訂定之相當時期得由社會局組織產銷合作社

第八條 貸絲經估定價值後貸户必須按期繳還 並掣給收清單如有延不繳還者除將保證之生財估價抵充外不足之數責成原保證人負責清償

第九條 貸户如在規定期限之前全數繳還者以後繼續貸借時得有優先權

第十條 本辦法如有未盡事宜得隨時修正之

第十一條 本辦法呈奉 局長核准後並呈 杭州市政府備案公佈施行之

杭州市政府社會局救濟電織機業貸絲調查表

機户牌號	
姓名	
年齡	
籍貫	
身份證號碼	
住址門牌	
機張名稱	
機張數量	
假停	
梭箱數量	一梭 二梭 三梭
家屬人數	
家庭狀況	
每日最低開支	
擬用何號噴倍爾絲及需要數量	
機張有否損壞	
殷實與否有無可靠保證者	
前出品名稱	
附記	
調查者之意見	

貸絲機户	簽名蓋章
調查者	簽名蓋者

杭州市救濟機織業貸款辦法

第一條　本辦法以救濟本市絲綢失業工人使恢復本業爲宗旨

第二條　救濟基本金第一期額定五萬元

第三條　貸借金額暫定每一鐵拉機得借予復業費三十元五十元八十元三種由社會局核定之

第四條　失業機户應先填具申請書經派員調查確實後即通知該户覓具妥保經本府調查認可後方得借款其申請書由本府核發之

第五條　借款證除由承借機户填具借款數額及織機號碼（由本府編定）署名簽章外借款者必須有相當生財之同業二家以上負責担保並須填具保證書經本府查實方可借給但已作担保者不得再作第二次保證如有下列二項之一者亦得保證借款

（一）殷實鋪保二家以上者

（二）相當人士二人以上經社會局認可者

第六條　保證等手續完備後即核發通知書由承借機户持向本政府財政局領取應得數目之借款

第七條　凡領取借款後如因故不能開織應將原領借款或原料仍繳還社會局不得轉移他人如有此項情事發生因而有遺失者應責成原領取人歸還如原領取人無法歸還由原保證人代爲賠償

第八條　各機户織成貨物後暫以自由貿易爲原則本府觀察將來趨勢及貿易狀況組織合作社

或經銷處再行酌度施行至機織物照章納稅其稅則由財政局訂定之

第九條　借款必須按月向財政局繳還五元照規定六個月十個月十六個月還清如有延不繳還者除將保證之生產估價抵充外不足之數責成原保證人追繳或賠償

第十條　借款如在規定期限之前能全數繳還者以後繼續貸借得有優先權

第十一條　復業機戶如所出貨物無法推銷得請求本府設法辦理

第十二條　本辦法如有未盡事宜得隨時修正之

第十三條　本辦法自公佈日起施行

杭州市政府救濟機織業貸款還款證

機戶還款須知

一、機戶每月還款時須持此證向本府財政局繳納

一、機戶繳款時須將此證同時呈驗由財政局職員將所收金額記入此證並在「收款人章」欄內蓋章後交還機戶如無前項印章不生效力

一、此證關係重要應妥慎保藏如有遺失須覓保證明經本府認為無疑意時再行補給

一、此證不得輾轉抵押

一、末期貸款還清時此證即由本府收回作廢

杭州市政府救濟機織業貸款還款簿

機戶姓名

帳號

原貸額

每月還款額

每月還款期　　日

最後還清期　　年　　月　　日

還款期次	年月日	還款數額	餘款數額	欠額	收款人章
第一期					
第二期					
第三期					
第四期					
第五期					
第六期					

第七期	第八期	第九期	第十期	第十一期	第十二期	第十三期	第十四期	第十五期	第十六期

具聲請書人　　　　、現住　　　　業機織向有自置手拉鐵機　　張茲因受
時局影響停業已久無力恢復擬請
鈞府照救濟機織業貸款辦法規定數額撥借　　　元以資復業而維生活是爲德感此上
杭州市社會局

具聲請書人　　　　簽名蓋章

中華民國二十七年　　月　　日

社字第　號

催還貸款通知書

查該機戶第　期應還貸款尚未繳還仰即持同繳款證向財政
局繳納爲要
右通知機戶
住址
月　日

社字第　號

催還貸款通知書存根

機戶　第　期應還貸款業已向該戶催繳除掣給通知書外特
此存查謹上
社會局
調查員　蓋章　月　日

附註

No.

機户欠繳貸款
催保通知書

查機户　　應還貸款業已欠繳　　期（計國幣　　元）除通知催
繳外務仰嚴行轉飭迅向財政局照數繳納以重公帑嗣後升須按期繳納毋
再逾延否則惟保證人是問特此通知
右通知原保證人
住址　　月　　日

字第　　號

第一聯

No.

機户欠繳貸款
催保通知書

查機户　　應還貸款業已欠繳　　期（計國幣　　元）除通知催
繳外務仰嚴行轉飭迅向財政局照數繳納以重公帑嗣後升須按期繳納毋
再逾延否則惟保證人是問特此通知
右通知原保證人
住址　　月　　日

字第　　號

第二聯

No.

機户欠繳貸款
催保通知書存根

機户　　應還貸款積欠　　期（計國幣　　元）（業已向原證人嚴
行轉飭催繳除分別掣給通知書外特留存根備查謹上
社會局
調查員　　蓋章　　月　　日

附註

字第　　號

借款證 第　號

具借款證　　今蒙

杭州市政府貸借復業費　　元除遵照

鈞府所定之杭州市救濟機織業借款辦法辦理外謹將自有之織機號碼開列於後如不能照章按湖

拔繳自願將該織機及一切生財任憑處置決不反悔具此借款證存查是實

計開　織機種類及張數

織機號碼　字第　號

中華民國二十七年七月　日　具借款證人

住址

具保證書

茲因機戶　　向

杭州市政府貸借復業費　　元該戶如有不能按期拔繳或不將借款還清等情願負追索及如數

賠償之責合具保證書存證

中華民國二十七年七月　日　具保證書人　（押）

住址

具保證書人　（押）

住址

中華民國二十七年　月　日

辦事經過	
機戶申請情形	
調查狀況	
復查實況	
審查結果	
核發借欵　戶數	
核發借欵　機數	
核發借欵　金額	
稽查及其他	
備考	

救濟絲綢機織業貸欵辦事日程

局長審核

杭州市政府社會局救濟絲綢機織業調查表

項目	
機戶牌號姓名	
年齡	
籍貫	
住址門牌	
機張名稱及數量	
家屬人數	
家庭狀況	
每日最低開支	
近在何處工作及營何業	
機張有否損壞	
修配銀數	
前出品名稱	
備考	
調查者意見	

調查者

杭州市政府社會局前綏恤處設立貧民庇寒所經過

天氣轉寒一般無衣無食之貧民難免無凍餒之苦因市内原有各收容所均已結束或滿額於是市府不得不另設貧民庇寒所以收容孤苦無告之窮民惟市内公共建築物多破壞不堪乃同蕙蘭學校當局商定借該校校舍爲庇寒所衣食由市府供給管理則由教會人員主持該會西人聶牧師對於此事甚爲熱心由紅十字會請得一千七百餘元專爲該處難民教育醫藥及職員薪金菜錢開支廣濟醫院每週更派有醫生前來診病較重者則送醫院治療其費亦由教會方面担任

庇寒所之結束

庇寒所成立於去歲十一月二十一日定期四個月至三月二十日期滿人數最多時達七百六十餘人其間關於管理教育醫藥方面全由教會方面担任成績頗爲圓滿因預籌減少解散時困難自二月一日起即實行出所發米辦法以鼓勵難民之自動出所故至解散期除衰老殘廢無家可歸者七十餘人轉送瑪瑙寺由紅十字會負責維持外餘均安然解散無少阻難一時曾認爲束手之問題竟消於無形實至堪欣慰者

附庇寒所暫行收容規則

(一)本處收容之貧民暫以老弱婦孺及確實貧苦無依者爲限

(二)凡欲投入本處庇寒所者應由本人或其親友先向該管區公所及當地警察局或本處申請除詳填姓名年齡貧苦狀況及身份證號碼外並應填明證明人之職業姓名住址經本處查明屬實方得收容

（三）凡投入本處庇寒所收容之貧民應隨帶本人之衣被及碗筷等物品
（四）有不良嗜好及患惡疾者概不收容
（五）經收容之貧民如因犯規而經斥逐者不再收容
（六）凡病苦無依之貧民可由本處收容醫治如有必要得送往醫院免費治療
（七）本處庇寒所管理規則另定之
（八）本規則自呈奉　杭州市政府核准施行

杭州市政府社會局前綏恤處製辦寒衣報告

本處爲製辦寒衣施給難胞以備冬令之需特於十一月十五日召集本處失業車縫工人王如培等六人數度估計結果決另召集失業男女工人設場自製預計二千套分男女幼童各式女工工場設本處三樓參加工作者百有餘人除裏布及腰布在布莊同盛源購買外餘均取自貨物經理所每套工價需費二角六分十一月十七日開工至二十日完成二百套後因奉　諭改用舊裏布以資節省中間曾停工數日現已由市政府祕書處領到舊式軍衣二萬一千八百餘件內有單衣褲完全折改補作裏布另有棉夾等衣正在設計改造中因軍衣式樣窄小布料不敷每套裏布需舊軍衣四五件但折改手續頗繁每套折卸裁縫約需工資一角七分五厘但與新布裏相較每套則可省去六角二分現計每套全新裏面約需二元九角新面舊裏約需二元二角不惟廢物利用且可救濟失業工人百餘名一舉二得也

附施發寒衣暫行辦法

第一條　本處施放寒衣以絕對無力自備寒衣而持有身份證者爲限

第二條　凡欲領取寒衣者須持有身份證向本處填具申請書並經證明經調查屬實後方得發給

第三條　有下列資格之一者得爲證明人

(甲)具有資本五百元以上並已經復業之商號

(乙)現任委任職以上之公務人員

(丙)市區區長坊長

(丁)市立中小學校校長

第四條　凡逗留道途無衣禦寒之乞丐得由當地警署報知本處經調查屬實後即予發給

第五條　本處發給之寒衣禁止買賣典質違則除將寒衣收回外並對買賣者施以相當處分

第六條　本辦法簽請社會局轉呈市政府核准施行

杭州市政府社會局前綏恤處設施粥廠之籌備及經過

二十七年十一月份

杭市粥廠向由省積穀倉辦理本年冬季因積穀倉積穀早已用盡同時更因事變之餘貧民無以爲生者衆於是市府雖經濟萬分拮据之下仍不能不舉辦粥廠以實施實惠之原則責成綏恤處籌辦由社會局委派胡春波章敬川張廷鈺趙撫民孫祖燕等爲西南東北湖墅粥廠主任每廠司事九人武工十人積極籌備十一月二十一日起開始登記以户爲單位每户發給執照一張成人憑身份證十二歲以下之兒童則憑注射證此外每日下午更由粥廠派員實行抽查以除濫領之弊粥廠之設立由來已久其中不無流弊本季爲使一般市民明瞭粥廠真相起見一切均取公開態度粥米則由廠内司事及日

華僑教會派赴各廠服務之僧侶輪流值鍋監管然尤恐未足特指定寶極觀粥廠提前開廠三天以資實驗並函請特務機關及省市各機關代表蒞廠參觀對於米粥之厚薄茅柴之用量以及食粥者之人數詳加考驗結果公認石二之粥鍋下米九斗或一石之粥鍋下米八斗最爲適宜如此厚度之粥每石可食五百人左右至於用柴平均約每石二百八十斤左右每斤以四厘計每石米約需柴洋壹元壹角貳分正

寶極觀粥廠實驗結果報告表

日別	粥米用	柴	每米一石需柴量	散發大口	散發小口	備攷
二十八日	六石	一七三〇斤	二八八斤	一八六五	一四〇〇	
二十九日	八石六斗	二五三〇	二九四	三六〇二	一八六六	
三十日	八石六斗	二四六九	二八七	三五一一	二〇四二	

二十七年十二月份

市區五粥廠上月底均已登記就緒爲實驗粥米及茅柴之數量且在寶極觀提前開放三日使一般人得明粥廠内真相本月一日餘四廠亦一律開放由綏恤處柬請中外來賓及省市各機關代表多人於上午六時半分乘汽車赴各粥廠參觀惟本季貧民異常衆多在最初數日秩序稍差經各廠主任及負責警官數度集議一再設法改善初將男女兒童分開復又加設木欄各廠秩序始漸可觀現南廠北廠等處領粥男女均能依次排立先後有秩序實令人至堪欣慰且各廠兒童千百成隊均有專人訓練初

僅教以體操唱歌將來更擬授以識字社會局第三科對於此事已訂有計劃逐步實施粥廠內實行兒童露天教育在杭州實屬創舉

梁院長陳部長原田少將上次蒞杭視察曾於十二日上午七時由省長市長及其他文武長官二十餘人陪赴東嶽參觀梁院長陳部長目睹數千男女老幼嗷嗷待哺惻然心動當捐助施粥費一千五百元其嘉惠貧民實非淺鮮

本市粥廠向爲七處本季除城區五處經費全由市府擔任外其餘江干及白石廟兩處地方及市府合辦白石廟粥廠人員工資及茅柴完全由地方籌劃惟粥米一項自本月二十八日起全由市府發給由綏恤處派員監管至江干方面因該區貧苦異常僅茅柴由地方担任其餘均由市府發給粥廠主任由第五區區長范錦章兼任至月底止完全籌備就緒定於下月一日起施粥

二十八年一月份

時屆舊歷年底難民來歸者日衆米價亦日趨高漲因之食粥人數亦驟增每日需米九十三石上下領粥成人及兒童總數竟達五萬六千餘人本月內關於粥廠改進之點有二

一、爲秩序之整理因粥廠領粥從無秩序之可言擁擠叫罵混亂莫可名狀本季粥廠開始數日其情形亦無大異於往日幾經努力改善現各粥廠領粥男女均能依到廠之先後列隊而入數週以來已成習慣且兒童訓練已較上月大有進步在最初使之列隊亦大非易事今則可帶之空場唱歌跑步矣

二、爲茅柴問題之解決本季粥一項監管極嚴流弊絕少惟茅柴一項異常複雜聚訟紛如莫衷一是因天氣之冷熱米身之軟硬灶頭建修之是否得法燒手之巧拙柴身之本質交通之遠近或便利

與否均與茅柴價有關故歷年均係包辦制規定每粥米一石柴費一元一角或一元二角本處曾思用種種方法解決此問題以期實施實惠最後決定每石粥米以耗柴貳百陸斤計就各廠進柴平均價定爲標準即西廠每石茅柴價九角五分湖墅北廠每石一元東廠一元零五分南廠一元一角五分此固非絕對精確然較之往年已屬有減無增

二十八年二月份

本市各粥廠自上年十二月一日施粥起已達二月內部整理已臻完善秩序亦已整齊惟本月歲屆舊歷年終食粥人數因米價繼續增高每日需米九十九石以上領粥人數平均約六萬四千之譜惟於農歷元旦沿向例停施一天獨白石廠元旦起停施三天沿當地之習慣也

二十八年三月份施粥廠七處結束

杭州施粥廠之設雖由來已久然用米之多與食粥人數之衆要以此次爲最此實由於事變之後貧民驟加放鬻之不赴粥廠者本歲亦得持施粥以暫維持其生命矣至本季使用上等米爲粥米（因係市府平糶餘米）及秩序之優良均爲杭市辦理粥廠未曾有之特點且向例爲三月本季因何故市長深恤民苦定期三個半月其加惠平民亦至大計自去歲十二月一日起至三月十五日止共施粥一百零五日茲將各粥廠食粥人數米數及使用現金已另列表統計不再詳贅

杭州市政府社會局前綏恤處救濟寒士報告

一月份救濟寒士

本季市府設粥廠七處並廣施寒衣以濟災黎惟士林君子以顏面有關雖饔飧不繼猶抱腹枵心甘之

夙願是以另訂救濟寒士辦法推廣恤貧事業以期普及自開辦以來已屆一月經費全由私人捐助計救濟人數共八十六人發米二十二石六斗其中學界二十二人發米五石六斗曾任委任以上之公務員五十人發米一十二石七斗前清附生或有功名者十四人發米四石三斗此外中華基督教會思澄堂亦發米十一石憑本處函轉發因該堂直接發給故數字不列入表內

一月份救濟寒士人數與發米量表（一月一日至三十一日止）

資格	救濟人數	百分比	發放米量	平均數
中學畢業及曾任中小學教員及校長者	22	25.6	5.6石	0.25石
曾任委任以上公務員者	50	58.1	12.7	0.25
遜清附生或有功名者	14	12.3	4.3	0.31
共計	86	100.0	22.6	0.26

二月份救濟寒士

本處救濟寒士原為有身份之市民着想經費純賴私人捐助已於上月說明最初以經費不多限制稍嚴歲末因先後繼續收到捐款二百元指定救濟寒士之用由是暫行推廣救濟範圍除公務人員教員及遜清有功名者外凡年邁之老婦者翁或以殘疾未便領施粥者均酌給食米俾度寒冬以期普及本月份前來申請給米文件達一百八十七起除三十六件函轉思澄堂救濟外一百五十一人悉由本處發米救濟共計發米二十四石五斗五升其中曾任中小學教員校長或中學畢業者十五人發米三石

四斗曾任委任以上之公務人員三十九人發米七石九斗遜清附生或有功名者九人發米二石四斗此外老幼殘弱無依市民被救濟者達八十八人發米十石八斗五升茲列表於後

二月份救濟寒士人數與發米量表（二月一日至二十八日）

資格	救濟人數	百分	發放米量	平均數（
中學畢業及曾任中小學教員或校長者	15	9.9	3.4石	0.22石
曾任委任以上之公務人員	39	25.8	7.9	0.20
遜清附生或有功名者	9	6.0	2.4	0.26
老幼殘弱之無依市民	88	8.3	10.85	0.12
共計	151	100.0	24.55	

三月份救濟寒士結束

本處自舉辦寒士救濟以還已屆三月救濟人數達三百零五人發米五十七石二斗八升其中學界四十六人發米十一石一斗曾任委任以上之公務人員一百零九人發米廿四石一斗五升前清附生或有功名者廿四人發米六石九斗去年歲末先後收到捐助款洋二百元指定救濟寒士之用後以經費較裕並老幼殘弱者貧苦無依市民市酌予救濟達一百廿六人發米十五石一斗三升此外中華基督教會思澄堂亦撥米十一石專供本處救濟寒士之用因米係由該教堂直接發給故不列入表內

附救濟寒士辦法

一、本辦法專爲救濟有身份之貧苦市民即因身份關係雖至斷炊亦不願赴粥廠領粥或投入庇寒

所者

二、本辦法內所稱身份之市民限於以下三種

甲、曾在中學畢業以及曾作中小學校教員者

乙、曾任委任以上之公務人員

丙、遜清時之附生或有功名者

三、此項救濟費係本處向私人募集專用於救濟寒士

四、凡合於本辦法第二條規定之寒士可直接向本處申請或由友人代為申請調查屬實後即由本處發給領米證指定米店領米（成人每月以一斗五升兒童以月給一斗為限）

一年來辦理公益救濟事業過去之檢討與未來之展望

杭州自經事變人民流離蕩析劫餘喪亂瘡痍滿目迨本局成立秉承省市政府救濟意旨悉心籌劃銳意撫輯關於公益慈善等項事業凡足以便利民衆有裨於災黎者罔不盡力以赴於焉社會情形始克稍臻安定周歲以來市區一切救濟事業之積極推進當為邦人士所共見第值大難初平之際凡百措施所側重者端惟治標至於治本之計尚亟待於今後之籌劃進行蓋按實際杭市現時人口已不下四十萬此四十萬市民中大多祗能分利而正式能生利者迨佔絕對少數以擁有如許衆多人口之都市設不從根本計劃謀使市民中之分利者逐漸減少則終不能泯除阢隉不安之現象也茲值本局有一年來社會施政報告之輯爰將此一年中關於經辦公益救濟事業過去之情形與未來之展望敬為邦人撮要述之

首言一年來經辦公益救濟事業之概況自本局成立為政周年撫輯流亡援救貧寒設施多端中間各

項零星項碎工作不遑枚舉現僅能就犖犖大者分別敍述言之至各項事業之舉辦凡有數字統計者另有圖表逐一載明因不難按照參看詳加探討爲免冗贅不再列敍

一曰舉辦救濟絲綢機織業貸款　絲綢爲杭市名產平日直接間接恃織綢爲生者不下十餘萬人事變以後杭市工商各業胥瀕破產織綢機戶力難恢復機織工人羣告失業本局因鑒於杭市之繁榮在昔恆視絲綢業之盛衰爲轉移必也先從扶助絲綢機織業入手庶可以復興杭州之商市爰撥鉅款通告機戶照章登記貸給現款以資復業分期拔還不計利息其貸額每機分五十元與八十元兩種每一機戶最多有貸借四百元者總共貸給七百零三戶貸款總額達八萬六千一百五十元於是各機戶得款紛紛復業同時煉染扦經絡經等工人均各資生有術甚至避難錢江南岸之業機織者亦多有聞風間道返杭邀沾被澤爲時不久杭市之復興氣象愈益蓬勃

二曰撫輯來杭難民　事變之時杭市市民避難他鄉者爲數綦衆後以市區秩序日漸恢復人民在新政權之下均得安居樂業於是羣相走告爭先歸來此輩返杭難民平均日必數十人以至二三百人均各向本局辦照登記及調查手續（過有大批難民幷派員用汽車前往接引）臨時施以飲食或藥品一面代爲種痘或防疫注射幷代辦身份證與戶籍證等領取手續至於難民中之有家可歸者則分別派員護送返抵故居其有在杭無依者則分別遣送收容所或各慈善機關暫予留養如籍隸外埠在杭幷無室家者則分批派員或給證遣送回籍關於是項撫輯難民工作自本局成立以來無日不在處理進行迄未間輟

三曰舉辦職業介紹　本局因鑒於市區失業人衆資生無術情殊可憫且爲謀社會安定起見必須設法減少失業份子爰特舉辦失業市民登記凡有一技之長一藝之能經登記後均相機爲之介紹職業

俾以收入所得維持生活贍室家自舉辦以來農工商學政各界失業者紛紛前來登記內中經介紹前往各界就業者頗不乏人惟此項事業之推進在本局固屬為網羅遺才救濟失業但倘欲求著有顯效尚有待於各機關及各界人士之相互聯絡予以協助蓋茲事實為社會上之整個問題非某一機關或某一團體單獨努力所克勝任也

四曰調濟民食　杭市非產米區域平日全恃外埠供應事變初平交通梗阻食米來源常告斷絕以致米價高漲存米缺乏刼後小民何以堪此於是秉承市政府救濟民食意旨在市政府指導之下舉辦平糶并竭力設法疏通米糧來源以資接濟一面并組織糧食管理委員會并領導米商組織米業同業公會監督各米商遵章營業食米售價每週均由糧食管理委員會開會評定設遇市區存米缺乏除設法向產米區域採運外并分頭派員前赴各市區各米店調查有無囤積居奇及抬高米價情事以示取締蓋維持民食即所以維持地方不獨本局視為要政而已焉

五曰舉辦冬賑　歲冬寒威肆虐貧苦小民凍餒堪虞值此刼後一般災黎盡是哀鴻尤須妥籌救濟免使展轉溝壑職斯本局於上年冬季辦理賑恤事業尤更推廣範圍對於災民衣食住三項罔不兼籌並顧鑒於災民之衣着單薄也因新製大批男女棉衣褲盡量施給猶恐不足并發起勸募寒衣運動向各界廣為勸募藉以充實施衣數量鑒於災民之食不能飽也因設東南西北隅江干湖墅及白石廟施粥廠七處查明貧苦市民分別按口給票自二十七年十一月一日起逐日散粥凡歷時四個半月始行結束鑒於災民寄身無所也因設庇寒所於東街路凡無處棲身之流以及老弱婦幼悉予收容予以衣食臥處不使凍餒開辦凡三閱月藉以安身託命者不下七八百人餘如救濟寒士發放食米資以度日者又不在少數以上事業所需經費仰賴於各界捐輸者甚多豈特市區災民感謝已哉

杭州市教育事業之檢討 二十七年度

(一)教育概況

溯自民國二十七年六月十日杭州市政府成立全市教育事業僅有中等補習學校一所市立小學校四所私立小學校十五所(另附一覽表)時當戰事敉平治安略定之際避難民衆紛紛返杭學齡兒童驟形增加自應添設學校儘量容納第離亂之餘百業尚難急遽恢復社會經濟異常拮据教費籌劃殊費周章爰於二十七年度開始以前組織杭州市教育委員會計劃討論研究教育事業之擴充設施辦法除當然委員外聘任地方熱諳教育熱心人士十人爲聘任委員盡量增添學校竭力籌措經費當經議決改組中等補習學校爲市立中學校學生由三級擴充爲七級四十二人增至二百零三人按月經費亦由八百八十七元增至二千一百八十七元六角六分同時添設市立小學校九所核准公私立小學校十四所連前計市立小學校十三處八十一級公私立小學校二十九處六十四級共容學生五千六百八十六人按月經費五千零廿三元其他有關教育事業之設施於六月十一日爲製浙江新興歌召集各校音樂教師舉行談話會由市立皮市巷小學校長張宗禹製譜聘請潘英先生作歌並由張校長巡迴指導各校加以訓練十六日擬訂管理私塾辦法內容分設立標準設立手續及奬懲三部呈奉市政府核准公布十八日舉辦公務人員日語研究班計到學員一百四十六人借用市立中學校教室分三班授課十九日擬訂市立小學校舉行畢業暫行辦法呈核後通令各校遵行並擬訂學歷編造辦法規定原則廿餘條呈准通飭各校於下學期開始前編送以憑考核二十四日起派員分區調查舊有教育機關選擇破損程度較淺之高銀巷新橋仙林橋百井坊巷四牌樓大同路茅家埠府前街望

江門校舍先行籌設市立小學校三十日擬訂小學校校長教員服務細則呈准令發各校七月一日草擬彙訂市私立小學校各項規程暨改進方案呈准通令各校遵行八日擬訂市立簡易民衆教育館簡章計劃呈核二十五日保送教育部暑期臨時教育養成所學員二十人赴滬受訓自廿二日至廿八日按日輪派學生宣傳清潔運動又於各市立小學校内公開表演衞生故事戲劇等項並在明光戲院舉行小學生清潔演講比賽八月三日開始舉行小學生暑期集中訓練每日上午六時至八時爲訓練時間期限至二十五日止參加者一百八十五人本月内調查審核呈請之私立小學校籌備設立市立小學校遴選校長呈奉核委並確定各校學級數經常費數（另附廿七年度第一學期學校一覽表）十五日起將曾經呈請登記之遊藝演員三百人逐一加以詳細調查以備請發登記證九月份審查各小學校教員資格因教育部編發之教科書尚未到齊故編印臨時小校教材隨時分發各校應用廿二日擬訂私立小學校補助費辦法呈核十月十三日召集各小學校體育教師開會討論編訂統一早操教材旋經審核令發各校實施二十日創辦教育月刊内容分論著專載學校生活學校園地一般園地教育消息等十一月一日出版創刊號二十一二三日會同杭州新報社舉辦小學生乒乓比賽二十四日擬訂兒童運動場計劃呈核舉辦綏靖軍官學校招生事宜十一月三日擬訂市立職業學校計劃呈核十五日舉行秋季運動會項目分團體操球類比賽結果馬市街小學校得冠軍廿日通令各小學校試辦民衆問字處閱報處代筆處又擬訂籌設短期小學校計劃呈核編訂短期小學校課本調查短期小學校校舍地點就舊有市立私立小學校址修葺一部應用十二月一日出版第二期教育月刊統計各小學校家庭經濟狀況十八日招收保送教育部臨時教員養成所學員二十名於一月二日赴京入學二十日起彙編下學期職員及義務教育計劃推廣市私立小學校計劃概算呈市政府核准又因部頒

小學教科書尚未發齊趕編各種小學教科書二十二日本市參加維新盃足球埠際賽足球隊十九人赴京會同大民會杭聯支部籌組民衆茶園二十日通令附近鄉廠各小學校訓練領鄉兒童時間每日上午六時至八時期限十一月至一月終三個月訓練秩序及識字等項教育一月一日出版第三期教育月刊五日擬訂西湖名勝古蹟導遊牌計岳王坟三潭印月等及南北山風景古蹟五十餘處九日簽請核發遊藝演員登記證二百四十份十六日舉行全市小學生集中測驗分馬市街飲馬井巷東清巷德勝橋四處舉行先行測驗四六年級十八日彙集各校教職員學生一覽表塡造市私立中小學校概況表內容分人數級數經費數及各校附近學齡兒童數下學期計劃以備統計呈部發給書籍及編印教科書數量並根據此表確定各市小添級及增校地點同日招考市立短期小學校長上午筆試下午口試二十日錄取呈請核委市立短期小學校長三十一人又令委九市立小學校長派員會同各校長勘定校址及籌備招生開學事宜同時續委舊市立小學校長本月份起會同大民會舉辦遊藝演員訓練班受訓者計一百八十三人於二月一日開始授課三日各中小學校開學（另附二十七年第二學期學校一覽表）十二日在馬市街小學校舉行日本宇都宮市暨杭州市小學成績展覽會計成績二千餘件本月編製通俗社會教育標語牌計標語一百條製發各小學統一簿籍表册三十餘種短小課業用品及簿表三月九日赴滬參加建設東亞新秩序播音演講本局派員代表杭市民衆前往播音報告杭州市現狀及市民之希望廿五日繼續呈請核發遊藝演員登記證六十份廿八日出版教育月刊第四期本月奉諭擬訂市立日語學校計劃調製呈部各種教育統計圖表爲維新政府成立週年紀念行政成績展覽會之用計圖表一百廿餘張擬訂杭州市婦女會防共青年團少年團簡章計劃概算呈核四月二日保送教育部臨時教員養成所學員五人赴京八日在市立中學校舉行小學生書法展覽

會十日召開杭州市婦女會籌備委員會選定籌備委員八人並預定五月一日召開成立大會在未開大會前儘量請各機關介紹會員十四日召集各區長報告討論組織防共青年團辦法擬設總團部於市政府各區設團區部七處各坊設分團部二十九處各保設隊部一百九十四處並定十八日由各區召集坊保長會議預備區分團隊部二十四日召集全體短期小學校長在市立勞動路短期小學校舉行演示教學由美政橋短期小學校長施沛漢昭慶寺短期小學校長王標鼓樓短期小學校長洪毅盦演示完畢後繼續開批評會由陳督學元凱出席指導二十七日召開小學教師教學研究會分學校行政德育智育體育訓育五組研究將研究問題分知各校試行於學期終了時報告結果五月一日召開杭州市婦女會成立大會參加會員百十人通過簡章選舉董幼梅林信果爲正副會長並選定評議員八人分總務宣傳衛生救濟教育五股辦事預定六日開第一次評議會三日擬訂玉泉游泳池計劃概算呈核預備在六月中開放奉教育部令改設市立馬市街小學校爲第一模範小學校市立仙林橋小學爲第二模範小學校又本月份籌備全市小學聯合運動會並定於六月九十兩日舉行十五日起會同祕書處第三科分赴各校注射防疫針二十五日到大阪市兒童作品字畫作文等一百餘件當轉交市立第一模範小學校陳列並依次遞交市立第二模範小學校飲馬井巷東清巷高銀巷小學校每校輪流陳列二天後分贈各該校學生並由收到學生製成作品彙集還送大阪市各校又擬訂二十八年度第一學期各種教育設施計劃擬將市立中學校普通科各級遞升後添招新生四班計共十一班職業科分設改組爲市立職業學校添招四班連前共計八班按月經常費約需增加三千五百元並擬將舊行宮改建爲市立中學校舍而以原中學校址爲市立職業學校其建築修理等工程需款十萬元現在各地人民回杭日衆學齡兒童驟增原有市立小學校不敷容納擬添設市立小學校十所六十級可

容學生三千人約需開辦費五千元每月經常費四千五百元並於原有市立短期小學校址內添辦民衆夜班三十一班可容學生二千人經常費每月一千元而社會局教育方面擬設立市立民衆教育總館一所分館五所計需開辦費五萬元每月經常費三千三百六十元各館附設運動場一所共需開辦費一千五百元總館附設圖書室開辦費一千元各分館附設圖書室五所開辦費一千八百元舉辦巡迴文庫購置民衆普通常識用書約五百元由總民教館主辦各分館輪值掌管（另附一覽表）

杭州教育機關一覽

二十七年五月

校名	校址	校長	教職員人數	學級數	學生數	每月經費	開辦年月
杭州中等補習學校	馬市街八十二號	陳言如	一四人	三	四五人	八八七元	二十七年五月一日

會立小學校

校名	校址	校長	教職員人數	學級數	學生數	每月經費	開辦年月
杭州欽馬井巷小學校	欽馬井巷	江浩	八人	五	二一〇人	二二五元	二十七年四月一日
杭州皮市巷小學校	皮市巷	張宗禹	八人	五	二三七人	二二五元	二十七年四月一日
杭州德勝橋小學校	湖墅德勝橋	周屏如	八人	五	二〇三人	二二五元	二十七年五月一日
杭州東清巷小學校	東清巷	翁慕舜	八人	五	二〇〇人	二二五元	二十七年五月一日

公立小學校

普濟堂公立第一貧兒初級小學校	舊藩署	陸迪申	三人	二	一〇二人	一五〇元	二十七年四月一日
普濟堂公立第二貧兒初級小學校	中正橋	仝上	三人	二	一〇六人	一五〇元	仝上

私立小學校

校名	校址	校長	教職員人數	學級數	學生數	每月經費	開辦年月
中華聖公會私立聖經學校	薛衙前	吳慧	五人	一〇	三九六人	三九六元	二十七年一月一日
天主堂私立淇園小學校第一部	下倉橋	江道源	六人	三	一一二人	四六〇元	二七年二月十五日
天主堂私立淇園小學校第三部	刀茅巷	仝上	六人	三	七一人	三二〇元	仝上
青年會私立臨時小學校	青年路	朱孔陽	一二人	四	五四人	五四〇元	二十七年三月一日
私立紫陽初級小學校	下珠寶巷	朱少榮	二人	一	四八人	五〇元	仝上
私立培德初級小學校	元井巷	葉祖德	三人	一	六一人	三〇〇元	仝上
私立輔仁初級小學校	湖墅仁和倉	汪鑫	四人	二	四〇人	一七〇元	二十七年四月一日
私立懷幼初級小學校	竹竿巷	汪叔英	二人	一	四〇人	一五〇元	二十七年五月一日
私立城北初級小學校	清波門	于怡孫	四人	二	八〇人	二〇〇元	二十七年五月一日
私立養正初級小學校	太平門外東嶽廟	孫康	二人	一	五〇人	一〇〇元	仝上
私立拱宸初級小學校	拱埠福海里二弄	袁美芬	三人	一	四〇人	一〇〇元	仝上

私立觀成初級小學校	忠清巷	朱宗	三人	二	八〇人	二〇〇元	二十七年五月一日
私立白石廟初級小學校	彭家埠	馮爾為	二人	一	四〇人	五〇元	二十七年五月一日

私立日語學校

名稱	地址	設立者	教員姓名	級數	學生數	設立年月日
日語講習班	青年路	青年會	馬木蘭 沈一滄	二	五九人	二十七年二月一日
日語研究會	大關旃檀寺	唐絳如	陳長繼	一	四〇人	二十七年四月一日
日語速成班	仙林寺	日華佛教會	隆定	一	四〇人	二十七年三月一日
日語速成班	鼓樓	仝上	馬木蘭	一	四〇人	二十七年三月一日
日語促進班	國術館	仝上	隆定	一	三〇人	二十七年三月一日

杭州市教育機關一覽

二十七年十二月

(一)市立中學

校名	校址	校長	教職員人數	學級數	學生數	每月經費	開辦年月
杭州市立中學校	馬市街	王宇澄	二八人	七級	二二五人	二三三五、四〇元	二十七年八月一日

(二)市立小學

杭州市立皮市巷小學校	皮市巷	張宗禹	一三人	八級	四三九人	四八〇元	二十七年四月一日
杭州市立飲馬井巷小學校	飲馬井巷	江浩	一三人	八級	三六七人	四八〇元	二十七年四月一日
杭州市立東清巷小學校	東清巷	翁慕舜	一三人	八級	三七五人	四八〇元	二十七年五月一日
杭州市立德勝橋小學校	湖墅德勝橋	徐印亭	一三人	七級	三三三人	四二〇元	二十七年五月一日
杭州市立高銀巷小學校	高銀巷	唐翼	一〇人	七級	三三三人	四二〇元	二十七年五月一日
杭州市立新橋小學校	東街路	孫士良	九人	六級	二八九人	三七一元	二十七年八月一日
杭州市立仙林橋小學校	仙林橋	葉一之	九人	六級	二五九人	三七一元	二十七年八月一日
杭州市立百井坊巷小學校	百井坊巷	范沂孫	一一人	六級	二六六人	三七一元	二十七年八月一日
杭州市立四牌樓小學校	四牌樓	俞大千	一一人	六級	二九九人	三七一元	二十七年八月一日
杭州市立大同路小學校	拱埠大同路	汪賢惠	九人	六級	二五九人	三七一元	二十七年八月一日
杭州市立茅家埠小學校	茅家埠	王煥卿	一〇人	六級	二四〇人	三七一元	二十七年八月一日
杭州市立府前街小學校	府前街	儲敬之	七人	四級	一七五人	二五九元	二十七年八月一日
杭州市立望江門小學校	望江門	趙翰翀	五人	三級	一六七人	二〇三元	二十七年八月一日

（三）公立小學

浙江省區救濟院第一貧兒小學校	藩司前	儲潤	三人	二級	一〇四人	三〇元	二十七年四月一日

浙江省區救濟院第二貧兒小學校	中正橋	黃公禮	三人	二級	一〇〇人	三〇元	二十七年四月一日
日華佛教會難民小學校	淨慈寺		五人	五級	二七四人		二十七年八月一日

（四）私立小學

杭州市私立青年會小學校	青年會	田浩來	三人	二級	一一四人		二十七年三月一日
天主堂私立淇園小學校第一部	下倉橋	江道源	六人	三級	二〇五人	四〇元	二十七年二月一日
天主堂私立淇園小學校第二部	仁愛堂	江道源	四人	二級	七一人		二十七年八月一日
天主堂私立淇園小學校第三部	刀茅巷	江道源	五人	六級	一五〇人		二十七年二月一日
杭州市私立培德初級小學校	元井巷	葉祖德	四人	二級	九〇人	三〇元	二十七年四月一日
杭州市私立宗英小學校	橫吉祥巷	李瑜	四人	四級	二一四人	六〇元	二十七年八月一日
杭州市私立震旦小學校	后市街	裘維新	四人	四級	一五四人	六〇元	二十七年八月一日
杭州市私立觀成小學校	忠清巷	朱崇	五人	四級	一四五人	六〇元	二十七年四月一日
杭州市私立秋濤初級小學校	貫巷	鄒少章	四人	二級	九六人	三〇元	二十七年六月一日
杭州市私立懷幼初級小學校	竹竿巷	汪叔英	三人	一級	四一人	三〇元	二十七年五月一日
杭州市私立同仁初級小學校	皇親巷	謝綏祖	一人	一級	六二人	三〇元	二十七年九月一日
杭州市私立紫陽初級小學校	珠寶巷	朱家嶽	三人	一級	六四人	三〇元	二十七年六月一日

杭州市私立樂安小學校	興忠巷	沈震瑛	六人	二級	五五人	三〇元	二十七年六月一日
杭州市私立市東小學校	孩兒巷	富英	六人	三級	一〇三人	四〇元	二十七年九月一日
杭州市私立思文初級小學校	湖墅曹家弄	周文煥	四人	二級	六八人	三〇元	二十七年九月一日
杭州市私立輔仁小學校	湖墅仁和倉	方英	七人	四級	一五六人	六〇元	二十七年四月一日
杭州市私立北星小學校	大關	于怡孫	六人	三級	一三五人	五〇元	二十七年九月一日
杭州市私立墅北初級小學校	清河閘	汪大有	二人	一級	四〇人	三〇元	二十七年四月一日
杭州市私立墅北初級小學校	湖墅碑橋頭	王克楨	二人	一級	四〇人	三〇元	二十七年九月一日
杭州市私立龍泓初級小學校	龍井	徐慶	二人	二級	六八人	三〇元	二十七年七月一日
杭州市私立白石廟初級小學校	彭埠	馮爾爲	二人	一級	三八人	三〇元	二十七年五月一日
杭州市私立長繼初級小學校	湖墅米市巷	陳長繼	六人	三級	八八人	四〇元	二十七年八月一日
杭州市私立光華初級小學校	艮山門外	朱錦堯	三人	二級	七六人	三〇元	二十七年九月一日
杭州市政府青莎初級小學校	明真宮	鍾靜在	六人	二級	七三人		二十七年五月一日
杭州市私立養正初級小學校	太平門外	馮志仁	二人	一級	五五人	三〇元	二十七年四月一日
杭州市私立輔德初級小學校	十五奎巷	黃珪榮	二人	一級	三七人		二十七年八月一日
杭州市私立晨光初級小學校	裏龍舌嘴	周明	二人	一級	三四人		二十七年四月一日

杭州市私立市東小學校二部	岳坟	富英	四人	三級	一三九人		二十七年九月一日
杭州市私立導善初級小學校	梅家塢	孫錦麟	三人	二級	八〇人		二十七年九月一日

杭州市教育機關一覽

(一)市立中小學校

校名	地址	校長	教職員人數	學級數	學生數	每月經費	開辦年月
杭州市立中學校	皮市巷	王宇澄	三五人	一一級	四七〇人	三六七二元	二十七年八月
杭州市立第一模範小學校	馬市街	張宗禹	二〇人	一二級	六二四人	八二三元	二十七年四月
杭州市立第二模範小學校	仙林橋	葉一之	一五人	八級	四二十人	五七二元	二十七年八月
杭州市立飲馬井巷小學校	飲馬井巷	江浩	一五人	八級	三八六人	五六四元	二十七年四月
杭州市立東清巷小學校	東清巷	翁慕舜	一五人	八級	四〇三人	五六〇元	二十七年五月
杭州市立德勝橋小學校	德勝橋	徐印亭	一六人	八級	四三三人	五六七·五〇元	二十七年五月
杭州市立高銀巷小學校	高銀巷	唐翼	一三人	七級	三四六人	四九六元	二十七十六月
杭州市立大同路小學校	拱宸橋	汪賢東	一二人	六級	二八五人	四四一元	二十七年八月
杭州市立四牌樓小學校	四牌樓	俞大千	一二人	六級	二六九人	四四一元	二十七年八月

杭州市立新橋小學校	東街路	孫士良	一三人	六級	三一二人	四四七元	二十七年八月
杭州市立百井坊巷小學校	百井坊巷	范沂孫	一三人	六級	二六七人	四四一元	二十七年八月
杭州市立茅家埠小學校	茅家埠	胡英	八人	五級	二八四人	三六九元	二十七年八月
杭州市立府前街初級小學校	竹齋街	繆應飛	七人	三級	一五六人	二二〇元	二十七年八月
杭州市立望江門初級小學校	望江門	趙翰卅	五人	三級	一八六人	二三〇元	二十七年八月
杭州市立佑聖觀巷小學校	佑聖觀巷	姚有年	一一人	六級	三三四人	四四一元	二十八年二月
杭州市立寶極觀巷初級小學校	寶極觀巷	許文娟	六人	四級	一八八人	二七七元	二十八年二月
杭州市立華藏寺巷初級小學校	華藏寺巷	曹洵	七人	四級	二〇〇人	二八〇元	二十八年二月
杭州市立東平巷小學校	東平巷	宋浩奎	六人	三級	一五三人	二二〇元	二十八年二月
杭州市立西牌樓初級小學校	西牌樓	王重莘	六人	三級	一四八人	二二〇元	二十八年二月
杭州市立下菩薩初級小學校	良山門	濮乃漢	四人	二級	一一四人	一四一元	二十八年二月
杭州市立翁家山小學校	西湖	王梧生	四人	二級	九七人	一四一元	二十八年二月
杭州市立清波門初級小學校	陸官巷	朱振華	三人	二級	九〇人	一四六元	二十八年二月
杭州市立法雲街初級小學校	靈隱	鄭厲宏	二人	一級	五〇人	九〇元	二十八年二月
總計			二四八人	一二四級	六二一九人	一一七九九・五元	

（二）市立短期小校學

校名	校址	校長姓名	學生數	經費數	區別	開辦年月
杭州市立十三灣巷短期小學校	十三灣巷	徐文	一〇〇人	四二元	一	二十八年二月
杭州市立上板兒巷短期小學校	上板兒巷	張美泉	九〇人	四二元	一	二十八年二月
杭州市立下板兒巷短期小學校	下板兒巷	褚端芬	一一七人	四二元	一	二十八年二月
杭州市立勞働路短期小學校	勞働路	關榆	一二〇人	四二元	一	二十八年二月
杭州市立琵琶街短期小學校	琵琶街	王逵	一一五人	四二元	一	二十八年二月
杭州市立鼓樓短期小學校	鼓樓	洪毅龕	九二人	四二元	一	二十八年二月
杭州市立金波橋短期小學校	金波橋	傅志瑞	九〇人	四二元	一	二十八年二月
杭州市立撫甯巷短期小學校	撫甯巷	蔣本立	八一人	四二元	一	二十八年二月
杭州市立岳王路短期小學校	衆安橋	祝信	一一五人	四二元	二	二十八年二月
杭州市立葵巷短期小學校	葵巷	施寶華	一〇〇人	四二元	二	二十八年二月
杭州市立淳佑橋短期小學校	淳佑橋	戴蔚文	一二〇人	四二元	二	二十八年二月
杭州市立永甯院短期小學校	皮市巷	程瑛	一〇五人	四二元	二	二十八年二月
杭州市立助聖廟短期小學校	助聖廟巷	傅鴻逵	一一〇人	四二元	三	二十八年二月

杭州市立池塘巷短期小學校	池塘巷	王稚蘋	一〇五人	四二元	三	二十八年二月
杭州市立二聖廟前短期小學校	二聖廟前	謝咸廉	一〇四人	四二元	三	二十八年二月
杭州市立潮鳴寺巷短期小學校	潮鳴寺巷	姚福仙	一〇〇人	四二元	三	二十八年二月
杭州市立孩兒巷短期小學校	孩兒巷	房根耀	一〇九人	四二元	三	二十八年二月
杭州市立東園巷短期小學校	東園巷	鄭潔志	一二〇人	四二元	三	二十八年二月
杭州市立小雲棲短期小學校	成牙營	徐宗鍔	一〇〇人	四二元	三	二十八年二月
杭州市立松木場短期小學校	松木場	傅恩壽	一一二人	四二元	四	二十八年二月
杭州市立靈慶里短期小學校	陶社	湯秉衡	八四人	四二元	四	二十八年二月
杭州市立飲馬橋短期小學校	西湖	陸文敏	五五人	三五元	四	二十八年二月
杭州市立滿覺弄短期小學校	西湖	查歧臣	八三人	四二元	四	二十八年二月
杭州市立昭慶寺短期小學校	昭慶寺	王櫄	一二〇人	四二元	四	二十八年二月
杭州市立美政橋短期小學校	美政橋	施沛漢	八五人	四二元	五	二十八年二月
杭州市立清泰門短期小學校	清泰門	陳大椿	一〇〇人	四二元	五	二十八年二月
杭州市立南星橋短期小學校	候潮門外	沈國鈞	一〇六人	四二元	五	二十八年二月
杭州市立彭家埠短期小學校	彭埠	馮膺爲	一〇〇人	四二元	六	二十八年二月

杭州市立新塘短期小學校	新塘	許士英	一二〇人	四二元	六	二十八年二月
杭州市立草營巷短期小學校	湖州	王一梅	一二〇人	四二元	七	二十八年二月
杭州市立二司殿短期小學校	拱埠	范濟州	一二〇人	四二元	七	二十八年二期

（三）私立小學校

校名	校址	校長姓名	教職員人數	學級數	學生數	每月補助費	設立年月
杭州市私立觀成小學校	忠清巷	朱宗	九人	七級	三二一人	九〇元	二十七年二月
杭州市私立淇園小學校第三部	刀茅巷	江道源	一二人	七級	三一五人	不補助	二十七年二月
杭州市私立淇園小學校第二部	下倉橋	江道源	八人	六級	二三三人	七二元	二十七年二月
杭州市私立青年會臨時小學校	青年會	田浩來	五人	五級	一二七人	不補助	二十七年二月
杭州市私立淇園小學校第一部	下倉橋	江道源	八人	五級	三三二人	七〇元	二十七年二月
杭州市私立輔仁小學校	湖墅仁和倉	董浩	八人	五級	二一八人	七〇元	二十七年四月
杭州市私立震旦小學校	后市街	裘維新	八人	五級	一五五人	五三元	二十七年八月
杭州市私立長繼小學校	米市巷	陳長繼	七人	五級	二一九人	六三元	二十七年八月
杭州市私立北星小學校	大關	汪鳳德	七人	四級	二〇九人	五三元	二十七年八月
杭州市私立樂英小學校	下興忠巷	沈震嫫	六人	四級	一〇四人	五三元	二十七年六月

杭州市私立市東小學校一部	孩兒巷	富　英	六人	四級	一四八人	五三元	二十七年八月
杭州市私立培德小學校	元井巷	葉祖德	五人	四級	二〇二人	五三元	二十七年四月
杭州市私立宗英小學校	横吉祥巷	李　瑜	六人	四級	一六五人	五三元	二十七年七月
杭州市私立惠興小學校	惠興路	范震亞	一〇人	四級	二二一人	七〇元	二十八年一月
杭州市私立思文初級小學校	湖墅貫家弄	周文煥	四人	三級	一三四人	四三元	二十七年九月
杭州市私立公仰小學校	奎元巷	徐靜•瑛	六人	三級	一四二人	四三元	二十七年十月
杭州市私立普成小學校	蔡官巷	郁揆卿	六人	二級	八一人	二七元	二十八年二月
杭州市私立市東小學校二部	岳坟	富　英	四人	二級	七〇人	二七元	二十七年十月
杭州市私立懷幼初級小學校	竹竿巷	汪叔英	三人	二級	九四人	二七元	二十七年五月
杭州市救濟院第一貧兒小學校	舊藩署	儲鏡唐	三人	四級	一二一人	二七元	二十七年二月
杭州市救濟院第二貧兒小學校	中正橋	黃公禮	三人	二級	一〇〇人	三六元	二十七年四月
杭州市私立紫陽初級小學校	珠寶巷	朱家嶽	三人	二級	八五人	二七元	二十七年四月
杭州市私立光華初級小學校	楊墅廟	朱錦堯	三人	二級	一四〇人	四三元	二十七年十月
杭州市私立青莎小學校	湖墅明真宮	謝祖庭	五人	二級	九五人	三二元	二十七年五月
杭州市私立墅北初級小學校	湖墅碑橋頭	王克楨	三人	二級	七四人	二七元	二十七年九月

杭州市私立璇璣初級小學校	體育場路	朱蘭蓀	四人	三級	一四二人	三六元	二十八年一月
杭州市私立導善初級小學校	梅家塢	孫錦麟	三人	二級	九八人	二七元	二十七年八月
杭州市私立龍泓初級小學校	西湖龍井	徐慶	三人	二級	七〇人	三六元	二十七年五月
杭州市私立白石廟初級小學校	彭埠	馮爾爲	二人	一級	八三人	二七元	二十七年五月
杭州市私立養正初級小學校	太平門外	馮志仁	三人	一級	八三人	三二元	二十七年四月
杭州市私立秋濤初級小學校	貫巷	張秋濤	二人	一級	五八人	二一元	二十七年六月
杭州市私立晨光初級小學校	裏龍舌嘴	周明	四人	一級	二八人	不補助	二十七年九月
杭州市私立同仁初級小學校	皇親巷	謝綏祖	二人	一級	五二人	一八元	二十七年九月
杭州市私立輔德初級小學校	十五奎巷	黃志淩	二人	一級	六〇人	二一元	二十七年八月
杭州市私立不如初級小學校	拱埠	蔡卜文	三人	一級	五〇人	二四元	二十七年十一月
杭州市私立大中初級小學校	東街路	葉永盛	二人	一級	六八人	二一元	二十七年二月
杭州市私立城北初級小學校	湖墅清河閘	汪鳳德	二人	二級	六八人	二七元	二十七年四月
杭州市私立郁文初級小學校	紅門局	陳月新	二人	一級	五四人	一八元	二十八年二月
總計			一七二人	二一一級	五〇六六人	二四二〇元	

擬辦民衆教育館運動場圖書室巡迴文庫一覽表

名稱	地點	職員數	開辦費	每月經費	備考
市立民衆教育館	衆安橋	五人	三千元	九百六十元	
市立第一民教分館	鼓樓	三人	一千元	四百八十元	
市立第二民教分館	王馬巷	三人	一千元	四百八十元	
市立第三民教分館	茅家埠	三人	一千元	四百八十元	
市立第四民教分館	彭埠	三人	一千元	四百八十元	
市立第五民教分館	湖墅德勝橋	三人	一千元	四百八十元	
市立湖濱運動場	六公園		三百元		由總民教館兼管
市立王馬巷運動場	王馬巷		三百元		由第二民教館兼管
市立茅家埠運動場	茅家埠		三百元		由第三民教館兼管
市立彭埠運動場	彭埠		三百元		由第四民教館兼管
市立德勝橋運動場	湖墅德勝橋		三百元		由第五民教館兼管
市立總圖書室	衆安橋		一千元		由總民教館兼管
市立第一分圖書室	鼓樓		三百六十元		由第一民教分館兼管
市立第二分圖書室	王馬巷		三百六十元		由第二民教分館兼管

市立第三分圖書室	茅家埠		三百六十元		由第三民教分館兼管
市立第四分圖書室	彭埠		三百六十元		由第四民教分館兼管
市立第五分圖書室	德勝橋		三百六十元		由第五民教分館兼管
杭州市巡迴文庫			五百元		由總分六民教館輪值掌管供人瀏覽

（二）教職員及學生之思想動向

杭州市教職員之思想於事變過程中覺悟焦土抗戰之非是英美法蘇之支援蔣政權僅屬欺騙民衆之迷夢欲求中國之復興民族之生存舍東亞和平與日本攜手協進不足以實現黄種人共存共榮之目的因是全市教職員在行政當局督促之下秉承維新政府教育宗旨努力推行道德教育一年以來無論中小學生之思想均以道德教育爲軔點邁進於親仁睦隣之大道而奠建設東亞新秩序之基礎

迨自汪精衛先生脱離黨政府與日本前首相近衛先後發表和平聲明以及汪先生之一再通電闡明和平主張杭市教育界及青年學童更予以深切之理解尤以曾仲鳴先生爲和平而犧牲對黨政府均抱絶端反感

最近感於蘇聯經營西北赤色路線之完成輸給黨軍軍火等事實助長亡國滅種之抗戰行爲使善良民衆永無甯日杭州市教職員及學生對破壞和平陰謀者共產黨徒均一致表示反對而嚴密今後杭州市之防共工作

（三）迨於現在之教育效果

十年樹木百年樹人此教育效果之未能於短期間內驟見者也杭市更生以來僅及一年有半而教育之復興以進入正軌者爲時僅及一年以黨政府十餘年來深入民間之黨化教育在此一年間欲盡根拔除爲事實上所絕不可能雖經教育同人以不斷之努力亦未敢言有顯著之效果所可以自信者則可分下列三部份言之

一、小學教育　小學生入世未深中受黨化教育之毒尚淺故經一年來教育同人之努力糾正訓導已能認識共產黨之殘酷與罪惡並知愛護此紅黃藍白黑之五色真正國旗而趨向於中日親善之途矣

二、中等教育　中學生腦筋較小學生爲繁複且中化黨教育之毒較深欲其澈底變更思想事實上有相當困難故現在以道德教育爲基礎循循導誘而使之潛移默化所幸學生家屬方面對於道德教育能予以十分同情故學校方面正努力連絡學生家屬相互督導是以一年來學生雖未能澈底改變其對國民黨之餘戀然對共產主義則已有相當覺悟而厭惡之矣

三、社會教育　社會教育對一般民衆方面因限於經濟環境未能發展其事業效果二字尚難談到惟戲劇部份以過去黨政府壓迫過甚取締過嚴一旦解放莫不歡忻鼓舞再經開導紛紛覺悟羣知擁護新政權以謀永久和平幸福矣

綜上三部份設能繼續努力不斷推進則將來效果自能逐步顯著也

一年來之教育

二十七年六月市政府成立以後由社會局第三科主管教育事業科設左列二股

第一股　學校教育行政及總務事項

第二股　社會教育事項

上列各股之職掌均顯明確切無庸詳述至職員之分配除科長由局長呈薦外各股各設主任科員一人科員若干人督學二人均由局長呈請市長委任

第三科成立後之第一步工作爲接管前杭州自治委員會浙主管之教育機關計有會立中等補習學校一所會立小學校五所私立小學校十五所當將會立中小學校改爲市立第二步工作爲草定行政計劃並起草各種教育章則其最初計劃爲推廣市立小學校基於戰後學齡兒童之調查報告就各區人口之疏密擬籌設小學三十一校計一百九十三級每月經費爲一三三七四、〇〇元市立中學一校設春秋兩季各三級並附設商科每月經費一七二四、〇〇元私小補助暨各級學校開辦費等總計爲一〇八八八、〇〇元惜經濟人材兩感缺乏致未能全部實現茲將首訂教育行政計劃之綱要列下：

(甲)關於全部行政事項

1.規定教育方針

2.擬定杭州市小學教育改進方案

3.規定市立學校經費標準

4.擬訂校長教職員服務細則

5.規定推廣私立小學辦法

6.規定補助私立小學標準
7.舉辦教員登記
8.集辦遊藝演員登記
9.擬訂各級學校規程
10劃定教育經費

（乙）關於學校教育事項
1.考查原有學校
2.增設中小學校
3.改善或取締私塾
4.舉辦小學生暑期集中訓練班
5.設立特殊學校
6.籌設職業學校
7.統一小學課程表
8.統一早操教材

二十七年度第一學期開始一方面注意市立小學校增加學級及質的改善一方面就財力之所及增設小學同時積極推行　維新政府之教育宗旨杭州市之教育實施始終循中央規定之方針而推行其表現於實際者則可詳見下列所舉之綱要杭州市教育進步之動向即繫於此項計劃綱要中

甲、二十七年第一學期計劃要點

1.設立市立中學校：改爲五年制分男女生二部共七學級學生計二〇三人按月經費二一八
七、九六元

2.增設市立小學校八所：計四十三學級

3.擴充原市立小學校：原有市立小學校五所分別增加學級計三十八級

4.推廣私立小學校：迄至本學期止計核准公私立小學校二十九所共七十五學級
前項市私立小學校按月經費五〇二三、〇〇元學生數爲五六八五人

5.提高教員待遇

6.籌設平民夜校

7.取締私塾

8.確定小學經費標準

9.舉行秋季運動會

10編行杭州市教育月刊

乙、二十七年度第二學期計劃要點

1.擴充市立中學校：除原有普通科七級外並增設職業科四級內分蠶桑科商科應用化學科
等按月經費爲三六七二、〇〇元學生數爲四七〇人

2.增設市立小學校九所計二十七學級

3.擴充原市立小學校原市立小學校十三所分別增加學級計五級

4.設立幼稚園：就市立馬市街小學校內附設幼稚園

5. 實施義務教育：設立市立短期義務小學校三十一校共編制均爲二部制

6. 推廣私立小學校：本學期止前後核准設立者總計三十八校共一一一級

前項市私立小學校及短期小學校按月經費一〇〇九五〇、〇〇元學生數爲一四〇〇七人

7. 舉行小學生集中測驗

8. 舉行各科成績展覽會

9. 舉行中日兒童成績聯合展覽會

10 舉行春季聯合運動會及遊藝會

11 舉行領粥兒童露天識字訓練

12 奬勵優良教師

13 組織小學教育研究會

14 編印小學課本

15 編印修身綱要

16 編印杭州市教育月刊

17 提高教員待遇

18 舉行短期小學演示教學

19 改設模範小學校：將市立馬市街仙林橋兩小學校改組爲市立第一第二模範小學校

20 訓練遊藝演員

21 懸製通衢社會教育標語牌
22 製訂西湖名勝導遊牌
23 籌設市立民衆教育館
24 籌備開放玉泉游泳池
25 組織杭州市婦女會
26 組織杭州市青年團
27 進行教育儲金
28 籌設兒童運動場
29 籌設巡迴文庫
30 舉行全市小學生家庭訪問

第二章 師資之訓練與進修

杭市小學初次接辦以後考查教員之資格非師範學校畢業者爲數至衆尤以私立小學校方面因待遇較差資格愈形龐雜教育部於二十七年夏季舉辦小學教師暑期講習所杭市保送市私立小學校長教員十九名赴滬受訓旋以教育部創設臨時教員養成所杭市於二十七年冬保送學員二十名赴京入學復於二十八年四月三日保送第二期學員五名赴京入學並於四月二十七日召開小學教育研究會分學校行政德智體訓育五組茲表列該研究會經過略況於後

組別	研究委員	研究問題

學校行政	姚有年　王重革　范震亞　朱崇　董浩	學校應備最低限度之表册宜如何擇定案
德育	徐印亭　胡英　江浩　孫士良　翁慕舜	兒童優良行為應如何養成案
智育	曹洵　汪賢惠　繆應飛　趙翰翀　王梧生	教學效能應如何增進案
體育	張宗禹　鄭薦宏　范沂孫　宋浩奎　葉一之	兒童身心健康應如何使其平均發展案
訓育	唐翼　俞大千　許文娟　朱根華　濮乃漢	兒童行為倘有越規時應如何糾正案

上列各項問題研究之結果當即發由各小學校試行至學期終了時再行提出試行效果報告同時根據杭州市小學學育改進方案通令全市小學校規定小學教師進修事項如下

甲、原則

1.熟習政會

2.研究社會情形

3.奮發社會服務信念

4.閱讀教育性理建設政治經濟等書並充實關於親仁睦隣及其他必要之各種常識

5.各種道德必身體力行以作兒童之模範

6.參加各項研究會

乙、實施

1.閱讀　小學教員宜研究性理崇習宋陸象山明王陽明之學瞭解力行致知之說務實務用辦

明義利而導兒童以實踐例如象山先生集王陽明集禮記要義袁蒙齋中庸講義等及其他有關教學之書籍

2. 聽講　如遇學術演講時宜出席參加並摘錄其心得

3. 研究　各校自行擬定分任之問題担任研究之工作並由各校長收集其結果呈局

第三章　學校經費及教員待遇

市立中小學教員待遇在事變後創辦教育事之初較之事變前相差實大市政府社會局成立後乃逐漸提高其經過列表如次

1. 中學教員

年別	每小時薪修數
二十六年度下學期	八角
二十七年度	一元

2. 市立中學校每月經常費

二十六年度下學期	八百八十元
二十七年度上學期	二千一百八十七元九角六分
二十七年度下學期	三千六百七十二元

3. 小學教員

年別	級任月修
二十六年度下學期	二十元
二十七年度上學期	三十—三十四元
二十七年度下學期	三十二—三十八元

專科每節以週計月	四角	八角	一元

4. 市立小學校每月經常費

二十六年度下學期	二十七年度上學期	二十七年度下學期
九百元	四千八百六十八元	八千二百三十五元

5. 私立小學校每月補助費

二十六年度下學期	二十七年度上學期	二十七年度下學期
六百八十六元	九百二十元	一千四百二十元

第四章　教育經費

市教育費在市財政統收統支之原則下就應需數目於市經費總數內劃撥若干並不指定某種稅收作爲教育經費一年來教育預算之編製其項目依實際需要而決定預算總數年逐期增加爲杭市教育事業發展之惟一主因下表即示增加狀況

二十六年度下學期	二十七年度上學期	二十七年度下學期
一一一八、〇〇元	六五七三七、七八元	一〇三一四七、〇〇元

上表之數字包括經常支出與臨時支出表列數字以二十六年度下學期爲最少蓋因當時係自治會時代迨市社會局成立其教育中心設施爲市立中小學校之增校增級其不能恢復戰前之狀況

以及社教事業進度之遲緩誠以為市財政之能力已增無可增不能再事突飛猛晉但求適應實際之需要不得不捨彼而注此也

第五章　學前教育

杭市幼稚園教育不逮小學教育發展之迅速雖然社會對於幼稚園之需要日見迫切但酌量財力始於二十七年度第二學期創立幼稚園一所茲將市私立幼稚園列表如下

園名	成立年月	現有學生	主任姓名
市立馬市街幼稚園	二十八年二月	40	張宗禹
培根幼稚園	六年一月	39	華樹基
淇園幼稚園	二十三年二月	38	俞中鐸

第六章　初等教育

市政府社會局成立之初由前自治委員會接辦之會立小學校五所凡二十五學級以後逐期增迄今市立小學校已達二十二校一百十三學級依學校及學級而論均已增加四倍以上一年來推廣之速在戰後各都市中當可免落後之誚至實在推廣之情形為求查考明確起見列成簡表如下

市立小學校

校名	地址	校長	教職員人數	學級數	學生數	每月經費	開辦年月
杭州市立第一模範小學校	馬市街	張宗禹	二〇人	一二級	六二四人	八二三元	二十七年四月

杭州市立第二模範小學校	仙林橋	葉一之	一五人	八級	四二七人	五七二元	二十七年八月
杭州市立飲馬井巷小學校	飲馬井巷	江浩	一五人	八級	三八三人	五六四元	二十七年四月
杭州市立東清巷小學校	東清巷	翁慕舜	一五人	八級	四〇三人	五六〇元	二十七年五月
杭州市立德勝橋小學校	德勝橋	徐印亭	一六人	八級	四三三人	五六七、五元	二十七年五月
杭州市立高銀巷小學校	高銀巷	唐翼	一三人	七級	三四六人	四九六元	二十七年六月
杭州市立大同路小學校	拱宸橋	汪賢惠	一二人	六級	二八五人	四四一元	二十七年八月
杭州市立四牌樓小學校	四牌樓	俞大千	一二人	六級	二六九人	四四一元	二十七年八月
杭州市立新橋小學校	東街路	孫士良	一三人	六級	三一二人	四四七元	二十七年八月
杭州市立百井坊巷小學校	百井坊巷	范沂孫	一三人	六級	二六七人	四四一元	二十七年八月
杭州市立茅家埠小學校	茅家埠	胡英	八人	五級	二八四人	三六九元	二十七年八月
杭州市立府前街初級小學校	竹齋街	繆應飛	七人	三級	一五六人	二二〇元	二十七年八月
杭州市立望江門初級小學校	望江門	趙翰耼	五人	三級	一八六人	二三〇元	二十七年八月
杭州市立佑聖觀巷小學校	佑聖觀巷	姚有年	一一人	六級	三三四人	四四一元	二十二年二月
杭州市立寶極觀巷初級小學校	寶極觀巷	許文娟	六人	四級	一八八人	二七七元	二十八年二月
杭州市立華藏寺巷初級小學校	華藏寺巷	曹洵	七人	四級	二〇〇人	二八〇元	二十八年二月

杭州市立東平巷小學校	東平巷	宋浩奎	六人	三級	一五三人	二二〇元	二十八年二月
杭州市立西牌樓初級小學校	西牌樓	王重華	六人	三級	一四八人	二二〇元	二十八年二月
杭州市立下菩薩初級小學校	艮山門	濮乃漢	四人	二級	一一四人	一四一元	二十八年二月
杭州市立翁家山小學校	西湖	王梧生	四人	二級	九七人	一四一元	二十八年二月
杭州市立清波門初級小學校	陸官巷	朱振華	三人	二級	九〇人	一四六元	二十八年二月
杭州市立法雲衖初級小學校	靈隱	鄭薦宏	二人	一級	五〇人	九〇元	二十八年二月
總計			二一三人	二一三級	五七四九人	八一二七、五〇元	

至於私立小學校自社會局之推廣私立小學校暫行辦法及私立小學校獎懲規程公布後即限令各私立小學校組織校董會惟茲事進行上頗感困難各私立小學校每因校董不易聘請即有人願意担任校董而不肯負籌經費此種現像杭市戰前亦然刼戰後經濟衰落人民之生活已艱困異常對於教育事業費之籌措更無論矣因此時經一載此事尚未能完全辦竣

市社會局復以各私立小學校頗形龐雜乃加以長時間之整理其辦理未見妥善當可設法改進者准其試辦辦理較爲完善者則分別等第由市社會局按月給予補助費茲將逐期考核情形列表如下

杭州市私立學校補助費分配標準

二十七年度第一學期

學級數＼補助費數＼等第	甲	乙	丙	說明
一級	二四	二一	一八	
二級	三六	三二	二七	
三級	四八	四三	三六	
四級	五九	五三	四四	
五級	七〇	六三	五二	
六級	八〇	七二	五九	
七級	九〇	八一	六六	

杭州市私立小學校補助費分配暫行辦法

（一）本辦法依照杭州市私立小學校獎懲規程第二條按成績之優劣分別等第分配補助費

（二）補助費以學校爲單位其分六等按月自三十元至八十元每等遞加十元

（三）成績之評定以百分法計算在百分之七十以上或具有特殊優良成績足資表率者方得受補助

（四）成績在百分之九十以上爲甲等七十以上爲乙等分配標準列表於次

級數＼補助等級	甲等	乙等	備考
單級及二學級	四〇元	三〇元	
三學級	五〇元	四〇元	
四學級	六〇元	五〇元	
五學級	七〇元	六〇元	
六學級	八〇元	七〇元	

（五）成績評定之標準　以百分法分配

1校舍　5%
2教育　5%
3佈置　6%
4設備　8%
5行政　8%
6教學　30%
7訓育　15%
8衛生　15%
9教師　10%

10 推廣教育 3%

（六）私立小學校若有下列各情事時成績雖在七十以上仍不得受補助

1 未盡合維新政府教育宗旨者

2 師資不良者

3 辦理未完全遵照法規者

4 未完全遵守命令者

5 學額不足規定人數者

（七）辦理成績驟形退步者其補助費當即停止

（八）在各項限期飭辦及應辦事件未清理以前其補助費項須俟清理完竣後再行發放

（九）補助費之支配標準應以百分之五十用於設備方面

（十）領受補助費之各私立小學校應按月造具補助費支付報銷於次月十五日以前呈送市政府社會局轉財政局核銷

（十一）本辦法如有未盡事宜得隨時修正之

（十二）本辦法呈奉 市政府核准施行

杭州市私立小學校補助費之分配

校名	學級數	總分	等第	補助金額	備註
杭州私立觀成初級小學校	四	九〇	甲	六〇元	上列補助費凡係二十六年度下學期開辦者擬自本年八月份起至二十八年一月份止按月支給所有本

杭州私立靖仁初級小學校	四	九〇	甲	六〇元	學期設立者如宗英震旦北星長繼市東思文光華同仁暨北等九校擬自本年九月份起至二十八年一月份止按月支給
杭州市私立宗英小學校	四	九〇	甲	六〇元	
杭州市私立震旦小學校	四	九〇	甲	六〇元	
杭州市私立北星小學校	三	九〇	甲	五〇元	
杭州市私立長繼初級小學校	三	七六	乙	四〇元	
杭州市私立市東小學校一部	三	七八	乙	四〇元	
天主堂私立淇園小學校一部	三	八九	乙	四〇元	
浙江省救濟院第一區貧兒初級小學校	二	七六	乙	三〇元	
浙江省區救濟院第二貧兒初級小學校	二	七七	乙	三〇元	
杭州私立培德初級小學校	二	八四	乙	三〇元	
杭州市私立思文初級小學校	二	七八	乙	三〇元	
杭州市私立光華初級小學校	二	七八	乙	三〇元	
杭州私立樂英初級小學校	二	七七	乙	三〇元	
杭州私立秋濤初級小學校	二	七〇	乙	三〇元	
杭州私立龍泓初級小學校	二	七〇	乙	三〇元	

青年會私立臨時小學校	二	六九	丙		不及格
天主堂私立淇園小學校二部	二	六九	丙		不及格
杭州私立青莎初級小學校	二	七〇	乙	三〇元	二十八年一月份起
杭州私立紫陽初級小學校	一	八二	乙	三〇元	
杭州市私立同仁初級小學校	一	八二	乙	三〇元	
杭州私立城北初級小學校	一	七一	乙	三〇元	
杭州私立養正初級小學校	一	七〇	乙	三〇元	
杭州私立白石廟初級小學校	一	七〇	乙	三〇元	
杭州私立懷幼初級學小校	一	七〇	乙	三〇元	
杭州市私立城北初級小學校	一	七〇	乙	三〇元	
杭州市私立輔德小學校	一	六六	丙		不及格
杭州私立晨光初級小學校	一	六六	丙		不及格
日華佛教會難民小學校	五	六八	丙		不及格
天主堂私立淇園小學校三部	六	六九	丙		不及格
杭州市私立導善初級小學校	二	七〇	乙	三〇元	二十八年一月份起

杭州市私立市東小學校二部	合計每月補助費 九二〇元	十一月初旬設立尚未視察

校名	校舍	教室佈置	設備	行政	教學	訓育	衛生	教師	推廣教育	總分
杭州市私立思文初級小學校	五	四	四	五	五	二五	一三	七	八	二	七八
杭州市私立長繼初級小學校	五	五	六	七	五	二〇	一〇	八	八	二	七六
杭州市私立北星小學校	五	五	六	八	八	二六	一三	八	九	二	九〇
杭州私立樂英初級小學校	四	四	三	五	七	二五	一二	七	九	一	七七
杭州市私立同仁初級小學校	四	四	三	五	七	二七	一三	七	九	一	八〇
杭州私立城北初級小學校	四	四	三	七	五	二〇	一二	七	八	一一	七一
杭州私立紫陽初級小學校	四	四	六	七	六	二五	一三	七	九	一	八二
杭州私立龍泓初級小學校	四	四	三	五	五	二一	一二	七	八	一	七〇
杭州私立晨光初級小學校	三	三	二	四	六	二一	一二	六	八	一	六六
杭州私立秋灣初級小學校	[illegible]	三	三	五	六	二〇	一二	七	八	一	七〇
杭州私立觀成初級小學校	五	五	六	七	八	二七	一三	八	九	二	九〇

杭州私立養正初級小學校	四	四	三	五	五	二一	一二	七	八	一		七〇
杭州私立青莎初級小學校	四	四	三	五	五	二一	一二	七	八	一		七〇
杭州市私立市東小學校	五	五	六	七	五	二一	一二	七	八	二		七八
杭州市私立宗英小學校	五	五	六	八	七	二七	一三	八	九	三		九〇
杭州私立白石廟初級小學校	四	四	三	五	五	二〇	一二	七	八	二		七〇
杭州私立培德初級小學校	五	五	六	八	七	二三	一二	八	八	二		八四
杭州市立輔德小學校	三	三	二	四	六	二一	一二	六	八	一		六六
杭州私立輔仁初級小學校	五	五	六	八	七	二七	一三	八	九	二		九〇
杭州市私立墅北初級小學校	四	四	三	五	五	二一	一二	七	八	一		七〇
杭州市私立震旦小學校	五	五	六	八	七	二七	一三	八	九	二		九〇
杭州私立懷幼初級小學校	五	三	三	五	六	二四	一三	七	八	一		七〇
浙江省區救濟院第一貧兒初級小學校	四	五	三	五	六	二四	一三	七	八	一		七六
浙江省區救濟院第二貧兒初級小學校	四	五	四	五	六	二三	一四	七	八	一		七七
天主堂私立淇園小學校一部	五	五	六	八	七	二六	一四	八	九	一		八九
天主堂私立淇園小學校二部	四	四	五	八	二	二〇	一一	七	八	〇		六九

天主堂私立淇園小學校三部	五	五	四	八	一	二〇	一一	八	七	〇	六九
日華佛教會難民小學校	五	五	四	七	二	二〇	一一	七	七	〇	六八
青年會私立臨時小學	五	五	四	八	一	二〇	一一	八	七	〇	六九
杭州市私立市東小學校二部											
杭州市私立光華初級小學校	五	三	三	五	六	二五	一四	七	九	一	七八
杭州市私立導善初級小學校	四	四	三	五	五	二一	一二	七	八	一	七〇

杭州市私立學校補助費分配標準

二十七年度第二學期

補助費等第／學級數	甲	乙	丙	說明
一級	二四	二一	一八	甲等一學級補助二十四元二學級三學級各遞增十二元四級五級再各遞增十一元六級七級再各遞增十元
二級	三六	三二	二七	乙等一學級補助二十一元二學級三學級各遞增十一元四級五級再各遞增十元六級七級再
三級	四八	四三	三六	
四級	五九	五三	四四	

五級	七〇	六三	五二	各遞增九元
六級	八〇	七二	五九	丙等一學級補助十八元二級三級各遞增九元
七級	九六	八一	六六	四級五級再各遞增八元六級七級各遞增七元

杭州市私立小學校核定補助費表

校名	學級數	總分	等第	補助金額	備考
杭州私立觀成初級小學校	七	九二	甲	九〇元	
天主堂私立淇園小學校一部	五	九一	甲	七〇元	
杭州私立惠興小學校	五	九〇	甲	七〇元	
杭州私立輔仁初級小學校	五	九〇	甲	七〇元	
浙江省區救濟院第二貧兒初級小學校	二	九〇	甲	三六元	
杭州私立不如小學校	一	九〇	甲	三四元	
杭州私立龍泓初級小學校	二	九〇	甲	三六元	
杭州私立光華初級小學校	三	八九	乙	四三元	
杭州私立培德初級小學校	四	八三	乙	五三元	

杭州私立震旦小學校	四	八四	乙	五三元	
杭州私立宗英小學校	四	八〇	乙	五三元	
杭州私立長繼初級小學校	五	八一	乙	六三元	
杭州私立思文初級小學校	三	八〇	乙	四三元	
杭州私立養正初級小學	二	八〇	乙	三二元	
杭州私立輔德小學校	一	八一	乙	二一元	
杭州私立北星小學校	四	八二	乙	五三元	
杭州私立市東小學校一部	四	八二	乙	五三元	
杭州私立樂英初級小學校	四	八〇	乙	五三元	
杭州私立大中小學校	一	八三	乙	二一元	
杭州私立秋濤初級小學校	一	八〇	乙	二一元	
杭州私立公仰小學校	三	八〇	乙	四三元	
杭州私立青莎小學校	二	八二	乙	三二元	
天主堂私立淇園小學校二部	六	八一	乙	七二元	
天主堂私立淇園小學校三部	七	八三	乙		經費充裕不予補助

杭州私立紫陽初級小學校	二	七八	丙	二七元	
杭州私立璇璣小學校	三	七五	丙	三六元	
杭州私立墅北初級小學校	二	七八	丙	二七元	
杭州私立同仁初級小學校	一	七五	丙	一八元	
杭州私立城北初級小學校	二	七六	丙	二七元	
青年會私立臨時小學校	五	七八	丙		經費充裕不予補助
杭州私立市東小學校二部	二	七六	丙	二七元	
杭州私立懷幼初級小學校	二	七二	丙	二七元	
浙江省區救濟院第一貧兒初級小學校	二	七三	丙	二七元	
杭州私立郁文初級小學校	一	七〇	丙	一八元	
杭州私立普成小學校	二	七一	丙	二七元	
杭州私立導善初級小學校	二	七一	丙	二七元	
杭州私立白石廟初級小學校	二	七〇	丙	二七元	
杭州私立晨光初級小學校	一	五八	丙		成績太差不予補助

合計　每月補助費一千四百二十元正

杭州市私立小學校評定成績等第表

校名	學級	等第	校舍	教室佈置	設備	行政	教學	訓育	衛生	教師	推廣教育	總分
杭州私立觀成初級小學校	七	甲	一	四	六	九	九	二八	一四	一〇	八	三	九二
天主堂私立淇園小學校一部	五	甲	二	五	七	九	九	二五	一三	一〇	八	三	九一
杭州私立惠興小學校	五	甲	二	五	六	九	九	二六	一三	九	八	三	九〇
杭州私立輔仁初級小學校	五	甲	二	四	六	八	八	二七	一五	九	八	三	九〇
浙江省救濟院第二貧兒初級小學校	二	甲	一	五	七	九	九	二六	一三	八	九	三	九〇
杭州市私立不如小學校	一	甲	一	四	七	九	八	二九	一三	八	八	三	九〇
杭州私立龍泓初級小學校	二	甲	二	五	七	八	八	二六	一三	九	九	三	九〇
杭州市私立光華初級小學校	三	乙	一	四	六	八	八	二六	一三	九	九	三	八九
杭州私立培德初級小學校	四	乙	一	四	五	七	七	二六	一四	九	八	二	八三
杭州市私立震旦小學校	四	乙	一	四	六	八	八	二五	一三	七	九	三	八四
杭州市私立宗英小學校	四	乙	一	四	七	九	七	二三	一二	七	八	二	八〇
杭州市私立長繼初級小學校	五	乙	一	三	五	八	八	二五	一二	八	八	三	八一
杭州市私立思文初級小學校	三	乙	一	四	六	八	八	二四	一一	八	八	二	八〇

杭州私立養正初級小學校	二	乙	一	四	五	七	七	二六	一三	七	八	二	八〇
杭州市私思立輔德小學校	一	乙	一	五	六	七	八	二五	一三	七	七	二	八一
杭州市私立北星小學校	四	乙	二	四	五	七	七	二五	一四	八	八	二	八二
杭州市私立市東小學校一部	四	乙	一	三	六	七	七	二六	一二	八	八	三	八二
杭州私立樂英初級小學校	四	乙	一	四	五	七	六	二五	一三	八	八	三	八〇
杭州市私立大中小學校	一	乙	二	五	六	八	八	二四	一二	八	八	二	八三
杭州私立秋濤初級小學校	一	乙	一	三	五	六	八	二六	一三	八	八	二	八〇
杭州市私立公仰小學校	三	乙	二	五	五	七	七	二五	一二	七	八	二	八〇
杭州私立青莎初級小學校	二	乙	一	四	七	八	七	二五	一二	八	八	一	八二
天主堂私立淇園小學校二部	六	乙	二	五	六	八	八	二四	一二	七	七	二	八一
天主堂私立淇園小學校三部	七	乙	二	五	五	八	七	二五	一二	九	八	二	八三
杭州私立紫陽初級小學校	二	丙	一	三	五	七	七	二四	一二	八	九	二	七八
杭州市私立璇璣小學校	三	丙	一	四	六	五	六	二三	一二	八	八	二	七五
杭州市私立墅北初級小學校	二	丙	〇	四	五	六	八	二五	一二	九	七	二	七八
杭州市私立同仁初級小學校	一	丙	一	四	六	五	七	二四	一二	七	八	一	七五

杭州私立城北初級小學校	一	丙	一		五	七	六	二四	一二	七	八	二	七六
青年會校立臨時小學校	五	丙	二	五	四	七	七	二〇	一二	九	九	三	七八
杭州市私立市東小學校二部	二	丙	二	四	五	五	五	二五	一二	七	九	二	七六
杭州私立懷幼初級小學校	二	丙	一	四	四	六	五	二四	一二	七	七	二	七二
浙江省區救濟院第一貧兒初級小學校	二	丙	一	四	三	六	六	二五	一三	七	七	一	七三
杭州市私立郁文導級小學校一	一	丙	一	四	五	七	六	二二	一〇	七	七	一	七〇
杭州市私立普成小學校	二	丙	一	四	六	六	二三	一〇	七	七	五	二	七一
杭州市私立導善初級小學校	二	丙	一	四	五	六	六	二二	一二	七	七	一	七一
杭州私立白石廟初級小學校	二	丙	一	四	二	五	五	二三	一二	八	八	二	七〇
杭州私立晨光初級小學校	一	丁	一	三	四	五	五	一五	一〇	七	七	一	五八

第七章　舉行各種教育活動

（1）小學生暑期集中訓練營

杭市自經事變以來學校停頓一年餘兒童流浪性成體智均已退化二十六年度第二學期開始後雖經一學期之學校訓練仍感不足故決定利用暑期舉辦集中訓練營於二十七年八月三日開始每日上午六時至八時參加人數計一八六人茲附辦法如下

暑期小學生集中訓練辦法

（一）宗旨 以鍛鍊體格發展身心爲宗旨

（二）期間 八月三日至二十五日

（三）時間 除星期日外每日上午六時三十分起

（四）課業 早操十分鐘 國語三十分鐘 日語二十分鐘 修身十分鐘

（五）入學 八月一日起由各小學就中高年級選送各該校附近兒童亦可加入均向社會局第三科登記

（六）費用 一概免收

（七）教師 由特務機關聘請

（八）場所 借用舊宗文中學運動場

杭州市小學校高初級學生第一屆集中測驗一覽表

舉行小學生集中測體二十七年度第二學期中於二十八年一月十六日舉行國算常三科集中測驗茲其情形約如下表：

區別	集中測驗地點	參加集中測驗學校	級別	人數
一	市立飲馬井巷小學校	市立飲馬井巷小學校	四上	五一
			六上	三四
		市立高銀巷小學校	四下	四一

			六	上	三〇
		市立四牌樓小學校	四	上	四〇
			六	上	二〇
		私立震旦小學校	四	上	二〇
			六	上	一五
		私立宗英小學校	四	上	二五
			六	上	二〇
		市立府前街小學校	四	上	四〇
		市立望江門小學校	四	上	二五
			六	上	四
		第一貧兒小學校	四	上	一五
		私立培德初小學校	四	下	二〇
		私立輔德小學校	四	上	四
		私立晨光初小學校	四	上	二
二	市立皮市巷小學	市立皮市巷小學校	四	上	五〇

			四	下	五〇
			六	上	四八
		市立茅家埠小學校	四	上	三〇
			六	上	三一
		青年會私立臨時小學校	四	下	三五
		私立紫陽初小學校	四	上	六
		私立樂英初小學校	四	下	五
		私立養正初小學校	四	上	七
		私立白石廟初小學校	四	上	五
		私立光華初小學校	四	上	五
		私立導善初小學校	四	上	六
		私立龍泓初小學校	四	上	一四
三	市立東清巷小學	市立東清巷小學校	四	上	四一
			六	上	一五
		市立仙林橋小學校	四	上	三七

			六	上	三三
		市立新橋小學校	四	上	四二
			六	上	一六
		市立百井坊巷小學校	四	上	一一
			六	上	一三
		私立淇園小學一部	四	上	三五
			六	上	二五
		私立淇園小學二部	四	上	一一
			六	上	七
		私立淇園小學三部	四	上	六
			六	上	八
		私立市東小學一部	四	上	一四
			六	上	六
		私立市東小學二部	四	上	一五
			六	上	六

		私立觀成初小學校	四	上	八
			六	上	一四
		日華佛教會難民小學校	四	上	一二
		私立懷幼初小學校	四	上	八
		私立秋濤初小學校	四	上	八
		私立第二貧兒小學校	四	上	二五
七	市立德勝橋小學	市立德勝橋小學校	四	上	四五
			六	上	四一
		市立大同路小學校	四	上	二七
			六	上	一九
		私立輔仁初小學校	四	上	二〇
			六	上	一三
		私立北星小學校	四	上	二五
			六	上	一〇
		私立長繼初小學校	四	上	一六

		私立思文初小學校	四	上	一一
		私立墅北初小學校	四	上	七
		私立青莎初小學校	四	上	一〇
			六	上	二
		私立城北初小學校	六	上	六

（3）舉行衛生演講競賽會

市政府於二十七年七月間舉行清潔運動宣傳週由全市小學生担任宣傳事宜茲將宣傳辦法列後：

甲、遊行演講：　裝飾宣傳汽車一輛按日分區至各區遊行演講

乙、未演宣傳：　於市立各小學校內公開表演清潔衛生故事戲劇等並召集學生家屬附近住民來校參觀

丙、演講比賽：　參加小學校九個單位小學生十二名於明光大戲院公開演講結果市立皮市巷小學校獲得冠軍

丁、論文比賽：　登報徵集關於清潔衛生方面之論著並請杭州新報社任評定結果周思道獲得第一名

（4）舉行小學生秋季聯合運動會

杭州市小學秋季運動會因籌備時間急促暫行規定球類比賽分高級男子籃球高級男女乒乓

中級男女乒乓低級男女拍小皮球等七個錦標自十一月十日開始預賽至十四日各項球類比賽業已完全結束總錦標爲皮市巷小學所得十五日上午八時舉行閉幕禮並給獎式同時並由學校教師及評判等作乒乓籃球等表演茲將各情分誌如下

開會秩序

一奏樂開會二全體運動員入場三長官來賓入席四評判員暨全體職員入席五奏樂六全體運動員繞場一週七全體肅立八向國旗暨至聖像行最敬禮九唱國歌十會長致詞十一來賓惠詞十二報告籌備經過十三唱運動會歌十四表演集合操十五開始運動（節目見後）十六報告比賽結果十七給獎十八攝影十九奏樂閉幕

表演節目

一混合操大同路小學二國術德勝橋小學三建設新中華皮市巷小學四健身操德勝橋小學五花園舞震旦小學六擁護新中華飲馬井巷小學七模仿操市東一部八徒手操淇園一部九棍操宗英小學十籃球表演仙林橋小學皮市巷小學十一乒乓表演仙林橋小學淇園小學十二乒乓表演職員隊評判隊十三籃球表演職員隊評判隊十四國術表演陳君

表演名單

各校教職員及評判員爲增加興趣特參加乒乓及籃球表演茲將表演人員名單錄誌如下籃球（職員隊）許季棠宗享伯鄭靜波徐忠英馮則富謝超姚嘉禾祝犧之（評判隊）曹永年周思道袁鶴峯鈕家珍葉德華顧慎之劉開裁判陳菊華紀分尹（乒乓）記時陳朝福（職員隊）郭富鄒少章（評判隊）饒一聊施實華

獎品一斑

此次小學運動會各機關贈送獎品甚爲豐富杭州市長大銀杯一只范元之英文草簿一打華文鉛筆二打許超三角綢旗謝虎丞徐曙岑鉛筆六打練習簿三十本大民會市支部鏡框一只警務處長陸榮籛鏡框一只工務局鄭季剛銀盾一座沈鳴銀盾一座葉延復銀盾一座陳東鈞銀盾一座湯應煌綢旗一面財政廳孫履和練習簿四十本鉛筆四打陸子卿銀盾一座綢旗四面喬震手套三付張千里柏紙簿二本講義夾二只厚練習簿一本財政廳蕭壽麟墨卷十錠章君滌銀盾一座省政府第一二三四科銀盾一座浙江省政府銀盾一座馮祕書長銀盾一座市政府謝祕書長銀盾三座陸根仙鏡框二只汪濂大鏡框一只杭州新報大銀盃五只印花煙酒喻局長銀盾一只銀盃一只練習簿二打鉛筆二打中聯社潘英鏡框七只耿亮鏡框一只嚴家幹銀盾二只許局長銀盾三只張包炤魏滋宗銀盾一只李紹蓮林同安吳希翰銀盾一只社會局王科長綢旗二面財政局陳局長綢旗三面社會局第三科長綢旗一面教育廳羅祕書鏡框一只土橋部隊毛巾二十五包軟糖一箱七區區長王壽彭綢旗二面傳染病院何院長綢旗三面教育廳第一科王科長銀盾一只第二科周科長銀盾一只市中王校長銀盾一只

參加來賓

各機關長官到會參觀者有土橋部隊代表酒井特務機關閑林杉原省政府代表朱實華警務處代表王岐山印花菸酒稅處徐紹唐杭州區稅務分局陸杰市財政局長陳炳年市府社會局長許守忠市府祕書長謝恪大民會許超蔡曉東市診療所章君滌市中劉海平綏恤處耿亮中聯社潘英郭清泉杭州新報陳壽林沈玉人周弘德市社會局科長夏煥文李維漢王五稚市祕書張千里市工務局鄭季剛葉延復沈鳴中區警署吳尼山建設廳代表吳致中及學生家屬暨全體學生等五千餘人

會場一瞥

會場在皮市巷小學運動場南向搭一司令台台上懸萬國旗中懸孔聖像交叉中日國旗台上長桌陳列獎品有燦爛發光之銀杯銀盾有五顏六色之綢旗緞旗其他鏡框文具陳列甚多臺下爲記者席左角爲紀錄席場地四週圍以繩索參觀者均在繩外秩序井然

開會情形

八時三十分開會各機關長官來賓及大會職員入席後即由軍樂隊引導全體運動員繞場一週各就劃定地點成隊排列行禮如儀後全體唱卿雲歌嗣正會長何市長詞畢來賓省政府代表朱寶華警務處王岐山特務機關閑林先生財政局長陳炳年大民會杭聯支部長許超相繼惠詞語多勗勉繼由副會長許社會局長報告籌備經過全體運動會歌後即退入指定地點由八小學表演集合操繼即開始運動共十五節目表演完畢報告比賽結果由何市長親自給獎奏樂散會

遊行學校

奏樂開會後市私立小學生排隊繞場一週前導國旗會旗由軍樂隊奏進行曲各學校整隊魚貫而進次序如下(一)德勝橋小學女生(二)大同路小學(三)茅家埠小學(四)望江門小學(五)德勝橋小學(六)思文小學(七)輔仁小學(八)北星小學(九)青莎小學(十)龍泓小學(十一)養正小學(十二)長繼小學(十三)四牌樓小學(十四)高銀巷小學(十五)飲馬井巷小學(十六)宗英小學(十七)震旦小學(十八)淇園小學(十九)百井坊巷小學(二十)貧兒院(廿一)觀成小學(廿二)紫陽小學(廿三)懷幼小學(廿四)秋濤小學(廿五)新橋小學(廿六)仙林橋小學(廿七)東清巷小學(廿八)市東小學(廿九)光華小學(三十)皮市巷小學

何市長訓勉學生注意每日運動鍛鍊强健體格應付課程

今天小學運動會開會想大家很歡迎的吧在這樣短短的時間我們居然能召開運動會豈不是好嗎可是美中不足的就是學生實在太少了杭州有個日僑小學他們有廿餘個學生這個數目少嗎實在不少因爲在杭州的日僑小學生祇此廿餘個蘇州日僑小學祇四個學生因爲蘇州日僑小學生僅有此四個人所以並不少但是我們看到杭州市區街上還有許多小孩子沒有進校念書這實在是一件遺憾的事明年我主張再擴充學校使學齡兒童均有讀書的機會諸位在學校裏讀書都要用心但是體育也是重要的要每日運動纔有强健的身體身體好纔能應付一切的課程譬如到大學讀書雖然有很好的先生但是你們沒有好的身體將如何應付呢社會間一切偉大的事業都是要精神和强健的身體來應付的請諸位記着這話

省府代表

今天舉行小學聯合運動會鄙人代表省政府得能參加很是愉快在現在時局中杭州的小學生居然有安定讀書的地方這都是市長和教育科的努力纔成功的在國事如此情形中端賴小學生努力讀書將來維護祖國我們不但要讀書而且要體育智育德育三面並進才有希望將來奠定東亞和平的責任全在諸位小學生身上了

閔林先生

事變後的杭州能有開運動會的一天不但諸位歡喜本人也十分歡欣我常去各學校參觀我看見教職員學生均多用功讀書已夠了但體育太差了以後要在體育上發展否則沒有好的身體和精神決難求到好的學問如果讀三天有請二天病假不是糟嗎小學生是國家將來的主人一切仔肩却在你們身上必須有了强健的體格將來才能做出偉大的事情來這是我希望於各位小朋友的

團體會操

團體操加入者有仙林橋東清巷望江門飲馬井巷市東百井坊巷高銀巷秋濤等八小學一律黑色製服由德勝橋小學體育教師陳菊華女士指揮操演純熟動作整齊全場觀衆頗加贊賞操畢報以熱烈掌聲誠難能可貴

表演速寫

參加表演者有大同路小學混合操德勝橋小學國術皮市巷小學建設新中華德勝橋小學健身操震旦小學花圃舞飲馬井小學擁護新中華市東一部模仿操淇園一部棍操宗英小學徒手操陳君國術表演及職員隊評判隊乒乓表演籃球表演均頗精彩其中以德勝橋小學女生健身操表演新奇活潑何市長特獎給該校教育廳羅秘書長所贈之大鏡框一面又陳叔權田兆麟兩國術家表演長拳及太極拳頗博觀衆贊賞評判隊與職員隊籃球賽職員隊勝

各校得分

1.皮市巷	十九分	2.四牌樓	八分	3.仙林橋	十八分
4.德勝橋	六分	5.淇園	四分	6.思文	三分
7.大同路	三分	8.東清巷	一分	9.高銀巷	一分

開始給獎

開給始獎前何市長致詞云運動會的舉行並不在於獎品諸如運動精神運動道德以及一舉一動都須加以注意今天我們因爲沒有田徑賽節目所以對於缺點尚看不出但是我們應當知道運動的真義和原理是在強健身體並不是爲了些小的獎品今天的運動會我很爲滿意尤其是私立小學尚未得到市政府的補助費而一切都有健全的表現希望以後更加努力希望明年春季運動會更有盛大的集合云云嗣即按次給獎由何市長親自一一授予歷半小時畢

市長招待

何市長對本屆運動會頗感滿意在此短促時期得有如此成績頗爲不易故對各小學生除誇勗勉外並定本星期日下午在寓備具茶點招待各運動優勝學生各優勝運動學生既得精美獎品再蒙市長茶會招待聆此消息衷心當甚愉快也

球類比賽成績報告

總錦標　皮市巷小學

藍球　冠軍　仙林橋小學　亞軍　皮市巷小學　殿軍　淇園小學

乒乓　（高級男子組）　冠軍　朱煜　仙林橋　亞軍　洗金奎　淇園　殿軍　夏鴻烈　德勝橋

（高級女子組）　冠軍　汪佩萱　四牌樓　亞軍　金麗英　大同路　殿軍　朱甲子　高銀巷

（中級男子組）　冠軍　魯順興　仙林橋　亞軍　任天降　思文　殿軍　徐文元　東清巷

（中級女子組）　冠軍　沈乃德　德勝橋　亞軍　吳仲華　四牌樓　殿軍　陳瑞珍　仙林橋

拍小皮球　（男子組）　冠軍　錢南來　皮市巷　亞軍　祝志全　皮市巷　殿軍　吳子平　仙林橋

（女子組）　冠軍　袁秀林　皮市巷　亞軍　錢秋來　皮市巷　殿軍　馮秀成　仙林橋

舉行小學春季聯合運動會

(一)地　點　杭州市上馬坡巷金衙莊舊安定中學校運動會

(二)日　期　六月九日十日

(三)開會情形　九日開幕到會學校六十校全體職員三十人評判員三十七人領隊暨學生一萬餘人來賓三千人七時首先舉集合早操九時奏樂鳴炮行開幕儀式運動員繞場一匝後(一)總幹事報告籌備經過(二)會長訓詞(三)來賓惠詞(四)運動員宣誓(五)攝影(六)開始運動分集合操團體操及田徑賽

(四)運動會內容

(甲)集合操　由全體小學校每校抽選學生十二人至二十四人會操

(乙)團體操有

私立光華	八段錦	私立觀成	丹麥健身操
市立新橋	徒手操	市立佑聖觀	短棒操
私立養正	八節操	市立西牌樓	潭腿
私立輔仁	徒手健身操	市立德勝橋	國術
市立百井坊	勞動操	私立長繼	羅漢舞
市立佑觀	手巾拍掌操	市立第二模範	徒手健身操
市立大同路	國術	市立四牌樓	徒手健身操

私立震旦　旗操　市立高銀巷　外國八段錦
市立飲馬井巷　復興橋　市立佑聖觀　仿傚操
市立華藏寺　柔軟操　市立東平巷　拍掌歡迎操
市立清波門　手巾操　私立培德　徒手操
私立公仰　球類操　私立淇園一部　太極拳
私立淇園二部　健身操　市立百井坊巷　建設運動紀念塔
市立高銀巷　六路硬拳　私立貧兒一校　外國八段錦
市立四牌樓　自由式操　市立法雲衖　機巧運動
私立培德　彩巾操　市立東清巷　棍棒操
市立第一模範　啞鈴操　市立百井坊巷　農夫模仿操

（丙）田賽有

男子部甲組跳遠　跳高　推鉛球
乙組跳遠　跳高
丙組跳遠　跳高
女子部甲組跳遠　跳高　壘球擲遠
乙組跳遠　跳高

（丁）徑賽有

男子部甲組　一百公尺　二百公尺　四百公尺

乙組　五十公尺　一百公尺

丙組　三十公尺　五十公尺

女子部甲組　五十公尺　一百公尺

乙組　三十公尺　五十公尺

（五）結果

（甲）田賽

男甲組跳遠

1.朱耀祖（德勝橋）　四、九三公尺

2.傅翔鸞（新橋）

3.馬玉書（二模）

4.金子泉（飲馬井巷）

甲組跳高

1.楊文炳（一模）。　一、三二公尺

2.韓來根（二模）

3.高田熙（佑聖）

4.祝志賢（東清）

甲組推鉛球

1.王金根（二模）　九、六一公尺

2.楊文翔（一模）
3.夏保康（佑聖）
4.沈金奎（淇園）

乙祖急行跳遠

1.陳錦山（淇園）　四、三五公尺
2.陳庚生（一模）
3.鄭宗淦（四牌樓）
4.林文元（佑聖）

乙組急行跳高

1.林文元（佑聖）　一、二〇公尺
2.陳庚生（一模）
3.葉飛龍（四牌樓）
4.李詰本（一模）

丙組急行跳遠

1.張朝輝（佑聖）　三、八一公尺
2.來賢雲（一模）
3.徐名富（四牌樓）
4.吳志根（一模）

丙組急行跳高

1. 王洪培（洪　園）　一、一〇公尺
2. 李寶泉（一　模）
3. 阮坤富（四牌樓）
4. 劉長濤

女甲組急行跳遠

1. 趙　靈（二　模）　三、九〇公尺
2. 陳秀珍（一　模）
3. 胡震景（淇　園）
4. 洪月英（佑　聖）

急行跳高

1. 趙　靈（二　模）　一、一三公尺
2. 張志英（一　模）
3. 陳秀珍（一　模）
4. 洪月英（佑　聖）

壘球擲遠

1. 馮國芳（四牌樓）　二三、九八公尺
2. 俞雪民（一　模）

3.張琴如（一模）
4.謝雪珍（一模）
女乙組急行跳遠　三、一四公尺
1.林舜英（一模）
2.衛如菊（惠興）
3.沈坤笙（東清）
4.鍾慧平（淇園）
急行跳高　一、〇八公尺
1.宋葆貞（高銀）
2.林舜英（一模）
3.翁金官（茅家埠）
4.莊月仙（德勝橋）
（乙）徑賽
男甲組一〇〇公尺　一四秒
1.王又辛（高銀）
2.張秋兒（新橋）
3.金英生（四牌樓）
4.許文敬（二模）

二〇〇公尺
1.倪炳泉（新橋）　三〇秒
2.包志華（一模）
3.何榮慶（飲馬井巷）
4.孫於瑾（東平巷）

甲組四〇〇公尺
1.傅翔鸞（新橋）　五九、秒又$\frac{2}{5}$
2.武　灝（一模）
3.姜鴻聲（東清巷）
4.姚森林（二模）

男乙組五〇公尺
1.朱宗陽（新橋）　七秒又$\frac{3}{5}$
2.徐承林（一模）
3.王華成（二模）
4.祝雙財（淇園）

乙組一〇〇公尺
1.周榮喜（一模）　一四秒
2.唐金培（德勝橋）

3. 陳漢民（一模）
4. 楊來發（新橋）

男丙組三〇公尺

1. 余欽安（淇園）　五秒又$\frac{1}{5}$
2. 魯順興（二模）
3. 張文傳（高銀）
4. 梁鴻江（一模）

男丙組五〇公尺

1. 黃耀林（飲馬井巷）　八秒
2. 魯順興（二模）
3. 陳咬齊（一模）
4. 張文傳（高銀）

女甲組五〇公尺　八秒又$\frac{3}{5}$

1. 胡震景（淇園）
2. 黃金元（四牌樓）
3. 陳文英（一模）
4. 沈惠英（淇園）

甲組一〇〇公尺

1.馮國芳（四牌樓） 一四秒又$\frac{4}{5}$

2.陸華英（一模）

3.葉倩倩（佑聖）

4.陸寶連（一模）

女乙組三〇公尺

1.張貴蘊（飲馬井巷） 五秒又$\frac{2}{5}$

2.王鳳嬌（新橋）

3.康泰英（一模）

4.徐湘江（二模）

乙組五〇公尺

1.翁金官（茅家埠） 八秒又$\frac{2}{5}$

2.王鳳嬌（新橋）

3.詹秀英（四牌樓）

4.宋祿貞（高銀）

（丙）團體得分

田賽

男子部甲組

1.二模 一〇分

2. 一模　八分

3. 德勝橋　五分

4. 佑聖觀　四分

男子部乙組

1. 佑聖觀　六分

2. 一模　六分

3. 淇園　五分

4. 四牌樓　四分

男子部丙組

1. 一模　七分

2. 佑聖觀　淇園　各五分

4. 四牌樓　四分

女子部甲組

1. 一模　一四分

2. 二模　一〇分

3. 四牌樓　五分

4. 佑聖　淇園　各二分

女子部乙組

1.一模 八分

2.高銀 五分

3.惠興 三分

東清

4.茅家埠 各二分

徑賽

男子部甲組

1.新橋 十三分

2.一模 六分

3.高銀 五分

四牌樓

4.飲馬井 各二分

東清

二模

男子部乙組

1.一模 十分

2.新橋 六分

3.德勝橋 三分

4. 二模 二分

男子部丙組

1. 二模 六分

2. 飲馬井 淇園 各五分

4. 高銀 一模 各三分

女子部甲組

1. 四牌樓 八分

2. 佑聖 一模 各六分

4. 佑聖 二分

女子部乙組

1. 新橋 六分

2. 茅家埠 飲馬井 各五分

4. 一模 四牌樓 各二分

（丁）男女田徑賽總分

1.	一模	七〇分
2.	二模	三二分
3.	新橋	二八分
4.	淇園	二六分
5.	四牌樓	二五分
6.	佑聖	一九分
7.	高銀	一四分
8.	飲馬井	一四分
9.	德勝橋	九分
10	茅家埠	七分
11	東、清	五分
12	惠興	三分
13	東平	一分

（六）獎品

獎品一覽

省政府汪省長銀盾一座馮祕書長銀盾一座王祕書蔡祕書韓祕書景祕書陸祕書合贈銀盾一座陳財政局長優勝旗一面大民會杭州支部蔡支部長銀盾一座杭州市立病院長銀盾二座章主任銀盾一座社會局王科長旗一面省警務處陸處長銀盾一座鄒祕書銀盾一座市政

府張祕書鏡框一件特務機關長銀盾一座川瀨先生銀盾一座小島先生銀盾一座陳財政廳長優勝旗一面小楷筆念支抄簿四十本陳科長林科長吳科長合贈銀盾一座抄簿六十本浙江高等法院檢察處陳首席優勝旗一面銀盾一座社會局李科長銀盾一座杭州新報社獎金十元中聯社摺扇二打綢業市場林場長銀盾一座鉛筆二打墨十二塊筆十二支民政廳倪視察銀盾一座警務處陳祕書主任鏡框一件鄒科長鏡框一件周視察鏡框一件錢技正黃科長劉科長合鏡框一件日華佛教會隆定大師鉛筆十打拍紙本三十二本第六區馮區長銀盾一座鉛筆四打高爾和先生銀盾一座旗政府祕書處第三科長銀杯一只土橋部隊長獎金二十元大民會錦標旗十面三通書局天與印刷所獎狀一百十五份省會警局錢科長鉛筆六打拍子簿兩打練習簿二打信箋兩本李科長鉛筆六打信箋二打洋信封二打拍簿二打講義夾二個高法院拍紙簿三十本鉛筆五打橡皮五打練習簿三十本建設廳范允芝吳慰慈銀盾一座孫民政廳長銀盾一座市財政局李科長陳科長王科長銀盾一座教育廳孫祕書主任銀盾一座公濟典顧經理鏡框四張江教育廳錦長一面銀盾一座教廳羅科長銀盾一座工務局沈科長鏡框一面市府耿稽核貨物經理所趙主任銀杯一只市府喬祕書銀杯一只市中王校長銀盾一座民政廳陸科長綢軸一幅嚴建廳長銀盾一座建廳江科長張科長鏡框一面通源鹽業公司銀盃一只鄭工務局長銀盾一座工務局葉科長銀盾一座市商會謝會長花瓶一對印花稅鮑處長銀盾一座鉛筆二打尚警察局長銀盾一座教廳哈科長鏡框一面周科長對子二軸大民會許部長銀盾一座貨物經理所橫皮三十塊毛筆二十支鉛筆十二打墨二十錠拍紙簿二十本地方法院鉛筆六打練習簿四打拍紙簿一打杭州稅務局長銀盾一座旗二面閑林班

長銀盾一座社會局許局長自來水鋼筆兩打

(6) 實施露天教育

二十七年十二月二十日起舉辦領粥兒童露天教育茲將辦法列後

領粥兒童實施訓練之計劃

(甲)担任訓練事宜之支配

東	廠廢相公廟	市立新橋小學校 私立光華小學校
西	廠三橋址	市立飲馬井巷小學校 市立高銀巷小學校
北	廠寶極觀	市立仙林橋小學校 市立百井坊巷小學校
湖	墅觀音橋	市立德勝橋小學校 私立輔仁小學校
南	廠長慶寺	該區尚無學校設立擬另行雇員担任酌給津貼

(乙)訓練程序

第一週：由各校體育教師担任

「列隊」「看齊」「立正」「稍息」「報數」「左右轉」

第二週：由各校體育教師担任

第三週：由各校專科教師担任

仝前（加訓）步伐

第四週：由各校專科教師担任

仝前（加訓）修身講話

仝前

第五週：由各校級任教師担任

列隊識字　各廠設活動黑板一塊由級任教師每日寫生字三個或四個

第一日讀音

第二日釋義

第三日應用　以下類推

第六週：由各校級任教師担任

仝前

第七週：由各校級任教師担任　「列隊」

默寫生字

考釋字義

考讀字音

第八週：由各校級任教師担任

（印發千字課小冊）開始讀書

星期三訓練唱浙江新興曲（由專科教師担任）

第九週：仝前
第十週：仝前
第十一週：仝前
第十二週：仝前
第十三週：由各校體育教師担任
第十四週：起規定一週教列隊早操唱歌一週教列隊識字及修身講話等此後依次類推
「列隊」「早操」「唱歌」
(丙)担任訓練人員輪值辦法
1各小學校每日應派教員二人按時到廠實施訓練
2每日訓練時間定爲上午六時至八時
3每週由各校自行輪派教員担任訓練事宜
4每週訓練情形應由担任訓練之教員作成詳細報告交由校長呈局備查
5訓練人員之奬懲辦法另定之
6所需費用俟本計劃呈准後再行籌措暫以義務性質爲原則
(7)　舉行中日兒童成績聯合展覽會
二十八年二月十二日於市立馬市街小學校舉行杭州市小學生及日本宇都宮市小學生聯合成績展覽會展覽成績爲勞美書法等
二十八年三月五日舉行杭州市小學生書法成績展覽地點爲市立中學校
二十八年六月二十日舉行杭州市中小學生各科成績展覽會地點爲市立中學校暨第一模範

甲、總綱

一、現在失業者多而社會經濟異常困難因此一般學齡兒童不但缺乏求學機會大都呼號街頭以小販營生而補助一家之衣食或則終日流浪沾染不良惡習倘不速謀挽救而將來不特文盲增加且社會秩序不易整飭本府於推進小學教育之餘對此無力求學之兒童自應趕辦短期小學校免費强迫入學以期普及教育之實現

二、本市於二十七年度第二學期開辦一年制市立短期小學校三十一所均二部制對於本市無力求學之學齡兒童一律予以求學機會。

乙、學校地點（以市立私立各小學校原舍定名）

校名	校址	校長姓名	學生數	經費數	區別	開辦年月
杭州市立十三灣巷短期小學校	十三灣巷	徐文	一〇〇人	四二元	一	二十八年二月
杭州市立上板兒巷短期小學校	上板兒巷	張美泉	九〇人	四二元	一	二十八年二月
杭州市立下板兒巷短期小學校	下板兒巷	褚瑞芬	一一七人	四二元	一	二十八年二月
杭州市立勞働路短期小學校	勞働路	關榆	一二〇人	四二元	一	二十八年二月
杭州市立琵琶街短期小學校	琵琶街	王逵	一一五人	四二元	一	二十八年二月
杭州市立鼓樓短期小學校	鼓樓	洪毅盦	九二人	四二元	一	二十八年二月

杭州市立金波橋短期小學校	金波橋	傅志瑞	九〇人	四二元	一	二十八年二月
杭州市立撫甯巷短期小學校	撫甯巷	蔣本立	八一人	四二元	一	二十八年二月
杭州市立岳王路短期小學校	衆安橋	祝　信	一一五人	四二元	二	二十八年二月
杭州市立葵巷短期小學校	葵巷	施寶華	一〇〇人	四二元	二	二十八年二月
杭州市立淳佑橋短期小學校	淳佑橋	戴蔚文	一二〇人	四二元	二	二十八年二月
杭州市立永甯院短期小學校	皮市巷	程　瑛	一〇五人	四二元	二	二十八年二月
杭州市立助聖廟短期小學校	助聖廟巷	傅鴻達	一一〇人	四二元	三	二十八年二月
杭州市立池塘巷短期小學校	池塘巷	王稚蘋	一〇五人	四二元	三	二十八年二月
杭州市立二聖廟前短期小學校	二聖廟前	謝威廉	一〇四人	四二元	三	二十八年二月
杭州市立潮鳴寺巷短期小學校	潮鳴寺巷	姚福仙	一〇〇人	四二元	三	二十八年二月
杭州市立孩兒巷短期小學校	孩兒巷	房根耀	一〇九人	四二元	三	二十八年二月
杭州市立東園巷短期小學校	東園巷	鄭潔志	一二〇人	四二元	三	二十八年二月
杭州市立小雲棲短期小學校	成牙營	徐宗鍔	一〇〇人	四二元	三	二十八年二月
杭州市立松木場短期小學校	松木場	傅恩壽	一一二人	四二元	四	二十八年二月
杭州市立靈慶里短期小學校	陶社	湯秉衡	八四人	四二元	四	二十八年二月

杭州市立飲馬橋短期小學校	西湖	陸文敏	五五人	三五元	四	二十八年二月
杭州市立滿覺弄短期小學校	西湖	查攷臣	八三人	四二元	四	二十八年二月
杭州市立昭慶寺短期小學校	昭慶寺	王雲	一二〇人	四二元	四	二十八年二月
杭州市立美政橋短期小學校	美政橋	施沛漢	八五人	四二元	五	二十八年二月
杭州市立清泰門短期小學校	清泰門	陳大椿	一〇〇人	四二元	五	二十八年二月
杭州市立南星橋短期小學校	候潮門外	沈國鈞	一〇六人	四二元	五	二十八年二月
杭州市立彭家埠短期小學校	彭埠	馮爾為	一〇〇人	四二元	六	二十八年二月
杭州市立新塘短期小學校	新塘	許士英	一二〇人	四二元	六	二十八年二月
杭州市立草營巷短期小學校	湖墅	劉方煜	一二〇人	四二元	七	二十八年二月
杭州市立二司殿短期小學校	拱埠	范濟州	一二〇人	四二元	七	二十八年二月

第九章　中等教育

二十七年暑期中本局鑒於小學逐漸增多高級畢業人數甚衆且杭市事變後公私立中等學校均未復課兼以實驗新教育及謀中小學程度之銜接起見有籌設市立中學校之必要二十七年七月即委王宇澄爲市立中學校校長擇定馬市街前自治委員會所辦之中等補習學校原址爲校址其經常費爲每月二千一百八十七元九角六分設男生部四級女生部三級二十七年度第一學期學生人數爲二〇三人

二十八年二月間本局以杭市人口驟增失學青年日衆而社會經濟之衰落似應極積推行職業教育爲適應財力起見乃將市立中學校加以擴充致校址遷設皮市巷前私立宗文中學校內分職業科普通科職業科分商科蠶桑科應用化學科共計十一級於二十七年度第二學期正式改組其經常費每月三千六百七十二元學生人數四百七十人

至市立中學校詳細報道業已另刊專載本篇不再贅述

第十章　社教及其他

杭市之財力異常艱絀學校教育之突飛猛進經費澎脹實由於何故市長對於教育事業特殊關切有以致之本局秉承長市一貫之主張勉力籌劃於推進學校教育之餘同時計劃社會教育之發軔茲將計劃綱要分別如下：

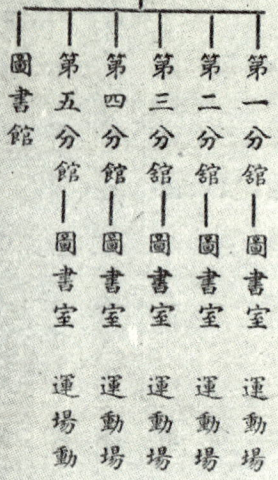

甲、市立民衆教育館
- 第一分館—圖書室　運動場
- 第二分館—圖書室　運動場
- 第三分館—圖書室　運動場
- 第四分館—圖書室　運動場
- 第五分館—圖書室　運場動
- 圖書館

乙、開辦民衆夜校就各市立短期小學校每校設民衆夜校一班

丙、籌設巡迴文庫

丁、開放市立玉泉游泳池

戊、民衆娛樂

社會局於二十七年七月間開始辦理遊藝演員登記事宜並實施戲劇雜技影片等審查同年九月間批准杭劇春秋社評詞普育社評話温古社等組織成立二十八年二月復會同大民會舉辦遊藝演員訓練班於大世界內集中訓練受訓者達一百八十三人

二十八年五月間由本局指導組織杭州市婦女會會員一百二十餘人內部組織分總務救濟宣傳教育衞生五股會長董幼梅副會長林信果

〔二十八年四月間籌組防共青年團刻正徵集團員並呈請治安委員會撥發經費俾克編隊抽調訓練

二十八年度教育實施計劃

(甲)方針

本計劃遵照奉頒 維新政府教育宗旨參酌地方教育實際狀況與教育行政之力量經濟可能之範圍以改進本市教育業務竭力擴充創籌學校教育社會教育之設施提高教育經濟暨學校教育之效能並多方引起友邦及地方人士對於本市教育事業之同情協助務於最短期間促成道德教育之普遍設施為方針並以改進本市教育業務為本年度教育實施之中心

(乙)計劃

〔一〕教育行政方面

1.師資之審定

理由 教育事業首重師資師資之良窳有關教育前途甚大每學期開始時各校雖須呈送教職員證明文件第事變以後證件類多遺失以此審查未能充分確切擬從歷次視導成績爲標準審定其資格

辦法 A擬定師資考查具體辦法

B由視導者根據歷次視導成績定合格與否

C分爲高中低各級任專科助教

D其成績尚可而未能完善者抽調訓練

2.小學校長之抽調訓練

理由 小學校長爲小學教育之主腦欲求小學教育之進展除辦理完善者外必須加以訓練藉便提高其程度

辦法 A由教育輔導人員並聘有教育學識者組織訓練委員會

B抽調程度較次教育學識較差者舉行訓練訓練時期每日二小時

C訓練章則另定之

3.設立地方教育參考室

理由 爲謀交換成績便利地方教育服務人員借鏡以提高地方教育效能起見擬於民教館或學校內附設地方教育參考室一所

辦法 A製發徵求出校辦法向各教育機關學校徵求出品

B製辦器具購置參考書籍

C由民教館職員兼任管理

4、指定各區中心小學校

理由　本市地方遼闊加以現在交通未能全行恢復對於全市教育輔導事業時苦鞭長莫及爰擬分區各指定中心小學校一所藉補輔導行政之不足

辦法　A就各區中地點適中成績較優學級較多設備較完之學校指定爲該區中心小學校另增輔導經費

B中心小學校須担任輔導區內各小學校研究教育上一切設施之改進方法及領導各校辦理本府令辦事項並彙報結果

C中心小學校規程另定之

5.舉行分區識字運動

理由　社會上一般民衆以及鄉曲父老對於文盲掃除之必要多未認識以故時至今日不識字之民衆尚占多數茲爲鼓勵識字引起民衆注意起見擬分區舉行識字運動

辦法　A由市長社會局長教育科長督學會同區長召集地方父老及熱心教育人士舉行宣傳勸導其方式臨時酌定之

B除由各校義務興辦民衆夜班外極力利用小先生制由中心中學校領導各校仿行每一小學生務須竭力教導其家庭及家庭附近之文盲材料即由中心小學校會同各校編擬務求通俗淺近有裨實用爲主

6.舉行教育成績展覽會

理由　爲考核教育設施成績而資研究改進起見擬於每學期舉行展覽會一
辦法　A由本局印發徵集出品辦法分向各學校及社教機關徵集出品陳列之
　　　B組織評判委員會評判成績

7. 指派教育服務人員進修

理由　教育服務人員之進修直接可以提高該員等之學識程度而間接足以增進教育效能本年度擬盡量指派社教校教人員保送教育部暑期學校及臨時教員養成所進修
辦法　盡量指派社教服務人員及小學教員成績較優者給予川旅津貼保送進修以示獎勵而資策進

8. 舉行運動會

理由　運動所以鍛鍊身體運動會爲提倡運動而設一學期中教育實施人員對於各自訓練兒童運動成績如何欲加檢討教育行政人員暨學生父兄對於各校訓練健全兒童身體之運動成績如何欲求明瞭則非舉行運動會不足以表示爰擬於每一學期舉辦運動會一次以顯成績而示鼓勵
辦法　A中學運動會分田徑賽
　　　B小學聯合運動會分田徑賽集合操團體操等
　　　C由社會局主持

(二)學校教育方面

1. 擴充及分設市立中學校及市立職業學校

理由　普通中學與職業學校併設一校將來班級增加校舍既難容納設備方面亦感不便擬於本年

度內設法分設二校加以擴充

辦法　A市立中學校普通科原有各級遞升後擬添招新生四班共十一班以後逐年再事擴充並擬將舊行宮地址改建爲校舍

B市立中學校職業科原有應用化學科一班蠶桑科一班商科二班擬添招四班共計八班改組爲市立職業學校暫以原校爲校址以後逐年推廣再行分覓相當場址建築校舍及工場栽桑園實習銀行商店等並儘量充實設備

2.增加市立兩模範小學校設備

理由　模範小學校對管訓教學等均須高出一切故除師資特加慎選外關於編制設備均應加以擴充

辦法　A增加學級以辦全單式複式單級各班次爲原則

B盡量充實設備教具儀器標本最低以應用於課本中各課完備爲限度

C設法就原有天長及仙林小學地址建築最合用之校舍運動場

3.增設及擴充市立小學校

理由　杭州市人口已達三十萬以上學齡兒童計三萬餘人原有私市立小學校及短期小學校不敷容納現在九十一所共容學生一萬四千四百餘人至少有半數學齡兒童未能入學擬於下年度盡量加以擴充

辦法　A擬於第一學期添設市立小學校十所辦理四十級可容學生二千人

B擴充原有市立二十二校共增二十級可容學生一千人

C 原有短期小學校添辦民衆夜校三十一班可容學生一千八百人
D 私立小學校假定核准五校約容學生二百人
E 以上共容學生五千人外尚有萬餘學齡兒童失學況歸杭者衆學童日增爰擬於第二學期再行擴充
F 添辦市立小學校二十所辦一百級可容學生五千人
G 擴充原有市立三十二校共增四十級可容學生二千人
H 各學校辦民衆夜校及民教館辦民衆班約五十班可容學生三千人
I 以後人口增加再加推廣

4. 舉行小學教育參考圖書巡迴文庫
理由　爲謀便利小學教員進修以鼓舞其研究興趣起見擬先就學校較多之城區湖墅區舉辦巡迴文庫
辦法　A 城區由模範小學校湖墅區由中心小學校辦理之
B 逐漸增加書籍推廣分設爲七區七所

5. 舉行分區兒童活動競賽
理由　爲謀促進各小學兒童活動事業起見就事實上之便利舉行分區競賽以資鼓勵
辦法　A 印發兒童活動競賽辦法大綱
B 由各區中心小學校主持辦理
C 評判員須聘校外人員或他區教員擔任

6.編纂鄉土教材

理由　鄉土教材爲養成地方觀念發揚教育上地方精神之切要工具戰後此項教材尚無系統擬予編纂以便各校採用

辦法　A組織鄉土教材編纂委員會

B設法徵集舊有鄉土教材加以增刪

7.設立小學師資介紹處

理由　爲謀保障合格教師地位提高小學師資程度及便利各小學物色師資起見由局附設小學師資介紹處

辦法　A本處職員由社會局兼任

B介紹辦法另訂之

8.厲行整頓私塾

理由　本市現在各鄉鎮尚未普設小學者甚多故私塾之改良異常切要本局前已擬訂私塾管理辦法舉行登記

辦法　依照私塾登記辦法辦理

A取締未經登記之私塾

B督學注意私塾視導

〔三〕社會教育方面

1.籌設立市民衆教育館

理由　各種舊有民教機關歷經派員逐一詳查類多破損不易修復雖有各種計劃以開辦經費較大

未能迅速實現第戰後人民流離之餘有待教育以糾正其思想行爲者甚多爰擬第一學期起先行籌設民教總館一所分館五所公共運動場共圖書室巡迴文庫等暫附於內以節經費而求事半功倍之效

辦法　A擬就衆安橋岳王廟籌設市立民衆教育館一所率領督導其餘五分館辦理一切民教事宜

B擬於鼓樓設市立第一民教分館王馬巷設第二分館茅家埠設第三分館彭埠設第四分館德勝橋設第五分館秉承總館辦理一切民教事宜

2.籌設市立公共運動場

理由　國民體格有關於運動者甚多公共運動場即所以解決此項問題者擬爰分設運動場於各區但以經費關係暫就舊有場所加以整理附屬於各民教館中藉節經費

辦法　A擬就湖濱六公園設兒童運動場由總民教館兼管

B王馬巷茅家埠彭埠德勝橋各設運動場由第二三四五各民教分館兼管

C各場祇列開辦費不支經常費由各館運動部管理

3.籌設市立圖書館

理由　圖書所以啓迪民智供各界參考事變後省市立各圖書館圖書類多散失爰擬搜集留遺添補購置從事興辦暫就各民教館中附設一室以省經費日後財政充裕再行獨立設置圖書館

辦法　A擬於民教總分六館各附設圖書室一所

B各室祇列購置費不支經常費由各該館教化部管理

4.籌備巡迴文庫

理由　爲謀開發民智便利各地民衆起見擬購備通俗書籍若干種巡迴各地任人閱覽勸人借閱共

巡迴地點注意鄉村及僻巷藉使普遍

辦法　A由總民教館主持各分館輪值掌理及派員司指導掛號之職其巡迴地點以離各館設立地稍遠處多到爲原則

B將來各區分設一所以期普及

5.擴充民教館

理由　第一學期先設市立總館一所分館五所將來擬再擴充以期民教普及

辦法　A原設總館及一三四六七區分館五所將來擬再添設二五兩分館

B各區普設分館後總館多司導督而總其成各分館秉承總館實施民教務求切實普遍

6.擴充圖書館

理由　圖書館有關文化甚大宜多收集古今書籍專門設館掌理其事

辦法　A多備代價羅致各種書籍

B代價過高或不易羅致之書籍以僱人抄錄爲原則

C專門設館以掌其事

7.籌設通俗講演場

理由　通俗講演有裨民智甚多擬設通俗講演場聘請人員定時講演

辦法　A先就全市適中地點設立一所

B將來再行擴充至各區

8.籌備平民白話日報

理由　報紙爲開發知識靈通消息之主要工具惟一般報紙內容繁複文字或爲一般平民所不易澈

底了解爰擬辦平民白話日報以使閱者而免上述之弊

辦法　A由公家籌款辦理務以消息簡要文字淺顯爲主

9.籌設民衆茶園

理由　茶園爲民衆工作後休息之所但日久生弊不免有藏穢納垢之嫌以故必須加以取締改良爰先設立民衆茶園以爲倡導藉作改良茶店之先聲

辦法　A設立演講台由演講員隨時前往演講一般通俗改良習俗問題

B擬先於各區籌設一所除演講台外另備正當娛樂器具及報紙通俗書籍等以備一般民衆閱覽

10籌設民衆遊藝場

理由　關於公衆遊藝宣傳表演得一固定場所使民衆得免免費享受更足使一般民衆有參加遊藝表演機會藉由正當娛樂自然消救不正當行動

辦法　A先就市區適中地點創設一所

B以後逐漸推廣擴充分設各區

以上教育行政暨學校社會教育各部分實施計劃就經濟可能範圍內儘量籌辦俟財政充裕再行擴充推廣以求教育事業之完善而教育經費尤當力求獨立使基礎鞏固爲原則

民衆教育館計劃

自八一三事變以來杭市教育悉被摧殘好在教育是活的一時代有一時代之教育不妨重行「建築基礎」「栽植種子」希望能符十年教訓之旨把大多數杭市的無智民衆引入維新時代訓政建

設之途則民教工作方可告厥成功

過去杭市民衆教育之良窳姑置不論茲就現實情狀計劃如下

(甲)中心教育

A政治

B生計

(乙)中心事業

A健康教育

1.診病所

2.國術團

3.施藥處

4.體育場

B生計教育

1.工藝傳習班

2.儉德會

3.合作社

4.借貸所

C政治教育

1.改進會

2.法律顧問

3. 時事報告
4. 息訟會
5. 消防隊

D 語文教育
1. 書報閱覽處
2. 民衆學校
3. 婦女班
4. 壁報
5. 問字代筆處
6. 民衆識字處
7. 識字牌
8. 民衆刊物
9. 讀書會

E 休閒教育
1. 小公園
2. 娛樂室
3. 音樂室
4. 弈棋室
5. 乒乓室

6.民衆劇社
7.書畫研究室
8.戲劇研究室
9.音樂研究室
F 其他
1.格言牌
2.陳列室
3.定期講演
4.耆老會
5.民衆畫報
6.民衆會堂
（丙）實施方法
A 健康教育
一、清潔運動
1.利用固有組織如校董會改進會之類
2.聯絡各方面如自治機關小學保衛團等
3.每年舉行兩次
二、衛生講演

1. 利用民衆學校市集及其他公共場所
2. 化裝講演
3. 掛圖標本模型之陳列並說明

三、預防醫藥

1. 會同衛生行政機關辦理預防注射
2. 設備簡易藥庫

四、體育訓練

1. 簡單之球類及田徑賽運動之設備
2. 國術
3. 舉行運動會及健康比賽

B 生計教育

一・生計教育之功用

1. 改進生計
2. 增加生產
3. 減少不正當之消費

二・借款與儲金

1. 舉辦小額貸款處
2. 舉辦儉德儲蓄會

3.詳細辦法另訂

三、組織合作社

1.聯絡自治機關

2.先從信用合作入手而轉注於生產

C政治教育

一、目標

1.培養人民的民族意識

2.培養人民的民權思想

二、施教途徑

1.講演及指導閱讀

2.指導集團活動

D語文教育

一、文字教育之功用

1.吸收新知

2.發表思想

3.交換意見

4.團結民族

二、語文教育要項

1. 日語之提倡
2. 演說之訓練

三、語文教育推行

1. 文字代筆處
2. 平民問字處
3. 民衆學校
4. 日文班

（丁）設立及經費

按照本市現在實際情形先就城區第一二三三區各設一所其開辦費每館暫定一千元計三千元經常費每館月支五百元計一千五百元每年合計經常費一萬八千元

民衆體育場計劃

社教之設施不外組織與訓練二點無組織則對象流於散漫施教於散漫之對象效果必鮮故組織實爲設教之先決條件施教於有組織之民衆教育之功能必能充分表現固不僅施教之便利已也民衆體育場社教事業之一也其工作方向要亦不外乎此惟欲將漫散凌亂之民衆加以組織事非至易第一集合困難第二則維繫困難尤以後者爲更甚蓋厭舊喜新人之常情初則偶與所至繼則性移情遷故非主持者勤施訓練不足以堅其意志而使團體永固因本此旨擬訂設施計劃如下

（一）組織團體

就日常來運動者吸收爲基本份子然後再擴充徵求每一種運動不妨各有一組織以便訓練舉其名稱可得如下

甲 足球隊——自二十人至三十人過此則分若干小組下同

乙 籃球隊——自十人至十四人

丙 排球隊——自十八人至二十四人

丁 網球隊——自六人至十二人

戊 乒乓隊——自六人至十二人

己 田徑賽隊——十人以上

庚 武術團——十人以上

辛 越野跑隊——十人以上

壬 競走隊——十人以上

癸 自由車隊——十人以上

(二)各種短期訓練

聘請若干技術之專家担任若干小時左右之講授或與其機關聯絡舉辦一個月之講習會

(三)登記或聯絡當地業餘團體

凡經本場登記團體除共同享受特定運動時間外並得由本場代辦事務上之事件藉示扶植

(四)經常設施

設置各種運動器具免費使用其量以本場之經費爲准

（五）臨時活動

如舉行各項競賽集合訓練組織參觀團體等

民衆圖書館創立計劃書

一、原則

（甲）經濟的——以較少經濟求較大效果

（乙）時代的——適應環境俾應實際

（丙）向上的——以興趣爲出發不以迎合爲手段

二、工作綱領

（甲）引起讀者興趣

A藏書質量之分配務求合理俾得應大衆之需要

B指導工作與參見卡索引卡之完備俾減閱覽人之困難

C競賽之舉行以鼓勵讀者之前進

D展覽觀摩俾見讀者之見聞

（乙）養成讀者習慣

A組織讀書團體加以訓練

B舉行學術講演加大其認識

C辦理圖書借出及添書介紹以助其進修

（丙）保存文獻——俟健全的市立圖書館成立即停止是項工作
A 徵集賢鄉遺著藉免再度散逸
B 蒐集當地金石拓張藉以表揚鄉土文物

三、工作方式

（甲）展覽部份
A 設立成人閱覽室——採用開架與中心陳列二種方式
B 設立兒童閱覽室——陳列方式同上
C 設立期刊閱覽室——新刊採用開架式舊刊採用閉架式
D 設立展覽室——除舉行各種展覽會外經常則陳列鄉土文獻
E 散布新到書目

（乙）指導部份
A 編製標題卡及著者二種藉便閱覽之檢閱
B 編製期刊索引藉以增加期刊使用機關
C 成立各種讀書團體使散漫份子得有組織
D 組織顧問團以解答讀者難題
E 依據時事提供參考書目

（丙）推廣部份
A 成立通訊借書處——預訂契約專差送書

B聯絡其他圖書館——辦理交換陳列代人借書事項

（四）辦理計劃

（甲）經費

A開辦費概算

科目	概算數	說明
第一款 民衆圖書開辦費	一五〇〇 〇〇	
第一項 購置	一二三〇 〇〇	
第一目 圖書	五一〇 〇〇	
第一節 圖書購置	四〇〇 〇〇	現時舊書價值較廉茲連工具書以一萬册計平均每册四角合計如上數
第二節 圖表購置	五〇 〇〇	每張以五角計百張約計如上數
第三節 期刊購置	六〇 〇〇	每種以三元計二十種約計如上數
第二目 裝置	五五〇 〇〇	
第一節 器具	四五〇 〇〇	
第二節 電燈	一〇〇 〇〇	
第三目 卡片	一七〇 〇〇	
第一節 卡片	九〇 〇〇	指引二百張白片卡二萬五千及印刷费等約計如上數

第二節 書標	一〇〇〇	裏外書標各一萬二千枚及印刷等約計如上數
第三節 借書袋卡	七〇〇	一萬二千副約需印刷費如上數
第二項 辦公	七〇〇	
第一目 文具	五〇〇	
第一節 文具	五〇〇	購置油印機號碼機及各種圖記約計如上數
第二目 雜支	二〇〇	
第一節 廣告	二〇〇	張貼廣告所費約計如上數
第三項 裝修	二〇〇〇	
第一目 裝修	二〇〇〇	
第一節 裝修	二〇〇〇	

B經常費概算

科目	每月概算數	說明
第一款		
第一項 薪給	一三四〇〇	
第一目 薪給	一一〇〇〇	

第一節館長薪給	五〇〇〇	館長一人月支如上數
第二節幹事薪給	六〇〇〇	館員二人月各支三十元合計如上數
第二目工食	二四〇〇	
第一節工食	二四〇〇	工役二人月各支十二元合計如上數
第二項辦公費	五七〇〇	
第一目文具	三〇〇〇	
第一節紙張	五〇〇	
第二節簿籍	二〇〇〇	圖書雜誌登記卡籍月計約如上數
第三節筆墨	二〇〇	辦公及閱覽人筆記用筆墨月計約如上數
第四節什品	三〇〇	
第二目消耗	一二〇〇	
第一節茶水	六〇〇	每天以二角計月約如上數
第二節燈火	六〇〇	夜間暫不開放月需電燈費約如上數
第三目雜支	一五〇〇	
第一節雜支	一〇〇〇	消毒藥品郵票及其他另星開支月約如上數

第二節　裝修	五〇〇	期刊之裝訂圖書之修補月約如上數
第三項　設備費	八〇〇〇	
第一目　購置	七五〇〇	
第一節　圖書	五〇〇〇	
第二節　期刊	一五〇〇	
第三節　器具	一〇〇〇	因事業之推進必須添置之器具約如上數
第二目　修繕	五〇〇	
第一節　修繕	五〇〇	器具房屋修繕月約如上數
第四項　事業費	五五〇〇	
第一目　集會	二〇〇〇	
第一節　佈置	一〇〇〇	每月舉行臨時活動一次約需如上數
第二節　招待	五〇〇	各種講演會座談會招待費約如上數
第三節　獎品	五〇〇	
第二目　印刷	一五〇〇	
第一節　印刷	一五〇〇	書目刊布月約如上數

第三目指導用費	二〇〇〇
第一節指導用費	二〇〇〇
第五項預備費	二四〇〇
第一目預備費	二四〇〇
第二節預備費	二四〇〇

(乙)章則

A由主管機關製定者

民衆圖書館規程

B由該館自行裝訂呈報主管機關備案者

閱覽規則

圖書出借規則

收受寄遞圖書辦法

各種讀書團體簡章

巡迴圖書館計劃書

一、辦理原則

A普遍的——向全市民衆流通

B實際的——閱讀材料務求實際生活之需要

二、辦理方式

（甲）圖書提供

A固定的

子、選擇人口密度最高之若干坊設立固定閱覽處

丑、就民衆集合場所如醫院待診室車站待車室等設立閱覽處

B流通的

子、送書箱　就規定流動區域借閱圖書

丑、巡迴車　就羣衆憩息場所陳閱圖書

（乙）圖書分配

A分組辦法

子、最低以百册爲一組依據圖書分配原則適當配合

丑、每組預印書目以備散發

B流動辦法

子、每處陳列一組館内至少須有三組存留

丑、各組依閱覽人數圖書出納次數之多寡定交換之時期但至多不能超過一月

寅、一組圖書如未全數收回即宜留置館内不再向外流動

卯、各組交換之前應加消毒手續

C擴充辦法

子、圖書購入亦以組爲單位每增一組即增設一處

丑、商借閒散圖書(如假期中之學校藏書)增設短期閱覽處

(丙)管理辦法

A修補能勤即是增加圖書

B巡迴依時不因天時變更庶可感應閱者

通俗演講場計劃

引言

我國教育之不普及以致文盲衆多人民知識大多未開以前於民衆教育雖已聊具雛型不幸事變猝起悉被摧毀自維新政府成立以後對於各項教育之設施無不竭力推行但以限於環境之束縛經濟之竭蹶處處感受困難茲以環境之需要不得不以最經濟之方法而輔助民衆教育之發展以創設通俗講演場所藉收教育之宏效現在決定之目標爲

1. 闡揚固有道德

2. 宣傳政府政綱

3. 灌輸民衆知識

4. 發揚中日文化

講演場所

通俗講演場所擬設於平民衆多而交通便利之中心地點其講演時間視民衆生活環境而決定

場所佈置以簡單合理爲原則

講演規定

固定講演　每星期舉行若干次

臨時講演　以紀念日集會及各項活動時舉行之

化裝講演

對白講演

講演中心

清潔

衛生

科學

時事

合作

建設

保甲

反共

興亞

親善

講演人員

講演人員除設置專員負責外並甄選本市遊藝人員優秀者若干人加以相當訓練組織義務通俗講演團所需經費由市政府教育行政費項下支給

平民白話報計劃書

一、目標

A灌輸民衆時事常識

B提高民衆精神生活

二、編輯體例

A系統的敍述

現在日報分欄有依新聞來源爲準者有由編輯人員加以標題即以各方所供給之新聞歸納於下者零亂片段不可卒讀平民白話報之對象爲知力較低之民衆以錯縱複雜而以一小節消息刊出之領悟既難興趣自減故編輯室各方所供給者重行改編務使每則新聞有頭有尾既詳其原因復默示其趨勢藉收時事教育之實效

B淺明的寫出

報道新聞不能避去專門名詞然專門名詞阻礙平民之閱讀補救之道有二一爲擇其較普通者如地名則採用重慶成都等字樣不用渝蓉等字是二爲另闢解釋欄將當日所載諸詞逐一加以注解

C插圖的增加

圖之選擇標準有二一爲增加認識如地圖統計圖二爲增加興趣如文物風景社會動態照片平民白話報所需要之插圖且更必須與刊出文字有關者與文學混合排印藉收閱讀之宏效

D混合的排列

通常日報常將國內大事置之第一版副刊置之最末版先國後省再及地方蓋完全依政情所自出而判其輕重平民白話報不然擬以對於發行所在地之人民所受影響大小如何而判其輕重如當地發生大疫其情形較之中央與某國交涉某事更爲嚴重是應以最優越之地位刊布之而將所有一般認爲屬於副刊容納性之防疫常識衛生問答緊附大疫新聞之後雖然各人以其生活方式不同對於外界感應亦有差異編輯者困難以主觀盡評所獲新聞之影響等級而分別發排於第一二三四版因擬採混合編排法國際新聞不僅見之於第一版社會新聞亦不僅見之於較後版次字體酌分大小稍示其輕重版次無一定引人盡讀全份至於版式之應有變化藉增美觀更不贅言

三・印行辦法

A版式　採用四開小型式既便攜帶復便合訂收藏

B發行　以自行發售爲主藉免報販壟斷橫受掯挾

四・館內組織

A編輯部　新聞採用通訊社稿不設採訪人員遇有較大事件不如徵求專家特稿以補其缺讀者座讀會努力能使之時常舉行藉增雙方利益

B參考部　管理要小型圖書館并對外界開放其主要工作如下

1.編製本報索引

2. 分類剪配本報並將已刊插圖底版整理歸檔
3. 編製時人小傳並隨時記錄其社會地位
4. 蒐集各地人物風土照片並調製目錄
5. 蒐集各地出版書目索引等書籍以備檢查
6. 管理本館購置其參考圖書

D 事務部　辦理印刷發行會計庶務等項

民衆茶園

一、引言

茶店是民衆自然集會的場所但是我國的茶店其設備既不合衛生原理而茶客又大都具有惡劣習性所以茶店內終日有人在喝茶這不是好現象我們希望無論何人都有工作都去勞動到工作勞動停止以後往茶店內去喝一杯清茶享受一些娛樂那才是正當的生活方法現在所要辦的茶園便是想改革一下而使一般民衆獲得身心上的安適

二、目標

1. 使民衆有正當的休閒場所
2. 使民衆有良好的習慣
3. 使民衆有求知的興趣
4. 使民衆有自治的能力

5. 使民衆有明瞭社會現勢
6. 使各普通茶園有改進的模仿

三 原則

1. 以最少的經濟辦理民衆教育實際的事業
2. 減低茶價利用民衆喝茶習慣實施民衆教育
3. 利用各項設施作改進普通茶園的範圍
4. 利用相當的人材指導各普通茶園的改進
5. 以全區的社會爲施教的範圍
6. 以喝茶的民衆爲施教的對象
7. 以各項活動爲施教的課程
8. 與區內各教育機關力謀合作

四、組織

民衆茶園設主任一人助理員一人分掌總務教導及推行各項活動等事宜另設工役若干人管理售茶及其他雜項事務

五 設備

1. 園舍　地點適當的房屋（最好利用公產）廣大的面積設置講台一座
2. 用具　除桌椅廚飲茶用具外更須多量設置清潔用具
3. 教具　小黑板揭示板及各項教育掛圖並設無線電收音機及其他娛樂用具

4.圖書　古今小說刊物報章
5.衞生物品　簡易藥品衞生掛圖
6.娛樂用品　簫笛胡琴棋類及小型彈盤等

六、娛樂
1.說書
2.常識和時事的講演
3.絲竹品
4.弈棋
5.放映電影

民衆遊藝塲計劃

遊藝自古迄今與社會均有密切之關係在上古時代(神權時代)以人類知識低劣祇知神權故遊藝爲祀神求福之必需品自後逐漸進化遊藝分化成爲各種雜耍在社會上之需要不但專爲祀神且爲民間必需之活動常借祀神演劇集合娛樂乃成爲社會調濟生活之必需品

遊藝既可供人民調濟生活乃於不知不覺中却因娛樂而得慰藉因慰藉而生感動因感動而激起同情和理解之情緒影響民衆促起生活之改變其便有教化大衆之力量足見遊藝關係社會教育實深且鉅茲將其作用價值範圍分述於後

一、遊藝之作用

1.康樂
2.消遣
3.調濟生活
4.勸善懲惡
5.移風易俗
6.輔助教育

二、遊藝之價值

1.藝術
2.人生
3.社會
4.教育

三、遊藝之範圍

1.廣義的
A遊戲
B賞覽
C比賽
2.狹義的
A演說

B 歌唱

C 表演

現在各遊藝場所表演者其脚本之陳腐容或難免雖經政府嚴厲取締但經營遊藝和演藝者以吸引觀衆與牟利計有時不得不迎合低級觀衆趣味表演神怪迷信描摹淫褻之遊藝此不獨妨害民衆身心且爲社會教育之阻礙茲爲謀本市民衆之正當休閒娛樂擬創設民衆遊藝場一所藉謀社會教育之發展

目標

1.使民衆得到正當的娛樂

2.使民衆獲得身心的安適

步驟

1.利用舊有遊藝場

2.改良各種舊有脚本

3.訓練遊藝人員

4.設計歷史環境佈景

5.選辦教育電影片

設置

清唱

安康

杭劇
紹劇
話劇
京劇
電影

就以上各場分配外另闢茶室及遊客物件保管室各一所各場所之佈置以簡潔整齊爲主堂廊木柱上懸釘格言牌在入口處並揭懸遊客須知如嚴守秩序保持衛生等規約使民衆養成集團生活之習慣遊資茶費規定每人至多以一角爲限藉資普及

兒童運動場計劃

兒童運動場之有別於兒童遊戲場者一者專門於體格訓練一者兼及情感訓練是也教育發達國家學齡兒童應受義務教育無論矣即幼兒亦有學園之設立故其兒童運動場設施常與學校方面求得調和一致藉免浪費工作我國因國民經濟水準之低下直接影響子弟之求學機會間接影響於政府歲計之枯竭而不克將教育盡量擴充因之在我國經營兒童運動場先決問題有二

第一 依據整個幼稚園及小學之體育課程綱要爲兒童運動之設施準則藉以挽補兒童體育科方面失學苦痛抑根據社會鍛鍊體力習尚使兒童就固有經驗中發揚光大

第二 運動場之設立一方面固可使兒童獲得鍊鍛體力之場所他方面亦有使兒童酖於嬉戲荒及正務之流弊故開放時間應如何體會實際社會情形而規定茲姑擬具計劃如下以供創立第一

年之試驗準則

一、設置兒童分區運動場

法定小學卒業年齡爲十二歲茲姑以四歲至十四歲爲兒童時期更將此時期分爲三段（斯特拉資（Stratz）著兒童身體一書依於身體發育之律動的發達標準稱體重增加之時期爲充實期身體之伸長時期爲伸張期而分兒童爲七期五歲至七歲屬第一伸張期男子八歲至十二歲女子八歲至十歲屬第二充實期男由十三至十六歲女由十一至十四歲屬第二伸張期約翰孫（Johnson）所著遊戲及競技教育則分兒童爲五期四歲至五六歲爲第二期是爲自發的活動或模仿時期七至九歲爲第三期是爲自發的活動略減而需要熱體的競技之時期十至十二歲爲第四期爲達爲熟練的競技及愛好動物喜集團體之時期各家無論以心理或生理爲標準區分兒童時期固不盡同即於實際上亦因人而有若干差異點所謂段落不過就一般情形加劃分而已）

第一運動區。入場標準爲身長一一〇、六九糎以下（此數爲美國六歲兒童之身長標準因我國兒童身長標準尚無精密計數也年齡有虛實身體有強弱故依年齡而採用身長爲入場標準似更使兒童適合於該區之運動下同）

第二運動區　入場標準爲身長一一〇、六九糎以上一二六、一四糎以下

第三運動區　入場標準爲身長一二六、一四糎以上、一五一、九二糎以下

二、置備能使兒童身體內外各器官平均發達之運動器械體力方面的——如水平棒或並行水平棒鐵棒吊繩立棒跳箱肋木浪船滑梯繩梯橫梯雲梯吊棒平均台毽子鐵圈三輪車彈力鋼繩軒輊板鞦韆跳躍

其他器官方面的——大彈子豆囊拉鈴槓汽槍箭靶肺量計投環器盪床

三、設置洗面室

在經費未充不能設置沐浴間前洗面室必須設置洗面室應男女分間位在總進出口旁由門房兼管理之出場兒童必須逐一檢點藉以養成兒童整潔習慣並免家長對於運動之惡感

四、設置寄物間

入場兒童所帶物件不論大小均應一律安置物件寄存室中（銀錢亦可寄存）瓜果糖食不論有無糖殼及包紙亦一律不許攜入場內藉護兒童身體

五、置備簡易藥庫

運動場上最易發生之暈病出血彎筋等症宜豫有藥庫以爲之備故綳帶人工呼吸外用敷料並手術及調配職員勤工均應學習純熟

六、組織早操班武術班健足會等團體

由散漫的份子成有組織的隊伍使得受系統的體育訓練逐月檢查其體格而紀錄之此種連續的紀錄表不僅可明個人的進展如何並可加以整理統計手續備查兒童身體發育情狀者以無上珍貴之參考資料

七、時常舉行表演及競賽

表演即以示範競賽即以提高其興趣二者相間舉行可以完成兒童有正確的姿勢有持久的習慣舉行時項目不求其繁多使注意力能集中獎勵應求其普遍使盡得其興趣

杭州市小學教育改進方案

第一 教育方針

（一）目標

甲、注重道德教育遵照古聖遺訓以誠字爲基點闡揚固有道德而教師必首先躬自力行以身作則使兒童得所楷模其目標分爲四點

1. 陶冶兒童善良品性
2. 養成兒童道德觀念
3. 培養兒童愛羣精神
4. 促進兒童親仁思想

乙、鍛鍊體格效法古時射御之意以勤學爲中心造成健全體格其目標分爲二點

1、培育兒童健全體格
2. 訓練兒童勞勤習慣

丙、開發智慧採取陽明知行合一之義以能字爲歸束形成有用之材其目標分爲三點

1. 增進兒童生活知能
2 啓發兒童科學思想
3. 發展兒童審美興趣

（二）要項

（1）陶冶兒童善良品性

A言語誠摯

B容止謙和

C禮節恭敬

D作事敏捷

E交友篤信

F集會整肅

（2）養成兒童道德觀念

A講述古聖賢學理

B尊孔以端其基尚孟以致其用

C奬勵公德

D嚴誠利己

E實施修身綱要之中心訓練

F糾正兒童破壞躁進貪爭之陋習

（3）培養兒童愛羣精神

A率領兒童爲公衆服務

B指導兒童注重公共衛生

C訓練兒童愛惜公物

D講述捨己爲羣故事

E曉示羣我關係使知小我之錯誤大我之正確

(4)促進兒童親仁思想

A介紹隣國史實習尚風俗

B使確切認識中日係同種同文之邦

C介紹隣國優良各點以資借鏡

(5)培育兒童健全體格

A注意清潔衛生

B提倡健康比賽

C充實體育設備

D改進體育教學

E厲行體格檢查

F施行防疫注射

(6)訓練兒童勞動習慣

A按日輪值清潔整理工作

B每週舉行大掃除

C獎勵兒童洗滌衣服

D值日服務之考查

（7）增進兒童生活知能

A獎勵儉樸

B灌輸家事常識

C灌輸農事常識

D灌輸工藝常識

E灌輸合作事業常識

F家事實習

G農家訪問

H工廠參觀

I組織合作社

J日用記帳練習

（8）啓發兒童科學思想

A參觀博物館

B參觀工廠農場苗圃電廠自來水廠電話局昆蟲局

C採集標本

D氣候測驗與記載

E講演無線電及其他電學常識

F測繪全校各室體積與面積圖

G舉行科學演講

(9)發展兒童審美興趣

A舉行美術展覽

B舉行服裝整潔檢查

C舉行室內佈置比賽

D舉行書籍整潔檢查

E舉行習字比賽

F舉行音樂比賽

G舉行遊唱表演

第二　擴大學校教育範圍

(一)任學校教育者應負引導社會之責　社會本一擴大之學校而學校則爲一進步之社會且轉以謀社會之進步者因之學校教育之設施應謀如何溝通社會推及社會而直接引導社會爲社會文化中心

(二)任學校教育者應指導民衆生活　生活即教育而教育爲進步之生活且轉以謀生活者之進步者因之學校教育之設施應謀如何活用啓示預定的理想以指導民衆生活

(三)任學校教育者應以一般民衆爲第二對象俾增强兒童教育效能　民衆及學生家屬之知識思想行爲與習俗響影於兒童之力量較學校教育爲尤大故學校教育之設施應以一般民衆爲第二對象直接以改進一般民衆之知識思想行爲習俗間接以增强兒童教育之效

能

第三 改進實施標準

(一)關於設備方面者

甲、原則

1. 校址校舍校具校景就本地風光參酌隣國優點巧於使用並安排妥貼收拾整潔質樸雅觀而無浮靡之習

2. 標本儀器圖畫模型及各種教具學校用品盡量利用活用或使學生自行仿製既足以練習工作技能且能使詳晰器型內容而該課更深刻腦海

乙、實施

1. 增備古聖賢遺像掛圖
2. 增備古聖賢歷史故事掛圖
3. 增備古聖賢格言圖書
4. 增備生活工具生產物品陳列以備認識比較
5. 擇要調製與地方人事有關統計圖表藉以實現擴大學校教育之旨
6. 張貼標語　其含義應遵照道德教育之目標須切實有效而不涉空虛者
7. 懸掛圖表　各種圖表宜適合兒童程度而足以引起兒童之興趣者

(二)關於學生方面者

1. 充實學額每學級應以五十人爲標準或以教室所能容教學不妨礙之範圍內儘量招

足

2. 每日出席人數至少達百分之八十以上

3. 力求清潔整飭有興趣有禮節有秩序有紀律

4. 不論在校外校內以能友愛同伴勤勉工作扶助他人禮敬外賓服從尊長爲公服務

（三）關於訓導方面者

甲、原則

1. 能應用實際生活眼前風光參證課本敎育啓示問題計劃指導兒童行爲

2. 能引發學生良好反應思考判斷疑難須有所問每問必有所得並鼓勵督促養成其即學即做即知即傳人之習慣

3. 能訓導學生凡事必誠以實行各種道德並樂於團體生活推己及人爲公不爲私

4. 能切實聯絡各科並儘量闡揚其親仁睦隣公正和平之觀念以激發兒童堅强其東亞和平之信念

乙、訓練

1. 背誦簡易格言

2. 整肅秩序

3. 提倡勤勞

4. 舉行演講比賽

5. 舉行各科課業演習比賽

6.舉行修身綱要中心訓練
7.訓導學生良知良能之性理而促其實現
8.訓導兒童自動力暨共同貫慣之養成

（四）關於教師進修方面者

甲、原則

1.熟習政令
2.研究社會情形
3.奮發社會服務信念
4.閱讀教育性理建設政治經濟等書並充實關於親仁睦隣及其他必要之各種常識
5.各種道德必身體力行以作兒童模範
6.參加各項研究會

乙、實施

1.閱讀　小學教員宜研究性理崇習宋陸象山明王陽明之學瞭明力行致知之說務實務用辨明義利而導兒童以實踐例如象山先生集王陽明集禮記要義袁蒙齋中庸講義等及其他有關教育之書籍
1.聽講　如遇學術講演時宜出席參加並摘錄其心得
2.研究　各校自行擬定分任之問題担任研究之工作並由各校長收集其結果追呈主管機關

杭州市立小學校規程

第一章　總綱

第一條　本市市立小學校除遵照部頒小學暫行規程辦理外其餘均須依照本規程辦理

第二條　本市市立小學校爲施行國民義務教育之場所根據　維新政府之教育宗旨及其實施方針以實施左列各項之訓練

一、陶冶兒童善良品性
二、養成兒童道德觀念
三、增進兒童生活知能
四、啓發兒童科學思想
五、培育兒童健强體格
六、培養兒童愛羣精神
七、發展兒童審美興趣
八、訓練兒童勤勞習慣

第三條　本市市立小學校修業年限六年前四年爲初級後二年爲高級初級小學校得視地方情形單獨設立

第二章　行政組織

第四條　本市市立小學校由杭州市政府社會局管轄之

第五條　本市市立小學校設校長一人由杭州市政府社會局委任之
第六條　校長主持校內一切校務兼任正教員
第七條　本市市立小學校設教導主任一人由級任教員兼任
第八條　教導主任商承校長主持全校學級編制課程支配成績考查品格培育及一切教導事宜
第九條　本市市立小學校設事務主任一人由級任教員兼任之
第十條　事務主任商承校長主持全校經費出納校舍裝修設備購置及其他關於事務上一切事宜
第十一條　市立小學校在七學級以上增設事務員一人由教員兼任之商承校長及事務主任辦理全校會計事務文書等一切事宜
第十二條　市立小學校級任及專科教員應協同各主任處理各該級各該科教導等一切事宜
第十三條　市立小學校每月應舉行校務會議研究會議各一次全體教職員均須出席
第十四條　市立小學校在二學級以上者應設經濟稽核委員會審核校內經常臨時各費及一切學生費用經濟稽核委員會於校務會議時除校長及事務主任外就全體教職員中互推三人或五人組織之
第十五條　市立小學校在六學級以上者對於各項校務應視校內實際情形由教職員分股担任之
第十六條　市立小學校應充實左列各項標準

甲、總務方面

一、校務計劃　年度開始一個月內對於校內新辦或繼續之各項事業與研究問題進行步驟參酌實際情形及其需要擬訂具體計劃

二、行事歷　學期開始前將本學校應辦事項及籌辦事項參照市頒小學校學歷編造辦法及本校校務計劃編造行事歷按期進行

三、呈報事項　各種定期呈報事項

呈報開學日期（開學十日內）

填送教職員一覽表（開學十日內）

填送學生一覽表（開學十日內）

造送校具清冊（開學十日內）

呈送預算（開學十日內）

校務月報表（每月十日以前）

臨時費報銷（開學後二十日以內）

經常費報銷（每月十五日以前）

其他各種會辦事項

乙、教導方面

一、批改課業　學生課業應規定劃一之簿藉指導練習並有統一之批改方法按時訂正

二、成績報告　月考及學期考試之成績應報告學生家長並附註家長對於兒童學業及操行上注意事項

三、假期作業　寒暑假內規定兒童自習作業並於假期後考查成績

四、集會　舉行朝會週會以啓發兒童社會生活之常識及先賢美德之觀念

五、體格訓練　舉行晨操或課間操時間爲十分鐘並舉行課外運動及體格檢查養成兒童衛生習慣

第十七條　市立小學校開辦費及經常費標準另定之

第十八條　市立小學校經費開支應力求撙節核實其公開審核依第十四條規定辦理之

第十九條　市立小學校雜費之徵收規定如後

	學費	雜費
低中年級每學期	一元	五角
高年級每學期	一元五角	五角

學生無力繳納學雜費者校長應酌量情形免除其一部或全部

第二十條　徵收之學費應於每學期中造具清冊報解社會局雜費應造具收支清冊於每學期終呈報社會局核銷

第四章　編制

第二十一條　市立小學校應於兒童入學時依其年齡能力分別編制

第二十二條　市立小學校學級用單式編制但有特殊情形者得用複式編制初級小學校並得用二部或單級編制

第二十三條　市立小學校學生學額每學級以四十人至五十人爲度每學月學生出席數須達百分之八十以上

第五章　課程

第二十四條　市立小學校之課程列表如左

科目＼時數＼年級	低年級	中年級	高年級
修身	1	1	1
體育	2	2	2
國語	7	6	6
日語			3
算術	2	4	4
常識	3	5	5
勞作	1	1	1

美術	1	1	1
音娛	1	1	1
總計	18	21	24

附註 所列時數均以六十分為標準各校得依實際情形照本表規定自行支配

第二十五條 市立小學校教科書由杭州市政府指定之

第六章 教導

第二十六條 各科教學應有適當之教學過程並能實行複式教學更須注意過程之配當與自動工作之效率並注意上課時秩序訓練以集中兒童注意力並糾正兒童不良之姿勢

第二十七條 除國語日語算術常識應用教科書外其他如體育音樂美術勞作等科不用教科書者亦須預定適合之教材要目並記載實施經過

第二十八條 市立小學校應以修身綱要為訓練中心由教員利用兒童課外各種活動並聯絡家庭加以積極之指導

第二十九條 為增進教導效力起見應隨時聯絡兒童家長討論關於教導等實際問題

第三十條 市立小學校兒童不得施以體罰

第三十一條 市立小學校為便利個別教導起見得施行教導組制小學教師均負直接教導兒童之責任

第三十二條 市立小學校兒童除有特別情形外應一律穿着制服

第三十三條　市立小學校得依實地情形編訂鄉土教材呈請杭州市政府審訂後施行之

第七章　設備

第三十四條　校址應擇便於兒童通學之地點並須有善良之環境
第三十五條　校舍宜質樸堅固適於教學管理及衛生
第三十六條　運動場所須寬敞整潔其面積須足敷應用
第三十七條　市立小學校在可能範圍內須設園藝工場等以便兒童之練習機會
第三十八條　課桌椅宜適合兒童身長之比例
第三十九條　衛生及運動等項設備應力求充實
第　四十條　圖書儀器教具等設備應力求充實並有適當之管理方法
第四十一條　市立小學校應備有關於教導事務等各種簿籍圖表

第八章　成績考查

第四十二條　市立小學校兒童學業成績除平時考查外並分別舉行月考及學期考試畢業考試
第四十三條　月考及學期考試由教員於月終及學期終分別舉行之但將屆畢業之學期免除學期考試而以平時成績爲學期成績
第四十四條　市立小學校畢業考試由校長會同各科教員依照杭州市立小學校舉行畢業暫行辦法舉行之
第四十五條　市立小學校學生成績依照杭州市小學校學生成績記分暫行辦法訂定之

第九章　學期學年及休假日期

第四十六條　市立小學校以每年八月一日爲學年之始次年七月三十一日爲學年終

第四十七條　一學年分爲兩學期以八月一日至次年一月三十一日爲第一學期以二月一日至七月三十一日爲第二學期

第四十八條　休假日期除遵照教育部規定外應依左列之規定

寒假	一月十八日至一月三十一日
暑假	七月三日至八月二十一日
元旦	一月一日
孔子誕生紀念日	夏歷八月二十七日
春節	夏歷正月初一日至正月初三日
夏節	夏歷五月初五日
秋節	夏歷八月十五日
冬至節	依夏歷推算冬至日
國慶紀念日	十月十日
政府聯合紀念日	九月二十二日
中華民國維新政府成立紀念日	三月二十八日

除規定日期外不得任意休假或停課

第十章　教職員

第四十九條　每學級設級任教員一人並得酌量情形添設專科教員但平均每兩學級教員人數至

多以三人爲限

第五十條　市立小學校視實際情形應單獨或聯合設校醫一人但須呈請杭州市政府社會局核准

第五十一條　市立小學校教員之任免應依照民國二十七年五月十四日公布之杭州小學教員聘任暫行規程之規定

第五十二條　教職員應在學校或學校附近居住

第五十三條　市立小學校教員由校長於學期開始前聘任之並須呈報杭州市政府社會局備案遇有不合格者杭州市政府社會局得令原校更聘

第五十四條　市立小學校校長及教職員服務細則另訂之

第五十五條　市立小學之輔導及研究辦法另訂之

第十一章　附則

第五十六條　本規程如有未盡事宜得隨時修正之

第五十七條　本規程由杭州市政府公布施行

修正杭州市推廣私立小學校暫行辦法

第一條　私人或團體設立之小學校均須依照本辦法之規定

第二條　私人或團體設立之小學校爲私立小學校外國人設立者亦屬之

第三條　私立小學校之開辦變更或停辦須經杭州市政府之核准

第四條　私立小學校須經杭州市政府立案受社會局之監督及指導其組織課程及其他一切事項均須遵照現行教育法令辦理

第五條　私立小學校長不得兼任其他職務

第六條　私立小學校辦理不善或違背法令時杭州市政府得撤銷其立案或令其停辦其開辦二年尚未立案者杭州市政府得令其停辦並撤銷其校董會立案

第七條　私立小學校應採用專有名稱不得以地名爲校名

第八條　私立小學校以校董會爲其設立者之代表第一任校董由設立者聘請相當人員組織之

第九條　校董會校董名額五人至九人設立者爲當然校董

第十條　校董會校董應互推一人爲董事長

第十一條　校董會之組織及職權任期等應於校董會章程中規定之

第十二條　校董會至少須有四分之一之校董曾經研究教育或辦理教育者充任現任主管教育行政機關及直接上級教育行政機關人員不得兼任校董

第十三條　校董會設立後須開具左列各事項呈請杭州市政府立案

一、名稱

二、目的

三、事務所所在地

四、校董會章程

五、經濟情形
六、校董姓名年齡籍貫職業住址立案後如第三第五第六各項有變更時須於一個月內分別呈報杭州市政府備案

第十四條　校董會職權如左
一、經費之籌劃
二、預決算之審核
三、財務之保管
四、財務之監督
五、校長之選任
六、其他財務事項

第十五條　校董會須於每學年終結後一個月內詳開左列事項呈報杭州市政府備案
一、財產項目
二、學校校務狀況
五、收支報告
四、校長教職員學生一覽表

第十六條　杭州市政府於必要時得隨時查核校董會之財務及事務

第十七條　私立小學校因事停辦時校董會應於十日內呈請杭州市政府派員會同清理其財產

第十八條　校董會債權債務之糾葛事項應舉請司法處處理

第十九條　校董會自身之解散須經杭州市政府之許可
第二十條　私立小學校之設立應遵照左列程序辦理
甲、呈報開辦　應於校董會立案後行之非經杭州市政府核准開辦者不得遽行招生
呈報時須開具左列事項
一、學校名稱
二、種類
三、宗旨
四、地址
五、校董
六、教職員
七、組織
八、課程及時間
九、學級編制
十、經費之收支
十一、校舍校具狀況
乙　呈請立案　應於開辦一學年後行之呈請時須開具左列事項
一、開辦後經過情形
二、前項第八款至第十一款各事項

三、各項章程規則

四、校長教職員學生一覽表

五、教訓實施情形

第二十一條　私立小學校須具有左列各項方得呈報開辦

甲、經費

一、開辦費除校舍修建費外一學級至少五十元每增一級加二十元

二、經常費每年須有確實隱固之收入每學年每學級一百五十元

三、學雜費之徵收

低年級每學期不得超過二元五角

中年級每學期不得超過四元

高年級每學期不得超過五元

書籍及學用品概由學生自備貧寒學生經校長查明確實者得免學雜費之全部或一部

乙、設備

一、校址有良善之環境而便於兒童通學者

二、校舍宜質樸堅固

三、運動場之面積須足敷應用

四、課桌椅宜適合兒童身長之比例

五、衛生及運動之設備均須敷用
六、圖書教具力求充實
七、教務訓育事務之圖表簿籍均須完備

丙、教職員

一、校長之任免應依照民國二十七年五月十四日公布之杭州小學校校長任免暫行規程之規定

二、教員每學級設級任教員一人並得酌量情形添設專科教員但平均每兩學級教員人數至多以三人為限

三、教員之任免應依照民國二十七年五月十四日公布之杭州小學教員聘任暫行規程之規定

丁、編制

學級編制每學級以五十人為度至少三十人

戊、課程

一、小學教學教學科目及每週教學時間列表如左

科目／時數／年級	修身	國文	日語	算術	常識	勞作	美術	音樂	體育	總計
低年級	1	7		2	3	1	1	1	2	18
中年級	1	6		4	5	1	1	1	2	21

高年級	1	6	3	4	5	1	1	1	2	24

附註 所列時數均以六十分為標準各校得依實際情形依照本表規定自行支配

二、小學教科書應採用教育部審定本

第二十二條 本辦法如有未盡事宜得隨時修正之

第二十三條 本辦法由杭州市政府公布施行

杭州市私立小學校獎懲規程

第一條 為鼓勵私立小學校之改進防止私立小學校之腐劣起見由市政府根據每學期考核結果分別獎勵或懲戒

第二條 私立小學校辦理情形經市政府考核後按成績之優劣以百分法計算分別等第在百分之七十以上或具有某項特殊優良點足為全市小學校表率者得受下列各項獎勵

(甲)學校方面 補助金以學校為單位共分六等按月自三十元起至八十元止每等遞加十元

(乙)個人方面 (一)獎金(二)獎狀(三)獎詞(四)校長記功(五)延長教職員聘任期間

第三條 私立小學校辦理情形經市政府考核後倘成績在百分之五十以下或具有某項特殊劣點者應予以下列各項懲戒

(甲)學校方面 (一)撤消立案或解散(二)傳令訓斥

（乙）個人方面　（一）校長撤職或記過（二）撤換教職員（三）指定參觀優良小學校作詳細報告併改進計劃

第四條　奬勵應用之經費由市政府每年列入市教育費預算支給之

第五條　應受撤消立案或解散處分之學校由社會局呈請市政府核准施行之

第六條　奬懲處分除情節重大必須隨時處理者外其餘概於學期終了時由社會局呈請市政府施行之

第七條　本規程如有未盡事宜得隨時修正之

第八條　本規程由社會局呈奉　市政府核准施行

杭州市小學校歷編造辦法

一、本市小學校每學期須根據本辦法編造詳細學歷一份

二、學歷（行事歷）至遲須於開學前一週內編造完竣

三、各小校學歷須呈送市政府一份備查

四、學歷內所列事項包括下列數種

1. 學期開始例行事項
2. 週會
3. 例假
4. 招收新生徵收學膳書籍各費

5.經費預算之編訂
6.校舍佈置修理校具圖書添備檢查收藏
7.各種表簿規程之修訂整理
8.教職員校工之職務分配
9.教科用書教育用品之商定與分發
10 教職員學生一覽表等校務報告之調查與呈報
11 重要會議
12 校外教育
13 各項社會工作之實施
14 家庭聯絡
15 學生成績之考查及報告整理事項
19 各種學術技能之競賽
17 教育之研究與參觀
18 遠足及旅行
19 體格檢查及佈種牛痘
20 大掃除及清潔檢查
21 遊藝會成績展覽會等
22 兒童課外活動

23 假期作業之預定與收集

24 舉辦畢業事項

25 學期結束例行事項

26 經費決算之編造審查與報告

27 其他重要事項

五、學歷必包括學月週次日月星期預定事項（內分定期辦理事項籌備進行事項）等項目其表式如左：

學月	週次	月	日	星期	定期辦理事項	籌備進行事項
第一學	第一週			1		
				2		
				3		
				4		
				5		
				6		
				日		
	第二週					

月	第三週	第四週

附記	

六、各種預定事項以確定月日爲原則

七、各小學校學歷須公布校內公共場所

八、本辦法如有未盡事宜得隨時修正之

九、本辦法由社會局呈奉 市政府核准後施行

杭州小學教職員一覽表（式樣） 表一

姓名				
性別				
年齡				
籍貫				
職務				
担任科目				
每週教學分鐘數				

薪給	
學歷	
經歷	
已否登記	
永久住址	

中華民國　　年　　月　　日校長　　填報

杭州市立　　小學學生一覽表（式樣）　　表二

年級	
姓名	
性別	
年齡	
籍貫	
會在何校何級肄業	

備考																				

杭州市立　小學校具清冊（式樣）

中華民國　　年　　月　　日校　長　　填報

類別	名稱	數量	價格	購置年月	編列字號	備考

中華民國　　年　　月　　日校　長　　造報

杭州　　小學每月支出經常預算書

（樣式）

科目	每月預算數	備考
第一款 杭州小學每月經費		
第一項 俸給		
第一目 俸修		
第一節 校長俸薪		
第二節 正教員俸修		
第三節 專科教員俸修		
第二目 工食		
第一節 工食		
第二項 校務費		
第一目 設備費		
第一節 設備費		
第二目 辦公費		
第一節 文具		
第二節 印刷		

第三目雜支			
第一節雜支			

杭州　立　學校校務月報表　十二七年　月份（樣式）

學生考勤			
上課日數			
學生數	男女共　人		
平均每日出席人數			
出席百分比			
教職員考勤			
姓名	請假時數	請假事由	
	日　時　分		
	日　時　分		
	日　時　分		
	日　時　分		

工作概況			
上月份預定工作實施狀況		遵令及約定辦理事項實施狀況	
大		下月	

	日　時　分			分
	日　時　分		事	預
	日　時　分			定
	日　時　分		記	工
備註				作

注意：報告事項務須真實統計數字務求確切每　月　日以前必須填報

杭州市小學校長服務細則

(一)小學校設校長一人主持全校一切事務

(二)校長之職權如左

(甲)關於校務方面

1. 主持學校行政
2. 計劃校務之發展與改進
3. 代表學校處理對外一切事項
4. 選聘教職員及雇用校工支配教職員及校工之任務與俸給
5. 支配經費編製預算及決算
6. 編定學歷

7. 規劃學校建築設備或修理及學校環境之改善
8. 召集教職員會議並爲主席
9. 考查教職員之服務成績以爲進退之標準
10 裁可教職員之建議
11 指導及督促教職員之研究與服務
12 調製各種規程表簿
13 規劃學校衛生設施
14 編造關於學校校務之各種報告
15 處理教育行政機關委辦事項
16 全校校具之整理與保管
17 主持各種集會

（乙）關於教學方面

1. 決定並統一全校之教育方針
2. 支配教學科目及教學時間
3. 協定教材綱要各科教學歷程選定教科用書及參查圖書
4. 訂定研究或實驗教育上之新主張與新方法之計劃或步驟
5. 視察教育實況指導教員改進教學方法
6. 決定考查成績方法及畢業標準

7.處理學生升級修業畢業事項

(丙)關於訓育方面

1.決定並統一全校之訓育方針

2.處理兒童入學事項

3.指導學生課外活動

4.謀與學生家庭及社會聯絡

5.處理全校訓育事宜

(丁)關於推廣事業方面

1.盡量利用學校推廣民衆教育

2.指導民衆改進社會之方法

3.利用時機灌輸民衆以必需知識

4.利用時機宣傳教育

(三)校長担任教科至少每週二百四十分鐘

(四)校長每日應按照規定時間督率教職員在校辦公並不得兼任校外職務

(五)在四學級以上之小學校得設教導事務等主任或事務員由教員兼任秉承校長協助處理校務

(六)校長如因故請假須請人代理在一星期以上者須呈報市政府核准私立小學須商請設立人或校董會之同意

(七)本細則如有未盡事宜得隨時修正之

（八）本細則由社會局呈奉　市政府核准後施行

杭州市小學校教職員服務細則

（一）小學校職員除担任教學外應負分任校務之責

（二）教員兼任級務者爲正教員不兼任級務者爲專科教員

（三）正教員之職務如左

1. 担任教科每週至少八百分鐘
2. 主持所任學級之級務並謀其發展
3. 協助校長編訂所任學級之課程表
4. 協助校長處理所任學級學生入學退學事宜
5. 担任本級主要科目之教學並研究改進所任教科之教學方法
6. 調製所任教科之教學細目
7. 調製並保管本級各種訓育教學等表冊簿籍
8. 考查本級學生之個性習慣加以訓練
9. 注意本級學生之體育衛生加以訓練
10. 考察本級學生課內課外之作業並加以指導
11. 指導本級學生之課外活動事項
12. 處理本級學生間之糾紛問題

13 主持本級學生之學業操行考查記載考查簿
14 處理及統計本級學生之出席缺席
15 統計本級學生之各項成績報告校長及家庭
16 聯絡本級學生之家庭舉行家庭訪問家庭通訊等事項
17 指導學生佈置整潔本級之教室及教具等
18 担任輪值事務及臨時發生事務
19 辦理校長及各種會議之委託事務
20 其他

（四）專科教員之職務如左

1. 研究改進所任教科書之教學方法
2. 調製所任教科之教學細目
3. 考察學生課內課外之學習過程加以指導
4. 評定所任教科之學生成績並報告担任級務之正教員
5. 籌備担任教科上應用之圖書器械標本等
6. 協助正教員處理訓育事項
7. 担任輪值事務及臨時發生事務
8. 辦理校長及各種會議之委託事務
9. 其他

（五）教職員每日應按照規定時間在校辦公
（六）教職員應協助校長辦理教育上一切事宜
（七）教職員因故請假須自請代理人並須得校長之同意
（八）教職員應出席之會議必須按時出席如因故不能到會應先期請假
（九）教職員正教員對於學級事務專科教員對於所任教科有較重之改革與問題發生須隨時報告校長或提交會議解決之
（十）凡教員至遲在開學前三日到校至早在散學後一日離校
（十一）本細則如有未盡事宜得隨時修正之
（十二）本細則由社會局呈奉　市政府核准後施行

杭州市小學校學生成績記分暫行辦法

一、本市小學校學生畢業操行成績暫用百分法分甲乙丙丁四等記分八十分以上爲甲等七十分以上爲乙等六十分以上爲丙等不及六十分者爲丁等丁等爲不及格百分爲滿格
一、各科學業成績每月須考查一次將分數登錄成績記分簿以便於學期終了時核算總成績作爲升級或留級標準
一、書法作文算術美術等科臨時有成績可記分數者祇須按月將分數登錄一次作爲每月成績無須按月定期考查
一、每學期結束時須結算各科成績及總成績登錄學生籍簿以便查考其結算方法如左

(1)各科成績結算法

(A)以各科臨時分數之平均數與月考分數平均作爲該科本學月成績不舉行月考者即以臨時分數平均數爲本學月成績

(B)以各科之各學月分數相加而除以月數爲該科平時成績

(C)以各科平時成績乘三加學期考分數乘二而除以五爲該科學期成績

$$\frac{\text{平日成績}\times 3+\text{學期考分}\times 2}{5}=\text{學期成績}$$

(2)總成績記算法

$$\frac{\text{某科成績}\times\text{每週時數}+\text{某科成績}\times\text{每週時數}+\cdots\cdots}{\text{每週教學總時數}}=\text{總平均}$$

一、每學期結束時之總學業成績其分數在六十以上者升級不及六十分者留級但尚須參酌操行成績

一、學期總學業成績僅能及格而操行列丁等者留級學業成績略少於六十分而操行特優者亦予升級學業操行均列入丁等者令其退學

一、本辦法如有未盡事宜得隨時修正之

一、本辦法由社會局呈奉　市政府核准後施行

杭州市立小學校舉行畢業暫行辦法

第一條　凡市立小學校辦理畢業應於一個月前先行填具畢業生預報表呈報社會局備查表式如左

杭州市立　小學校辦理第　屆畢業生預報表　年　月

姓名	性別	年齡	籍貫	入校年月	前在何校修業或年學期	備註

第二條　小學校舉行畢業試驗應將試驗方法及程序先期呈報社會局備核

第三條　小學校舉行畢業試驗時得由社會局派員監試

第四條　小學校於畢業試驗終了後應將畢業生成績報告表於十日內呈報社會局存查（表式如左）

杭州市立　小學校第　屆畢業生成績報告表　年　月

姓名	性別	年齡	籍貫	在校年月	畢業年月	畢業成績	備註

第五條　小學校應用畢業證書由各學校自行置備並呈送社會局驗印
第六條　小學校舉行畢業典禮應將日期時間秩序等項先行呈報社會局遇必要時由社會局指定時間地點召集各校聯合舉行
第七條　本辦法如有未盡事宜得隨時修正之
第八條　本辦法由社會局呈奉　市政府核准後施行

杭州市中心小學校規程

第一條　中心小學校以每一學區設立一所爲原則由市政府根據下列標準就區内公私立小學校中選擇指定之
設立中心小學校標準
一、地點　比較適中者
二、教師　比較優良者
三、編制　學級較多者
四、經費　比較充裕者
五、設備　比較完備者

六、成績　比較優良者

第二條　中心小學之任務規定如次

一、輔導區內各小學校研究教育上一切設施之改進方法

二、盡量採用比較有用之教育方法隨時報告實驗結果於區內小學校謀區內教育效能之增進

三、調查區內各私塾現狀隨時輔導改進之

四、聯合區內各小學校舉行教育上各種集會競賽事項

五、處理市政府發交研究或委託辦理事項

六、籌劃改進區內教育方法建議於市政府

七、調查區內教育狀況報告於市政府

第三條　中心小學校每學期至少須派員輪流輔導區內小學校及私塾二次

第四條　中心小學校爲市學區輔導會議之輔導機關隨時提供改進意見送交會議討論施行

第五條　中心小學校須於每學期開始時擬具輔導計劃呈送市政府核准施行

第六條　中心小學校須將每學期工作概況於學期終了時呈報市政府以備查核

第七條　中心小學校應受市教育費特別補助

第八條　中心小學校辦理不良不克担負輔導任教時市政府得隨時撤銷其資格另指定之

第九條　中心小學校輔導區內小學及私塾時應備用輔導日記詳細載明輔導情形於到達某校時加蓋某校鈐記及校長私章以備考查

第十條　中心小學校支用之特別補助費應向市政府報銷
第十一條　中心小學校之辦理優良輔導切實者得由市政府獎勵
第十二條　本規程如有未盡事宜得隨時修正之
第十三條　本規程由社會局呈奉　市政府核准施行

杭州市社會督學視導規程

第一條　督學視察及指導之事項如左
(一)關於教育法令之推行事項
(二)關於教育行政事項
(三)關於學校教育事項
(四)關於社會教育事項
(五)關於義務教育事項
(六)關於其他教育有關事項
(七)關於主管教育行政長官特命視察或指導事項
第二條　督學於出發前應會同主管科員互相討論關於視導之進行事項
第三條　督學在科時除辦理特派事項外並整理討論第一條所規定之各項事務
第四條　督學視導之區域或日期由科長指定之每學期視導最少爲六次遇必要時得臨時指定之

第五條　督學視導時應考查教育事業之現狀並指示亟須改進之問題與當事者共同商定解決步驟與方法於下次視察時考核其改進成績

第六條　督學視導時得將改進方法召集有關係者共同討論研究

第七條　督學視導時遇有違反教育法令事件應隨時糾正之

第八條　督學遇必要時得查點學生名額試驗學生成績

第九條　督學爲執行職務遇必要時得變更學校授課時間

第十條　督學視導時得調閱各項簿册

第十一條　督學視導時凡遇有辦學人員著有特殊成績或不能稱職者得陳報社會局分別奬懲

第十二條　督學視導時不得預先通知並不得接受供應

第十三條　督學應訂定計劃使用合格之標準與表格

第十四條　督學應視地方之需要擬具推進教育事業計劃書建議於社會局

第十五條　督學出外視導如因病或特别事故不能履行職務時應向社會局請假

第十六條　督學調查控案不得在被控之教育機關宿膳

第十七條　督學關於第一條視導事項應隨時擇要報告科長俟視察完畢除面陳概要外應造具詳細報告並附改進意見呈送科長核轉　局長核奪施行

第十八條　本規程呈奉　杭州市政府核准後公布施行

杭州市遊藝演員登記規則

第一條　凡在杭州市表演各項遊藝以營業方式供人娛樂之演員均須先期向杭州市政府登記經發給登記證後方准開始表演但公共遊藝場所僱用之遊藝演員僅發給登記回執不發登記證

第二條　各項遊藝演員請求登記時應開具真實姓名及藝名年齡籍貫住址表演遊藝種類連同本人二寸半身照片二張送由遊藝場所經理或其他負責人轉呈杭州市政府請求登記經核准後來府領取登記證或登記回執

第三條　杭州市政府發給之各項遊藝演員登記證或登記回執其有效期間每次以六個月爲限期滿作廢如須繼續表演重行登記

第四條　各項遊藝演員所領登記證或登記回執須常存放表演場所以便檢查

第五條　各項遊藝演員如有左列各項情事之一者得扣留或銷撤其登記證或登記回執勒令停演

(甲)違背各項法令者

(乙)登記證或登記回執有讓借或塗改情形者

第六條　本規則如有未盡事宜得隨時修正之

第七條　本規則經市長核准後公布施行

[illegible]杭州市民衆娛樂檢查細則

第一條　凡在杭州市表演民衆娛樂事項均須依本細則之規定施行檢查

第二條　凡欲在杭州市表演民衆娛樂事項各表演場所應於事前分別辦理下列各項手續
（一）電影　在開映前三日將說明書送請杭州市政府檢查經核准並飭知杭州市公安局後方得開映
（二）戲劇　在開演前三日將劇目及說明書送請杭州市政府檢查經核准並飭知杭州市公安局後方得開演
（三）說書　於開講日起分期預定說書情節送請杭州市政府檢查經核准並飭知杭州市公安局後方得開講
（四）雜藝　於表演前三日將表演節目送請杭州市政府檢查核准並飭知杭州市公安局後方開演
前項雜藝包括武術清唱歌舞魔術小戲雜耍等項
第三條　凡說書戲劇雜藝均須依照核定詞句表演如發現有軼出原核准範圍者即予糾正或禁止
第四條　凡屬營業性質之民衆娛樂事項其表演人須照杭州市遊藝演員登記規程聲請登記如未經核准登記者不得在杭州市表演
第五條　各表演場所應隨時受杭州市政府娛樂檢查員入場檢查遇必要時得立予糾正或禁止之
第六條　各表演場所如有違背本細則之規定者除勒令停業外應將主持人拘送杭州市公安局處以十五日以下拘留或十五元以下之罰金

第七條　本細則如有未盡事宜得隨時修正之

第八條　本細則經　市長核准公布施行

暫行中學法（二十八年五月二十一日教育部公佈）

第一條　中學應遵照中華民國維新政府教育宗旨及其實施方針繼續小學之基礎訓練以發展青年身心培養健全國民爲研究較高學術之預備或授以實業上之知識與技能

第二條　本法稱中學者爲普通中學及實業中學

第三條　實業中學之設立以單科爲原則但有特別情形者得設數科

第四條　實業中學得依當地之需要附設實業補習班

第五條　中學修學年限均定爲五年

但本法頒布前已肄業中學尚未畢業者仍照舊法

第六條　中學由省或特別市設立之但按照地方情形有設立中學之需要而無妨礙小學教育之設施者得由縣設立之

第七條　中學由省市或縣設立者爲省立市立或縣立中學由兩縣以上合設者爲某某縣聯立中學由私人或團體設立者爲私立中學

第八條　中學之設立變更及停辦由省或特別市設立者應由省或特別市教育行政機關呈請教育部備案由普通市或縣或私人團體設立者應由省或特別市教育行政機關核准轉呈教育部備案

第九條　中學之教學科目及課程標準由教育部定之
第十條　中學教科用書應適用教育部編輯或審定者
第十一條　中學設校長一人綜理校務省立中學由教育廳提出合格人員經省政府核准任用之特別市立中學由市教育局提出合格人員呈請市政府核准任用之普通市立或縣立中學由普通市或縣政府提出合格人員呈請教育廳核准任用之除担任本校教課外不得兼任他職
前項中學校長之任用均應由省或特別市教育行政機關按期彙案呈請教育部備案
私立中學校長之任用按照私立學校暫行規程辦理
第十二條　省市縣立中學教員由主管教育行政機關委任之其職員由校長任用之均應呈請主管教育行政機關核准備案
私立中學教職員由校長聘任之但須呈請主管教育行政機關核准備案
第十三條　中學校長及教員之任用規程由教育部定之
第十四條　中學入學資格須曾在公立或已立案之私立小學畢業或具有同等學力者
第十五條　中學學生修業期滿實習完竣成績及格由學校給予畢業證書
第十六條　中學規程由教育部定之
第十七條　本法自公布日施行

模範小學暫行辦法大綱（二十八年五月三十日教育部公布）

第一條　爲實驗研究小學教學訓導方法指導地方小學改進起見各省市縣應設立模範小學

第二條　模範小學由省市縣教育行政機關設立之每縣至少先設一校陸續擴充每鄉或每區設一校

第三條　模範小學之開辦經常各費應由主管教育行政機關依照實際需要寬籌的款按期發給

第四條　模範小學學級應採用單式複式單級及二部等編制並附設幼稚園

第五條　模範小學爲研究教學訓導之改進意見應設各科研究會

第六條　模範小學應設校務會議教務會議訓育會議事務會議

第七條　模範小學應設經濟稽核委員會體育委員會招生委員會升學就業指導委員會

第八條　模範小學各科課程應照規定標準按期教學必須使兒童對全部學科深切了解並指導兒童閱讀參考書籍

第九條　模範小學之訓育應照教育宗旨製定合於兒童之條目由全校教職員以身作則領導兒童無論校內校外均能實踐履行

第十條　模範小學校址應擇環境優良便於兒童通學之地點

第十一條　模範小學校舍凡教育作業閱書運動遊息及辦公進膳等所需房舍場地均應具備並須足敷應用

第十二條　模範小學關於圖書儀器教具及衛生運動等設備凡在教育實驗參考閱覽練習時所需要者均應置備不得僅以書本教學

第十三條　模範小學應視地方情形酌設實業實習場所培養兒童生活必須之基本知識技能

第十四條　模範小學除呈經主管教育行政機關核准得酌收低額學費外不收其他費用兒童必需之學用品或由學校發給或因學校組織消費合作社以極低廉價格售與兒童

第十五條　模範小學校長須遴選舊制師範學校本科以上之師範學校畢業曾任小學校長三年以上者有成績者任用之

第十六條　模範小學教員由校長遴選舊制師範學校本科以上之師範學校畢業曾任小學教員五年以上具有成績者聘任之

第十七條　模範小學校長教員之待遇得比照同地普通小學校長教員酌量提高

第十八條　模範小學學生舉行成績之優劣為校長教員考成之一

第十九條　主辦模範小學之教育行政機關應每月至少一次派員到校視察指導對行政教學訓育等項有詳細之紀錄並督率全校教員集會研究改進教學訓育方法

省立模範小學如不設於省教育行政機關所在地得委託學校所在地之教育行政機關派員視察指導仍將視察紀錄按期轉送省教育行政機關核明存案

第二十條　模範小學應接待其他小學教職員之參觀並負解答詢問及指導之責

第二十一條　本辦法大綱未規定事項均照暫行小學法小學暫行規程辦理

第二十二條　本辦法大綱自公布日施行

簡易小學暫行規程

二十八年五月三十日教育部公布

第一條　本規程依據小學暫行規程第四條訂定之

第二條　簡易小學由各市（特別市及普通市）縣鄉鎮設立之
私人或團體亦得設立簡易小學但須遵照本規程及私立學校暫行規程辦理
第三條　簡易小學應就缺乏小學地方或無力受普通小學教育之清寒兒童較多區域設立之
第四條　簡易小學學生在年齡之標準爲九足歲至十三足歲
第五條　簡易小學修業年限四年
第六條　簡易小學每班名額爲五十人
第七條　簡易小學之編制除單式編制複式編制外視校舍情形學生人數並得採用半日二部制分上下午輪流入學或全日二部制間時教學
第八條　簡易小學之教學科目及每週教育時數如左表其課程標準另定之
第九條　簡易小學得視地方情形酌放農忙假但所缺授課日數應縮減暑假或寒假補足之
第十條　簡易小學不收學費所有書籍用品由學校供給或組織消費合作社以極低廉之價格售諸學生
第十一條　簡易小學二部制學級之教員以每兩班設一人爲原則
第十二條　簡易小學得借用公共場所爲校舍
第十三條　簡易小學應於開學前按照當地學齡兒童名冊會同學地方行政機關勸導失學兒童入學
第十四條　本規程未規定事項得參照小學暫行規程辦理
第十五條　本規程自公布日施行

科目＼分鐘＼年級	一年級	二年級	三年級	四年級
修身	六〇	六〇	六〇	六〇
國語	四八〇	四八〇	五四〇	五四〇
算術	一八〇	一八〇	二一〇	二一〇
常識	一五〇	一五〇	一八〇	一八〇
體育	一五〇	一五〇	一八〇	一八〇
勞作	六〇	六〇		
美術	六〇	六〇		
音樂	六〇	六〇		
簡易職業科目			一八〇	二一〇
總計	一•二〇〇	一•二〇〇	一•三五〇	一•三八〇

說明

一、常識科包括自然衛生歷史地理

二、簡易職業科目得視地方需要就農工商各業酌量選設

三、三年級起算術科加教珠算

四、總時數各校得依地方情形每週減少三十分或六十分鐘

五、時間支配以三十分鐘一節爲原則視科目性質得分別延長四十五分鐘或六十分鐘

短期小學暫行規程

二十八年五月三十日教育部公布

第一條　本規程依據小學暫行規程第四條規定訂定之

第二條　短期小學由各市（特別市及普通市）縣區鄉鎮設立之
私人或團體亦得設立短期小學但須遵照本規程及私立學校暫行規程之規定辦理

第三條　缺乏小學地方或無力受普通教育之清寒兒童較多區域應儘先開辦短期小學

第四條　短期小學獨立設置並得附設於普通小學及其他學校公共機關內

第五條　短期小學應受距離最近之模範小學或辦理完善之普通小學之指導並利用其設備

第六條　短期小學招收九足歲至十二足歲之兒童

第七條　短期小學不收學費所有書籍用品概由學校供給

第八條　短期小學修業年限二年但地方有特殊情形時得呈經主管教育行政機關核准後改爲一年

第九條　每一短期小學以同時招收學生二班爲原則每班學生以五十人爲限其編制採用半日二部制分上下午教學教室敷用者或採用全日二部制間時教學

第十條　短期小學每班每日授課三小時或四小時每小時以四十五分鐘計算課程爲修身國語算術常識體育五種「每週授課時數如左表」其標準另定之

修身　每週六十分鐘
國語　每週十二小時
算術　每週一百五十分鐘
常識　每週九十分鐘
體育　每週六十分鐘

第十一條　短期小學之教員以每兩班設一人爲原則不滿三班者除校長外不設教員
第十二條　附設於普通小學及其他學校內之短期小學其教員應聘專任人員有特殊情形時得利用原校教員
第十三條　附設於普通小學及其他學校內之短期小學應儘量利用原校儀器標本圖書等教具
第十四條　本規程自公布日施行

小學暫行規程

（教育部公布）

第一章　總綱

第一條　本規程根據暫行小學法第十七條之規定訂定之
第二條　小學爲施行國民義務教育之場所其實施方針根據暫行小學法第一條之規定
第三條　小學兒童在學年齡之標準爲六足歲至十二足歲修業年限六年
第四條　爲推行義務教育起見各地并得設簡易小學及短期小學簡易小學及短期小學規程由教育部另定之

第五條　小學學年學期及休假日期依照教育部所定之學校學年學期及休假日期規程辦理

第二章　設置及管理

第六條　各市縣爲推廣設立小學並便於管理起見應視地方情形劃分爲若干學區每一學區設教育委員若干人計劃小學教育之普及及發展其規程另定之

第七條　師範學校及訓練師資之高等學校及高等專門以上學校所附設之小學除供師範學校學生實習外其性質與單級之小學同

第八條　各省市或訓練師資之高等學校及高等專門以上學校爲試驗教育而設之小學稱某某實驗小學

第九條　省立小學以所在地名名之市縣以下公立小學以區城較小之地名爲校名一地有立別及校名相同之小學時得以數字之順序別之私立小學應採用專有名稱不得以地名爲校名

第十條　小學由各級教育行政機關分別管轄之其範圍如左

(一)省立小學省立實驗小學及省立師範學校及中學之附屬小學由省教育廳管轄

(二)市立小學市立實驗小學市立師範學校及中學之附屬小學及市內之私立小學由市教育行政機關管轄

(三)縣及所屬各地之公立私立小學由縣教育行政機關管轄教育行政機關以外各機關所特設之小學由所在地主管教育行政機關監督指導之

第十一條　小學應於每學期開始後一個月內將全校組織概況學級編制教職員名册兒童名册

等呈報主管教育行政機關備案

第十二條　省立小學及國立高等學校專門以上學校之附屬小學與實驗小學應於每學期開始後一個月內將本學期兒童名冊上學期畢業兒童名冊等報告所在地市縣教育機關存查

第十三條　實驗小學應將實驗計劃及結果按年呈報主管教育行政機關轉呈教育部

第十四條　私立小學之設置除依據暫行小學法及本規程之規定外並應遵照私立學校暫行規程辦理

第三章　經費

第十五條　小學開辦費其校舍建築及設備兩項應為六與四或七與三之比

第十六條　小學經常費支配應以如左之百分比為原則

教職員俸金約百分之七十

圖書儀器運動器具教具等設備費及衛生費約百分之十五實驗文具水電薪炭等消耗費約百分之九

旅行保險等特別費約百分之三

預備費約百分之三

前項預備費非經教育行政機關核准不得動用

第十七條　小學經費標準由各省市教育行政機關訂定呈請教育部備案施行

第十八條　小學經費之開支應力求撙節核實其公開審核等辦法由各省市教育行政機關訂定

呈報教育部核准施行

第四章 編制

第十九條 小學學級應於兒童入學時依其年齡智力等分別編制

第二十條 小學學級編制依暫行小學法第七條之規定其學額每學級每組以四十人為標準

第二十一條 初級小學之二部編制視學校情形得分半日制或間時制

第五章 課程

第二十二條 小學教學科目及每週教學時間列表如左

初級或高級		初級				高級	
科目 \ 分鐘 \ 年級		一年級	二年級	三年級	四年級	五年級	六年級
修身		六〇	六〇	六〇	六〇	六〇	六〇
體育		一二〇	一二〇	一八〇	一八〇	一八〇	一八〇
國語		四二〇	四二〇	四二〇	四二〇	四二〇	四二〇
日語						一八〇	一八〇
常識	社會 歷史	一五〇	一五〇	一八〇	一八〇	六〇	六〇
	社會 地理					六〇	六〇
	自然					九〇	九〇
	衛生					三〇	三〇

算術	六〇	一五〇	一八〇	二一〇	一八〇	一八〇
勞作	九〇	九〇	九〇	六〇	六〇	六〇
美術	六〇	六〇	六〇	六〇	六〇	六〇
音樂	六〇	六〇	九〇	九〇	六〇	六〇
總計	一•〇二〇	一•一一〇	一•二六〇	一•二九〇	一•四四〇	一•四四〇

說明

一、修身與其他科目不同重在平時修養表內所列爲每週授課兩節之時間

二、初級常識科包括社會自然及衛生

三、高級社會科得分爲曆史地理二科時間支配歷史六十分鐘地理六十分鐘

四、初級四年起算術科加教珠算

五、總時間各校得依地方情形每週減少三十或六十分鐘

六、時間支配以三十鐘或六十分鐘爲一節其三十分鐘者實授二十五分鐘其六十分鐘者實授四十五分鐘

七、初級小學以不設外國語（英語或日語）爲原則但參酌地方情形認爲需要者得增設之

第二十三條　小學課程應依照教育部規定之課程標準

第二十四條　各地方鄉土教材由學校或當地主管教育行政機關編輯呈請上級教育行政機關審定之

第二十五條　小學教材要目屬於全國通用部分由教育部依照課程標準之規定另訂之屬於地方特殊部分由各省市主管教育行政機關訂定呈請教育部備案施行

第二十六條　實驗小學爲便利教育起見得將各科教材組織爲聯合之各個單元不分科目總合數學但須另編要目呈請主管教育行政機關備案

第六章　訓育

第二十七條　小學訓育應以陶冶兒童品性授以公民智識爲中心由教員利用兒童課內外各種活動并聯絡其家庭及本地公共機關加以積極之指導

第二十八條　小學爲訓練兒童團體生活應作種種集團活動并得指導兒童組織簡單易行自治團體

第二十九條　小學爲便利個別訓育起見得施行訓導團制小學教員均負直接訓育兒童之責任

第三十條　小學爲增進教訓效率起見應隨時聯絡兒童家長討論關於訓育等之實際問題

第三十一條　小學兒童不得施以體罰

第七章　設備

第三十二條　小學校址應擇便於兒童通學之地點并須有善良之環境

第三十三條　小學校舍建築應質樸堅固適於學校管理及衛生

第三十四條　小學應有運動場工場或農場校園其面積均須足敷應用

第三十五條　小學兒童所用桌椅宜適合兒童身長之比例

第三十六條　小學應參照學校衛生設施方案力求充實關於衛生及運動之設備

第三十七條　小學關於圖書儀器教具等設備應力求充實

第三十八條　小學應備有關於教學訓育等各種重要簿籍圖表

第三十九條　小學設備標準由教育部另定之

第八章　成績考查

第四十條　小學兒童學業成績考查除平時考查外並分別舉行臨時試驗學期試驗畢業試驗

第四十一條　臨時試驗由教員於每月月終舉行之每學期內至少須舉行三次

第四十二條　學期試驗由教員於學期終舉行之

第四十三條　畢業試驗由小學校長會同各科教員於修業期滿時舉行之

第四十四條　學期兒童學業成績計算方法體育考查方法及兒童升級留級辦法由省市教育行政機關訂定呈請教育部核准備案

第四十五條　學期兒童之操行成績以其品性及平時之言行爲標準

第九章　入學及畢業

第四十六條　學期兒童入學年齡爲六足歲但有特別情形者得展緩至九足歲

第四十七條　學期各學級遇有缺額在每學期開學後一個月內應隨時收受插班生

第四十八條　學期兒童因身體或家庭之特殊情形得請求休學

第四十九條　學期兒童因身體或家庭之特殊情形經學校調查屬實者得准予轉學或退學

第五十條　學期兒童修業期滿試驗成績及格依照暫行小學法第十五條之規定由學校給予畢業證書

第五十一條 小學不收學費但得視地方情形依照暫行小學法第十六條之規定呈請主管教育行政機關核准酌量徵收之惟對於貧寒兒童應免徵學費

第五十二條 小學不得以收學費免費爲編制學級標準

第五十三條 小學必需之學用品等得由學校發給或由學校或地方教育行政機關組織消費合作社以極低廉之價格售諸兒童

第五十四條 小學不得向兒童徵收任何費用

第十一章 教職員

第五十五條 學小設校長一人每學級設級任教員一人并得酌量情形添設專科教員但平均每兩學級之教員人數應以三人爲度

第五十六條 小學應單獨或聯合設校醫或看護其有六學級以上者得酌設事務員但須呈請主管教育行政機關核准

第五十七條 小學教職員應在學校或學校所在之區域內居住

第五十八條 小學校長綜理全校事務除担任教學外并指導教職員分掌校務及教訓事項

第五十九條 小學教員須經審查或檢定合格領得教育部所發證書者方得充任審查小學教員資格規程及小學教員檢定規程另定之

第六十條 凡經審查或檢定合格之教員服務二年以上具有成績者得爲小學校長

第六十一條 小學教員由校長依暫行小學法第十二條之規定於學年開始一月前聘任之初聘以

一學年爲原則以後續聘任期爲二學年聘定後應即呈報主管教育行政機關備案遇有不合格者主管教育行政機關得令更聘

第六十二條　小學因地方特殊關係無從延聘已經審查或檢定合格之教員時得以具有審查小學教員資格規程及小學教員檢定規程中規定資格之一者爲代用教員但應呈請主管教行育政機關核准已經審查或檢定合格之教員服務未滿二年者遇該地方合校長不敷任用時爲代理校長

第六十三條　已經審查或檢定合格之小學教員得聲請主管教育行政機關予以登記前項登記之聲請主管教員行政機關不得拒絕

第六十四條　經登記之小學教員主管教育行政機關應於每學年開始兩個月前公布其姓名學歷經歷一次但遇人數過多時得分期公布之

小學聘請教員除因特殊情形經由主管教育行政機關許可者外應以登記公布者爲限

第六十五條　小學教員由校長聘定後中途如有自請退職情事須商請校長同意或得有替人復方得離校

第六十六條　小學教職員俸金以月計者年足十二個月計算

第六十七條　小學教職員俸給規則及養老金恤金辦法由教育部規定之

小學教職員在校時間每日八小時

第六十八條　小學女教職員在生產時期內應予六個星期之休息其理代人之俸金應由學校呈請主管教育行政機關另行支給

第六十九條 小學教職員不隨校長或主管教育行政人員之更迭爲進退非有左列情形之一者不得解職

（一）違犯刑法證據確鑿者

（二）行爲不檢或有不良嗜好者

（三）任意曠廢職務者

（四）成績不良者

（五）身體殘廢或有疾病不能任事者

第七十條 小學教員非有第六十九條各款情形之一而被解職者得聲敍理由呈請主管教育行政機關查明糾正

第七十一條 小學教員因故解職後應由校長聲敍理由呈報主管教育行政機關存案備查

第七十二條 小學教員進修確有成績者應予加俸奬或其他奬勵其進修及奬勵辦法由各省市教育行政機關訂定呈請教育部核准施行

第七十三條 幼稚園主任及教員之任用待遇及保障適用本章各條之規定

第十二章 輔導研究

第七十四條 小學教員應參加本校及本地關於教育研究之組織研究兒童生活所表現之事實及教訓方法

第七十五條 小學有教員五人以上應組織教育研究會研究改進校務及教學訓育等事項以本校全體教員爲會員每月至少開會一次以本校長爲主席

第七十六條　小學在一學區內應聯合組織本區小學教育研究會研究改進本區小學教育以學區內全體小學教員及本區教育委員爲會員每兩個月至少開會一次以主管教育行政機關所指定之本區小學校長或教育委員爲主席

第七十七條　小學在直隸中央機關之市或市縣內應聯合組織全市全縣小學教育研究會研究改進本地方小學教育以主管教育行政機關所指定之各學區小學代表等爲會員每半年至少開會一次以市縣教育行政長官或督學爲主席

第七十八條　小學在五市縣至七市縣內應組織省分區小學教育研究會研究改進本省分區小學教育以省教育廳所指定之各市縣小學代表爲會員每年至少開會一次以省立師範學校校長或附屬小學校長或省立小學校長或省督學爲主席

第七十九條　各省應組織全省小學教育研究會研究改進全省小學教育以省教育廳所指定之省分區小學代表及省教育廳廳長主管科長督學等爲會員每兩年至少開會一次教育廳廳長或其他代表爲主席

第八十條　教育部得召集全國各省市代表及初等教育主管人員開全國小學研究會研究改進全國初等教育其規程於召集該項研究會時另定之

第八十一條　各省得由省教育廳指定省分區之省立小學或省立師範學校附屬小學爲該省分區之模範小學各市縣教育行政機關得指定各學區內之一小學爲模範小學

前項模範小學應充分以研究所得供給該省分區或該學區內之小學參考實施

第八十二條　幼稚園主任及教員及與小教育有關係之教育人員均得參加小學教育之研究

第八十三條　各種小學教育研究會應由各級教育行政機關負輔導之責

第八十四條　省市以下小學教育研究會組織規程由省市教育行政機關訂定呈請教育部備案

第十三章　附則

第八十五條　本規程於必要時得由教育部修改之

第八十六條　本規程自公布日施行

學校學年學期及休假日期暫行規則

中華民國二十七年十二月二十九日教育部公布

第一條　各級學校以每年八月一日爲學年之始翌年七月三十一日爲學年之終

第二條　一學年分爲兩學期以八月一日至翌年一月三十一爲第一學期以二月一日至七月三十一日爲第二學期

第三條　各級學校每學期除第四條甲種休假日期外開學期內之日數依左列之規定

專門以上學校第一學期一百三十六日第二學期一百三十八日（閏年一百三十九日）

中等學校第一學期一百四十三日第二學期一百四十五日（閏年一百四十六日）

小學第一學期一百四十六日第二學期一百四十八日（閏年一百四十九日）

第四條　各級學校每年休假日期依左列之規定

甲、例假

（一）暑假　專門以上學校以七十日爲限（起六月二十三日訖八月三十一日）

中等學校以五十日爲限（起六月三十日訖八月二十四日）

小學以五十日爲限（起七月三日訖八月二十一日）

（二）元旦　各級學校一律定爲一日（一月一日）

（三）寒假　各級學校一律定爲十四日（起一月十八日訖一月三十一日）

（四）春節　各級學校一律定爲三日（起陰歷正月初一日訖正月初三日）

（五）夏節　各級學校一律定爲一日（陰歷五月初五日）

（六）秋節　各級學校一律定爲一日（陰歷八月十五日）

（七）冬節　各級學校一律定爲一日（照陰歷推算）

乙、紀念假

（一）孔子誕生紀念日（陰歷八月二十七日）

（二）國慶紀念日（十月十日）

（三）政府聯合紀念日（九月二十二日）

（四）中華民國維新政府成立紀念日（三月二十八日）

左列紀念日各級學校均應休假一日

第五條　各地方特殊紀念日應休假者呈由各省教育廳或中央直轄市各市教育局核定並呈報教育部備案

第六條　各級學校本校記念日休假一日

第七條　除星期日及第四第五第六各條各種休假日期外不得任意休假各種集會應於星期

第八條　專門以上學校之學校歷應於每年開始兩個月以前由各該學校根據本規程編製并分別逕送或轉報教育部核定中等以下學校歷應於學年開始兩個月以前由各該省教育廳或中央直轄市各市教育局根據本規程製定頒布并呈報教育部備案國立或私立專門以上學校附設之中等以下學校及維新政府各機關在各省或中央直轄市各市所設立之中等以下學校應適用所在地之教育廳或教育局所製定頒布之學校歷各省省立中等以下學校或各省省立專門以上學校附設之中等以下學校之在中央直轄各市境內者同

第九條　暑假休假日期之起訖鄉村小學之有特殊情形者得按照各該所在地農業狀況酌量移動（如提早或改遲之）并得將假期分爲數節作間隔之休假（如分別放蠶假麥假秋收假等而減少暑假日期）惟休假日期之總數不得超過五十日之限制并須經各該省教育廳或中央直轄市各市教育局之核准

第十條　寒暑假日期之起訖在嚴寒酷暑之省市境內按照當地情形酌量變更前條休假日期總數不得超過第四條甲款（一）（三）兩目之規定并須由各該省教育廳或中央直轄市各市教育局呈請教育部核准

第十一條　本規程自公布日施行

綢業市場

上海五洲大藥房

杭州分店

經售防疫藥水

天工水（一名十滴水）

天工水原名五洲急救時疫藥係用樟腦薄荷番椒大黄木香荳蔻等藥配製有强心鎮痛停吐止瀉制酵解毒舒悶導滯之功藥力濃度適符標準不含麻醉劑及毒劇藥品孕婦無忌人人可服包裝縝密穩固貯久無失效之虞誠痧藥水中特出之製劑也

（用途）凡反胃嘔吐瀉泄不止腹中絞痛或積食發酵噯氣作噁食思缺亡或感受風寒頭目暈眩胸腹悶損或偶中暑氣神志昏迷心力不足血行不良等症狀均可服用無病之時日服數滴亦可健胃消食提神解悶有裨康健

（服法）每二小時服一次每服五滴至十滴温開水冲服重症可增至二三十滴小兒減半

（包裝）每瓶四立公分四十瓶裝一盒大洋一元二角

亞林防疫臭藥水

紅痧霍亂白喉症均屬流行時疫傳染極速言之可怕故西人有隔離醫院之設免除傳染大凡居家講求衛生者宜常備本廠自製亞林除疫臭藥水因亞林臭水按化學法製成確有防疫消毒殺蟲滅菌解除穢惡之功用今將用法列明於後謹告衛生諸君認明及顯微鏡商標方爲的真亞林防疫臭藥水也

林

店址◎太平坊大馬路◎

杭州市綢業市場組織系統表

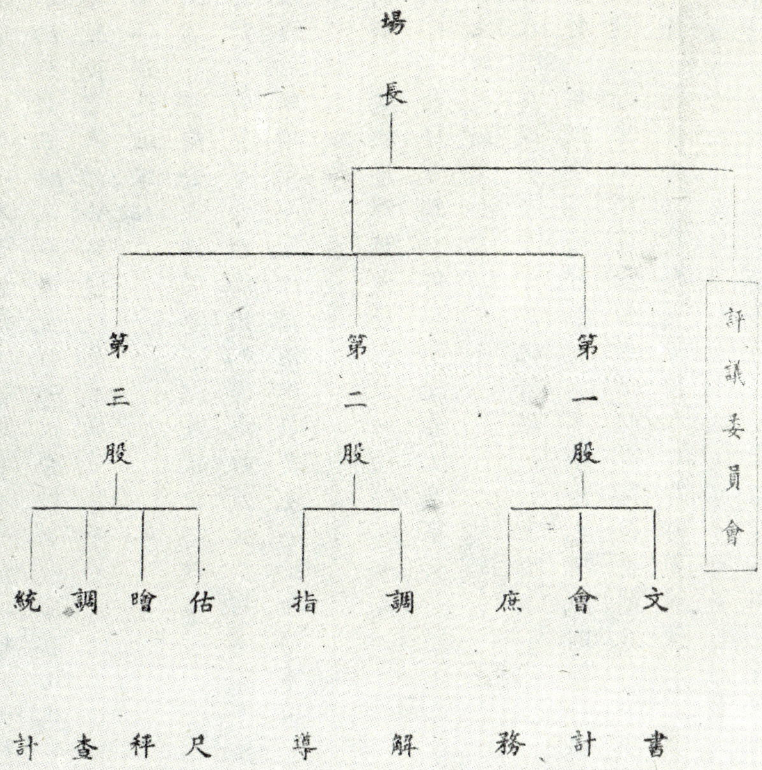

杭州市綢業市場組織章程

第一條 杭州市政府爲謀復興本市綢業起見特設市場調整一切事項定名爲杭州市綢業市場

第二條 本場設場長一人由市府委任之負有綜理一切對内外之責任

第三條 本場共設三股每股置主任一人分理各股事務由場長委派呈請市府備案

第四條 每股視事務之繁簡設股員及雇員若干人辦理各該股所屬職務

第五條 第一股之職掌如左

1. 文書 撰擬公文保管卷宗以及收發記錄事項

2. 會計 計算本場經濟出入簿記以及編造預決算等事項

3. 庶務 購辦物品管理清潔以及其他一切雜務事項

第六條 第二股之職掌如左

1. 調解 處決產銷雙方爭執及一切糾紛事項

2. 指導 指導產銷如何興革改善生產事項

第七條 第三股之職掌如左

1. 估尺 處理綢疋買賣登記給證一切事項

2. 𠿰秤 辦理生貨𠿰秤登記交易給證各項規則擬訂事項

3. 統計 計算本場產銷量數價格升降及有關統計事項

4. 調查 調查產銷情形及市價之升降原因事項

第八條 本場經費由成交之貨每疋徵收大洋壹角充作場費

第九條 本場收支按月造具清册經場長審核後呈報主管機關核銷備案

第十條　本場關於買賣之登記給證及成交貨款手續等之規則另訂之
第十一條　本場設評議委員會主持審核評價及研究等事項其辦法另定之
第十二條　本場辦事細則另訂之
第十三條　本章程呈奉　杭州市政府核准後施行其修正時同

杭州市綢業市場辦事細則

第一章　總則

第一條　本細則依照本場組織規程之規定訂定之
第二條　本場職員處理事務除有特殊規定者外應遵守本細則之規定

第二章　職責

第三條　各股處事務由各該股股長按照各股處職掌事務項目分配各職員承辦以專責成
第四條　各股股長對於所屬職員承辦事務應共同負責（惟由場長特別指派者不在此限）
第五條　各股遇事務繁劇時得報請場長酌派他股人員襄助辦理承派人員亦負連帶責任

第三章　文件處理程序

第六條　處理來往文件辦法如左
一、凡公文遞到由收發員於文面填明到文日期摘由登簿彙送場長批閱蓋章後分交各股擬辦
二、凡事涉數股處者應由關係重要之股處主稿會銜辦理

三、各股處擬辦稿件須經撰稿及核稿者蓋章其有關舊案有並須檢附案卷再行送場長判行

四、場長判行之稿件於繕校員繕校清楚後送經場長核簽蓋章用印再行摘由登簿發遞

五、已經發辦及存查之稿件由主辦股處分別歸檔保管

第七條　各股處辦理文件自交辦之日起應於二日內辦竣但需調查或討論者不在此限

第八條　緊要文件應隨到隨辦並呈送場長核閱

第九條　凡來文附有款項表冊物品等件在收到時應由所屬主管人員逐一檢點核對數目其發遞時亦同

第十條　各股處事務應編造統計或報告者須按期依式填造送交總務股彙核轉報

第四章　服務提要

第十一條　本場每日辦公時間遵照杭州市政府規定辦法如有特殊情形由場長核定變更之

第十二條　各股處職員如遇臨時發生緊要事件不能延擱者雖已逾辦公時間仍須辦畢方得離場

第十三條　各股職員每日應依照規定時間到場辦公並須在簽到簿上親自簽名簽到簿逐日送呈場長核閱

第十四條　各職員應按時到場辦公不得遲到早退違者以擅離論

第十五條　各股職員因故請假應填具請假單呈由各該股股長核轉場長批准之

第十六條　各股每日應派一人值日值日規則另定之

第十七條　本場職員在辦公時間内除因公務接洽者外不得離辦公室

第十八條　本場機密事件及未經宣布之公文函件各職員均應嚴守祕密不得洩漏

第五章　附則

第十九條　本細則如有未盡事宜得隨時呈准修正之

第二十條　本細則自呈准　市府後公布施行

杭州市綢業市場職員值日規則

一、本場各股每日應各派值日員一人處理臨時發生事務

二、各股值日員由該股股長擬定次序公布輪流

三、凡遇臨時發生事故一人不克處理者應不分事務性質會同他股值日員辦理之

四、值日員遇有不能自決之急要事件應隨時請示場長核奪

五、值日員應於值日簿上簽名並將處理事項記載簿内呈由場長核閲

六、值日員如因不得已事故不克輪值時應自覓同事代理並須報告該管股長備查

杭州市綢業市場收貨人及機户登記辦法

一、凡入場之收貨人及機户均須按照本辦法辦理登記手續

二、收貨人及機户登記時須將登記表上逐項填明不得虛僞假冒

三、收貨人登記時須邀同負責保證人二人填具保證書並須簽名蓋章

四、機户登記時須有同業一人之介紹方准入場
五、收貨人及機户經本場編列號碼後不得私相互易或借用
六、收貨人及機户登記後須憑本場發給之證件方得入場
七、收貨人暨機户應遵守本場訂定之成交規程及一切章則並須受管理員之指導
八、收貨人及機户如有違背本場規則或發生其他重大情故本場得拒絶入場或依法處理

杭州市綢業市場綢疋成交暫行規則

一、凡在本市場成交各種綢疋之機户及綢莊收貨人均應遵照本規則辦理
二、凡綢莊收貨人及機户均須佩帶本場所發之證章依照規定時間循序入場不得爭先恐後
三、收貨人及機户入場後各就指定地方辦理交易
四、交易時應嚴守秩序不得高聲喧嘩及無理爭執
五、機户與收貨人成交後機户將綢疋送交收發處請求量尺當即領取銅牌再向原收貨人掉換量尺通知書收執
六、機户待量尺完竣即將量尺通知書送由問尺處問尺加蓋尺碼後持向收貨人領取綢款
七、機户或收貨人認爲尺碼不符時均得請求當場覆尺以昭鄭重
八、成交綢疋貨款暫以現款爲原則其不滿一元之尾找概用大洋角以下用五捨六入法計算
九、收貨人憑銅牌向收發處領取已經成交付款之綢疋並繳納場費
十、本規則如有未盡事宜得隨時修正之

十一、本規則自呈准後公布施行

杭州市綢業市場徵收綢疋場費暫行規程

二十七年十一月十二日呈准
市政府修正公布施行

第一條　凡由本市輸出之各種綢疋不論生貨熟貨均須在本市場成交貼證方得向貨物登記處申請報驗出運

第二條　凡在本場成交之貨概須由本場實貼場證以資證明

第三條　本場對於已經成交之貨酌收場費每疋暫定大洋一角由收貨人負担繳納

第四條　凡商人在本場交易綢疋應將種類數目運輸目的地分別詳報以便填發場費收據並在收據上加蓋「出運月日」及「當日有效」戳記綢疋方准出運如有其他不及預料情形致未能如期出運者得當日攜帶收執聯到場聲明予以改期

第五條　成交之貨當日出運者即在三聯單之收執聯上由場加蓋出運月日効期之戳發給其因收貨者猶未收足額定數或尚需煉染情形不能即行出運得於繳納場費時聲明請求展期本場除照填正式收據暫存緩發外並先行發給換領場費收據憑單俾便出運時執此來場領取正式收據以資報驗

第六條　商人如不遵照本規程第一四條之規定而私自報運者以偷漏論罰

第七條　商人如將綢疋偷漏實貼場證一經本場查獲除照章補貼場證外並按照應納場費金額處十倍以上十五倍以下之罰金

第八條　收貨人繳納場費後由本場製給正式收據

一年來之杭州社會　綢業市場

第九條　本場所發上項收據運用　市府頒發之三聯單

第十條　三聯單第一聯發給繳款人收執第二聯繳呈主管機關核查第三聯存場備查

第十一條　所有綢疋成交規則另定之

第十二條　本規程如有未盡事宜得隨時修正呈請　市府核准之

第十三條　本規程自經　市府核准後公布施行

杭州市綢業市場成交紀錄表

年　月　日

號數	價目	尺碼	品名	機戶	莊名

第　頁

本場估覆尺人員成績日報表

二十八年　月　日

第號	姓名	定數	共計長度	量尺所費時間	錯誤定數紀錄	備註	經辦人蓋章
一	吳漢臣	定		上午　時　分至　午　時　分 共　時　分	定		
二	成根木	定		上午　時　分至　午　時　分 共　時　分	定		
三	傅柏卿	定		上午　時　分至　午　時　分 共　時　分	定		
四	孔慶泉	定		上午　時　分至　午　時　分 共　時　分	定		
五	葉祿華	定		上午　時　分至　午　時　分 共　時　分	定		
覆尺員	高炳南	定		上午　時　分至　午　時　分 共　時　分	定		

估尺部股員蓋章

業務股股長
總務股股長　轉呈
場長

（附註）表內各欄應詳細填明時間欄由本人按實際量尺所費時間親自填入

（休息不在內）錯誤疋數一欄應由覆尺員填入

本場發給場證單據及收費總額月報清單

二十八年　月份

類別	上月份單證起訖字第號	本月份單證起訖字第號	本月份單證及收費總數	經辦人簽名蓋章	出納及會計審核蓋章
核領收據憑單					
三聯單收據					
場證					
場費					

業務
總務股股長轉呈
場長

（附註）此立報清單應於每月開始五日內將上月各項統計填呈

杭州市綢業市場機户登記表

第　號

杭州市綢業市場推銷員登記表

第　號	姓名	年齡	籍貫	住址	身份證號碼	織機種類及數量	家屬人數	工人數	介紹人姓名住址	備考
									（蓋章）	

第　號	姓名	年齡	籍貫	住址	身份證號碼

保證人		備考
姓名	姓名	
住址	住址	
蓋章	蓋章	

保證書

立保證書人　　　今保得　　　人住　　　開設　　　綢莊在

貴場收買綢疋除照章辦理登記手續外願遵守場内一切規則如有不法行爲及短少貨款等情概由

保證人負完全責任與場無涉立保證書爲憑此上

杭州市綢業市場

保	
姓名	
蓋章	
年齡	
籍貫	
身份證號碼	
開設店鋪蓋章	
店址	

證	人
乙甲	乙甲

中華民國二十年　　月　　日

注意　(一)本場職員不得作保(二)同一店鋪不得担保二家(三)保證書及登記立表各欄須詳細填明字跡亦應端正清楚

杭州綢業市場收貸人登記表

第　　號

類別	姓名	年齡	籍貫	身份證號碼	現在住址
甲					
乙					

資本總額	
營業概況	

覆查保人	
簽名蓋章	開設店鋪蓋章
簽名蓋章	開設店鋪蓋章

調查員簽註	股長簽註	場長核閱

杭州市綢業市場評議委員會組織大綱

二十七年十二月呈准市政府修正公布

第一條　本委員會根據杭州市綢業市場組織章程第十一條之規定組織

第二條　本委員會之職權如左

一、評估綢疋價格

二、審查收貨人及機户之資格

三、對於大場一切設施方面之建議

四、協助本場處理綢商及機户方面各項諮詢事項

第三條　本會全體委員除本場場長爲當然委員外餘均由本場向下列各方面聘任相當人士

担任之
一、市政府直轄之社會局財政局　各一人
二、綢業代表　各八人
三、機户代表　各八人
第四條　本會全體委員之任期暫定爲半年
第五條　本會主席由首次會議時於全體委員中推定之
第六條　本會會議令下列二種
一、常會　每月二次日期時間另定之
二、臨時會　由本會主席臨時召集之
第七條　本會全體委員均係義務職概不支薪每員每次開會時援照舊案由本場致送車馬費一元
第八條　本大綱自經本委員會首次會議通過呈請　杭州市政府核准後施行修正時亦同

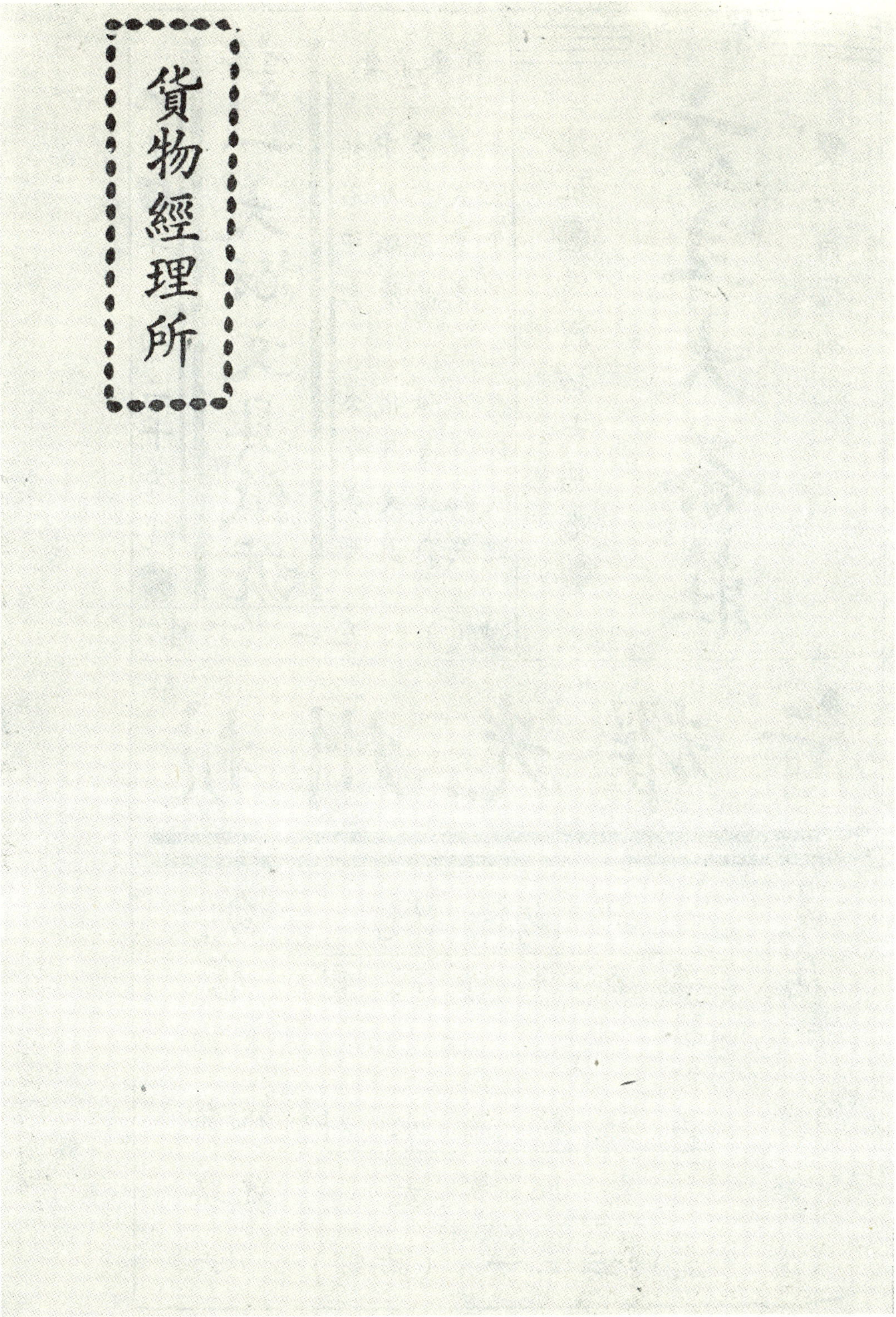

貨物經理所

杭州市社會局輸出入貨物經理所一年來工作概況

（一）創立緣起

杭市地處省會爲歷史上著名之都市復爲全浙交通之樞紐與政治經濟文化之中心人煙稠密工商發達市面本極繁榮自事變以還烽煙滿地交通阻梗貨運停滯人生日用所需無一全備倘經極力羅致往往居奇抬價刼後災黎咸有生活維艱之感當軸有鑒及此故特舉辦輸出入貨物經理所從事救濟俾以調劑盈虛平衡物價以供應社會之需要遂使久經疲滯之杭市商業漸次復興昭蘇有望此本所應運而生裨益杭市復興與爲地方服務一年來之經過及工作概況得誌其大端焉

（二）沿革

杭市自經戰亂雖免一炬之慘已興十室九空之嘆治安維持會因鑒本市受戰事影響貨運阻滯爲謀商品調劑供應民衆需要及倡導復興商市起見經商之特務機關協同赴滬採辦日用各項貨物始就維持會附設經理處辦理運銷事宜此爲本所丕胎之原始時期

二十七年二月維持會改組爲杭州自治委員會經理處即由社會科繼續辦理嗣因自治會地方狹窄爲便利民衆購買計隨於三月間將經理處移設於新民路典業銀行原址易其名稱爲杭州輸出入貨物臨時經理所直隸於自治會

六月十日市府成立接辦更名爲杭州市政府直轄輸出入貨物經理所所長一職由　何故市長兼任之目覩市廛蕭索情狀盡爲心傷乃銳意經營添闢倉庫改善業務促進中日經濟真實提攜扶植工商不遺餘力在最短期內得使商市恢復舊日繁榮倘非何故市長實心實力之擘劃盡善曷克臻此

迨本年四月十五日本所奉命劃歸社會局管轄改稱杭州市社會局輸出入貨物經理所

（三）組織

本所原係市府直屬機關設所長一人由市長兼任副所長二人由社會局長及財政局長兼任綜理所務主任一人秉承所長主持全所對內對外一切日常事務總稽核一人審核全所資產賬目其下分設業務會計二組各組設組長一人組員助理員若干人業務組掌理輸出輸入儲藏門市調查推銷文書庶務收發諸事宜會計組辦理出納會計報告統計事宜嗣於二十八年四月十五日劃歸社會局管轄後撙節經費緊縮組織取銷正副所長專設主任一人秉承局長之命處理全所事務設副主任一人襄理所務并負全部審核之責業務會計二組組長亦裁撤爲主任以下所有運輸門市儲藏調查總務等業務事項會計出納審核統計製表報告等會計事項遴派人員分別担任

（四）經濟情形

本所收入來源大部份係各行商委銷各種商品酌取佣金自去年六月份至十二月份止收入項下列數爲叁萬柒千叁百拾圓零九角貳分本年一月份起因各行商多數自設門市部直接銷售以致本所營業收入數字日見減少自一月份至五月份止收入項下列數僅四千四百零八元七角六分不及去年每月平均收入數十分之一强幸本所開支節省自去年六月份至本年五月份祇實支壹萬五千九百四十七元三角六分收支兩抵仍有贏餘貳萬八千七百八十元零壹角五分

（五）業務紀要

本所爲公營商業機關秉承長官施政方針純以調劑市面平衡物價服務社會爲本旨

甲、本所輸入部份以日用品食品棉織品原料品等類爲大宗並爲促進中日經濟提攜起見大部貨物均係採運日本友邦出品其銷路最廣者以煤油火柴肥皂洋燭麵粉糖生油豆油各類棉織布疋天然絲人造絲等爲主要全係供銷本市及附廓鄉鎮

乙、本所輸出部份概以本市各項土產以期扶植工商而利農村經濟爲原則運銷者以棉花花籽桑皮錫箔牛油羊毛等爲主要以運銷申地等處爲多

丙、本所成立迄今可分爲三個時期一、創立時期二、中興時期三、最近停頓時期茲略述如下

1. 迨軍興以還波及杭市戰亂初定交通阻塞社會秩序混亂異常民衆日用所需供求無着當時地方維持諸公謀設貨物經理處以調劑之斯爲本所創立之始直至自治會止此一階段即爲創立時期

2. 二十七年六月十日市府成立接受自治會移交其時戰亂雖定百業未復商市凋零交通仍未暢通貨運艱困本市及附廓鄉鎮日用所需盡恃本所爲之調劑友邦日商洋行之貨物有賴本所爲之設法推銷故該商等樂於將商品源源大量輸入委托經銷計委托行商有數十家之多由申蒞杭接洽者日必數起輸出土產亦由商行委托代辦其時市政明朗社會安定市民之避免於外者紛紛賦歸絲綢復業市廛喧闐杭市繁榮逐漸恢復舊觀而機户日用所需之機織原料求供浩繁本所營業乃隨之激增矣在此際增闢貨倉五六處各貨山積倉庫儲貨總值達貳拾餘萬元以上故本所自二十七年六月至十二月份止統計營業每月平均數額爲拾餘萬元

之譜此一階段爲本所全盛之中興時期

3\. 本所經營各項貨物全賴友商供給委銷但近來各商行對於杭市地理人情貿易買賣習慣逐一明瞭均自設立分行出張所直接營業而本所輸入部份凡行商委銷者遂即中止以致影響本所業務匯淺統計本年度一月至五月份營業平均數額每月僅壹萬餘元此一階段已成衰落與停頓之時期

結論

綜上所述僅一般概況而已本所成立迄今並無固定資金流通營運業務經營純係行商委托買賣收受些微用金聊供開支一切事業限於經費未能如期進展如計劃採運白米接濟民食辦理押匯以期物資流通循現在之需要計相當之事功祇有奮勉淬礪期毋隕越此則同人等所兢兢共勉未敢或懈者也

杭州市社會局輸出入貨物經理所暫行條例

第一條　本所力謀工商之便利供應市民之需求以平均物價調劑盈虛爲目的

第二條　本所之任務

（一）調查社會物品之需要

（二）考察物價之起落

（三）計劃貨品之銷路

（四）輸出貨物之運輸及售賣

（五）輸入貨物之採購及發行
（六）貨物未運或初到時之儲藏保管

第三條　本所設主任一人秉承局長之命處理全所事務設副主任一人承局長之命襄理一切所務并負全部審核之責

第四條　本所業務部份設業務員貨物保管員調查員各若干人由局長派充承長官之命辦理門市儲藏及調查運輸等事項

第五條　本所會計部份設會計員一人助理員若干人由局長派充承長官之命辦理出納會計製表報銷等事項

第六條　本所設文書一人辦理總務一切文書事務

第七條　本所設通譯一人翻譯文件帳票及各項業務上之聯絡

第八條　本所得設練習生若干人分派業務會計兩處練習

第九條　本所於必要時得在重要市鎮設立運輸處及分經理處辦理水陸營運事務

第十條　本所本所經理輸出入貨物辦法暨各職員之任務均另定之

第十一條　本所本條例自呈請　市政府核准後施行

（組織系統）

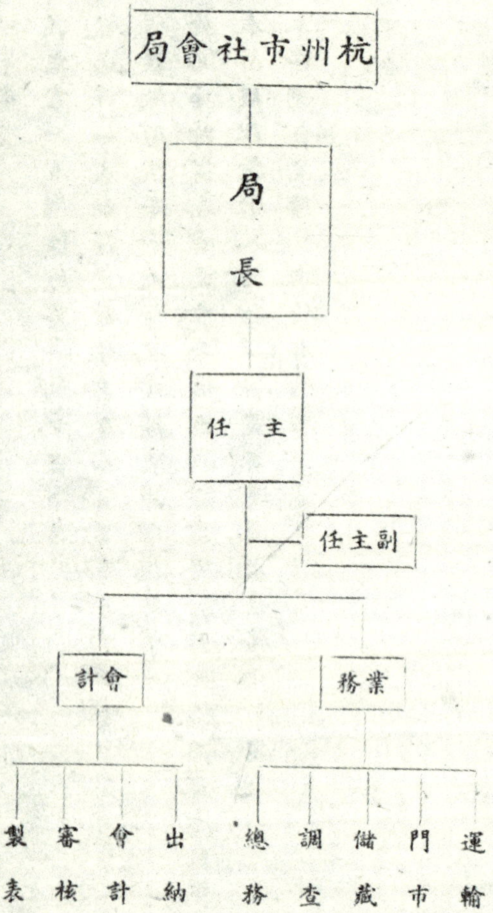

杭州市政府輸出入貨物經理所暫行章程

第一條　本所謀工商之便利供市民之需求以平均物價調劑盈虛爲目的

第二條　本所之任務如左

（一）調查社會之需要

（二）考察物價之起落

（三）計劃貨品之銷路

（四）進行勸業之運動

（五）輸出貨物之運輸及售賣
（六）輸入貨物之採購及發行
（七）貨物未運或初到時之儲藏保管
（八）收付墊付輸出入貨物之價款

第三條　本所隸屬於杭州市政府

第四條　本所設所長一人由市長兼任副所長二人由社會局長及財政局長兼任綜理所務主任一人秉承所長副所長處理所務總稽核一人負全部稽核之責

第五條　本所設企業組（或業務組）組長一人由所長派充承長官之命掌理貨物輸入門市調查及勸業儲藏等事項

組長以下設助理員若干人由所長選充協助辦理本組各事務

第六條　本所設會計組組長一人由所長派充承長官之命掌理出納簿記中小貸款及會計等事項

組長以下設助理員若干人由所長選充協助辦理本組各事項

第七條　本所運輸儲藏等系得各視其事實上之需要酌設管理員若干人由所長選充承長官之命及各組組長之指揮辦理運輸儲藏事務

第八條　本所設文書兼庶務一人辦理一切文書庶務事件

第九條　設通譯一人繙譯文件帳票及傳達語言

第十條　本所得設練習生若干人分派各組練習

第十一條　本所於必要時得在重要埠頭設立運輸處及分經理處辦理水陸營運事務

第十二條　本所經理輸出入貨物辦法暨企業會計兩組之職掌均另定之

第十三條　本章程呈經　市政府公佈施行之

（組織系統）

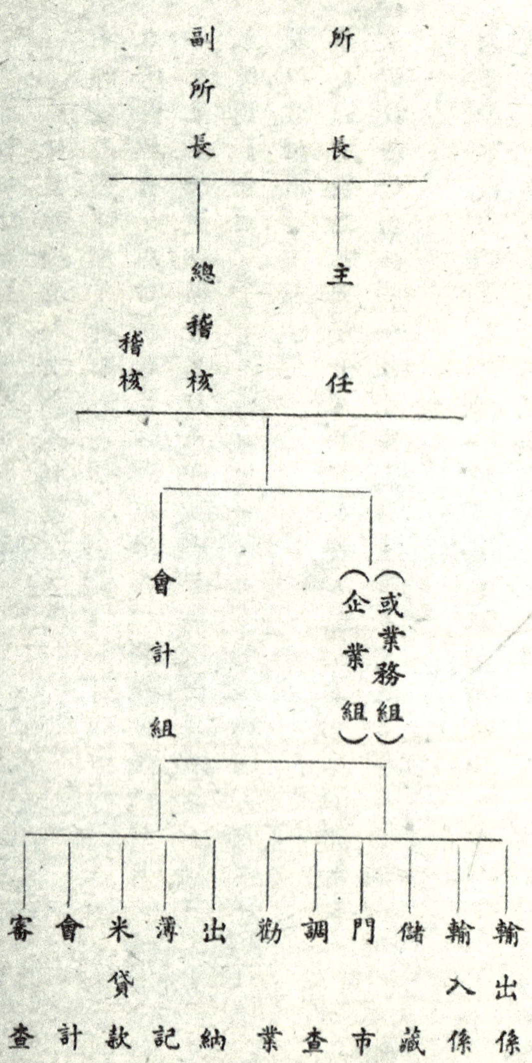

杭州市政府直轄輸出入貨物經理所辦事細則

第一條　本所對於一切輸出入貨物之處理悉依本細則之規定辦理之

第二條　本所依據所長頒布暫行規程及組織系統表之規定由主任承所長之命主管所務指揮及監督所屬職工辦理本所應辦事務

第三條　本所設業務會計兩組組長承所長及主任之命掌理各該組應辦事務

第四條　本所各職員承主任之命及組長之指導辦理各本職應辦事務

第五條　本所每月開所務會議一次俾業務與會計各方面得有整個之接洽與商討俾求改進方針以期業務之發達於必要時得由組長陳請主任臨時召集之

第六條　進貨存貨經售貨量收款數目付款數目等各種報表應由各組編製交由組長轉主任次第審核加章後再呈所長核閱

第七條　所有一切賬據表冊經辦人均應蓋章以明職責

第八條　每日所售貨款應逐日連同日報表繳解市政府財政局第三科核收

第九條　本所各職工應遵守時間肅盡辦公各盡其責守以增進工作效力如因私事須暫時離職時應正式書具請假單向主管人員請假（請假規則另訂之）

第十條　業務會計兩組之職掌已詳於本所暫行章程第五條及第六條之規定俟業務擴展各附屬系成立時再將辦事細則另訂之

第十一條　文書兼庶務其職責爲撰擬稿件保管檔案典守印信及關於一切庶務事項至文件收發應登記於收發文簿惟撰擬稿件除通常事務之外須遵照主管長官之核批或囑咐情形辦理并始終嚴守祕密其關於庶務之用款應另立庶務用款賬單以資查核

第十二條　貨物管理員應負存貨保管之完全責任并注意杠夫卸貨提貨時不得任意拋擲且於

陰雨之際須隨時檢察有無漏水情事發生尤須嚴禁吸烟以防貨物損壞及危險之發生

第十三條　調查員出勤回所應將調查情況書面報告其事務之較急要者得先用口頭報告之如調查員有閒空時應幫同辦理其他一切事宜

第十四條　門市售貨員對待顧客應抱謙和態度務使顧客得有相當之同情並須於營業時間過後幫同辦理對內一切公務

第十五條　練習生於實習時如有疑問須立即就問以達瞭解而期進步

第十六條　本所職員不得佔先購貨致影響營業與市面

第十七條　凡本所職員領用公物須經主任或組長之允可方得開單具領且應極力愛護以維開支之節省

第十八條　本所對外營業時間暫定爲上午九時至十一時半下午一時至三時半對內辦公時間暫定爲上午八時至十二時下午一時至五時遇必要時得延長之

第十九條　每旬應編造業務報告及收支對照表送兼所長鑒核付發市政月刊

第二十條　本細則如有未盡事宜得隨時呈准所長修正之

第二十一條　本細則自奉所長核准之日施行

杭州市政府直轄輸出入貨物經理所職員簽到規則

第一條　本所職員不論內勤外勤均須於上午八時以前於簽到簿上簽到至遲不得過十五分

鐘下午一時以前於簽到簿上簽到至遲亦不得過十五分鐘

第二條　職員簽到不得托同事代簽或預先簽到

第三條　簽到簿於每日上午八時十五分下午一時十五分均須送由業務組長察閱每星期一送呈主任審閱一次

第四條　凡職員已經簽到後除公出外不得擅自離職其有遇急要事件發生時應得主管長官允准後方可離職

第五條　本規則如有未盡事宜得隨時修正之

第六條　本規則自所長核准之日施行

杭州市政府直轄輸出入貨物經理所職工請假規則

第一條　本所職工非因疾病或確係不得已事故不得請假

第二條　請假人員應將承辦事件委托同事一人代理但須得長官之許可

第三條　凡請假者須將事由或病症請假期限及兼代人員親筆填具請假單呈送由主管長官核准未奉准以前不得先行離職但發生急病或緊急事故時得臨時托由他員代行之

請病假者須附送醫生診斷書但在三日內者得免送

第四條　請假日數每半年不得超過十五日如超過時須按日扣薪但因確罹重病得由主管長官特許免扣

第五條　如半年內未曾請假半天者得參酌工作能力及勤惰予以傳令嘉獎或晉級加薪

第六條　員工如遇有婚喪得給假如左

婚假壹星期

喪假（父母之喪三星期）

第七條　員工請假回籍其路程遠者由主管長官視交通及里程情形得扣除在途日期

第八條　病假逾限期時以規定事假日期抵銷不足抵銷時亦須按日扣薪

第九條　凡請假期滿未能銷假者應請續假

第十條　未經請假而擅離職守或假期已滿未請續假而仍不銷假者均以曠職論

第十一條　凡職工請假人數過多以致有妨礙公務時主管長官得酌量情節隨時限制之

第十二條　本規則如有未盡事宜得隨時修正之

第十三條　本規則自所長核准之日施行

公濟典

齒牙病專科

屠之久牙醫師

主治

口腔外科　小兒齒科

保存齒科　矯正齒科

醫補齒科　拔牙齒科

矯鑲齒科　洗潔齒科

院址●●延齡大馬路

杭州唯一商店

（店址）清河坊

張允升

線帽百貨莊

夏令各貨

花色俱全

價特公道

請來比較

杭州市社會局公濟典營業規則

第一條　本典由杭州市政府社會局主辦之

第二條　凡當進貨物均給以當票並寫明各種花式當本數目起當日期及身份證號碼

第三條　凡當進貨物悉照市價估值不得情當拉當並不准有信用當名目凡公有官有物而有特別標記或經辦識者一概不當希罕奇異之物不知價值者不當至偽造金銀各物典當公有官有物件例所嚴禁如有執物朦騙者得送主管機關究辦之

第四條　本典以救濟平民爲職責對於收取息金暫定按月壹分並參照舊例月放五日

第五條　凡所當衣服金銀珠飾暫定六個月爲滿過期不贖由本典變賣以歸原本但質戶所當貨物行將滿期得申請將以前利息算清貨物重行估價換取新票即以換票之日爲起息之期

第六條　當票取息期概照國歷計算

第七條　凡當戶未至滿期交足本息得將貨物取贖如一號之中抽取一部份而未全贖者得照留存之貨另行估計轉換新票即以換票之日爲起息之期

第八條　凡竊盜當贓確有證據者設有官廳查提亦須將本利算清

第九條　凡架存未滿之當貨設遇兵災盜劫大水漂沒隣火延燒非人力所能抵抗救護者經主管機關勘驗屬實得免賠償

第十條　凡典中失竊或自行失慎者應報主管機關勘查當時失慎情形則以十個月內滿貨加貫

第十一條　之價值折半作爲當物原值以賠償當户惟當本及失事前之利息均應扣除
當户遺失當票須報明該票花式當本日期貸物特别標記及身份證號碼由典方查對相符再由當户邀同殷實舖保掛註失票付清以前利息轉換新票倘無殷實舖保者不得掛失掛失手續費按照當本十分之一計算

第十二條　當票以底簿騎縫即爲憑如有僞造當票或在當票上添註塗改及執持遺失之白票無效之廢票在典無理索取者或驗明與票簿不符者得送主管機關究辦之

第十三條　本典以救濟貧民爲主旨故利息祗取月息一分期限六個月爲滿如本市其他典當復業本典得依照慣例更正利率及期限以資劃一

第十四條　本規則典之組織及辦事細則由社會局另訂之

第十五條　時事變遷每有不同本規則如有未盡事宜得呈請　杭州市政府修正之

第十六條　本規則自呈奉　杭州市政府核准之日施行

杭州市社會局公濟典辦事細則

第一條　本典依照杭州市社會局公濟典營業規則第一條之規定組織之

第二條　本典設經協理各一人營業員二人助理員三人練習生四人

第三條　經理秉承局長督率全體職員綜理全典事務並兼辦會計出納復核贖票本利保管印信文件編造概算預算決算事項

第四條　協理輔助經理協辦全典事務並糾察營業員助理員練習生之勤惰保管當票當貨印對

贖票當簿及接洽印貨盤包事項

第五條　營業員掌理接待顧客事項須各立盆簿贖票應各簽字每晚歸助理員「寫票」彙總盆洋餘票當簿騎縫印等收市後應檢交經理室

第六條　助理員三人分掌寫票捲包編號堆包等事項

第七條　練習生四人分掌尋包晾包及協理捲包掛牌堆包等項

第八條　營業時間自上午八時至下午四時星期日下午休假每日工作完了後即將包房落鎖八時後禁止出入

第九條　營業員當進貨物時注意市價上落並顧全費貫如有徇情濫當由各該營業員負責賠償如無心當進偽飾即行照本銷號

第十條　贖票於每日收市後由助理員「捲包」核算「寫票」抄繕營業日報表四份分別呈報清票由助理員會同練習生核算每月月終應抄繕營業月報表四份分別呈報

第十一條　本典下列各物概不受當

(一)違禁物品(二)制服神袍(三)金石書畫(四)木器(五)田單契據(六)其他一切不明價值物品

第十二條　當客掛失須具殷實鋪保經經理核准後始得換給新票

第十三條　本典職員概須憑具妥實保證出立保書並不得互相連保

第十四條　本典員工無眷屬者不得在外住宿有眷屬者得由經理列表輪值但每日宿典職員不得少於半數

第十五條　本典員工請假手續依照　社會局請假手續辦理之

第十六條　本典員工不得吸食毒品酗酒賭博及向本典質物

第十七條　本典員工薪給已照舊例提高所有存箱使用扣利即取巧日等陋規一概廢除

第十八條　本典每三年結算一次如有盈餘提出公積百份之十餘作純益於純益中提出百份之二十作爲職員酬勞支配方法另定之

第十九條　本細則如有未盡事宜得呈請　杭州市政府修正之

第二十條　本細則自呈准　杭州市政府核准之日施行

引言

顧孝峯

溯自周列興創交質伊始之期而經中興鼎盛時代以至於今典業之於地方市面具有莫大關係雖婦孺亦知其爲調劑農村金融不可或少之機關者也蓋其取義寓濟於商宗旨緩急貧民而手續較諸各種經濟事業爲簡捷尤以質贖任便而無催索之脅更無滾利之苛是以典業能具悠久歷史而窮鄉僻隅值立貽過得業務榮向由此可知其適合社會之需要也自經事變後各處典業能恢復者僅幾而杭州碩大城市竟一無所有迨及去冬當軸爲謀復興市面繁榮工商有鑒於斯倡議設立公典其主旨更側重於救濟不佞忝膺籌備經各方協助閱月底成旋奉令委公濟典經理不佞蕪才經歷知識尤感不足勉以承上策下幸得諸同仁善體當軸主旨奮發苦幹精神得就規模爰敢不自菲薄謹將半載來典務設施營業情形以及未來計劃披陳於邦人君子之前倘蒙典業先進社會賢哲不吝賜予指教俾本典知循改進嘉惠災黎其企欲爲何如哉

杭州市社會局公濟典半年年來之概況

市府當軸有鑒於赤貧無告急待極救特妥籌一寓濟於商之唯妙辦法以維其生命高米廉貸不取利息並以若干金額輪迴緩急使彼災黎得此或能藉爲小本經紀而可減少遊閒餓殍普遍實惠於社會問題憑藉特深於是創立本典於去年十二月間荏苒光陰於茲已半載矣在此過程中一切情況爰述梗概如下以供衆覽本典每日暫以金額二百元高米二十担爲限額每質戶當一元一斗爲度按日編抄營業日報表分呈備查去年十二月一日爲本典誕生之日當成立典禮時由何市長許社會局長特務機關長及各機關友邦長官涖臨參與指導由本典經理顧孝峯督率全體職員開始辦公蓋此十二月份質戶雖未週知然已擁擠異常共計質戶八、九三二戶當錢五、二〇二、四五元貸米七四三、〇七五元取贖五四九、三四〇元因貸米爲舊典業向例所未有而猶未普遍故較遜色一月份質戶一〇、五九三戶當錢五、九〇五、三五元貸米一、四二八、四元取贖一、六〇六、六〇元二月份質戶八、五七五元當錢四九五七、〇五元貸米一、五二三、七二元取贖一、六〇二、八五元叄月份質戶九、一〇三戶當錢五、八一九、二元貸米一、二六二、七六元取贖二、三一三、三三元肆月份質戶一〇、六七六戶當錢五、七一二、八元貸米二、九七、八四元取贖三、五六一、一五元伍月份質戶一〇、六二二戶當錢六、〇七一元貸米一、五七九、八九元取贖五、九九〇、三九元總計質戶達七八、六三〇、戶當錢三三、六六六、九五元貸米八、六三五、六八五元取贖一五、六二三、六六元遇者更形擁擠往往格於限額頗多向隅未行普暢尤以當軸樽節公費職員配備簡少應付當贖頗感掣肘然各職員均能上體市府宗旨下顧赤貧艱苦

埋頭苦幹得此成績也

杭州市社會局公濟典未來發展計劃

本市社會情況日臻繁榮戰前災黎絡繹歸附據人口調查已達卅餘萬故本典營業因而日增未來趨勢不言而喻原有組織非謀擴充決難普及救濟爰特擬具擴大計劃如下蓋以半載來現金與貸米質戶已近八萬原定限額祇夠質戶之半數故向隅者日甚一日設若增額爲五百元仍以一元爲限則六個月計算質戶可普及至十八萬以上揣社會之趨勢猶恐超出是數今後常有六個月之架存而每日受貸與取贖及轉利手續繁增一倍以上原有職員不敷分配應酌量添加而工作乃得敏捷庶免質戶費時久待貽誤苦工生產抑有老弱稚幼無力排擠者自辰至酉枵腹鵠候結果因額滿而仍告向隅且有來自城外及遠處者因時事關係每因時間問題於路恐干不便種種苦況不一而足設若抽撥一部份資額另在適中區域分立支典救濟較能普及至於支典開支因一部份責司可由總典兼顧故所耗極微良以當軸財政尚未充實而欲謀救濟此數十萬嗷嗷待惠之赤貧無告者其妥善辦法厥惟擴充本典爲上乘蓋以本典乃寓濟於商僅以數萬之資額能濟多數之災黎輪迴緩急上可不虧財政下可藉以救濟假若籌額拾萬以上能立總支三典則預計半載可普及質戶達卅萬以上澤被災黎捨此而何謹具計劃以供採訥

其他

杭州市參燕業同業公會會員

一元松記參燕號	地址	大井巷一〇六號 竹齋路五九號
久康參燕總號 久康參燕分號	地址	望仙橋街十四號 羊壩頭三十號
久昌參燕號	地址	上珠寶巷二八號
立大參燕號	地址	望仙橋街三號

杭州市典業清盤監盤委員會清理各典刼剩質物辦法

（一）由司法機關公安局市商會典業公會四團體隨時派員分赴各典監察
（二）社會局各該管區區公所於每典擇派清盤員一人常川駐典監督清盤事務
（三）各典清理殘餘質物應將開始日期呈報備案
（四）各典未被刼亂原號保存之各類質物應由各該典負責人督同典夥逐號清盤造具所當月份字號受質物品件數質本若干清查號碼原標號碼已否滿期等清册二份送請市政府轉交本委員會開會審核後再行加蓋府印騎縫一份送請市政府備案一份轉發原典備存查對放贖
（五）被刼剩餘散亂無號之各項質物在未盤之前由駐典清盤員督同該典負責人及典夥先行清理分别封存俟放贖後再議處分
（六）放贖期限利率計算截止日期均俟清盤完竣陳報時再行核議
（七）以前每月收當之衣飾等逐月堂薄均冠以字號現在造具清册仍須使用原有之字號庶便手續而易稽考
（八）本辦法呈准杭州市政府後自核准之日施行
（九）本辦法如有未盡善處得隨時修正之

杭州市典業清盤委員會委員名單

市公安局

杭縣地方法院

市商會
典業公會
蕭劍塵先生
謝虎丞先生
程仰坡先生
徐曙岑先生
高爾和先生
勞鑑勛先生

杭州市政府社會局召開杭市典業清盤監盤委員會第一次會議紀錄

日期 十二月十八日上午九時
地點 市政府會議室
出席者
杭州市商會代表程他山 公安局代表錢守默
士紳代表高爾和 杭州地方法院代表徐思恭
杭州市典業公會代表王麗生 蕭劍塵赴滬徐曙岑未出席
列席者

謝虎丞

主席　社會局局長許守忠（第二科科長王五權代表）

主席宣布開會

報告事項

一、報告　局長因病請假不能出席今由本人代表

二、宣布市政府指令召開本會意旨請討論清盤監盤適當辦法

討論事項

謝虎丞提議兩項

一、根據浙江省典當營業暫行規則討論良好清盤監盤辦法以爲其他各縣清盤之標準

二、應予各典以手續之便利以期迅捷而免淹滯

程他山提議清查各典殘餘質物應由各方監視監盤辦法須討論適當方法

議決　由本會各機關自由隨時派員赴各典監察由社會局及各該管區公所派員常川駐守各典監視監盤辦法留待下次開會討論

散會

杭州市典業清盤監盤委員會第二次會議紀錄

日期　二十七年十二月二十二日下午二時

地點　市政府會議室

出席者
程仰坡　王麗生　高爾和　錢守默　謝虎丞　許守忠　王五權　勞鑑勛

主席　許守忠　紀錄　曾文儁

甲　報告事項

主席報告上次成立會議紀錄後略謂恢復典當較之一般農村貸款之效力宏大同時值茲戰後民生凋敝對於典當業亟待恢復以謀救濟因是在恢復之前必先清盤始易着手進行關於典業情形兄弟甚爲清楚典業主人均屬有聲望者關心人民生計尊重個人人格然取信於人起見故不得不有監盤委員會之設立亦可表示政府監督之意

乙　討論事項

一、謝委員許局長會同擬訂之清盤辦法請　公決案

議決　原則通過

二、監視清盤辦法請　公決案

議決　合併前項原則參訂詳細辦法呈報市政府備案

散會

杭州市典業清盤委員會第三次會議紀錄

主席 許守忠
紀錄 曾文儁

日期　二十八年三月一日下午二時
地點　市政府會議室
出席者
萬豐典代表曹文瑞　同吉典代表王麗生　裕興典代表沈子鑑
裕隆典代表王午喬高爾和　警察局代表錢守默　杭州市商會謝虎丞
杭縣地方法院代表程德先　社會局局長許守忠　社會局科長王五櫵
主席　許守忠　紀錄　嚴厚貽
甲　報告事項
主席報告　杭州各典清理殘餘質現查已有裕興同吉萬豐裕隆等四典清理竣事業經繕具清冊呈報到局關於各該典來呈申請要點計有兩端
一、自二十七年一月起至二十八年二月止計十四個月應繳全部質物利息由質户及典業各半担任(計質户繳付七個月利息)
二、典内封存刼存凌亂不能歸號之質物准由典當自行設法變賣以歸血本
所有典商請求各點究應如何處理敬請

公決

乙　決議事項

一、自二十七年一月起至二十八年二月止計十四個月應繳全部質物利息由質户認識四個月典方担任十個月（即豁免質户十個月應付息金）

二、各典封存刼餘凌亂不能歸號之質物變賣以後以售價全部聯合擬設公典其組織及辦法由各典自行會商後提請下屆會議討論

三、各典已清理竣事者定於三月一日起先行驗票一星期後開始放贖放贖期間准暫以三個月爲限期滿之後得由社會局察看各典取贖情形令飭延長之

四、各典呈送盤查清册由清盤委員會委員分别加蓋印章後再行呈送　市政府加蓋府印分别存還

五、關於一、二、三項經決議各點准予呈　府出示布告俾衆週知并另由各典送登滬杭兩地報紙公告之

六、各典驗票放贖時得請求派請顧警駐典維特秩序

散會

主席　許守忠

紀錄　嚴厚貽

杭州市典業清盤委員會第四次會議紀錄

日期　二十八年三月十四日下午二時

地點　市政府會議室

出席者

同吉典代表王麗生　裕隆典代表王午香　善慶典代表王文軒

萬豊典代表曹文瑞　裕興典代表沈子鑑　同興典代表嚴味三

善興典代表章承宗　杭縣地方法院代表程德先　社會局第二科王五權

市商會謝虎丞　秘書處科長勞鑑勛　警察局錢守默

社會局許守忠

主席　許守忠　紀錄　嚴厚貽

決議事項

一、第三次會議議決事項（一）「自二十七年一月起至二十八年二月止計十四個月應繳全部質物利息由質户認繳四個月典方担任十個月（即豁免質户應付十個月之息金）」一條修正爲

『自二十七年一月起至二十八年二月止計十四個月停贖期內應繳質本利息由質户認繳四個月典方担任十個月（即全部利息內豁免十個月應付息金）』

二、各典所存周年爲滿之質物（即絲織品皮衣金銀飾物票上蓋有週年爲滿戳記者）計算至二十六年十二月五日止（十二月十八日停贖）凡已滿質物照章不得取贖其二十七年一月五日起所滿月份之剩餘質物暫作未滿論（以下月份類推）仍憑驗票放贖

三、同興典呈報前於二十六年十一月一日起至同月十五日止計十五天所收質戶取贖之質票共四千一百九十四張由典友程觀榮隨身攜帶避難浙東遺留在外是項質票上有記號四種可資稽考擬請一概作爲無効以杜朦混而免糾紛一節應予照准並另由社會局批示准予備案

四、各典封存劫餘不能歸號之質物估價變賣以售價全部聯合創設公典依照典當營業規則第十九條之規定應以五成歸還方典血本其餘五成則應攤還質戶但事實上經此事變質票遺失不在少而質戶避難他方者亦不知凡幾分攤既難週遍不如暫充公典官股資金（另組保管委員會會同典商主持辦理）將來營業如有盈虧由官方與典商平均攤派一俟其他商業恢復是項公典即行停辦典方股本（五成）全數發還官股（五成）作爲本市慈善事業基金仍用之以救濟貧寒市民

五、各典清盤竣事後定期光行驗票於一星期後開始放贖期間暫以三個月爲限（期滿之後得社會局察看各典取贖情形令飭延長）其開始驗票及放贖日期另由社會局正式通知

六、關於第一、四、五、項議決案另由社會局呈請市政府轉呈內政部咨請實業部請予備案

主席　許守忠

紀錄　嚴厚貽

杭州市典業清盤委員會第五次會議紀錄

日期　二十八年四月十九日下午三時

地點　市政府大禮堂

出席者

市政府祕書處勞鑑勛　杭縣地方法院程德先　警察局錢守默

典業公會代表王麗生　委　員高爾和　委員　謝虎丞

社會局第二科王五機　社　會　局許守忠

主　席　許守忠　紀　錄　嚴厚貽

甲、報告事項

主席報告關於第四次清盤會議決議各典停贖期内應繳質本利息辦法及處分各典封存刼餘不能歸號質物辦法前經由社會局備文呈請杭州市政府轉呈内政部轉請實業部賜予備案茲奉内政部民字第一七一號訓令暨民字第一八一號指令以裕隆等典呈爲前項決議處理停贖期内利息及封存刼餘不能歸號質物辦法似欠平允請求主持公道據情令飭持平處理具報等因本會究應如何遵辦理合提請

公決

（附錄内政部民字第一七一號訓令及民字第一八一號指令）

訓令民字第一七一號

爲訓令事據裕隆典等呈市該社會局處理各典刼餘質物及停贖期内利息兩項似欠平允仰祈鑒核主持公道以恤商艱等情並附典當營業暫行規則及議決業案一份到部據此除批示外合行抄發原呈及附件令仰轉飭該局持平辦理以昭公允此令

指令民字第一八一號

呈一件爲呈報杭州市各典業清盤劫餘質經物過情形仰祈鑒核轉咨實業部備案由呈悉查此
呈悉查此案前據裕隆典等以該市社會局處理各典劫餘質物及停贖期內利息兩項似欠平允
呈請主持公道以恤商艱等情到部即經批發原呈令仰轉飭社會持平辦理在案仰仍遵照一七
一號訓令辦理具報所請轉咨備案應從緩議此令

乙、決議事項

關於各典停贖期內應繳質本利息及各典封存劫餘不能歸號質物處辦法經由本會邀集各典
負責人到會加以勸導業已承認仍照第四次清盤委員會決議（一）（四）兩項原則辦理但其文
字上修正如次

一、自二十七年一月起停贖期內應繳質本利息一律豁免十個月

二、各典封存劫餘不能歸號之質物概行估價變賣以售價全部合創設公典依照典當營業規
則十九條之規定應以五成歸還典方血本其餘五成則攤還質戶但事實經此事變質票遺
失不必在少而質戶避難他方者亦不知凡幾分攤既難周遍不如暫充公典公股資金（由
市政府聘請地方公正士紳三人並函請典業公會辦咨七典推舉代表二人組織杭州市公
典委員會負責管理各典商股本由該委員會另給股本收據以清界限並規定保息以息五
釐計算公股則無庸計息該公典業務悉由公典委員會主持辦理惟營業狀況應每月造具
月報呈報市政府備查）一俟其他商營典當恢復是項公典即行停辦理典方股本（五成）
全數發還公股（五成）作爲本市慈善基金仍用之以救濟貧寒市民

主席　許守忠

紀錄　嚴厚貽

杭州市典業清盤委員會第六次會議紀錄

日期　二十八年六月七日下午三時

地點　市政府社會局

出席者　許守忠　錢守默　王麗生　高爾和　謝虎丞　王五權　程德先　典業公會代表

主　席　許守忠

紀　錄　嚴厚貽

報告事項

主席報告關於處理裕隆等七典刼餘封存不能歸號質物及豁免利息兩項辦法業奉內政部民字第二二二號指令准予備案所有各典封存殘餘凌亂不能歸號質物依據上次決議

呈准備案辦法應即估價變賣以售價剏設公典并須組織杭州市公典保管委方會主持究應如何籌劃理合提請

公決

決議事項

一、組織杭州市義記公典保管委員會額定委員五人用左列方式產生之

1. 由社會局就地方公正士紳中聘定三人呈請市政府加聘

2. 由社會局函請典業公會轉咨七典推舉代表二人呈報社會局轉呈市政府加聘

二、關於估價變賣裕隆等七典殘餘不能歸號質物辦法及公典組織章程營業細則等項均由杭州市義記公典保管委員會主持辦理

三、裕隆等七典提議刼餘凌亂散號質物前經貴會勸導典商以售價全部聯合剏設公典業經勉遵在案是項質物似宜從速仍派原監盤員啓封估價變賣俾公典得以早覩厥成而質物亦可無擱置失時之虞

公決　由杭州市義記公典保管委員會會同前所派赴各典監盤人員到場啓封

四、裕隆等七典提議杭州市各典放贖迄今已有月餘茲擬遵照決議準在三個月（七月終）如期結束以便辦理各典內部應付事項事項

公決　期滿之後應按放贖情形由本委員會斟酌宣告截止或展期

五、裕隆等七典提議湖墅善慶拱埠善興兩典事變以後損失較輕因鑒於質户需要故於去春即陸續放贖迄今已有半年之久今歲鄉户蠶汛甚佳收入甚豐取贖較旺所存架本無幾遵

可如限結束一面擬登報催贖不再展期

公決　照議決案（四）辦理

六、前歲事變時各典夥友均已棄職遠去致遺焚燬者竟有七典之多其所倖存者全賴各典留守職員冒險守管厥功匪細擬於劫餘貨物售價内提取一成分派各典留守人員以資酬獎

公決　保留緩議

主席　許守忠

紀錄　嚴厚貽

杭州市社會局清查各典劫餘質物統計

典當名稱	監盤人員	盤查概況			
		原存架本	現存架本	不全外號現估質本	損失架本
裕隆	謝月溪	八七一〇九、七五元	六九二七五、五五元	二五〇、九〇元	一七五八三、三〇
裕興	徐和連	七七三一五、二五	四二〇七七、三五	四四五、四五	三四七九二、四五
同吉	徐友富	八一三〇七、八〇	三四五〇九、九〇	三〇五、一〇	四六四九二、八〇
萬豐	沈海帆	六〇六二〇、三〇	二二六七三、九〇	八四二、六〇	三七六二八、三一
同興	范錦章	八二一三四、五五	五七六九五、一〇	五三七、七五	二三九〇一、七〇

善慶	徐楚臣	五四二八四、九〇	五〇六一七、八五	五七、六〇	三七二四、六五
善興	王壽彭	四八七八八、六五	四六五九六、六〇	一〇、五五	二一九二、〇五

圖表

白濁專家

王朗庭

專治白濁後患

急性白濁變成慢性後患無窮往往病家不慎欲求速效立止淋濁一外打止濁針太過二內服止濇藥太早三飲服寒藥過多四雜服市上止濁丸但淋濁果然十去其八然二分總不除根因內有濕火敗精膠結不清日久致成老濁久淋三年五載永不斷根貽害終身可不畏哉醫生經驗三十餘年善治老濁久淋竟可負素澈底除根限日痊愈

經售 **祕製立止吐血仙草** 靈驗如神

無論男女老少新久患各種痰血狂血咳血嗽血唾血胃血心肝脾肺腎五臟之血服之百發百中每日煎服此草一兩連服三四天竟可負責痊愈此草藥性服法詳載仿單價目每兩一元

（診所）本市菜市橋花燈巷三號

大喜友記公司

店址 官巷口

採辦各種

領帶襯衫

西裝用品

男女絲線襪

孩童服裝

一應俱全

價格公道

歡迎比較

杭州市政府社會局組織系統表

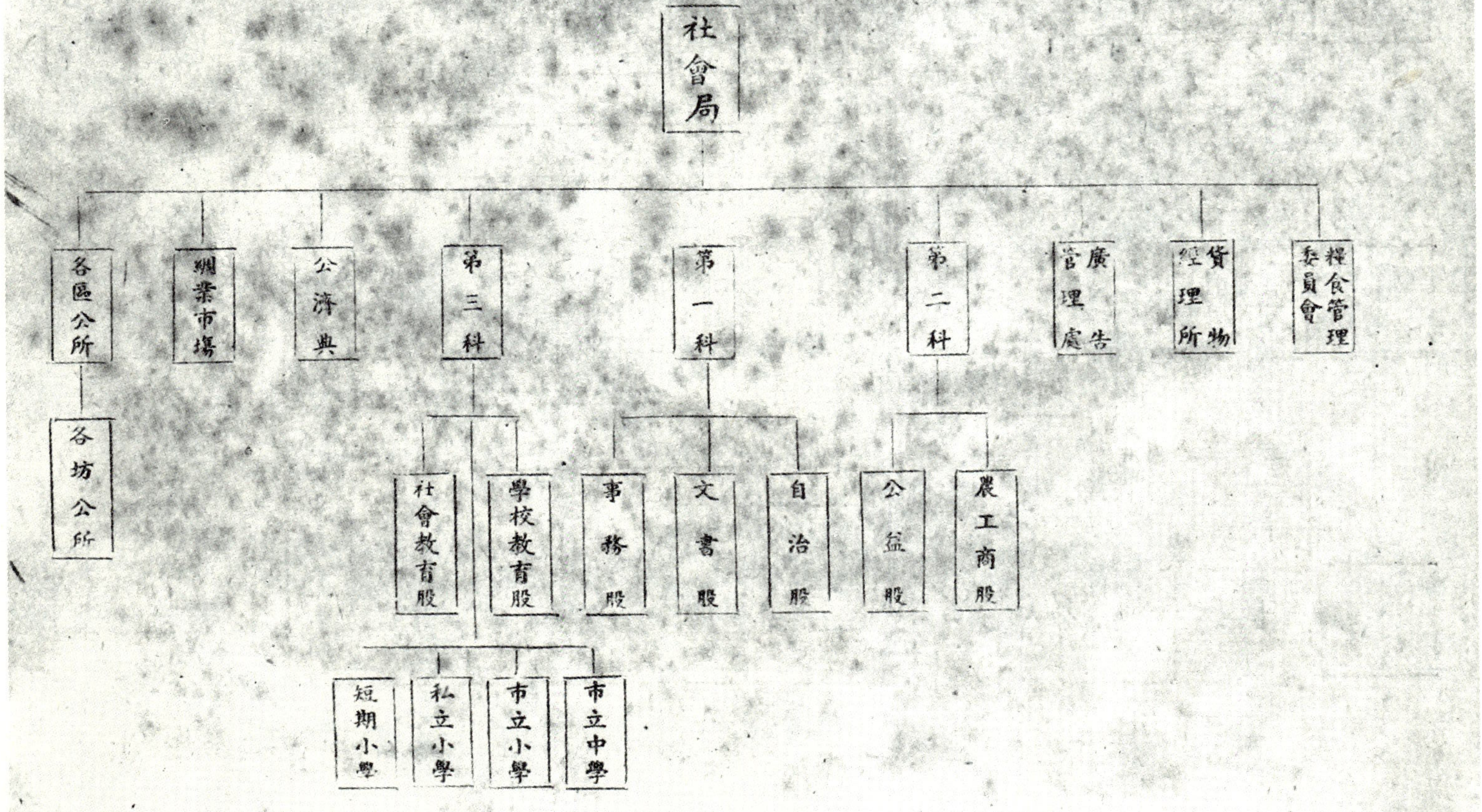

杭州市社會局收發文件程序

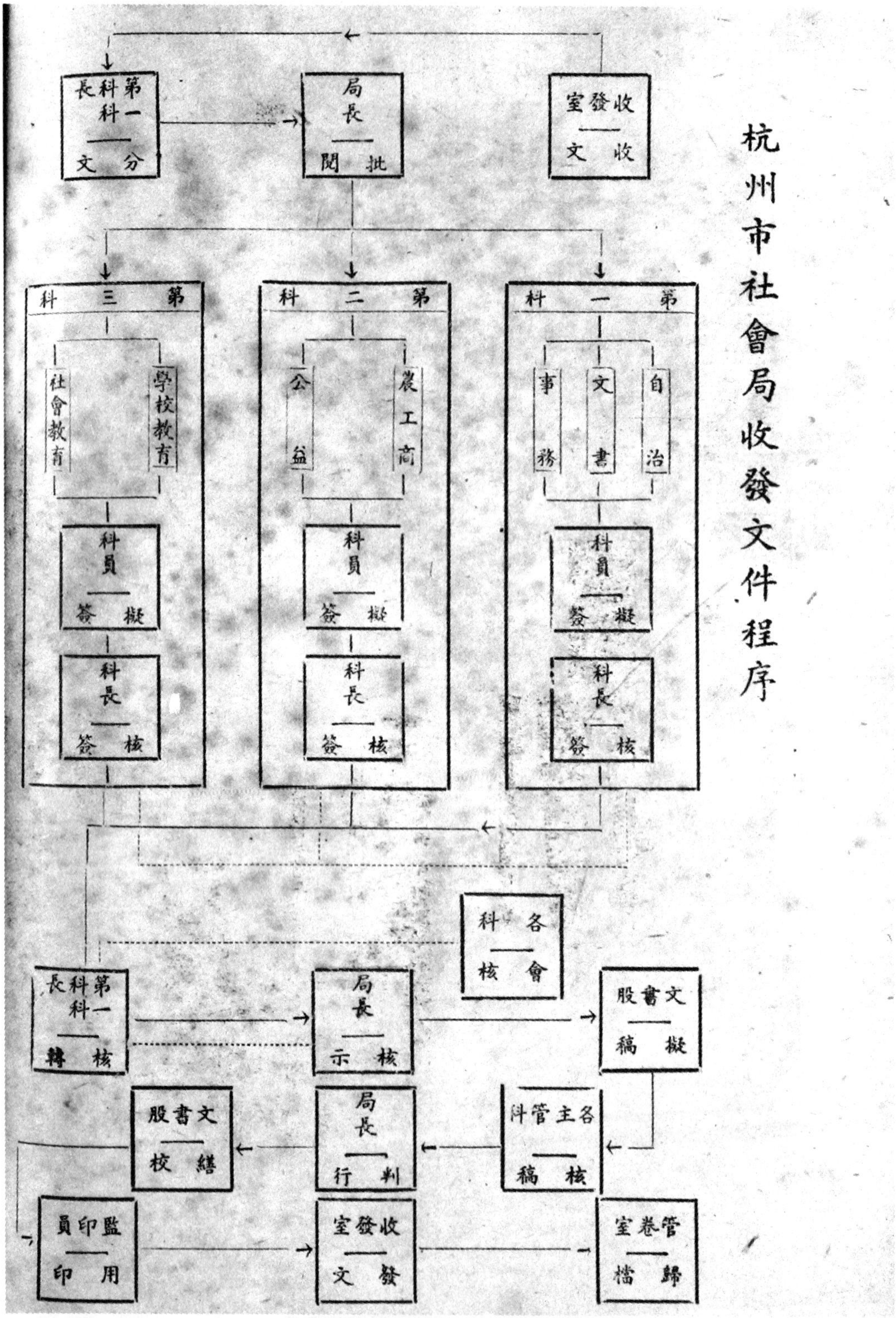

杭州市社會局支出經常費分配圖

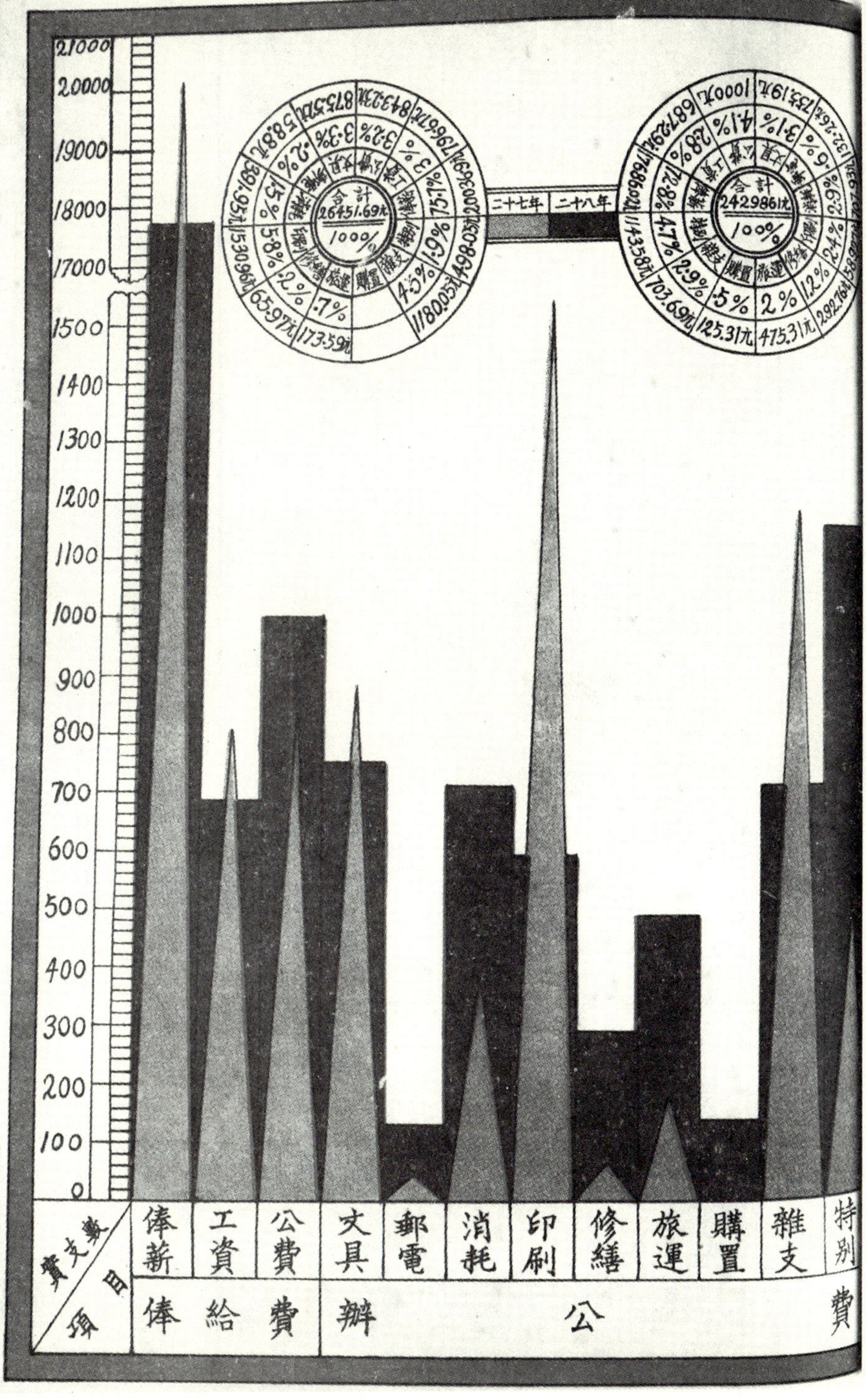

21000
20000
19000
18000
17000
1500
1400
1300
1200
1100
1000
900
800
700
600
500
400
300
200
100
0
二十七年
二十八年
合計
26451.69元
100%
合計
242986.1元
100%
實支數
項目
俸薪
工資
公費
文具
郵電
消耗
印刷
修繕
旅運
購置
雜支
特別
俸給費
辦公費

杭州市社會局收發文件統計表

年度／月份／文別	二十七年							二十八年					共計
	六月	七月	八月	九月	十月	十一月	十二月	一月	二月	三月	四月	五月	
收文	一四七	三九二	三七八	四〇四	三八二	四二五	四三八	四八九	五〇九	六三六	六五八	八〇四	五六六二
發文	四八	一三四	一一八	一六七	二三九	二八〇	二六六	三一六	三九一	四六三	四七五	六七六	三五七三

杭州市社會局逐月支出經常費比較圖

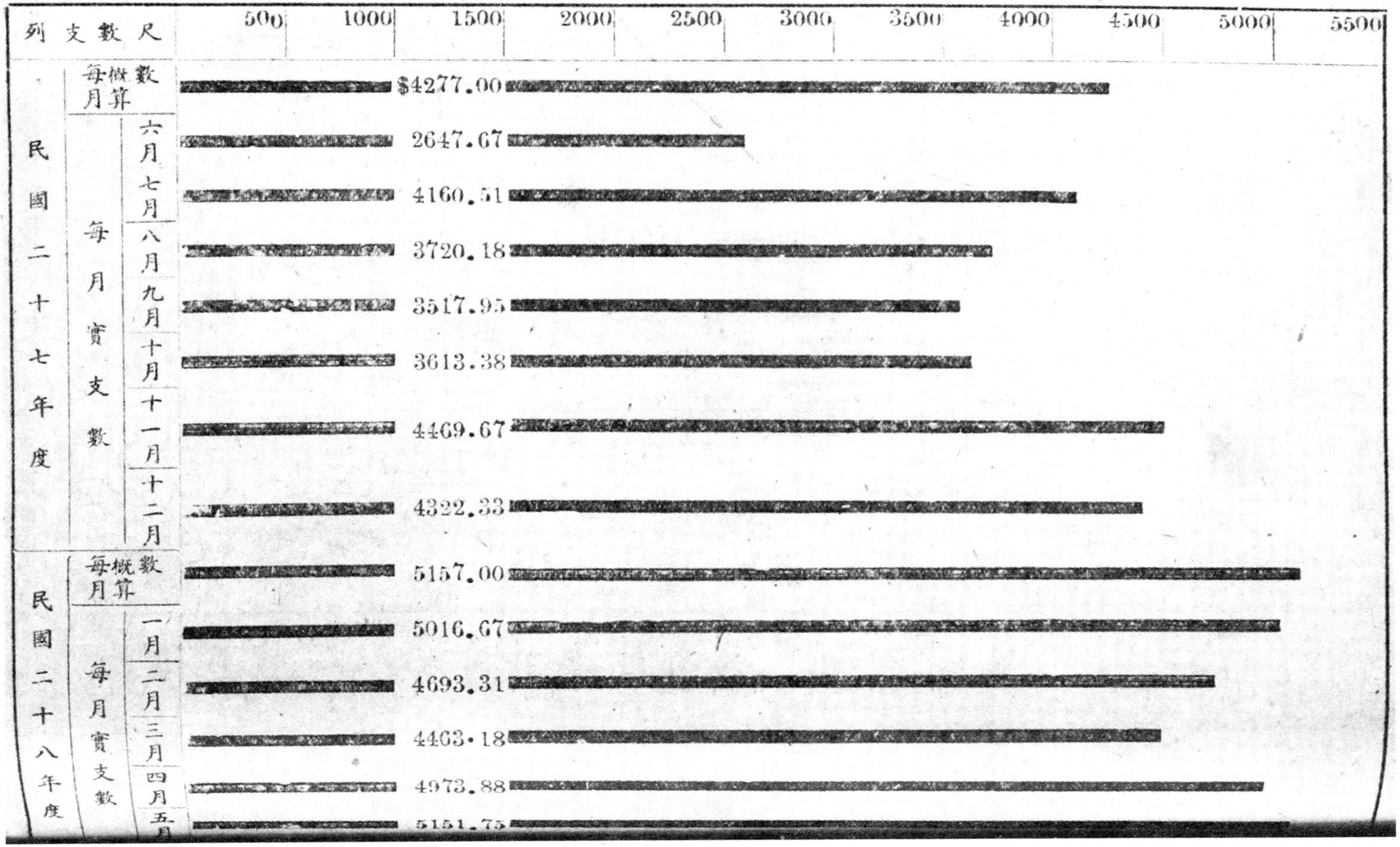
列支數尺
500
1000
1500
2000
2500
3000
3500
4000
4500
5000
5500
民國二十七年度
每月概算數
$4277.00
每月實支數
六月
2647.67
七月
4160.51
八月
3720.18
九月
3517.95
十月
3613.38
十一月
4469.67
十二月
4322.33
民國二十八年度
每月概算數
5157.00
每月實支數
一月
5016.67
二月
4693.31
三月
4463·18
四月
4973.88
五月
5151.75

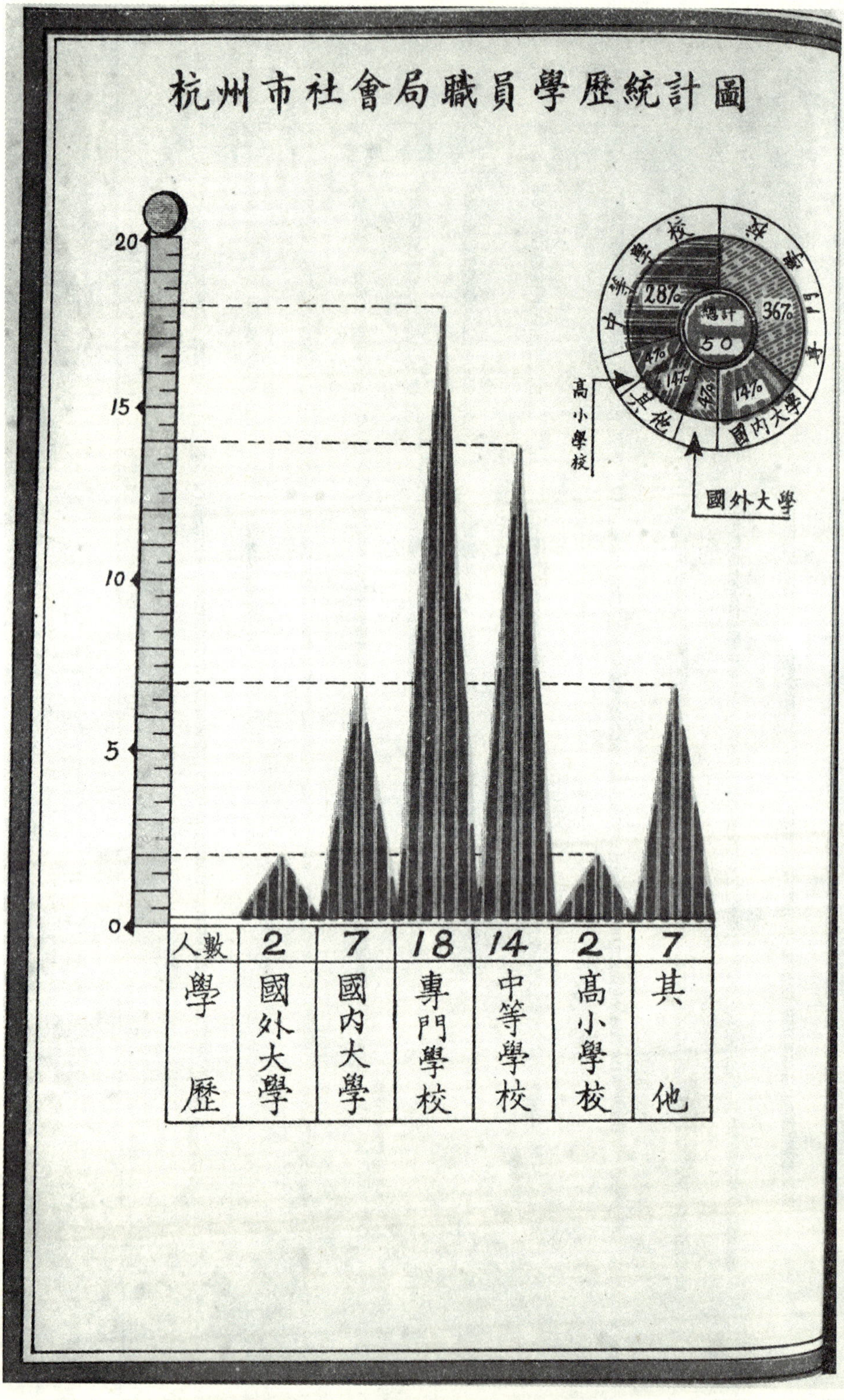
杭州市社會局職員學歷統計圖
20
15
10
5
0
人數
學歷
2 國外大學
7 國內大學
18 專門學校
14 中等學校
2 高小學校
7 其他
總計 50
專門學校 36%
中等學校 28%
國內大學 14%
其他 14%
4%
4%
高小學校
國外大學

杭州市冬防保衛團組織系統表

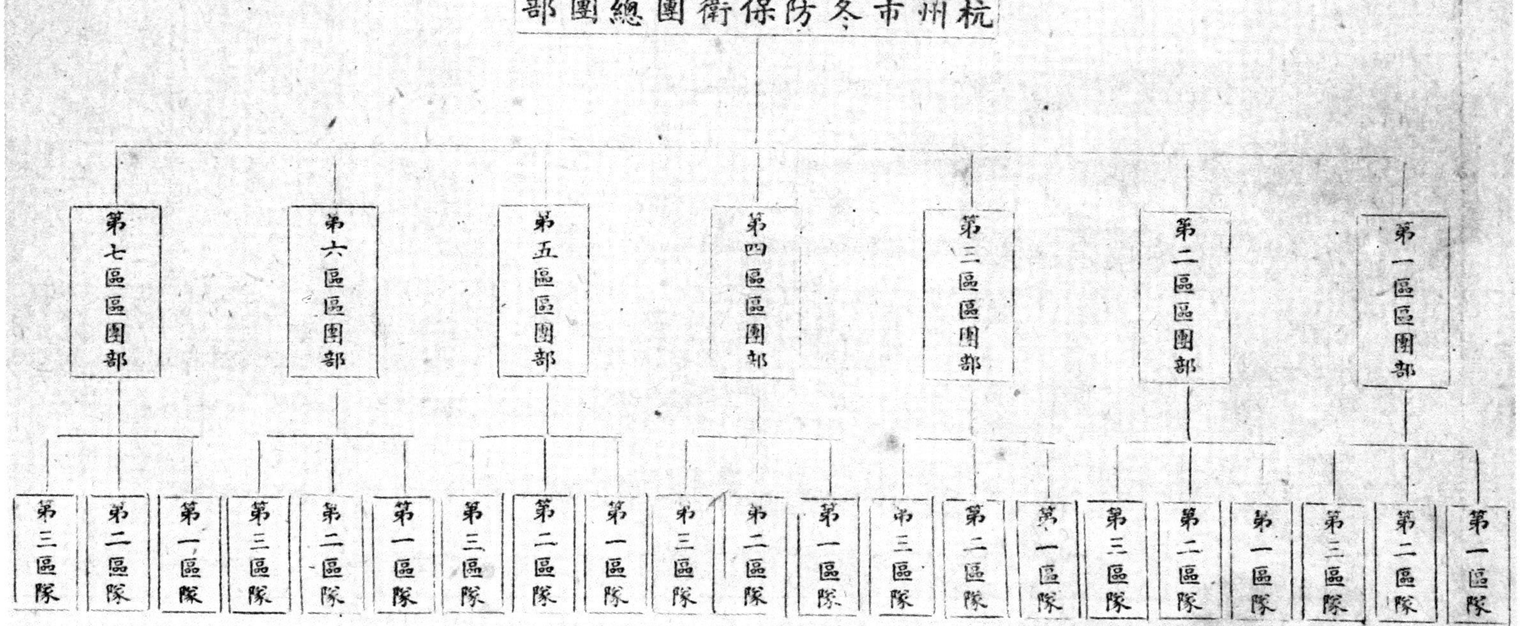

說明

1.總團部設總團長一人副總團長三人幹事長一人幹事四人組長三人組員六人辦事員六人書記六人

2.每一區團設區團長一人副區團長人一幹事二人辦事員四人區隊長三人班長九名團警八十一名伙夫九名

3.五六兩區團副區團長由區團長兼任

杭州市各區保長職業統計表

職業類別	農	工	商	學	政	自由職業	其他	共計
人數	一九	二二	八七	七	二六	二三	一一	一九五
百分數	一〇・〇	一一・二	四四・六	三・七	一三・三	一一・六	五・六	一〇〇・〇

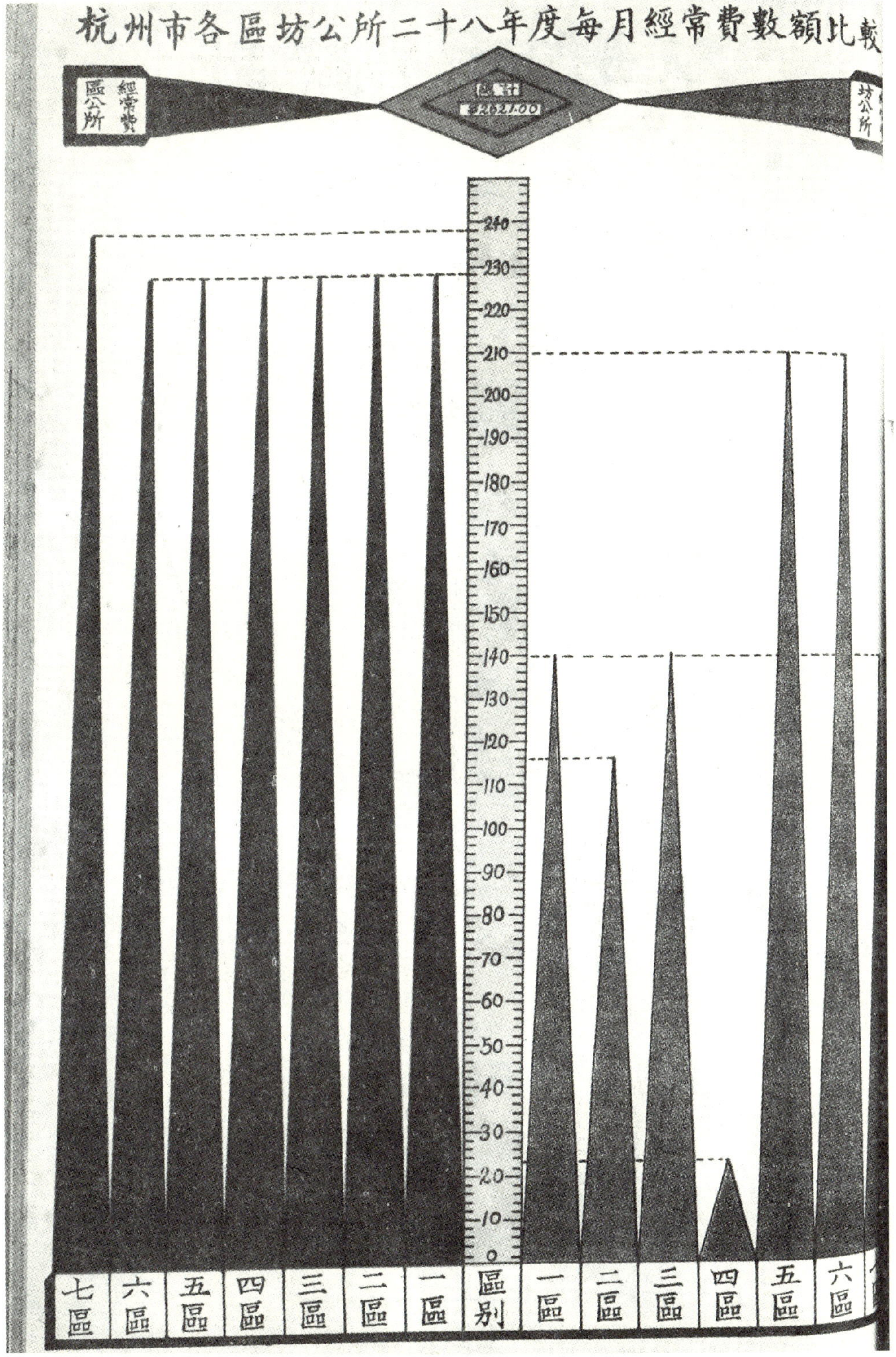
杭州市各區坊公所二十八年度每月經常費數額比較
經常費 區公所
總計 $2621.00
坊公所
240
230
220
210
200
190
180
170
160
150
140
130
120
110
100
90
80
70
60
50
40
30
20
10
0
七區
六區
五區
四區
三區
二區
一區
區別
一區
二區
三區
四區
五區
六區

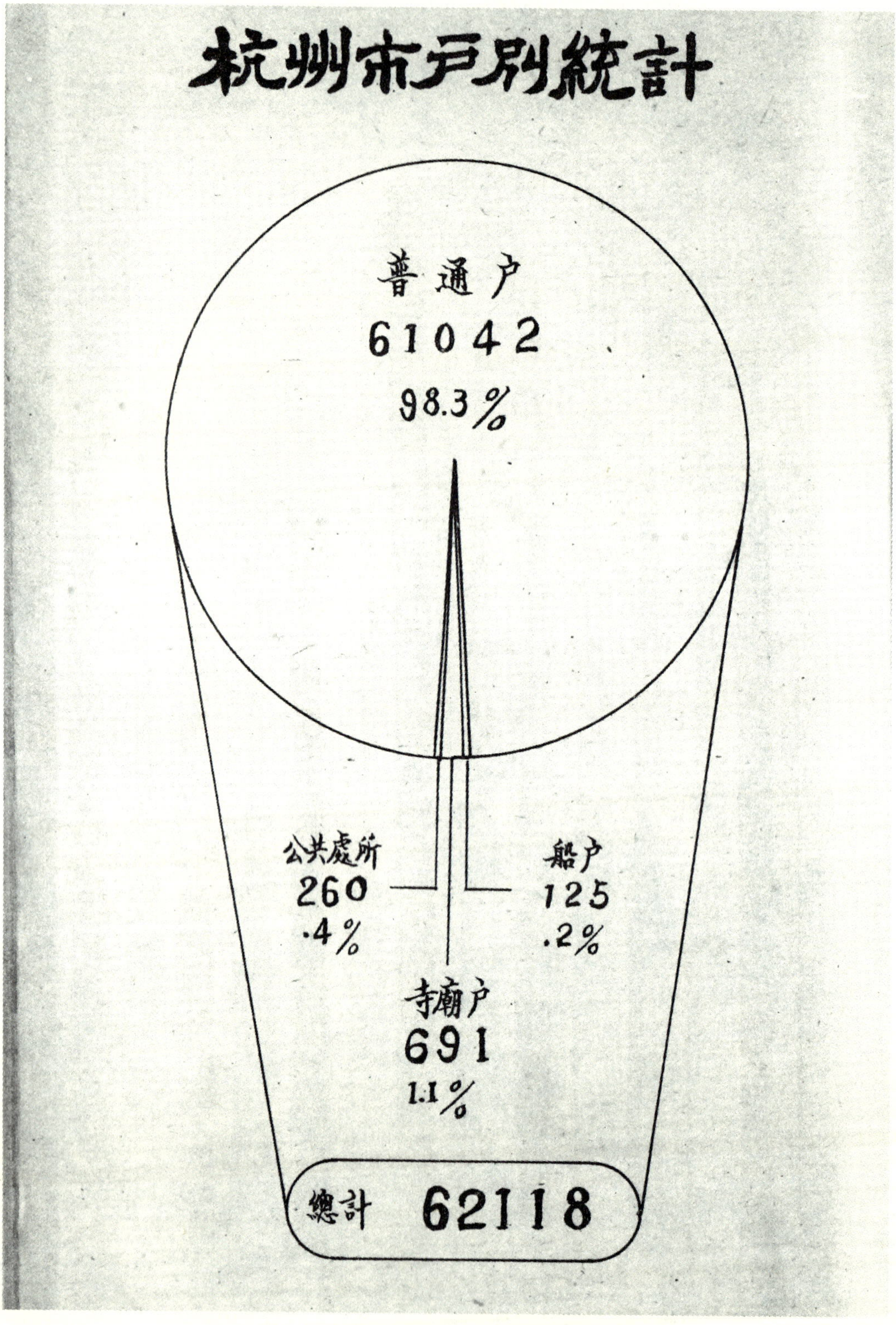
杭州市戸別統計
普通户
61042
98.3%
公共處所
260
.4%
船户
125
.2%
寺廟户
691
1.1%
總計 62118

杭州市人口統計

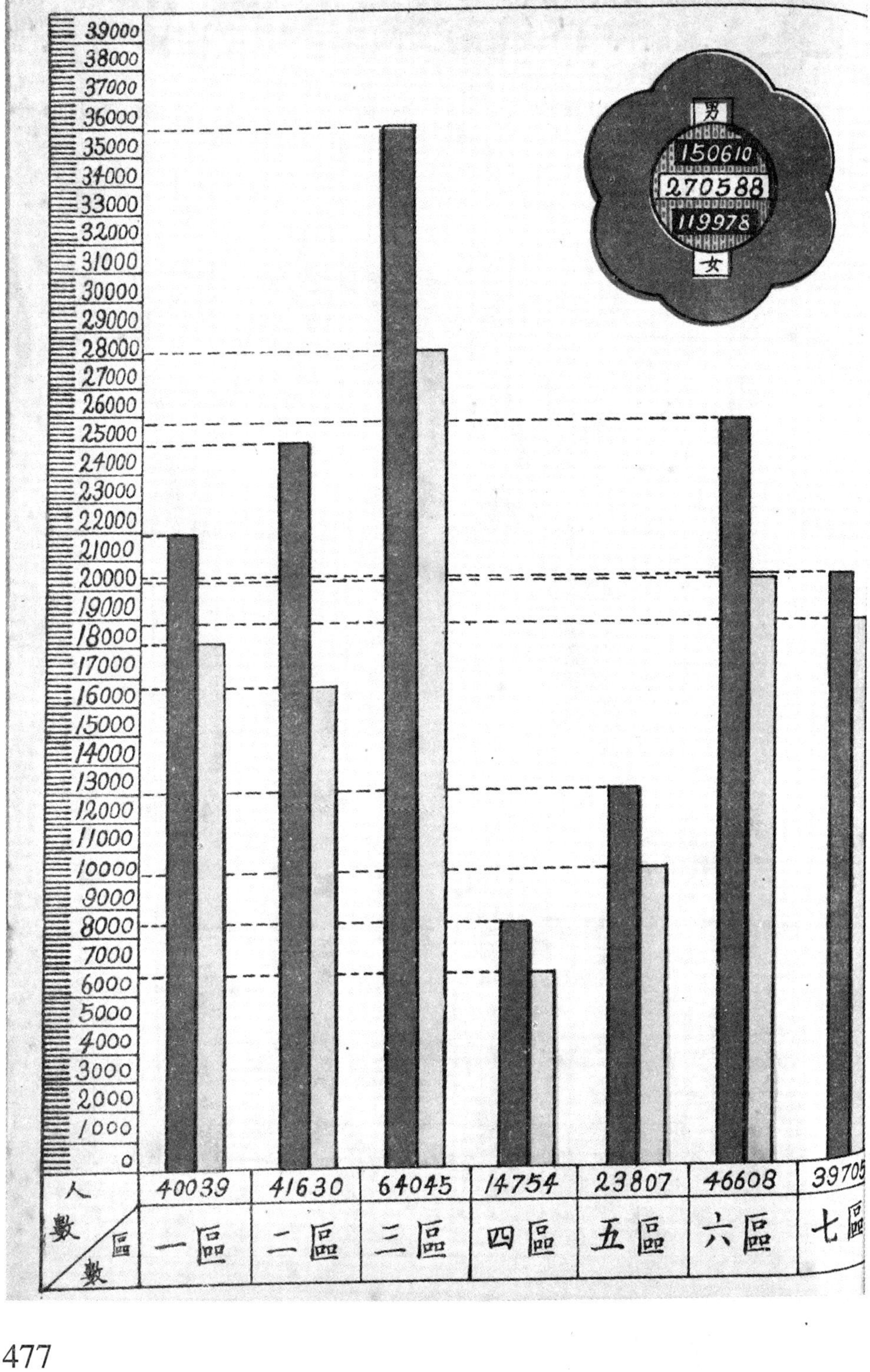
男
150610
270588
119978
女
人數
區數
40039
一區
41630
二區
64045
三區
14754
四區
23807
五區
46608
六區
39705
七區

杭州市社會局核發旅行保證書統計

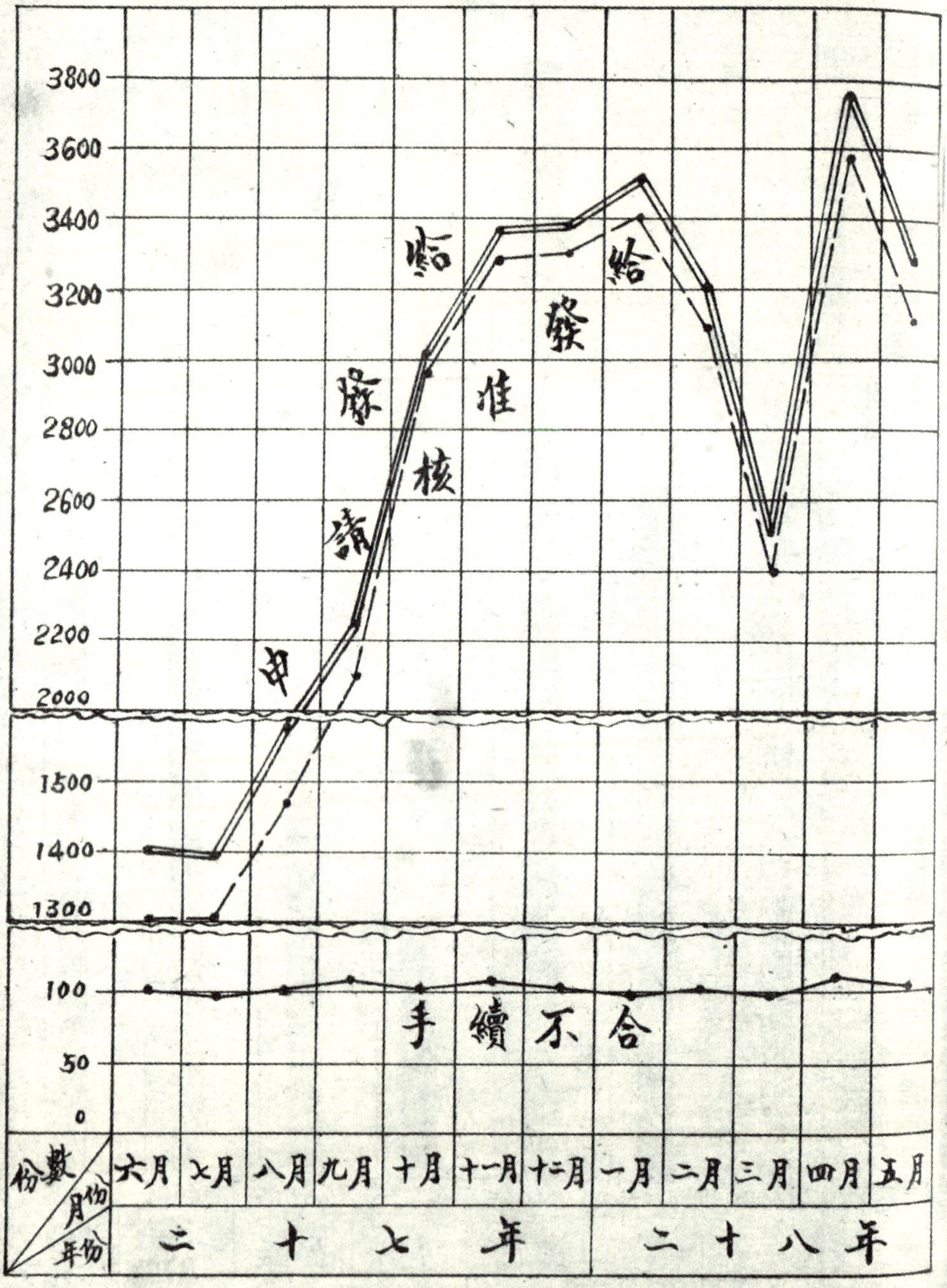

杭州市工商業營業登記資本額統計比較圖

（自二十七年七月份起至二十八年五月份至）

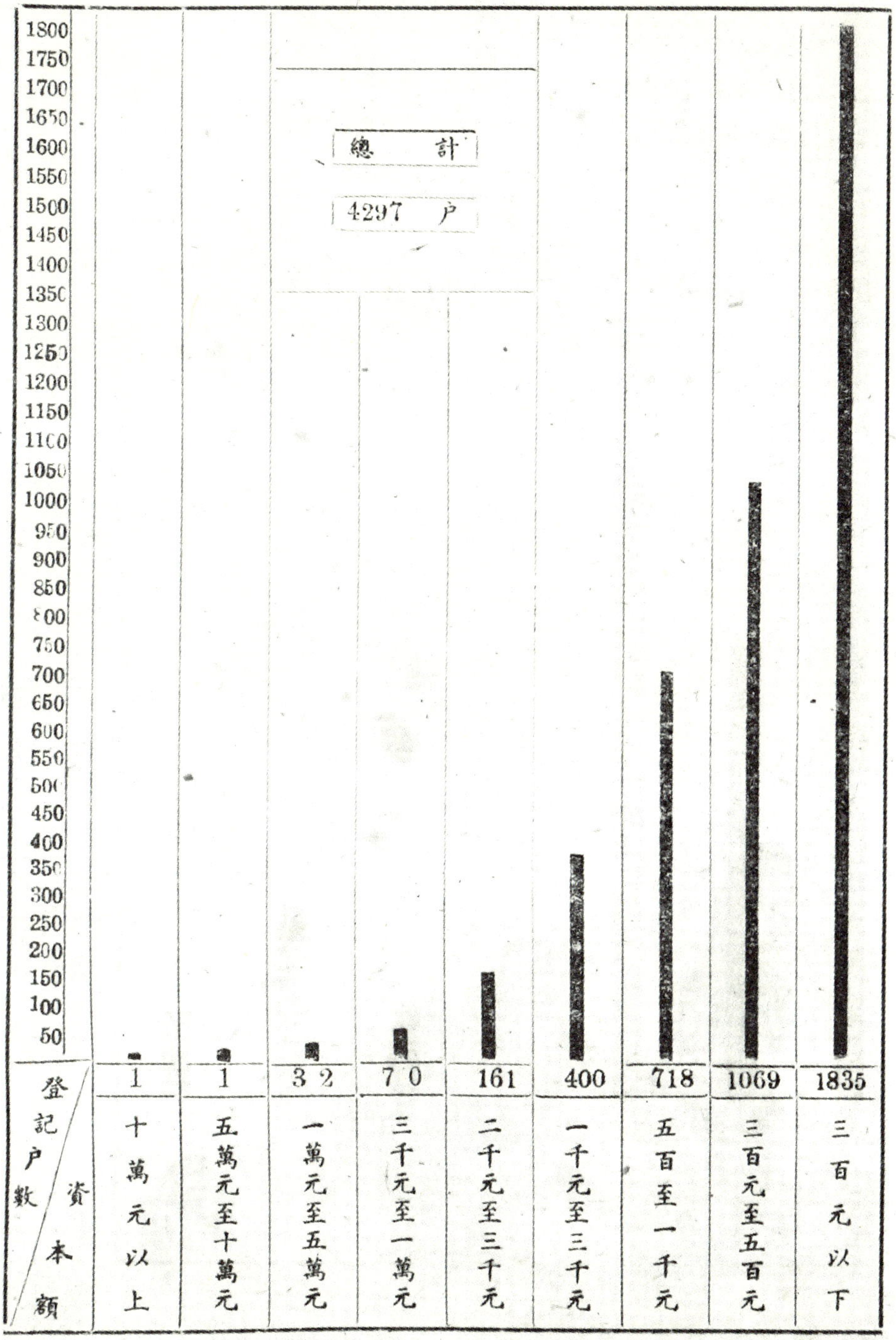

州市大規模絲織廠與事變前家數及機器數量比較圖

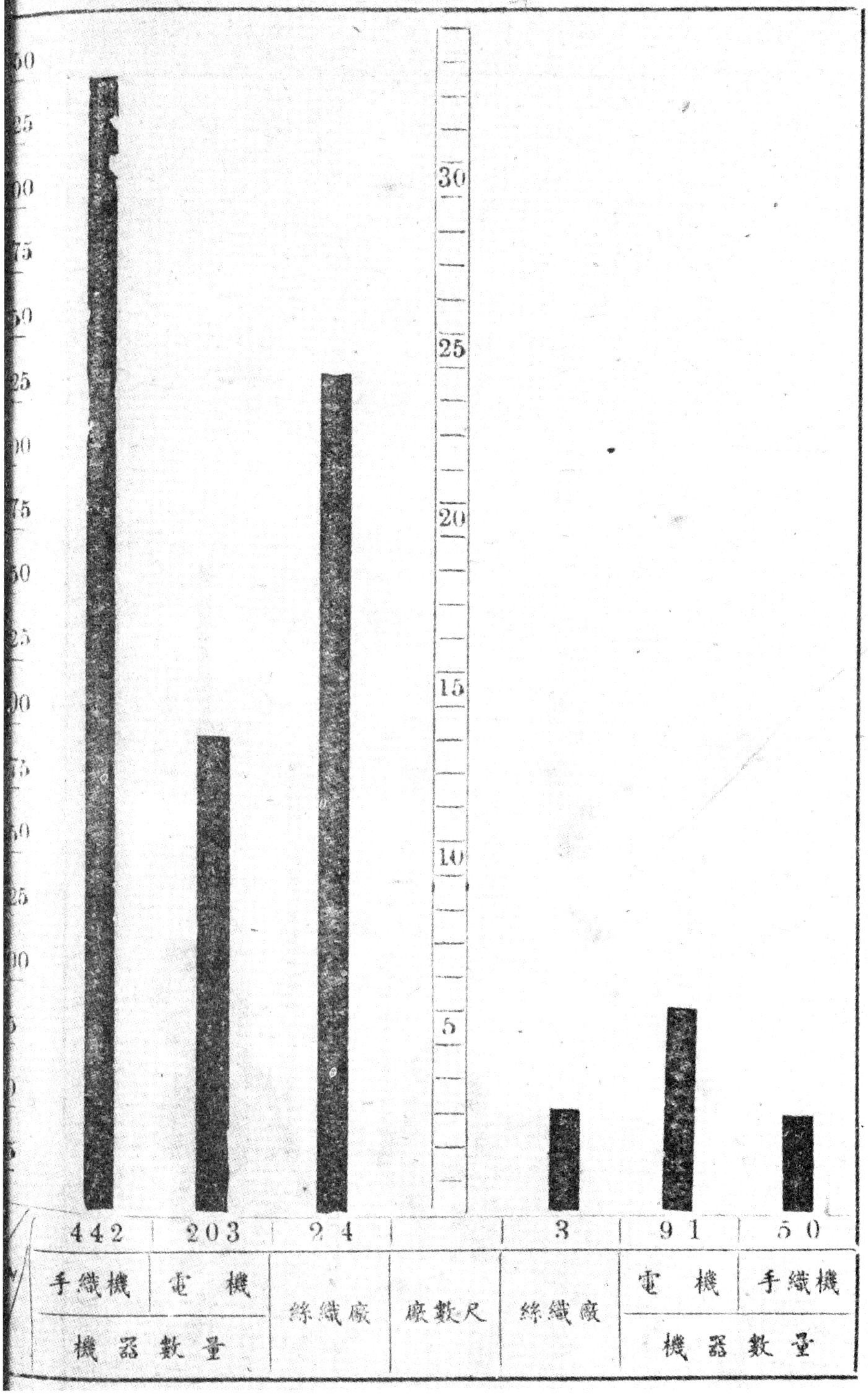

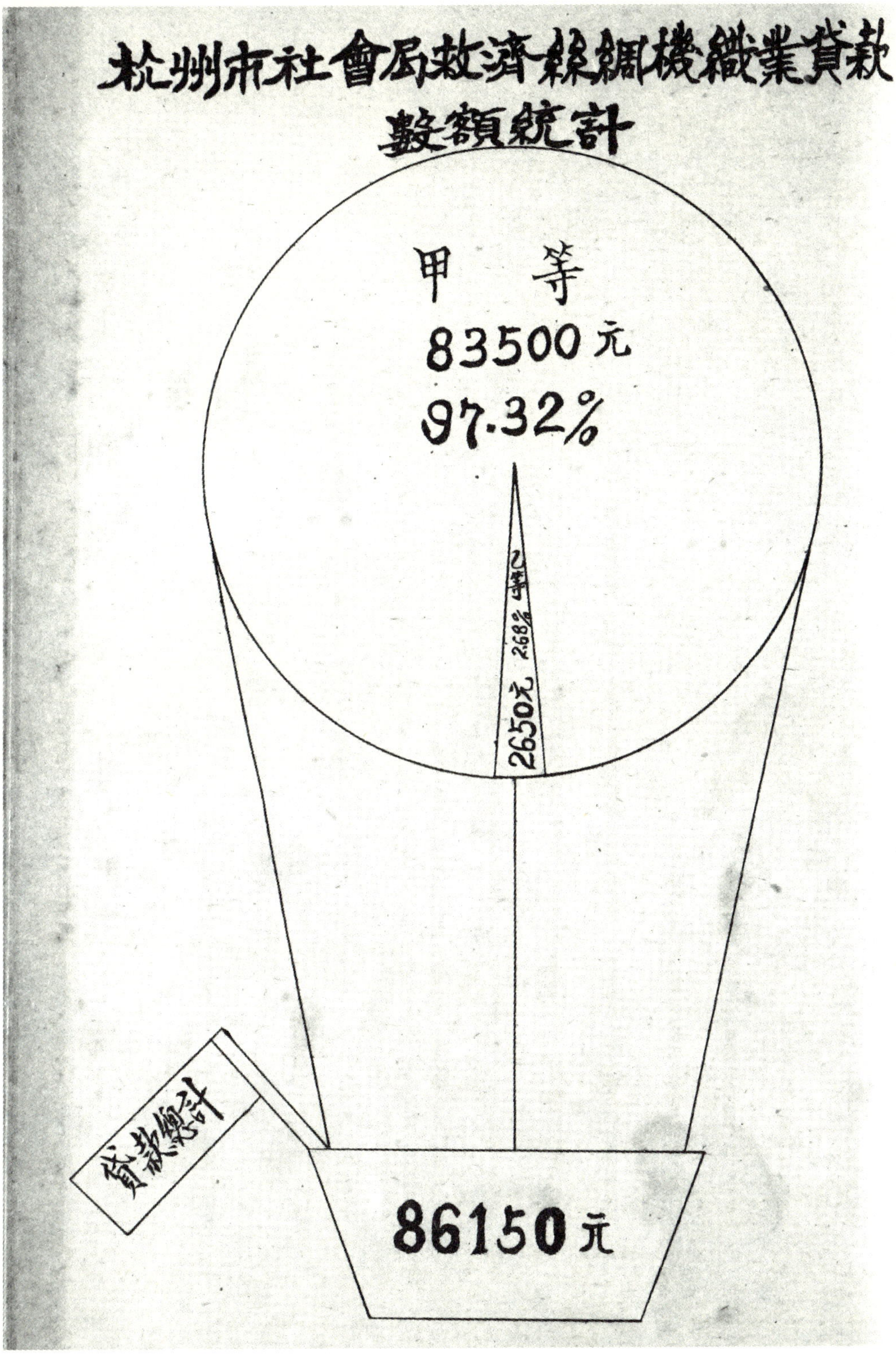
杭州市社會局救濟絲綢機織業貸款數額統計
甲等
83500元
97.32%
乙等
2.68%
2650元
貸款總計
86150元

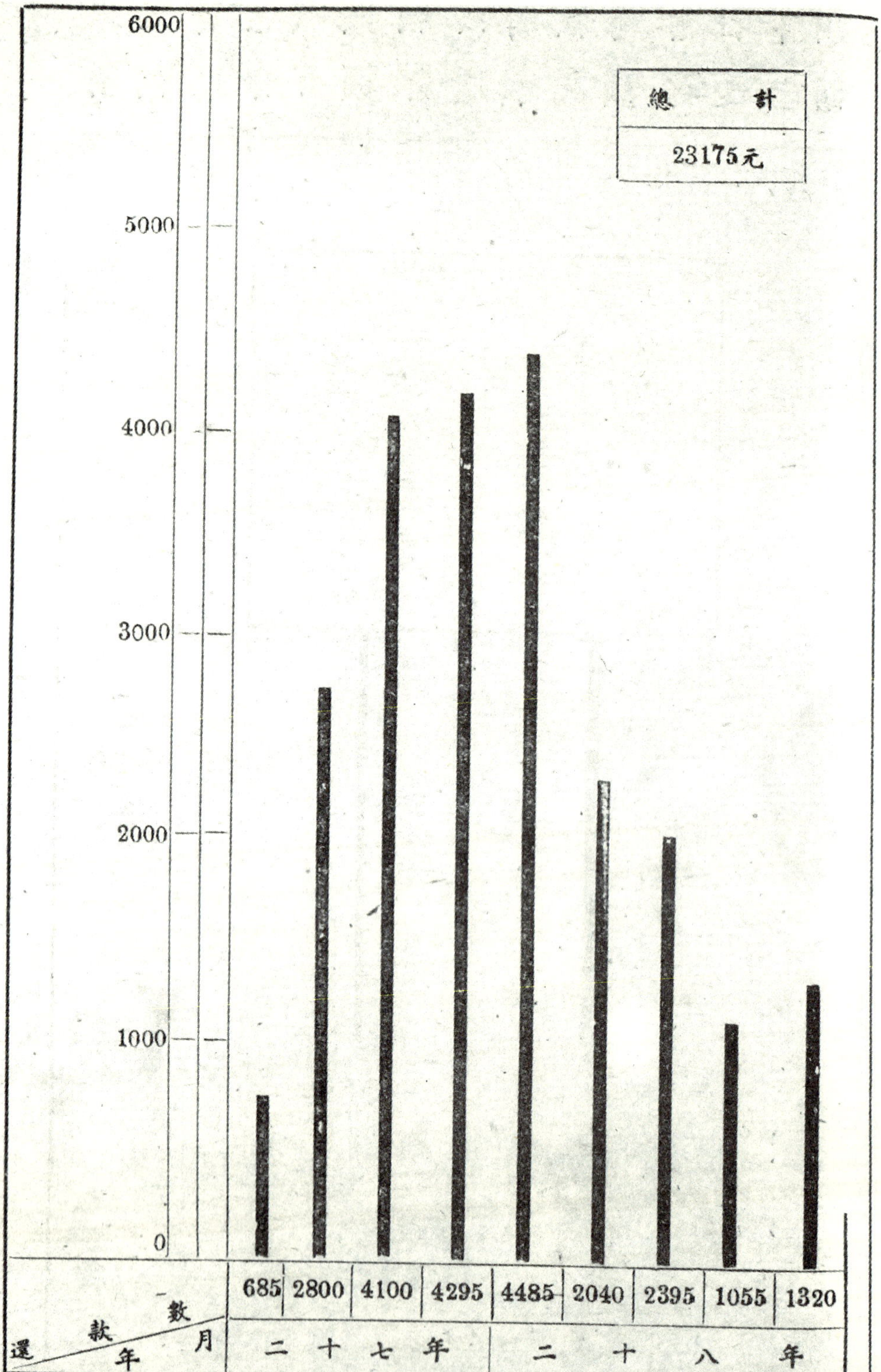
总计
23175元
6000
5000
4000
3000
2000
1000
0
685
2800
4100
4295
4485
2040
2395
1055
1320
还款数
年月
二十七年
二十八年

杭州市社會局救濟絲綢機織業貸欵銀額已還銀額及未還銀額百分比例圖

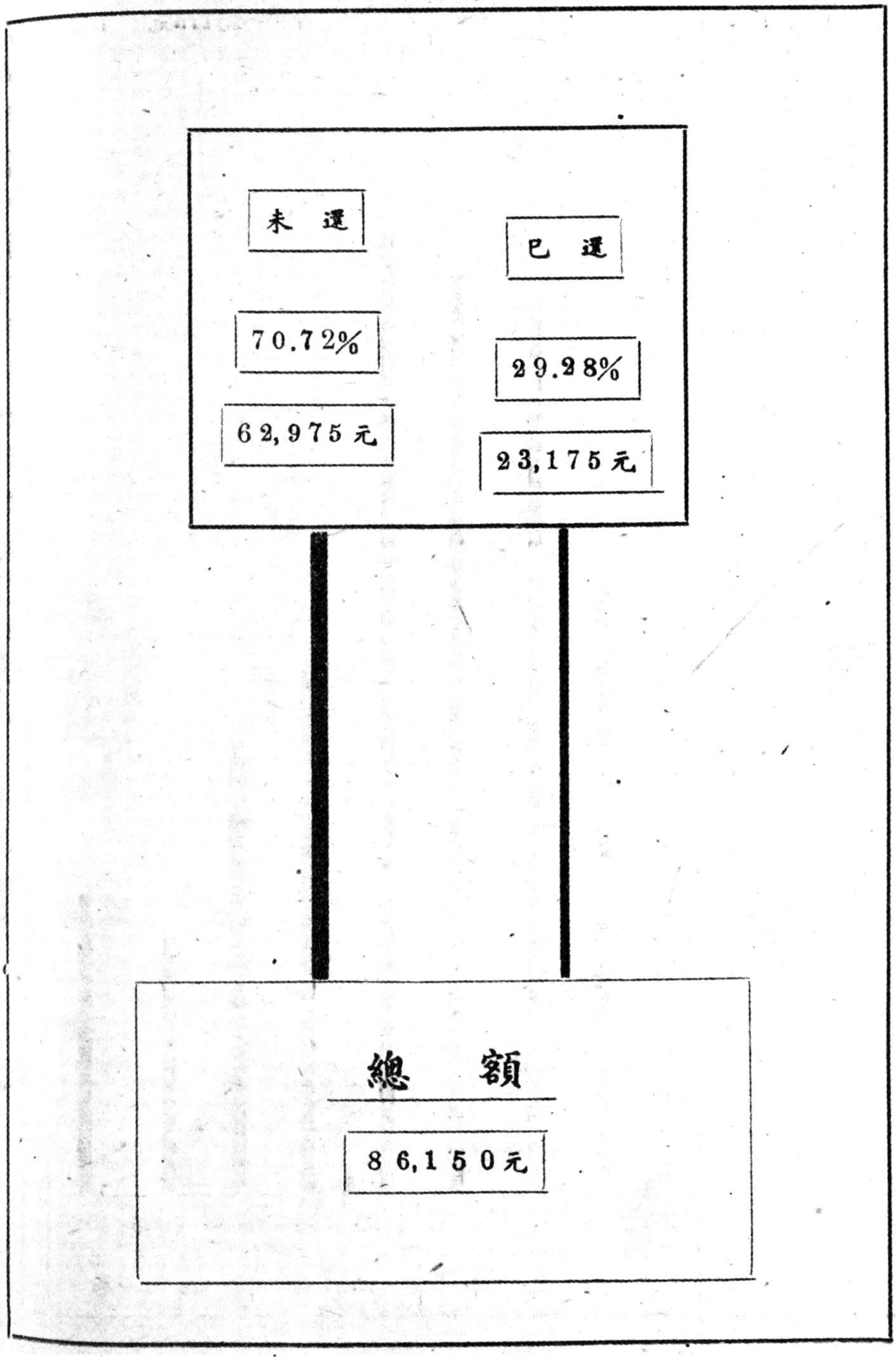

杭州市工商業繁榮進程中資本累積數額比較圖

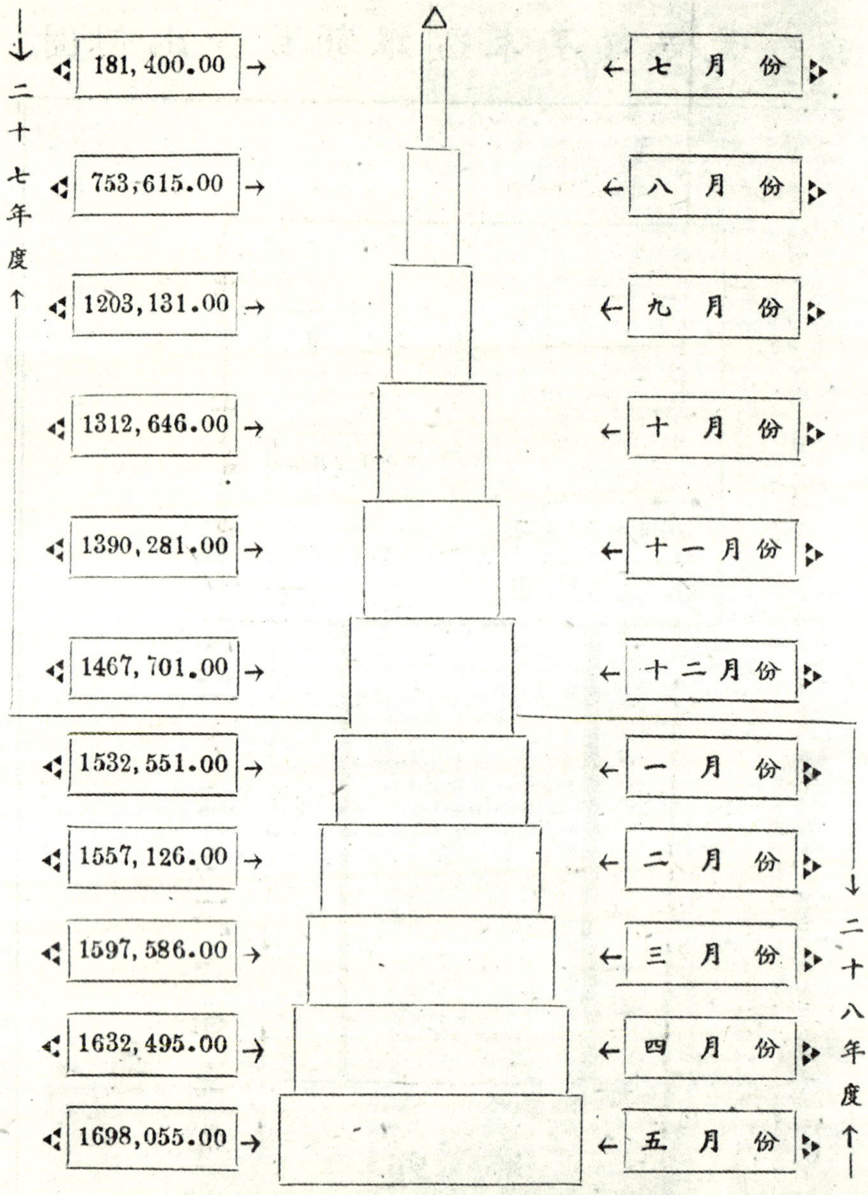

杭州市社會局辦理新入境市民人數統計表

性別＼年齡	10—15	16—20	21—25	26—30	31—35	36—40	41—45	46—50	51—55	56—60	61—65	66—70	共計
男	3173	2483	3386	2032	1814	2257	3161	2935	2236	1129	677	466	25749
女	2114	1364	1861	1116	992	1246	1696	1612	1238	621	372	283	14515
合計	5287	3847	5247	3148	2806	3503	4857	4547	3474	1750	1049	749	40264

杭州市社會局遣送遠道難民統計圖

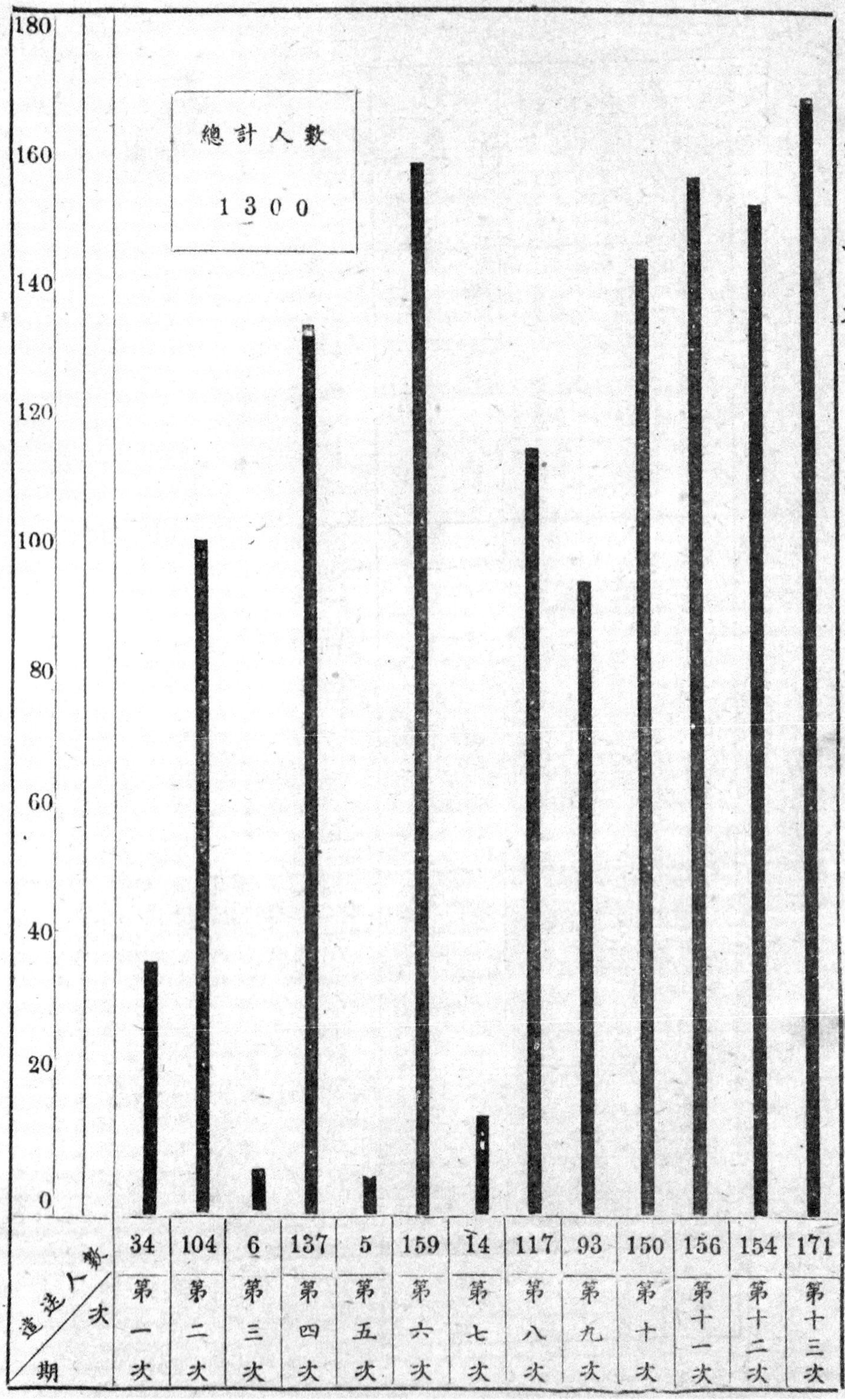

杭州市社會局辦理失業登記統計表

年度 月份 復業類別	二十七年				二十八年					共計
	九月	十月	十一月	十二月	一月	二月	三月	四月	五月	
工	165	210	512	240	106	52	89	21	7	1402
商	108	101	213	116	48	21	23	6	4	640
學	27	47	66	71	39	12	22	3	0	287
政	88	84	175	63	25	19	14	3	13	484
合計	388	442	966	490	218	104	148	33	24	2313

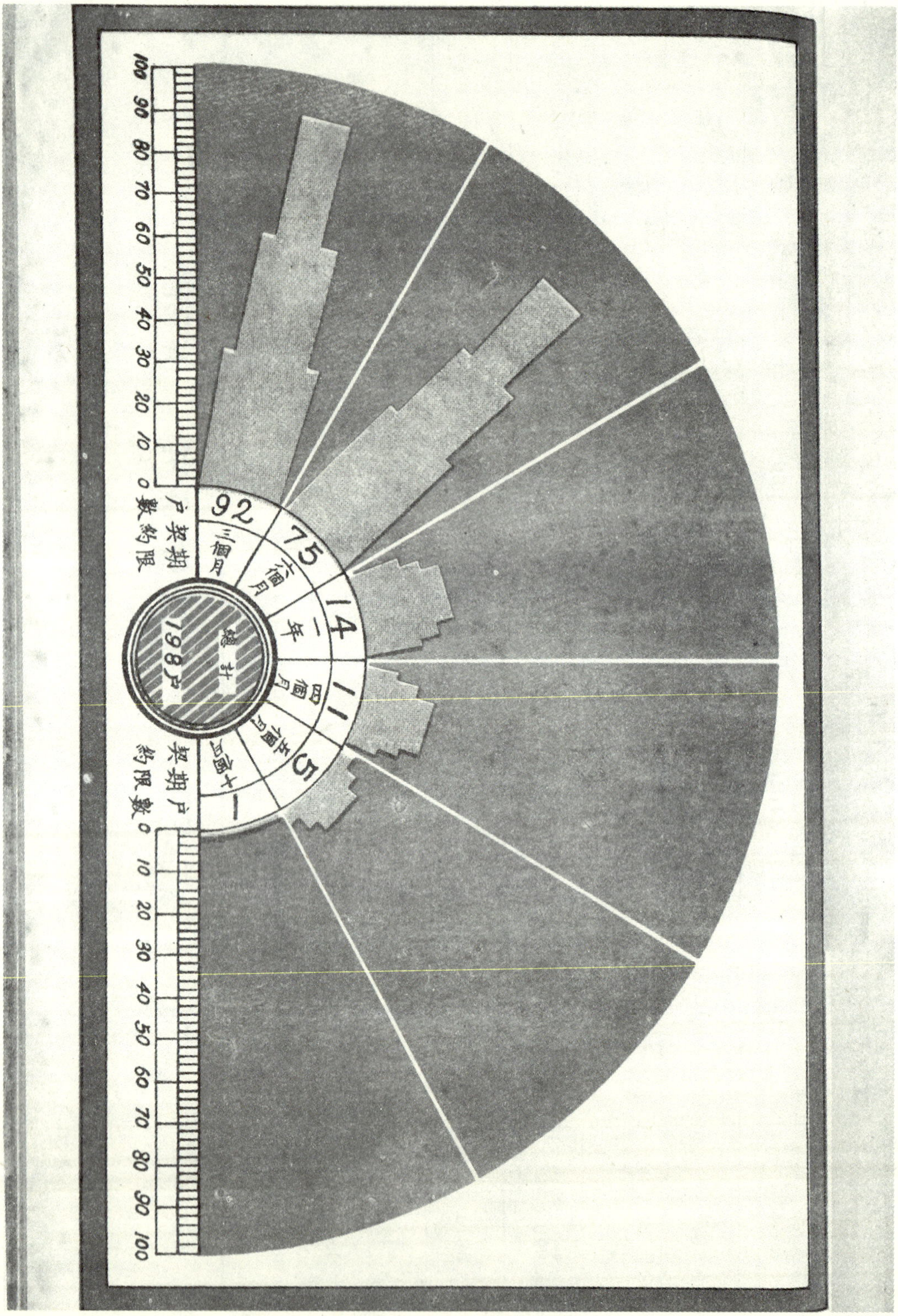
92
75
14
11
5
總計
198户

杭州市社會局介紹失業市民統計表

年齡		15—20	21—25	26—30	31—35	36—40	41—45	46—50	51—55	56—60	共計
人數	男	45	69	53	61	54	70	68	20	4	444
	女	18	25	15	11	19	4	1	0	0	83
	合計	63	94	68	72	63	74	69	20	4	527

杭州市社會局舉辦雜項事業統計圖

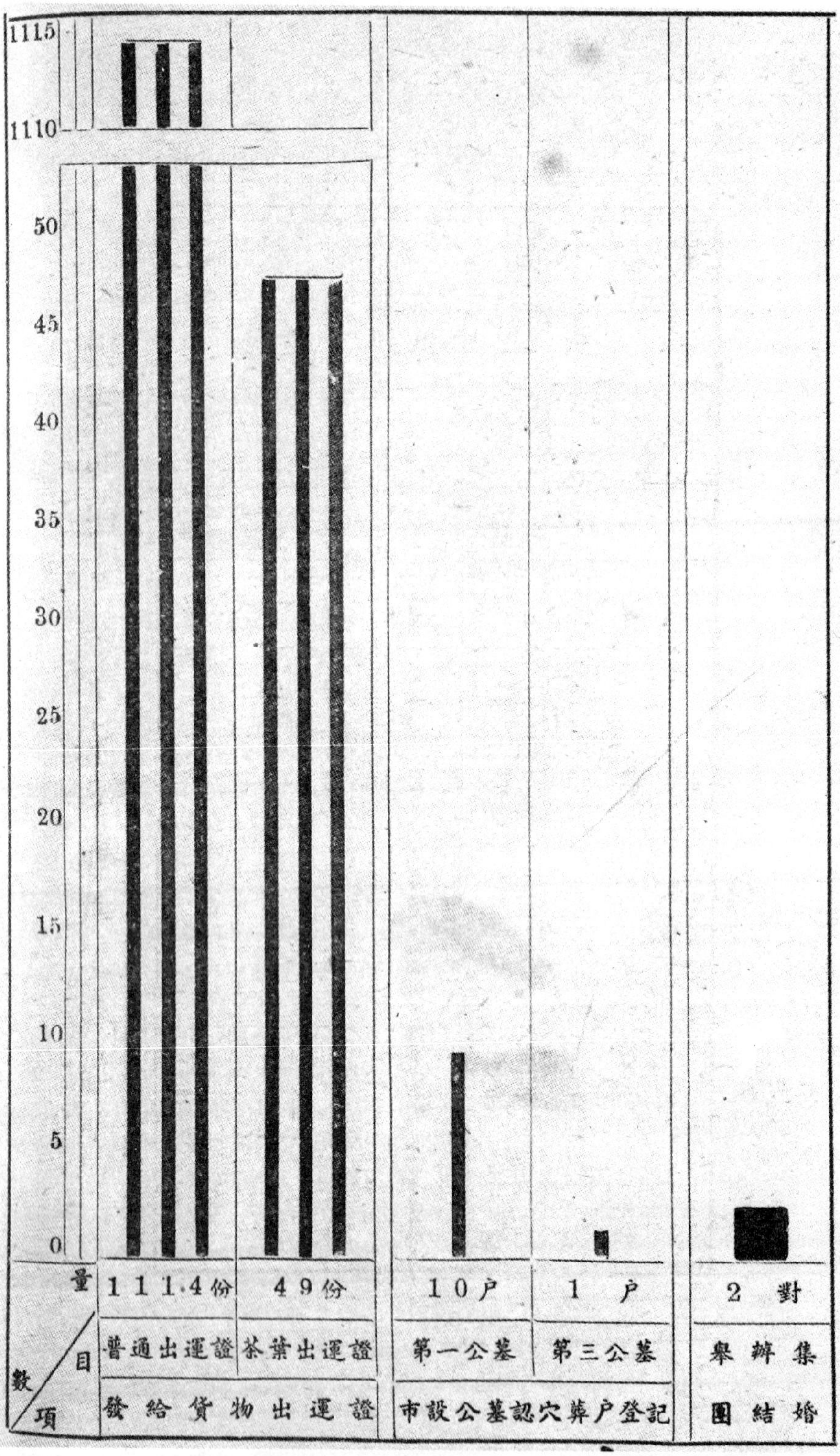

杭州市社會局接受友邦機關委託代辦事項逐月統計圖

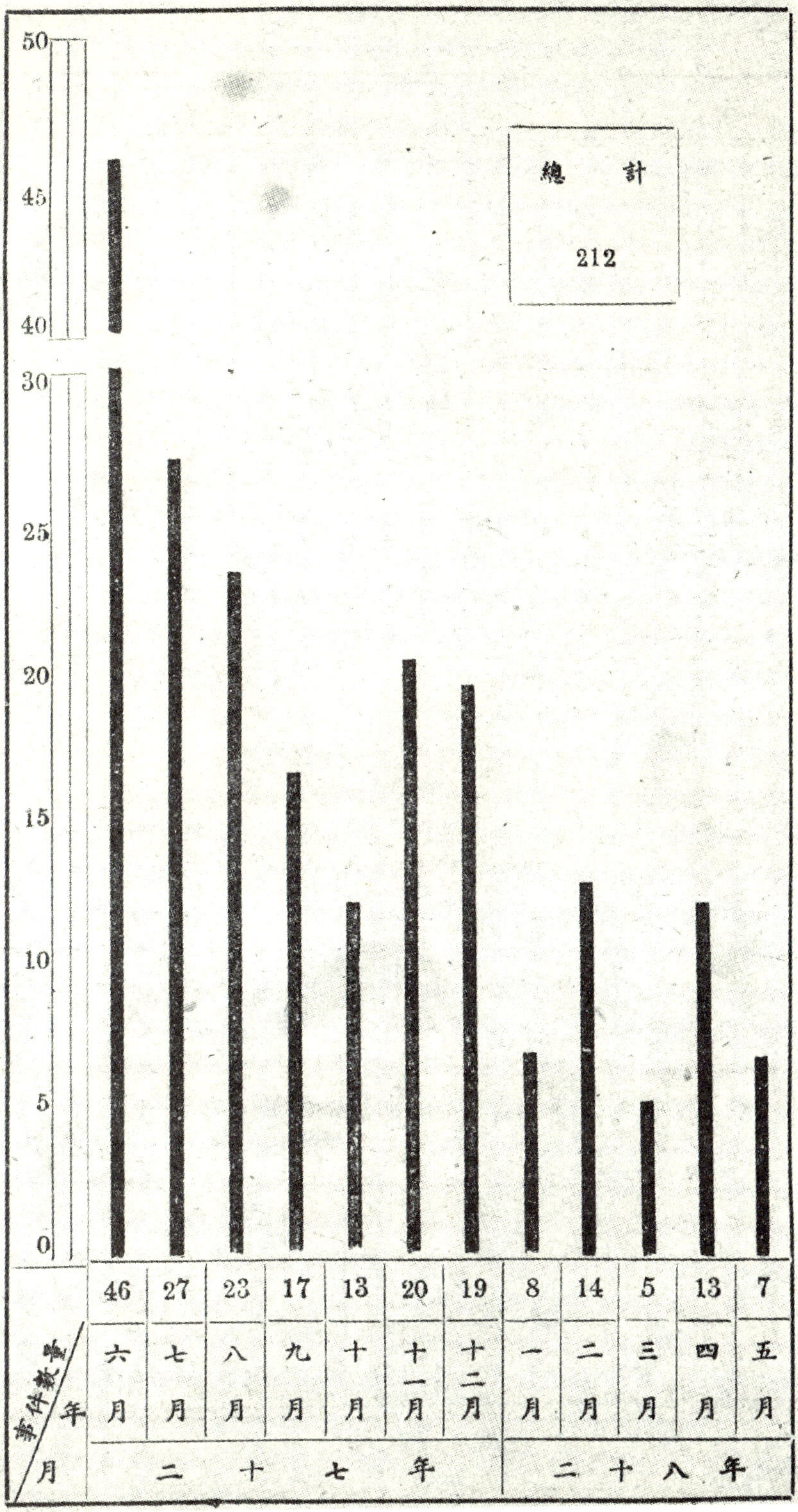

事件數量	46	27	23	17	13	20	19	8	14	5	13	7
年	六月	七月	八月	九月	十月	十一月	十二月	一月	二月	三月	四月	五月
月	二十七年							二十八年				

浙江省杭州市商用度量衡新舊器比較及物價折合表（三十八年杭州市政府社會局第二科製）

類別	新器單位	合舊器數	比較舊器 長（大）	比較舊器 短（小）	物價相差百分比 增	物價相差百分比 減	備考
度器	市尺一尺	三元尺九寸六分	、	四分		4%	九六折
度器	市尺一尺	莊尺九寸二分三厘		七分七厘		7.7%	九二三折
度器	市尺一尺	魯班尺一尺一寸九分	一寸九分		19%		二九升
度器	市尺一尺	海尺九寸三分一厘		六分九厘		6.9%	九三一折
度器	市尺一尺	蘇尺九寸六分九厘		三分一厘		3.1%	九六九折
度器	市尺一尺	碼尺〇、三六五碼		〇、六三五碼		6.35%	三六五折
度器	市尺一尺	英尺一尺零九分四厘	九分四厘		9.4%		一零九四升
量器	市斗一斗	杭斗九升五合		五合		5%	九五折
量器	市升一升	杭升九合五勺		五勺		5%	九五折

衡器						
新器單位	合舊器數	比較舊器		物價相差百分比		備考
		輕	重	增	減	
市秤一斤	庫秤十三兩五錢（普通民間用）	二兩五錢			15.6%	八四四折
市秤一斤	廠秤（十五兩）	一兩			6.3%	九三七折
市秤一斤	會館秤十五兩六錢	四錢			2.5%	九七五折
市秤一斤	司馬秤十三兩二錢	二兩八錢			17.5%	八二五折
市秤一斤	絲秤十二兩八錢	三兩二錢			20%	八折
市秤一斤	中人秤十二兩七錢	三兩三錢			20.6%	七九四折
市秤一斤	茶秤十兩	六兩			37.5%	六二五折
市秤一斤	炭杆一斤十二兩		十二兩	75%		一七五升
市秤一斤	磅秤一、一〇二磅		〇、一〇二磅	10.2%		一一零二升

附註

本表係就杭州市實地調查舊器所得除相差過大及小者不列入外擇其最普通使用者與新器相比較酌定物價之增減以為比例俾人民對於新制之數量不至隔閡商人對於物價之漲縮有所參考

杭州市商用新舊量器器量比較圖

名稱	合公升數
市斛一升	1.000公升
杭斛一升	0.950公升
廟斛一升	1.075公升
海斛一升	1.183公升

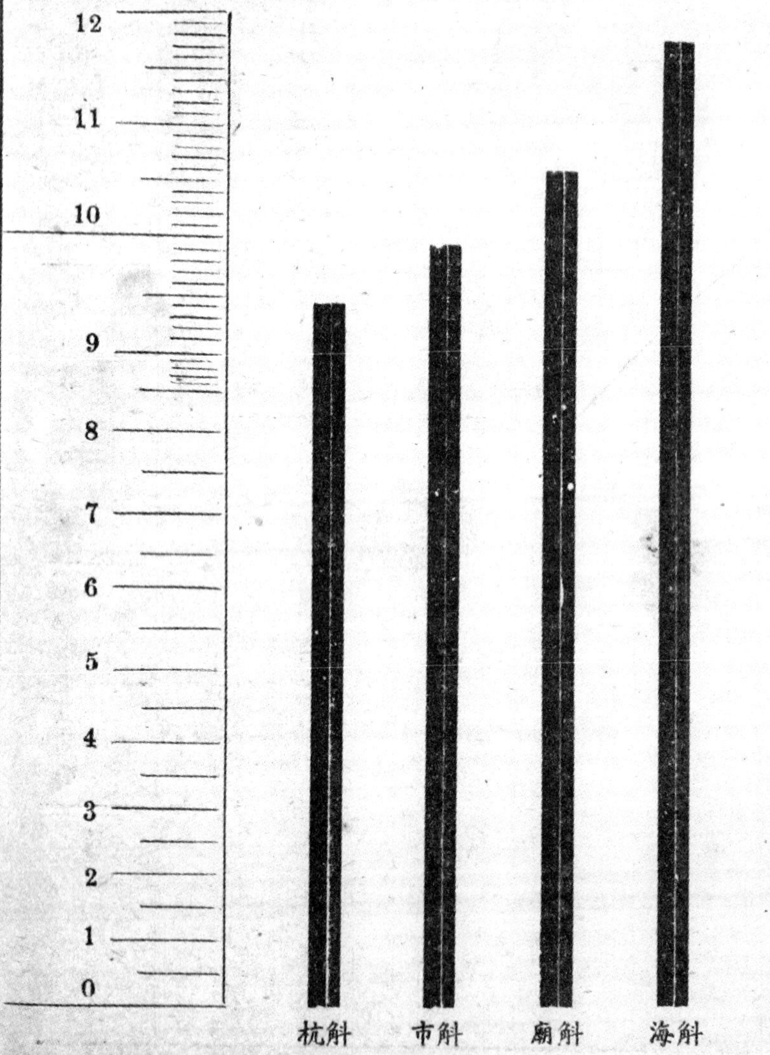

杭州市社會局辦理發售平糶食米統計

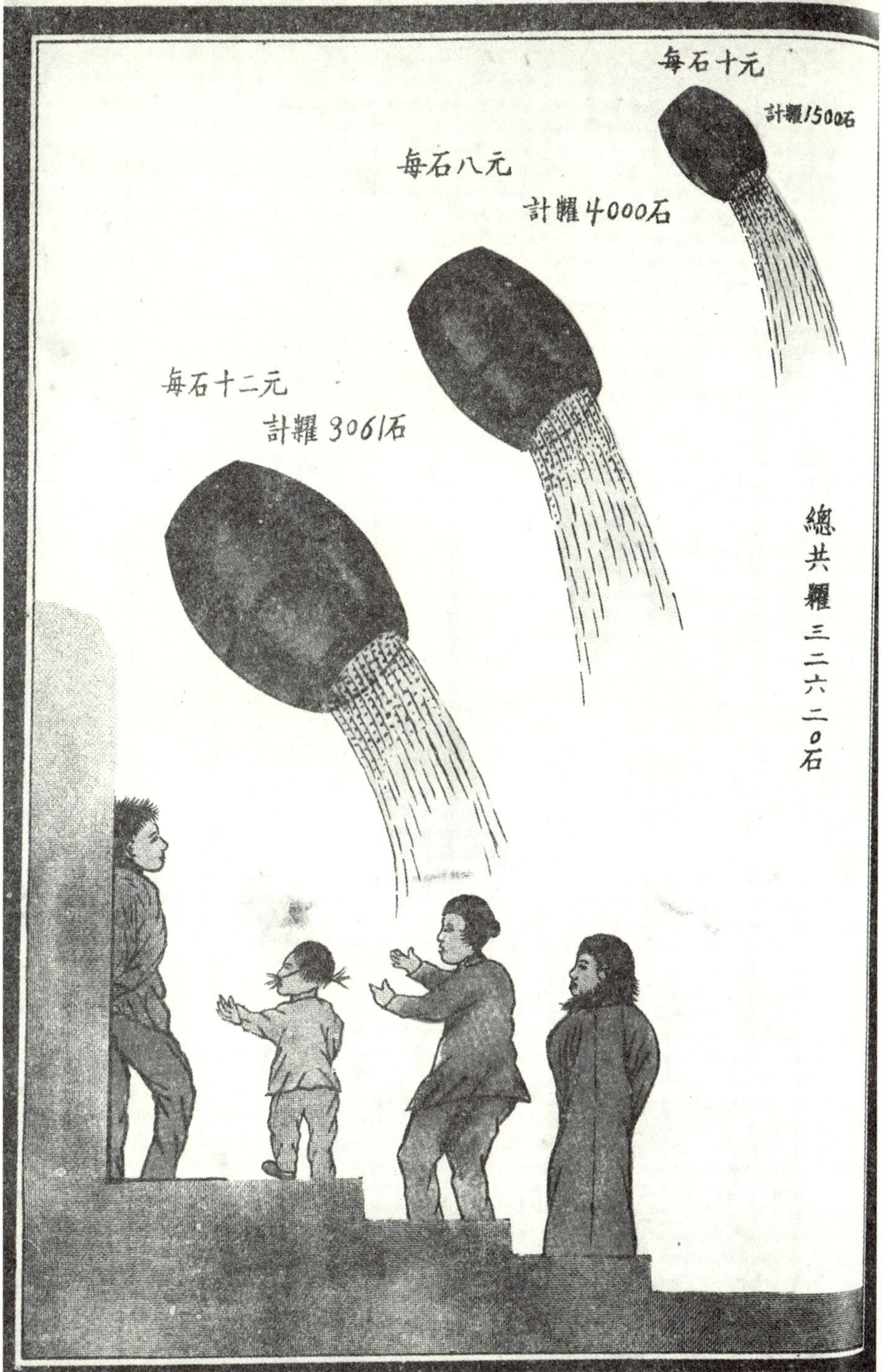

杭州市政府社會局前綏恤處事業費支出統計圖

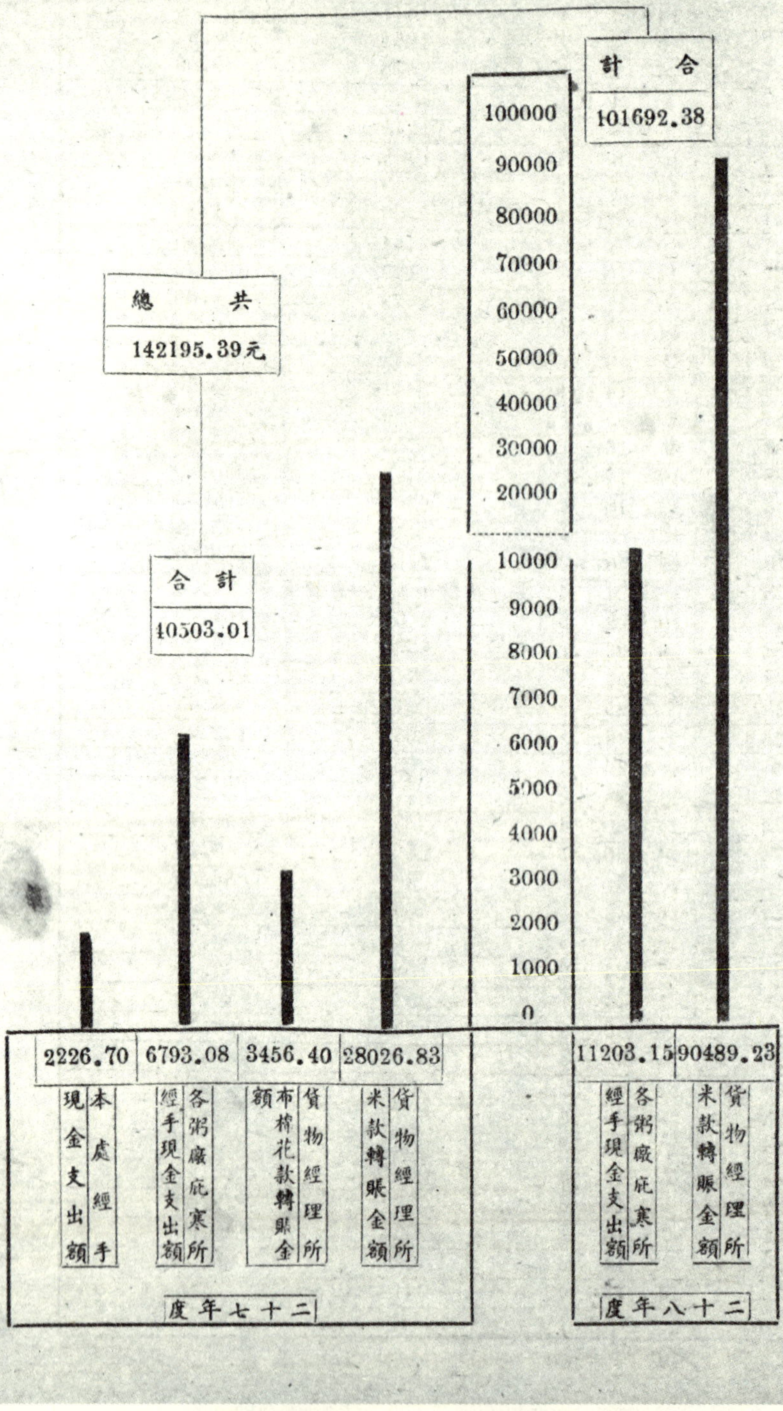
合計
101692.38
總共
142195.39元
合計
40503.01
100000
90000
80000
70000
60000
50000
40000
30000
20000
10000
9000
8000
7000
6000
5000
4000
3000
2000
1000
0
2226.70
本處經手現金支出額
6793.08
各粥廠庇寒所經手現金支出額
3456.40
貨物經理所布棉花款轉賬金額
28026.83
貨物經理所米款轉賬金額
二十七年度
11203.15
各粥廠庇寒所經手現金支出額
90489.23
貨物經理所米款轉賬金額
二十八年度

杭州市社會局前綏恤處捐款收入統計表

年	月	日	日報表		財政局庫收號數	捐款金額	備考
			號數	頁數			
27	11	14	1	1	1817	300.00	
27	11	19	2	1	1864	100.00	
27	11	26	3	1	2028	10.00	
27	12	7	4	1	2949	4.20	
27	12	9	5	1	1974	361.00	
27	12	10	6	3	1991	65.90	
27	12	12	7	1	2000	50.00	
27	12	15	8	1	2130	1.20	
27	12	20	9	2	2164	18.40	
27	12	24	10	3	2199	194.20	
27	12	28	11	1	2229	7.00	
27	12	31	12	1	2263	10.00	
28	1	2	13	1	2282	10.00	
28	1	4	14	4	2311	45.40	
28	1	6	15	1	2332	9.00	
28	1	9	16	1	2353	100.00	
28	1	10	17	1	2363	3.000.00	
28	1	11	18	1	2384	5.00	
28	1	13	19	1	2410	50.70	
28	1	14	20	2	2416	110.50	
28	1	18	21	4	庫收收據併入#22日報表	21.00	
28	1	19	22	8	2464	167.30	
28	1	26	23	1	2531	10.20	
28	2	3	24	5	2616	72.80	
28	2	7	25	1	2646	8.65	
28	2	8	26	7	2659	123.20	
28	2	9	27	4	2665	82.00	
28	2	11	28	2	2676	34.50	
28	2	12	29	4	2679	112.50	
28	2	14	30	1	2682	19.79	
28	2	17	31	1	2663	52.00	
28	2	18	32	1	2698	8.00	
28	2	18	33	1	1666	500.00	
28	2	27	34	2	1688	47.00	
28	3	2	35	7	0010	78.60	
28	3	18	36	6	0051	192.30	
28	3	25	37	3	0066	9.70	
28	3	27	38	2	0069	29.90	
28	3	29	39	4	0073	59.10	
28	3	31	40	3	0077	81.60	
28	4	2	41	3	0082	80.20	
28	4	4	42	3	0089	56.00	
28	4	6	43	1	0094	10.00	
28	4	8	44	2	0098	28.00	
28	4	14	45	1	0112	.10	
合					計	6.334.94	

杭州市社會局前綏恤處經募寒衣食米統計表

年	月	日	日報表號數	日報表頁數	物名	件數	備考
27	11	26	1	1	衣被等	26件	
27	11	28	2	1	衣被鞋袴等	16件	
27	12	2	3	1	被襖褲棉被胎等	340件	
27	12	13	4	3	小孩衣	36件	
27	12	15	5	1	米	1石2斗	
27	12	17	6	1	衣襖背心等	11件	
27	12	26	7	1	小孩衣	12件	
28	1	3	8	1	衣褲等	17件	
28	1	4	9	2	衣被襖鞋帽等	23件	
28	1	7	19	3	衣帽襪棉花等	115件	
28	1	8	11	1	米	2石	
28	1	13	12	1	棉襖鞋帽等	5件	
28	1	13	12	1	米	2斗6升	
28	1	14	13	1	米	1石	
28	1	17	14	1	被襖等	3件	
28	1	17	14	1	米	5斗	
28	1	18	15	1	米	1石	
28	1	26	16	1	被褥棉襖褲等	6件	
28	1	26	17	1	米	2石1斗	
28	1	30	18	1	衣褲等	28件	
28	2	3	19	1	衣褲等	12件	
28	2	6	20	5	衣帽鞋襪棉被胎等	136件	
28	2	6	20	1	米	9升	
28	2	8	21	1	衣襪等	23件	
28	2	9	22	1	棉背心	10件	
28	2	12	23	1	米	4斗	
28	2	12	24	1	袍襖等	2件	
28	3	8	25	1	米	1石05升	
28	3	20	26	1	米	6斗	
28	3	25	27	1	衣	10件	
28	4	3	28	1	衣	2件	
28	4	3	29	1	麥	大小15袋	計重1132市斤
合計					米 衣帽鞋襪等 麥	10石02斗 833件 大小15袋	計重1132市斤

杭州市社會局附設各粥廠薪工或津貼及辦事人數統計表

粥廠	主任		司事		僧侶		工人		警察		幫工		園丁		兒童訓練		丐保		共計	
名稱	人	薪工	人	薪工	人	薪工	人	$71.50	人	薪工	人	薪工	人	薪工	人	薪工	人	薪工	人	薪工
東隅	1	$22.00	8	$80.00	3	$18.00	11	65.00	6	$18.00			4	$12.00	1	$6.00			34	$227.50
南隅	1	22.00	8	80.00	3	18.00	10	58.50	5	15.00	2	6.00	5	15.00	1	6.00	1	$6.50	36	223.50
西隅	1	22.00	8	80.00	3	18.00	9	58.50	5	15.00	2	6.00	2	6.00			1	6.50	31	212.00
北隅	1	22.00	8	80.00	3	18.00	9	58.50	4	12.00	3	9.00	4	12.00	1	6.00	1	6.50	34	224.00
湖墅	1	22.00	8	80.00	4	24.00	9	58.50	2	6.00			2	6.00			1	6.50	27	203.00
江干			8	80.00	1	6.00	10	65.00			5	15.00	10	15.00			1	7.50	35	188.50
白石廟	1	20.00																	1	20.00
合計	6	$130.00	48	$480.00	17	$102.00	58	$377.00	22	$66.00	12	$36.00	27	$66.00	3	$18.00	5	$33.50	198	1.308.00

杭州市社會局附設各施粥廠使用現金統計圖

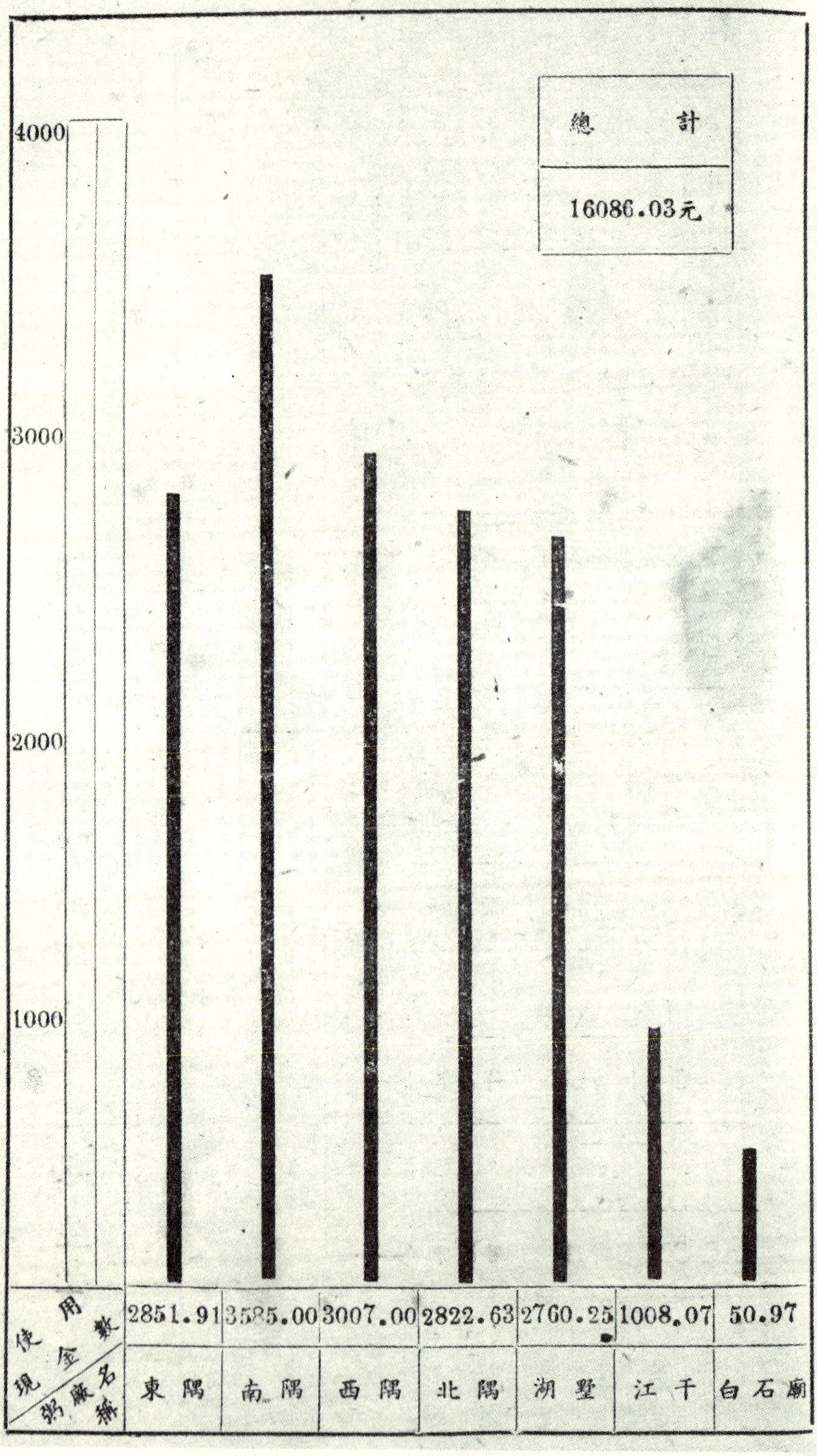

粥廠名稱	東隅	南隅	西隅	北隅	湖墅	江干	白石廟
使用現金數	2851.91	3585.00	3007.00	2822.63	2760.25	1008.07	50.97

杭州市社會局附設各施粥廠耗用粥米數量統計表

粥米總數
八六九〇•一二石

南隅	西隅	湖墅	北隅	東隅	江干	白石廟
一五六二•〇〇石	一五〇四•二一石	一三九八•四九石	一三九一•二一石	一三七一•二一石	一〇六三•〇〇石	四〇〇•〇〇石

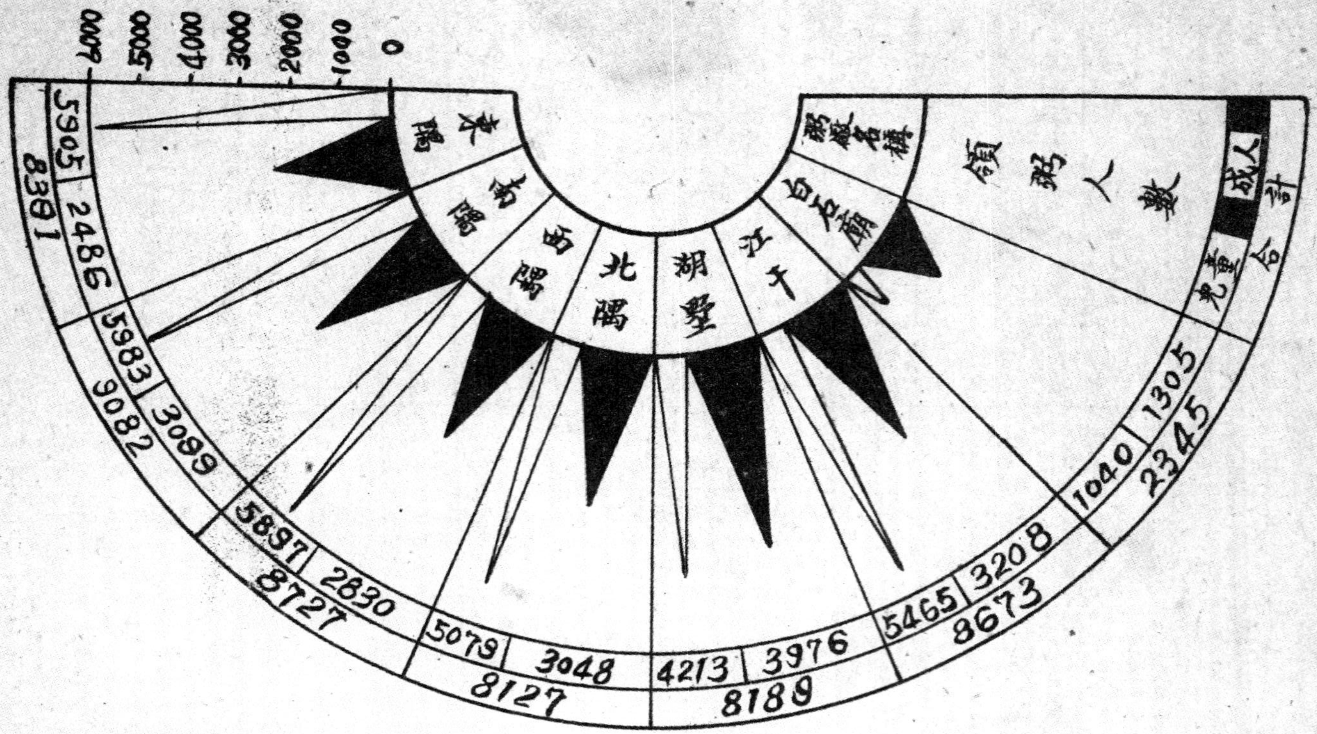

杭州市社會局辦設各施粥廠領粥人數統計

杭州市社會局附設庇寒所進所人數逐月比較

百分比例圖

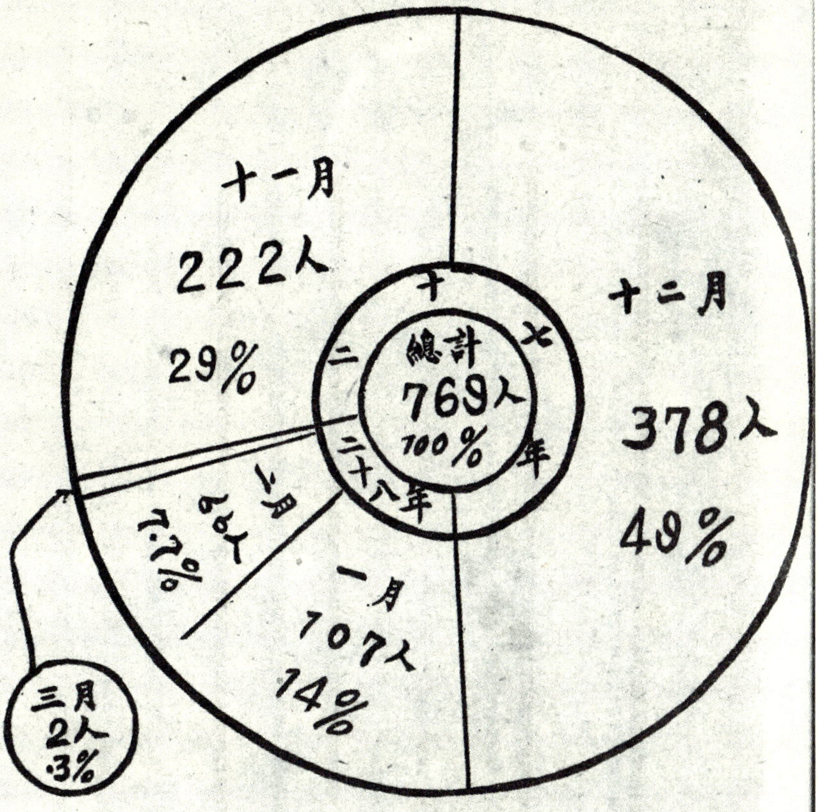

杭州市社會局發放寒衣統計圖

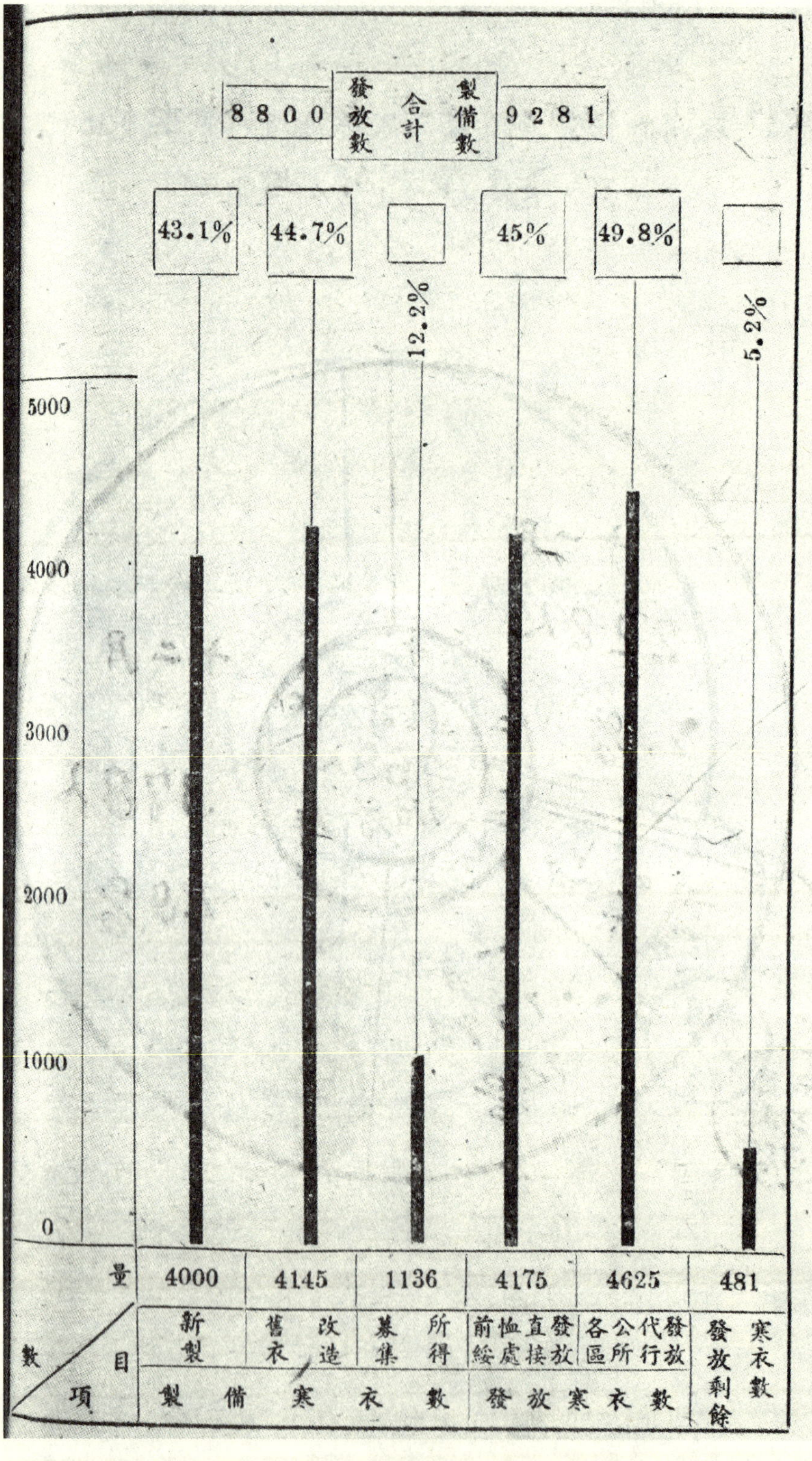

8800
發放數
合計
製備數
9281
43.1%
44.7%
12.2%
45%
49.8%
5.2%
5000
4000
3000
2000
1000
0
量
4000
4145
1136
4175
4625
481
數目
項
新製
舊衣改造
募集所得
前綏協處直接發放
各區公所代行發放
寒衣數發放剩餘
製備寒衣數
發放寒衣數

杭州市社會局附設庇寒所寒衣收入統計

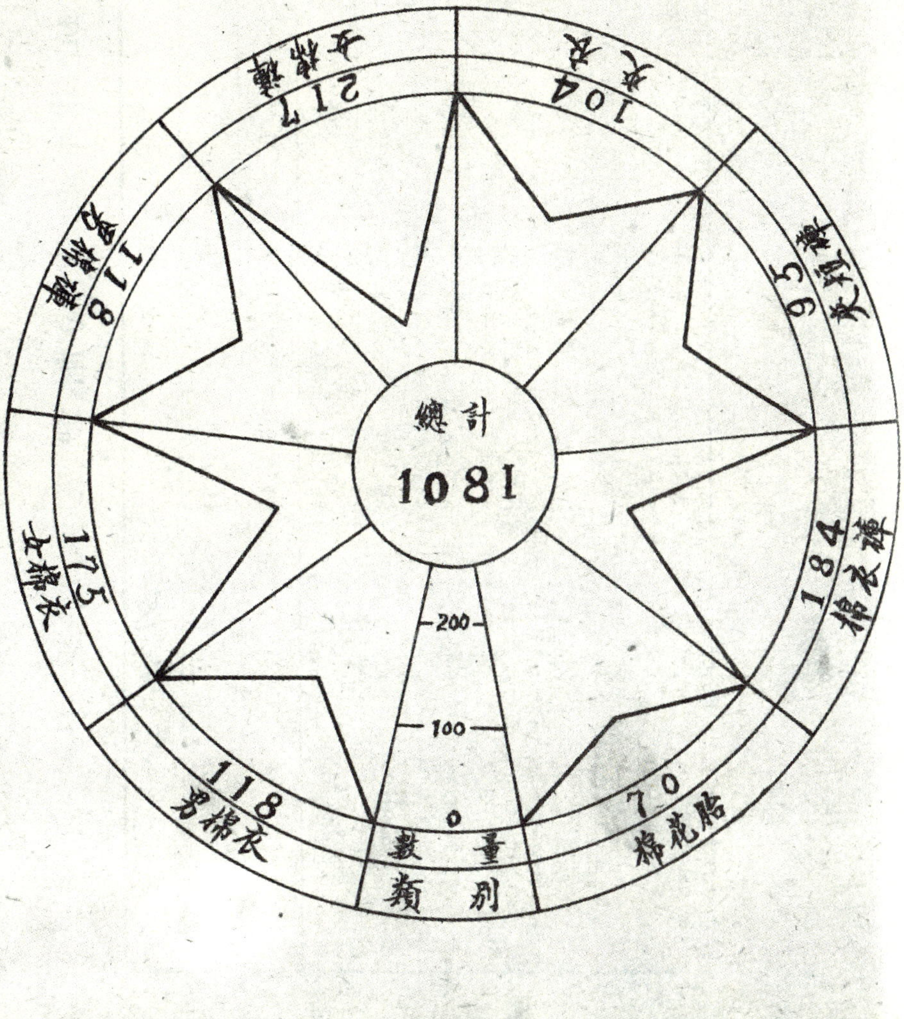

杭州市社會局附設庇寒所膳務統計表

用　途	金　額	百分数
食米	3699.54	50.63%
出所難民領米	1695.56	23.25%
柴	908.63	12.28%
菜	444.95	6.09%
鹽	107.27	1.47%
雜項	256.00	3.53%
油	133.29	1.80%
茶水燈火	61.35	.95%
共計	7306.94	100.00%

杭州市社會局附設庇寒所留所人數逐旬比較表

二十七年十二月至二十八年三月

旬次	一	二	三	四	五	六	七	八	九	十
月日	十二月十日	十二月二十日	十二月三十一日	一月十日	一月二十日	一月三十一日	二月十日	二月二十日	二月二十八日	三月十日
留所人數	三八〇	四九七	五二九	五〇四	四七〇	五五五	五七七	五七三	五七四	二一九

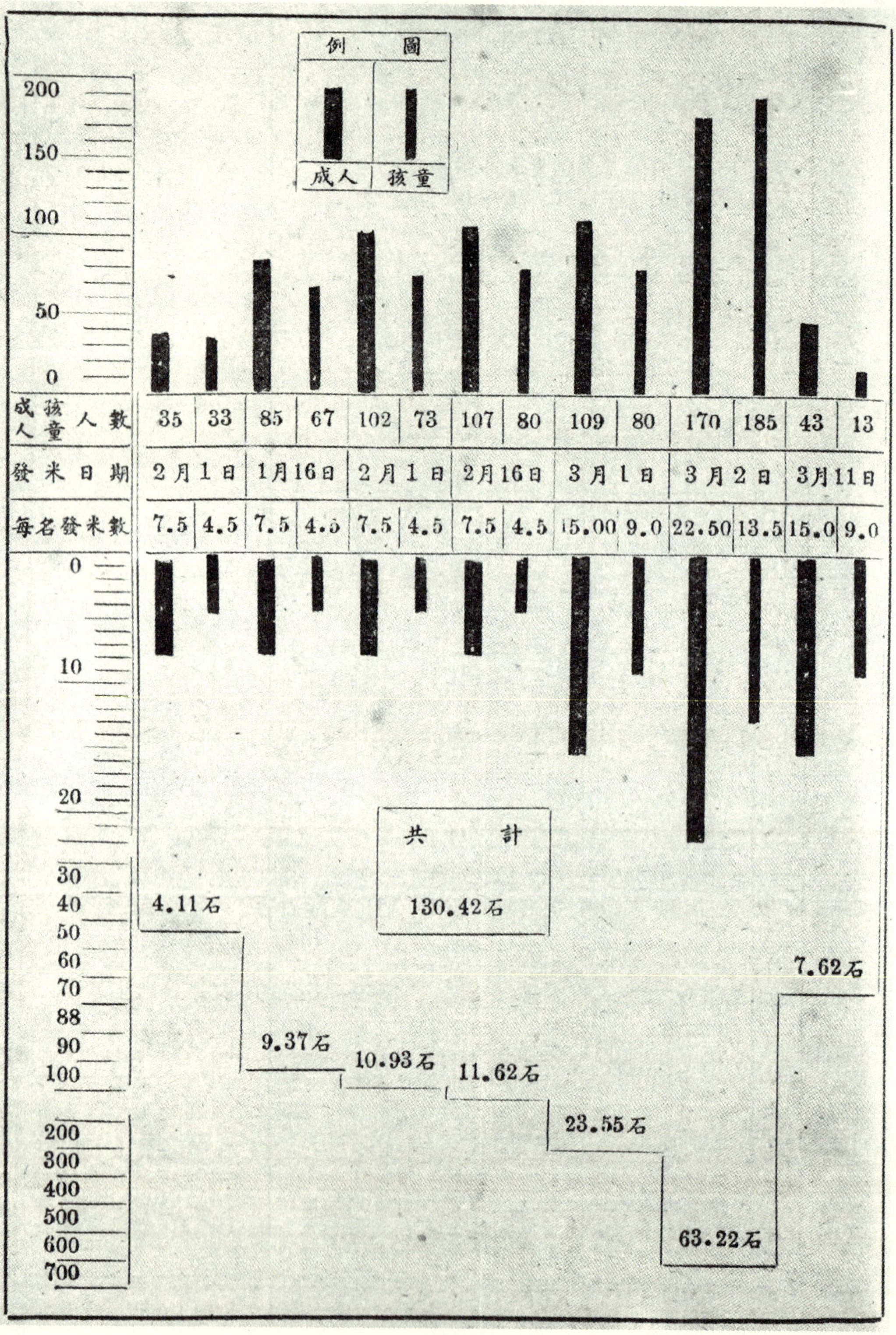
例圖
成人
孩童
200
150
100
50
0
成孩人童人數
35 33 85 67 102 73 107 80 109 80 170 185 43 13
發米日期
2月1日 1月16日 2月1日 2月16日 3月1日 3月2日 3月11日
每名發米數
7.5 4.5 7.5 4.5 7.5 4.5 7.5 4.5 15.00 9.0 22.50 13.5 15.0 9.0
0
10
20
30
40
50
60
70
88
90
100
200
300
400
500
600
700
共計
130.42石
4.11石
9.37石
10.93石
11.62石
23.55石
63.22石
7.62石

杭州市社會局第三科概況表 二十八年六月填

<table>
<tr><td colspan="2">主管人員姓名</td><td colspan="2">局長許守忠　科長岳朝陽</td><td>教職員</td><td colspan="2">股主任二人　督　學一人
科　員一人　辦事員四人</td></tr>
<tr><td rowspan="2">行政</td><td>組織</td><td colspan="5">第三科科長秉承局長主持教育行政分學校及社會教育二股又轉設督學視導各教育校關</td></tr>
<tr><td>會議</td><td colspan="5">局務會議　科務會議　校長會議　及其他</td></tr>
<tr><td rowspan="4">經費</td><td rowspan="2">收入</td><td>經常</td><td>6461元(每月)</td><td rowspan="2">來源</td><td colspan="2" rowspan="2">由市款支給</td></tr>
<tr><td>臨時</td><td>18410元</td></tr>
<tr><td rowspan="2">支出</td><td>行政費</td><td>749元經常</td><td>社會教育費</td><td colspan="2">尚未確定</td></tr>
<tr><td>學校教育費</td><td>經常　4522元
臨時　18410元</td><td>其他</td><td colspan="2">經常1090元</td></tr>
<tr><td rowspan="11">學校教育</td><td>方針</td><td colspan="5">注重道德教育教育選照古聖遺訓以識字爲基點由教師以身作則使兒童得所楷模</td></tr>
<tr><td rowspan="4">小學校數</td><td colspan="2" rowspan="4">91校</td><td>教員數</td><td colspan="2">415人</td></tr>
<tr><td>職員數</td><td colspan="2">11人</td></tr>
<tr><td rowspan="2">學生數</td><td>男</td><td>9950人</td></tr>
<tr><td>女</td><td>4085人</td></tr>
<tr><td rowspan="6">中學校數</td><td rowspan="6">1校</td><td rowspan="3">普通科</td><td>教職員數</td><td colspan="2">33人(連職業科)</td></tr>
<tr><td rowspan="2">學生數</td><td>男</td><td>233人</td></tr>
<tr><td>女</td><td>60人</td></tr>
<tr><td rowspan="3">職業科</td><td>教職員數</td><td colspan="2"></td></tr>
<tr><td rowspan="2">學生數</td><td>男</td><td>117人</td></tr>
<tr><td>女</td><td>60人</td></tr>
<tr><td rowspan="2">社會教育</td><td>方針</td><td colspan="5">根據道德教育以勸勉一般民衆入於正軌</td></tr>
<tr><td>事業</td><td colspan="5">以限於經濟僅舉辦各校民衆問字代筆閱報處及訓練施粥廠領粥兒童遊藝演員調查登記暨通衢社會教育標語牌等</td></tr>
<tr><td>將來計劃</td><td colspan="6">學校教育方面擴充市立中學分設為普通中學及市立職業學校又擴充原有市立二十二校及增設市立小學校二十所短期小學校内附設民衆夜班三十一班籌備民衆教育館及分館五所各附設運動場圖書室籌設教育巡迴文庫通俗講演場民衆茶園民衆遊藝場平民白話日報等</td></tr>
</table>

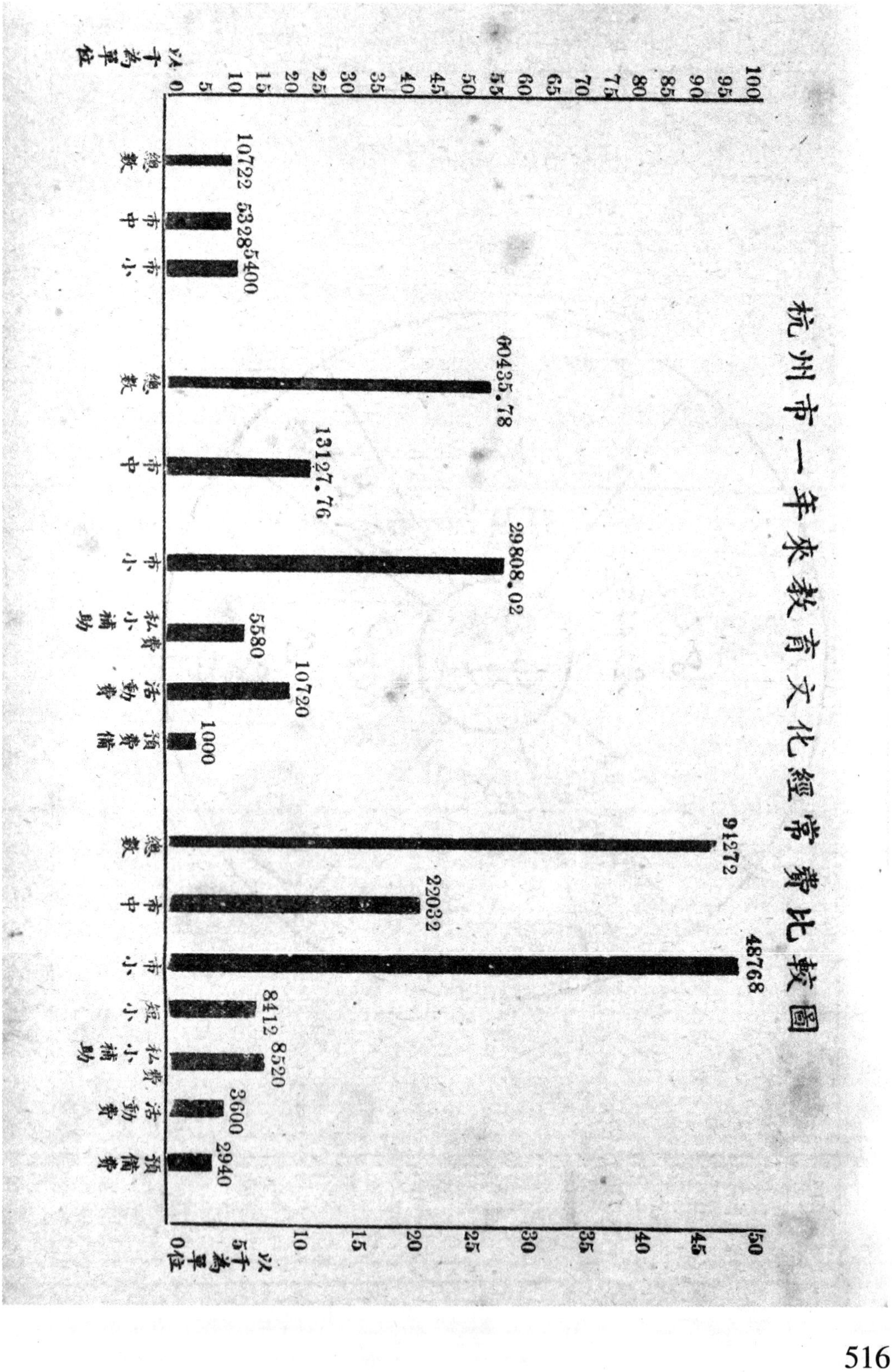
杭州市一年來教育文化經常費比較圖
以千為單位
以5千為單位
總數 10722
市中 5328
市小 5400
總數 60435.78
市中 13127.76
市小 29808.02
私小補助 5580
活動費 10720
預備費 1000
總數 91272
市中 22032
市小 48768
短小 8412
私小補助 8520
活動費 3600
預備費 2940

杭州市立中學教職員學歷百分比例圖

二十七年度第二學期

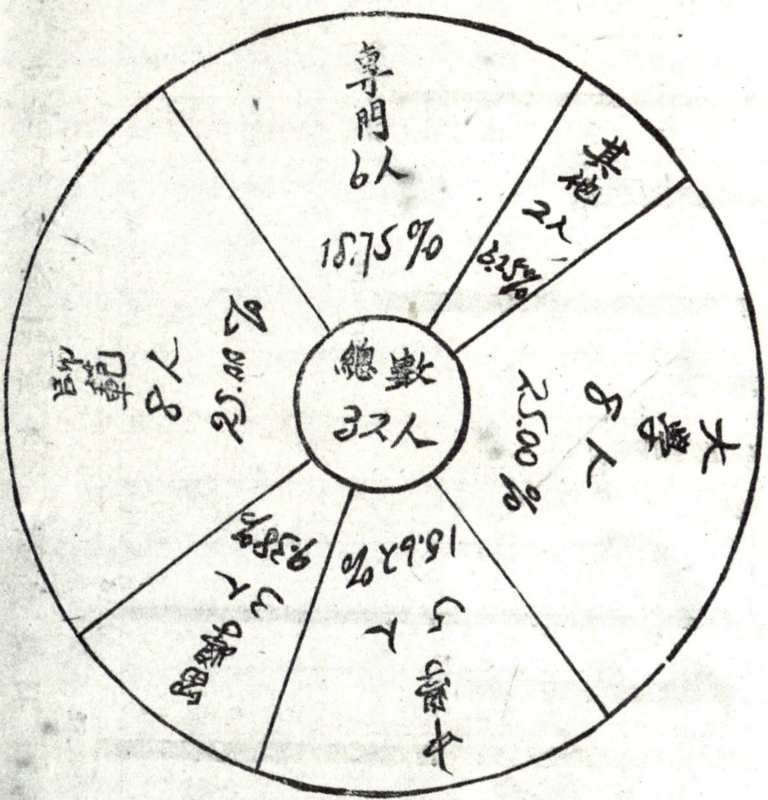

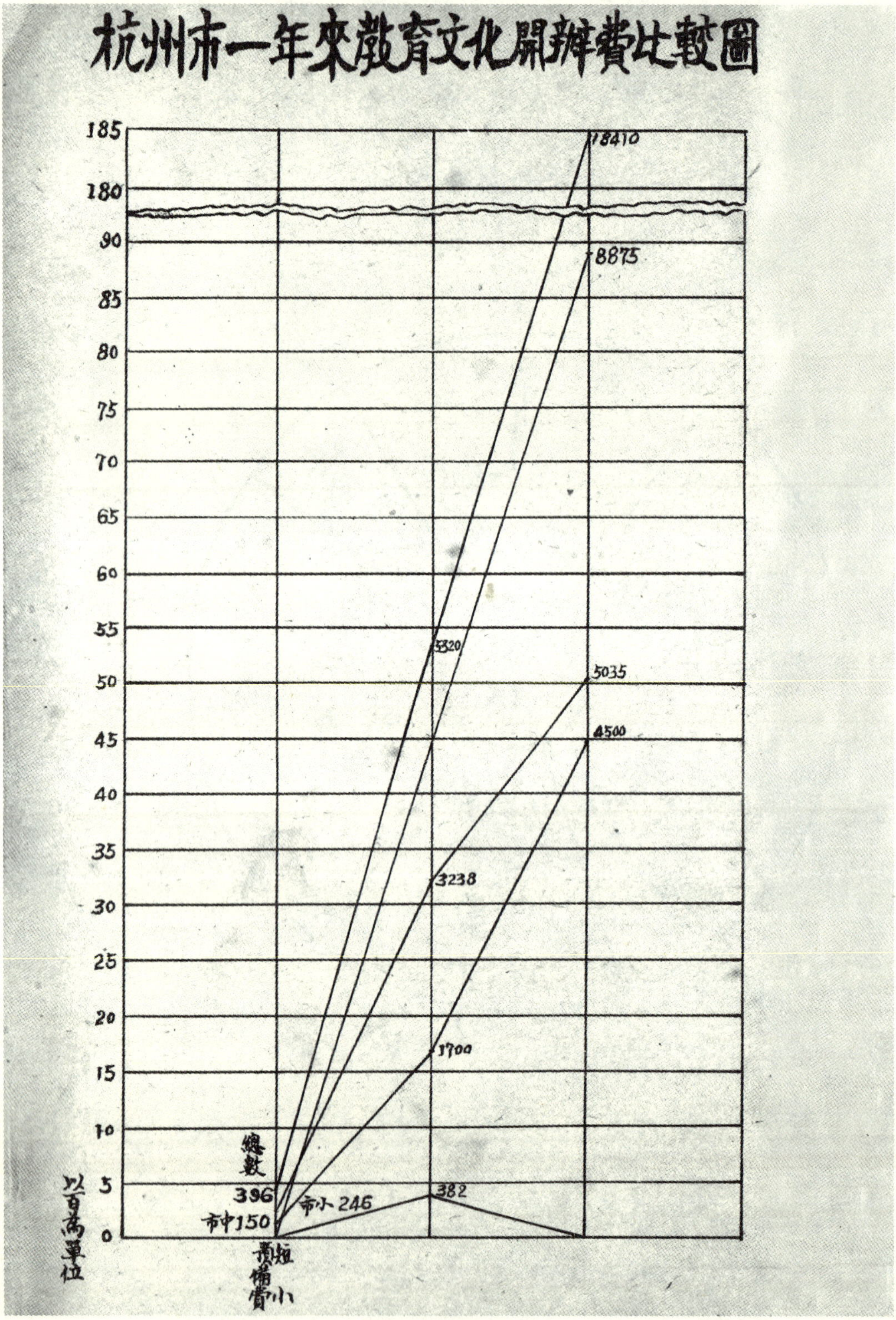
杭州市一年來教育文化開辦費比較圖
18410
8875
5320
5035
4500
3238
1700
382
總數
396
市中150
市小 246
短小備費
以百萬單位

杭州市小學教職員學歷百分比例圖

廿七年度第二學期

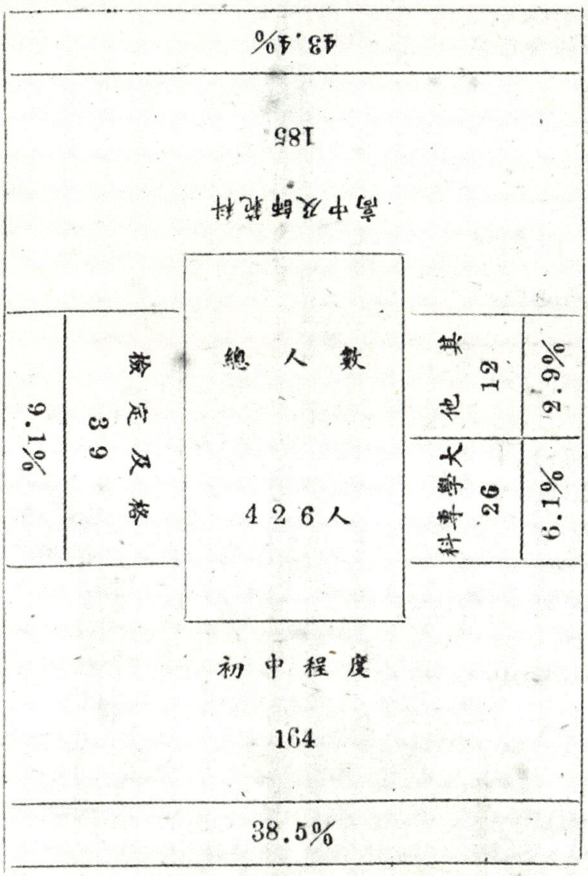

說明

一、本圖係包括杭州市市立公立私立及短期小學之教職員

二、大學專科係指曾在大學或專門學校畢業及肄業者

三、高中及師範科係指普通高級中學及師範科畢業或肄業者

四、檢定及格係指曾經教育廳核定得為小學教員者

五、初中程度係指曾在初中畢業及肄業者

六、其他項內係指曾在小學畢業學塾畢業及非學校出身者

七、凡列入檢定及格項內之人數不復區別其大學專科高中師範或初中程度等項而重行計算之

杭州全市學生人數統計圖

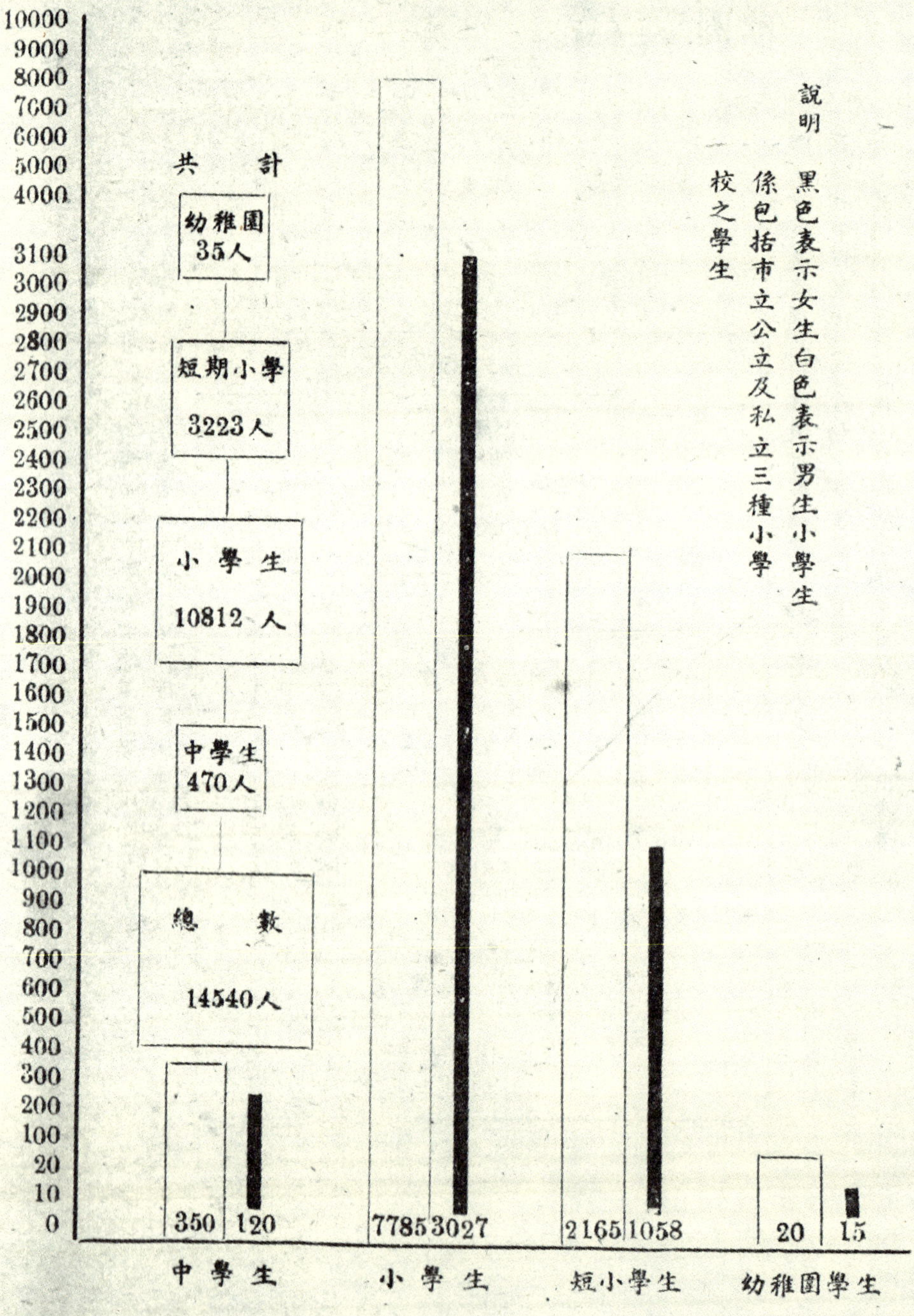
10000
9000
8000
7000
6000
5000
4000
3100
3000
2900
2800
2700
2600
2500
2400
2300
2200
2100
2000
1900
1800
1700
1600
1500
1400
1300
1200
1100
1000
900
800
700
600
500
400
300
200
100
20
10
0
共計
幼稚園 35人
短期小學 3223人
小學生 10812人
中學生 470人
總數 14540人
說明
黑色表示女生白色表示男生小學生係包括市立公立及私立三種小學校之學生
350
120
7785
3027
2165
1058
20
15
中學生
小學生
短小學生
幼稚園學生

杭州市立中學學生人數比較圖

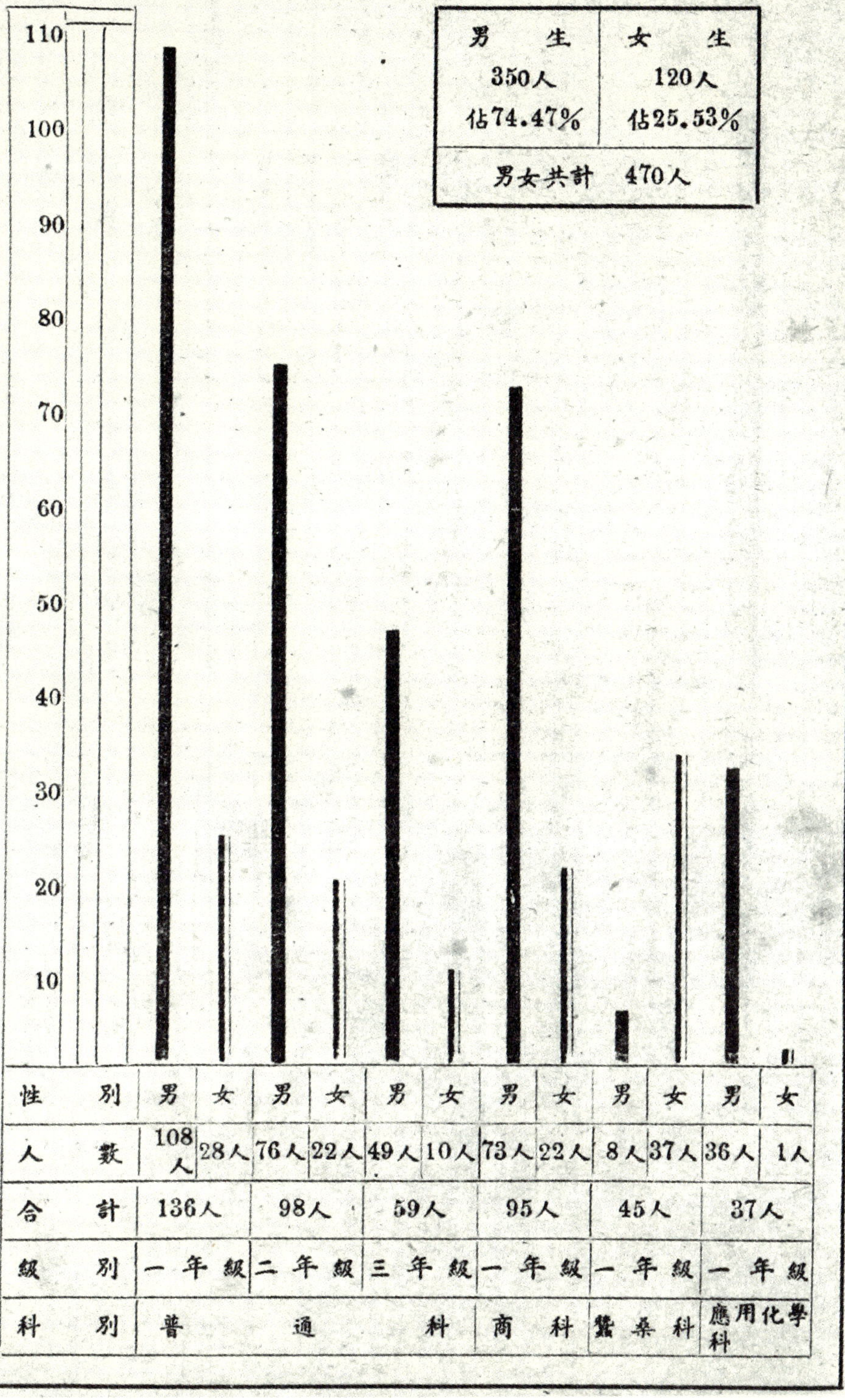

性別	男	女	男	女	男	女	男	女	男	女	男	女
人數	108人	28人	76人	22人	49人	10人	73人	22人	8人	37人	36人	1人
合計	136人		98人		59人		95人		45人		37人	
級別	一年級		二年級		三年級		一年級		一年級		一年級	
科別	普通科						商科		蠶桑科		應用化學科	

杭州市小學生各年級性別統計圖

二十七年度第二學期

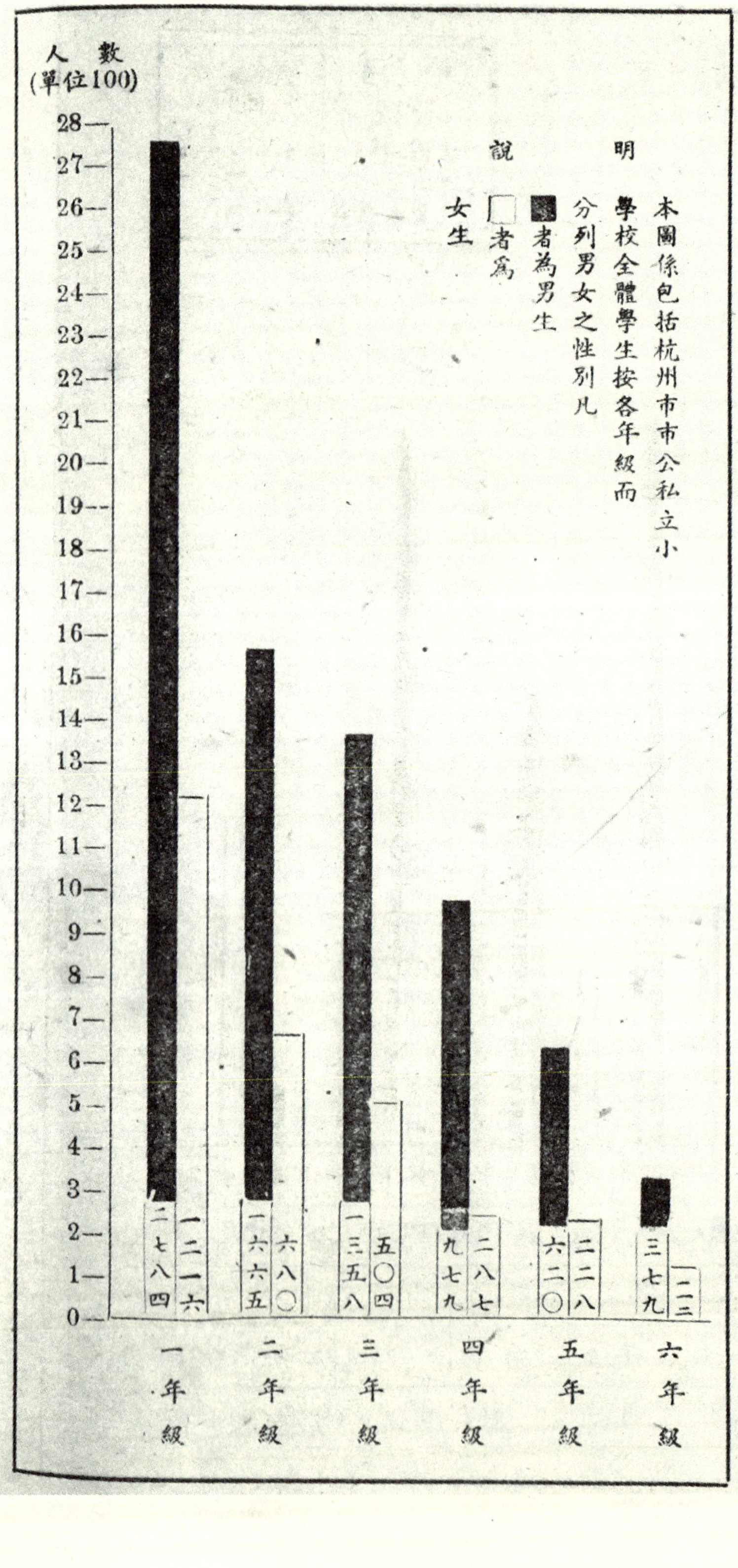

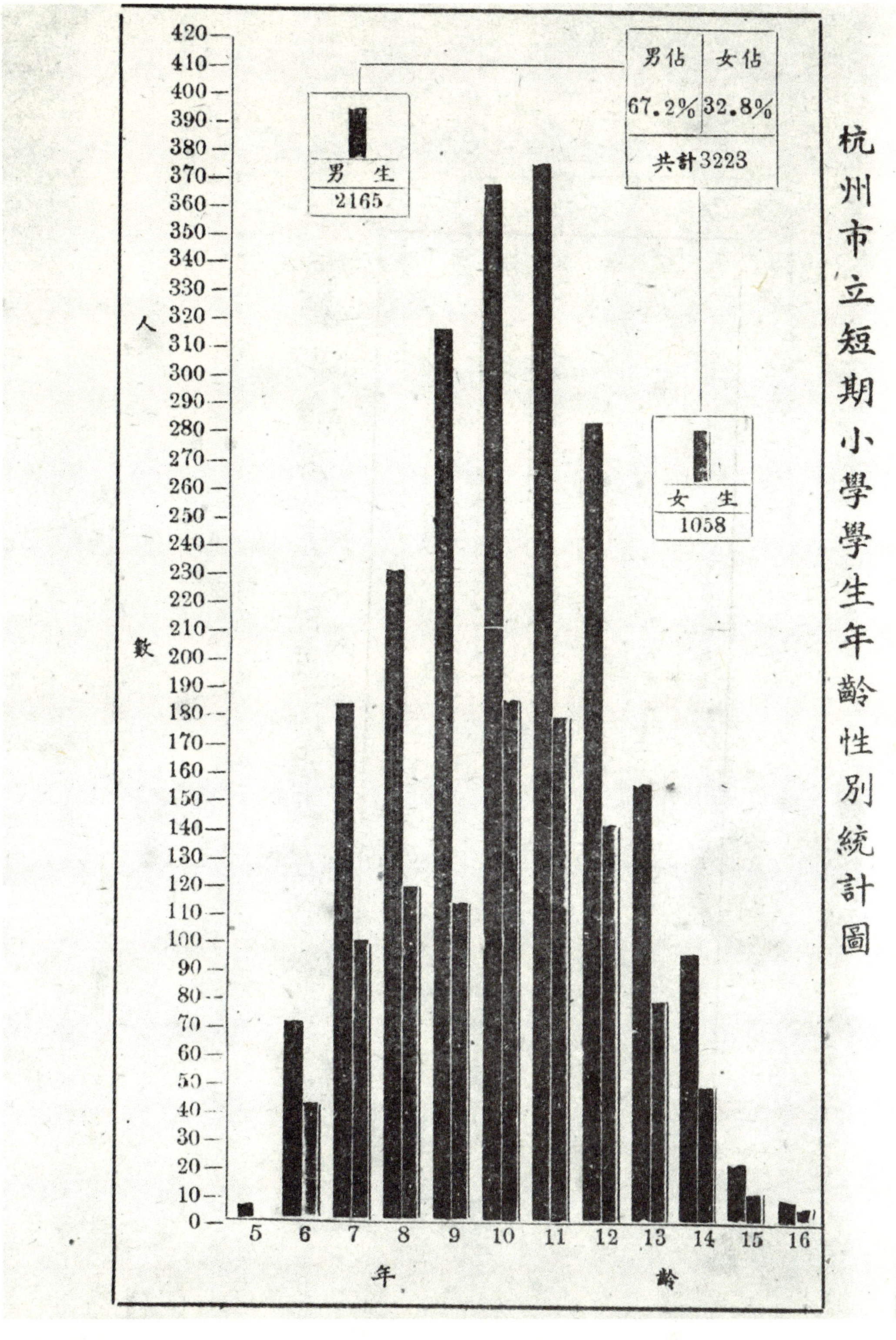
杭州市立短期小學學生年齡性別統計圖
男佔 67.2%
女佔 32.8%
共計3223
男生 2165
女生 1058
人數
年齡
420
410
400
390
380
370
360
350
340
330
320
310
300
290
280
270
260
250
240
230
220
210
200
190
180
170
160
150
140
130
120
110
100
90
80
70
60
50
40
30
20
10
0
5
6
7
8
9
10
11
12
13
14
15
16

杭州市露天學校訓練五隅施粥廠領粥兒童數比較表

廠別	兒童數	百分數
東隅	1764	12%
北隅	1853	12%
西隅	2639	18%
南隅	3906	26%
湖墅隅	4859	32%
共計	15021	100%

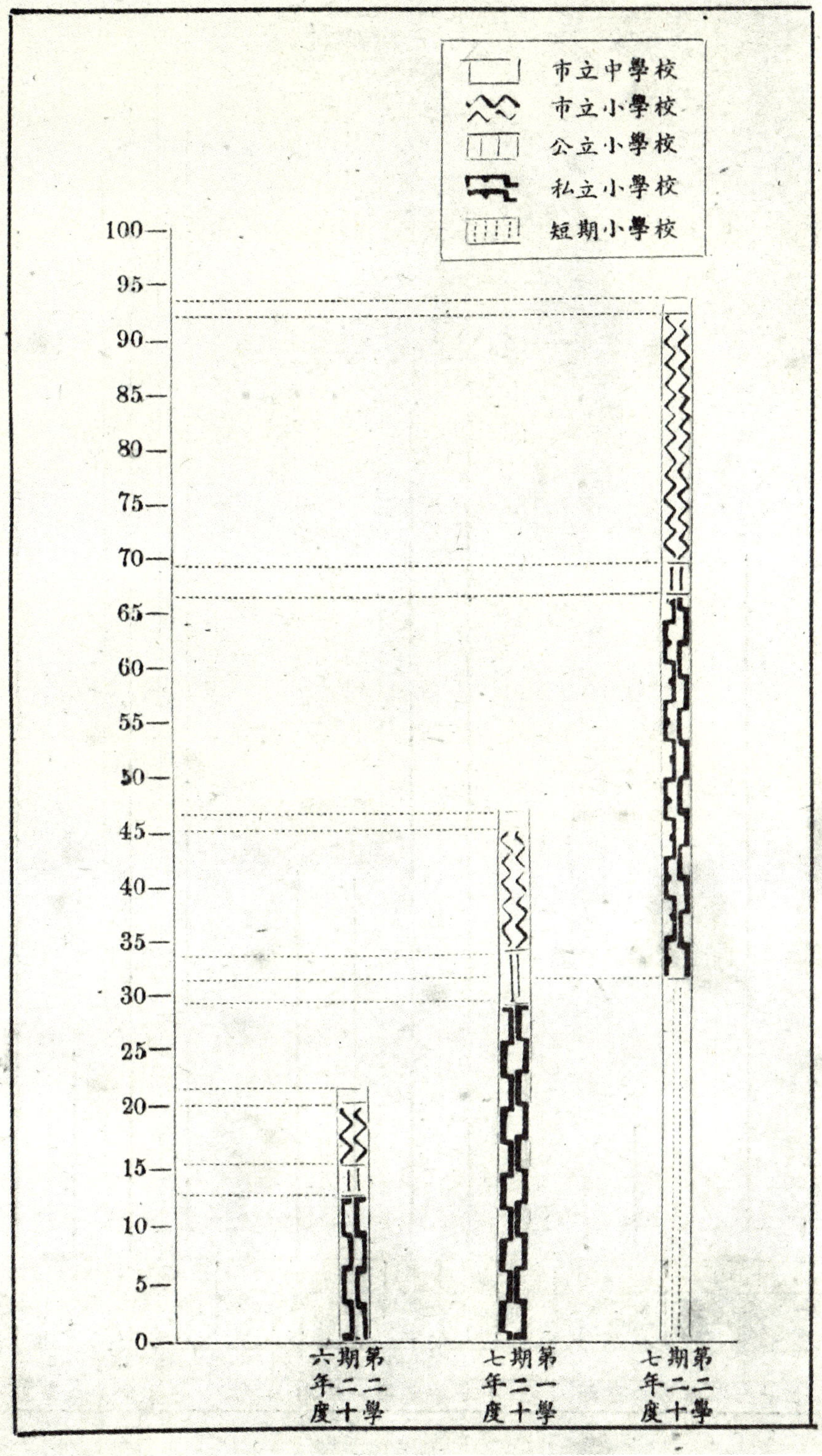

杭州市一年來學校進程中量之比較圖

杭州市一年來學生人數比較圖

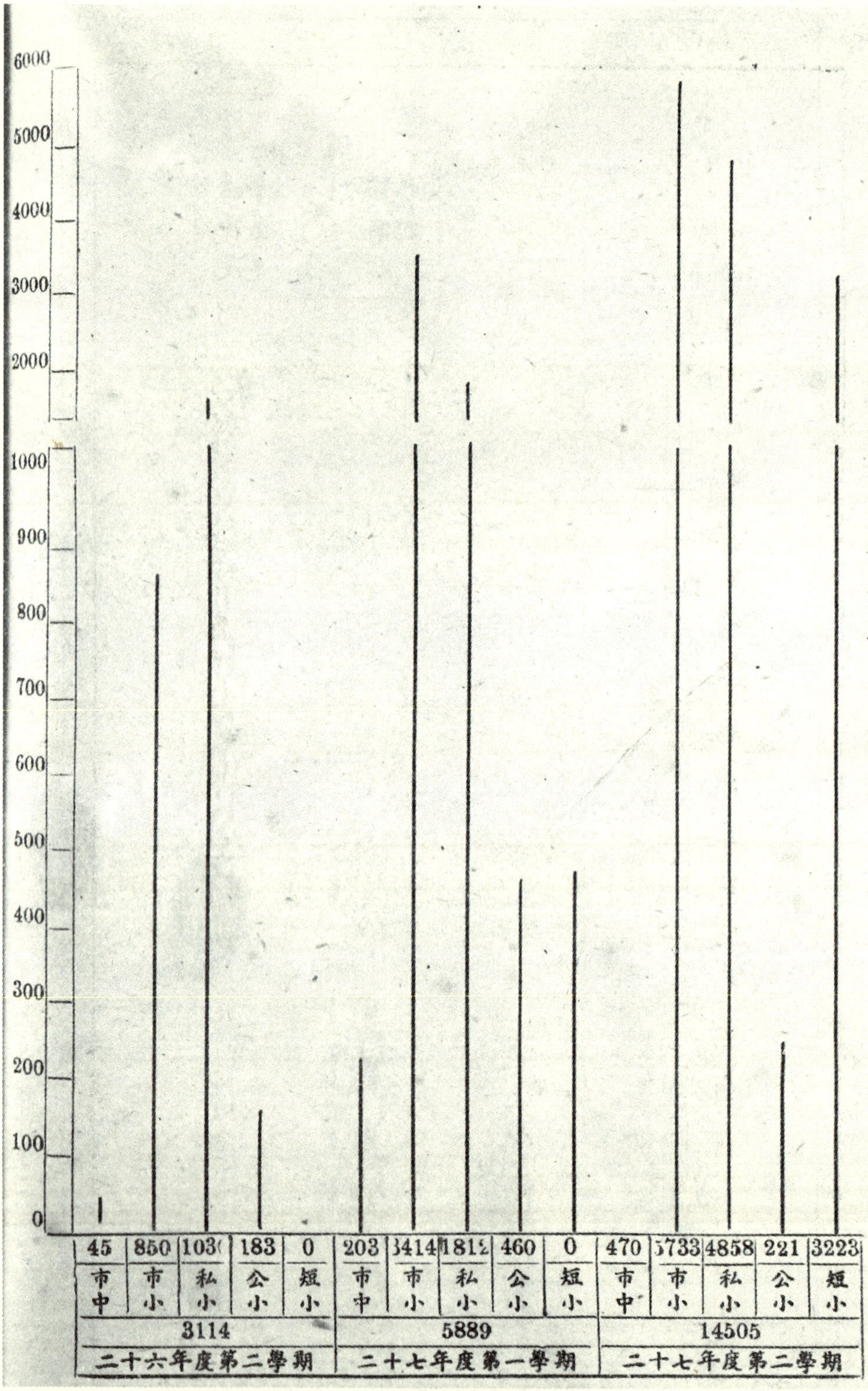
6000
5000
4000
3000
2000
1000
900
800
700
600
500
400
300
200
100
0
45
850
103
183
0
203
3414
181
460
0
470
5733
4858
221
3223
市中
市小
私小
公小
短小
市中
市小
私小
公小
短小
市中
市小
私小
公小
短小
3114
5889
14505
二十六年度第二學期
二十七年度第一學期
二十七年度第二學期

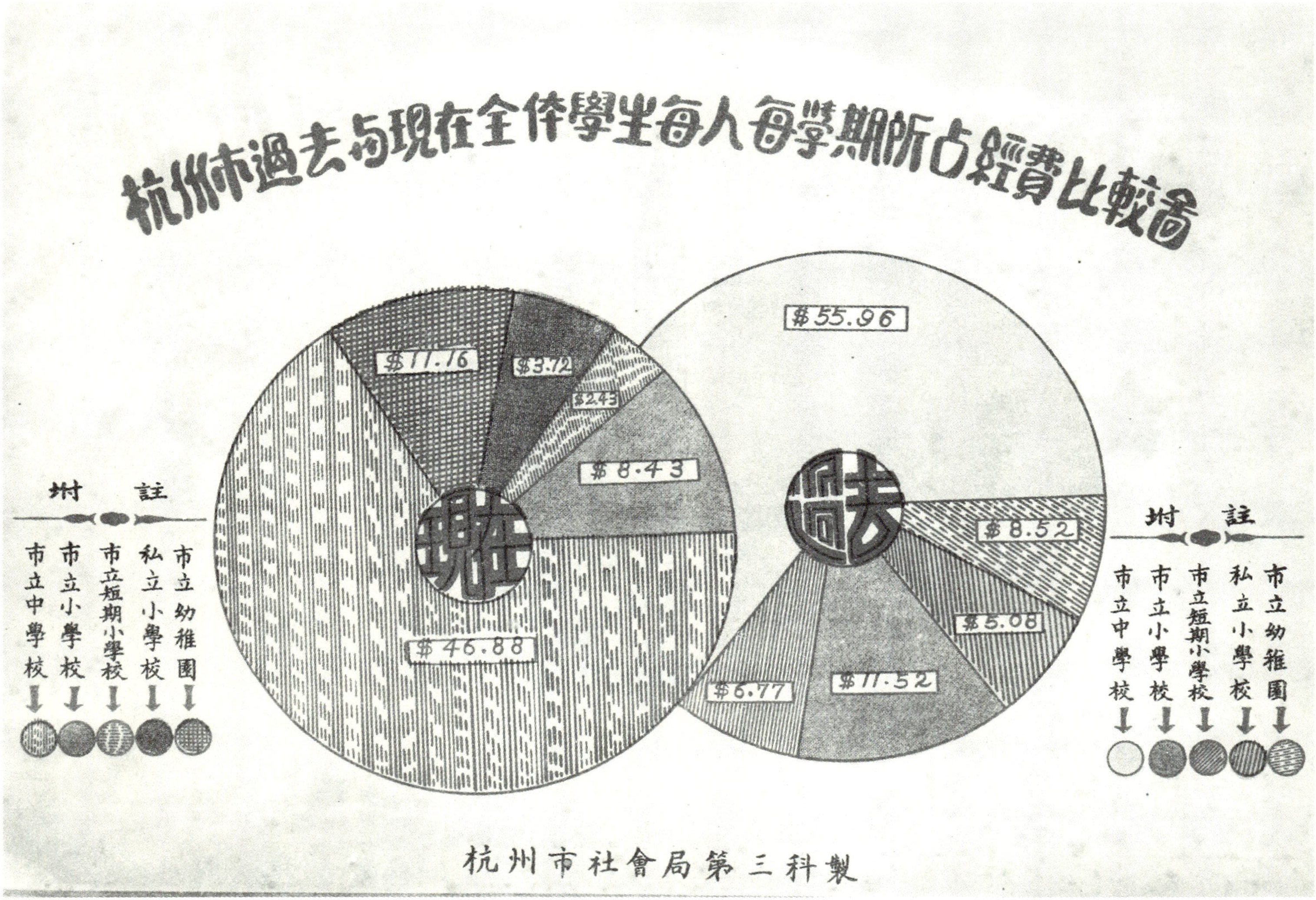
杭州市過去与現在全体學生每人每學期所占經費比較圖
現在
$11.16
$3.72
$2.43
$8.43
$46.88
附註
市立幼稚園
私立小學校
市立短期小學校
市立小學校
市立中學校
過去
$55.96
$8.52
$5.08
$11.52
$6.77
附註
市立幼稚園
私立小學校
市立短期小學校
市立小學校
市立中學校
杭州市社會局第三科製

杭州市學校過去與現在比較圖
過去
現在
2
1
3
81
103
100
90
80
70
60
50
45
40
35
30
25
20
15
10
5
4
3
2
1
38
22
31
1
1
市立幼稚園
市立中學
短期小學
市立小學
私立小學
標準數
私立小學
市立小學
短期小學
市立中學
市立幼稚園
杭州市社會局第三科製

杭州市學校經費過去與現在比較圖

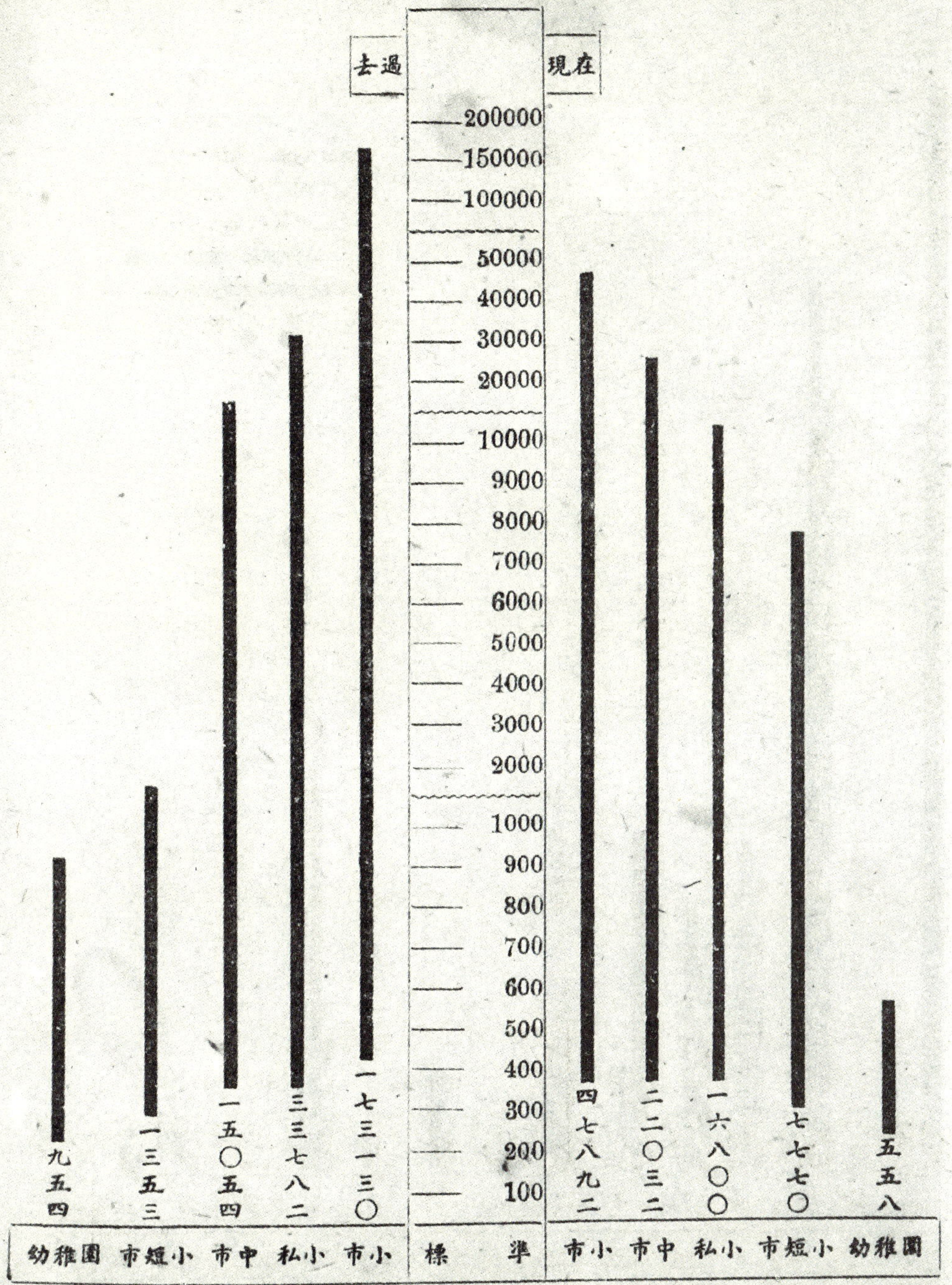
去過
現在
200000
150000
100000
50000
40000
30000
20000
10000
9000
8000
7000
6000
5000
4000
3000
2000
1000
900
800
700
600
500
400
300
200
100
九五四
一三五三
一五〇五四
三三七八二
一七三一三〇
四七八九二
二二〇三二
一六八〇〇
七七七〇
五五八
幼稚園
市短小
市中
私小
市小
標準
市小
市中
私小
市短小
幼稚園

杭州市游藝演員登記統計圖

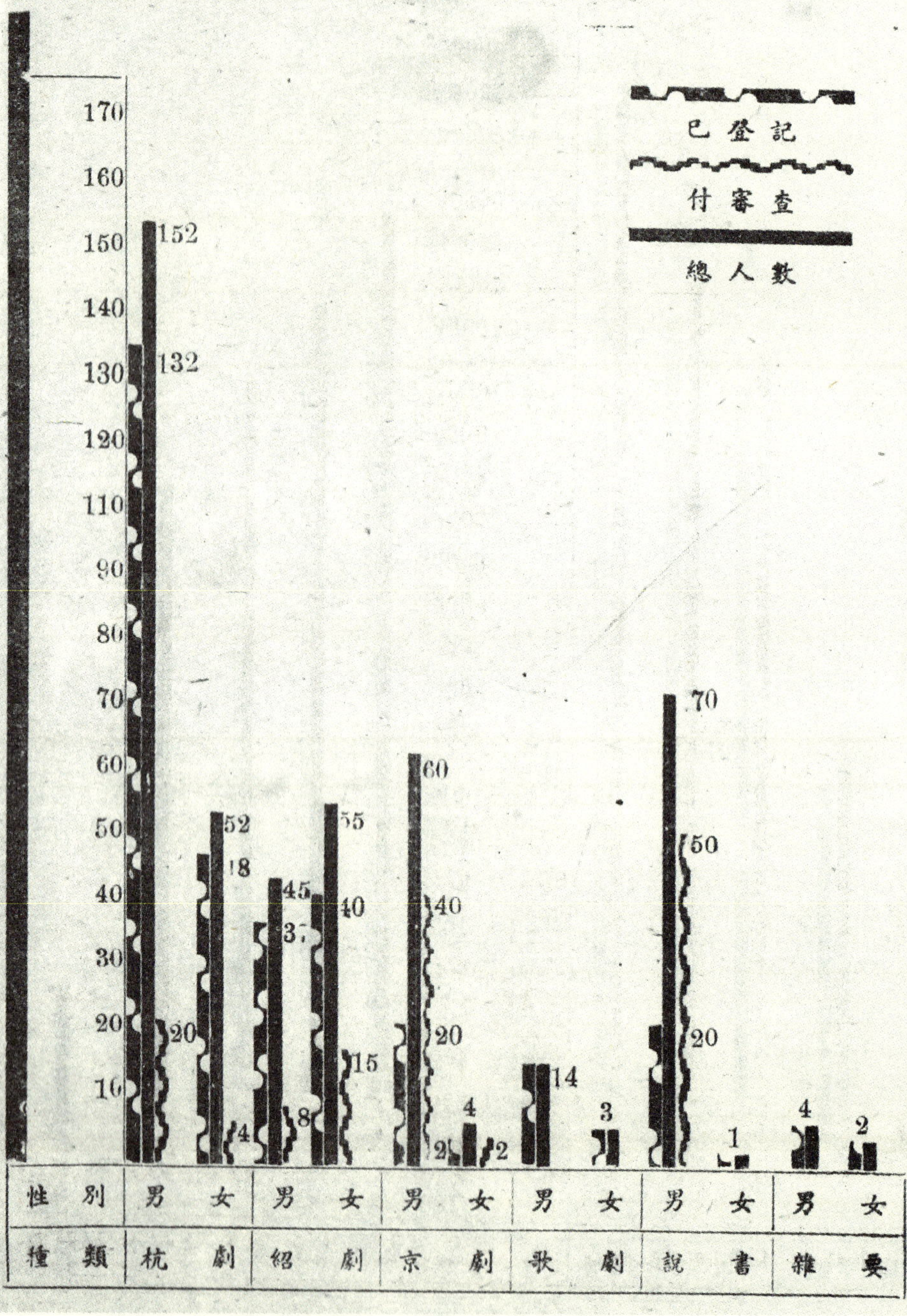

性別	男	女	男	女	男	女	男	女	男	女	男	女
種類	杭	劇	紹	劇	京	劇	歌	劇	說	書	雜	要

杭州市社會局己訓練游藝演員統計表

戲劇類別	演員人數			百分數
	男	女	共計	
京劇	22	3	25	19 %
紹劇	16	32	48	34 %
杭劇	24	9	33	23 %
說書	24	0	24	18 %
雜耍	8	0	8	6 %

杭州市社會局審查戲劇統計表

戲劇類別	新審查	重審查	新編	共計
京劇	4種	74種	0種	78種
杭劇	3種	24種	1種	28種
紹劇	2種	18種	1種	21種

杭州市社會局公濟典組織系統表

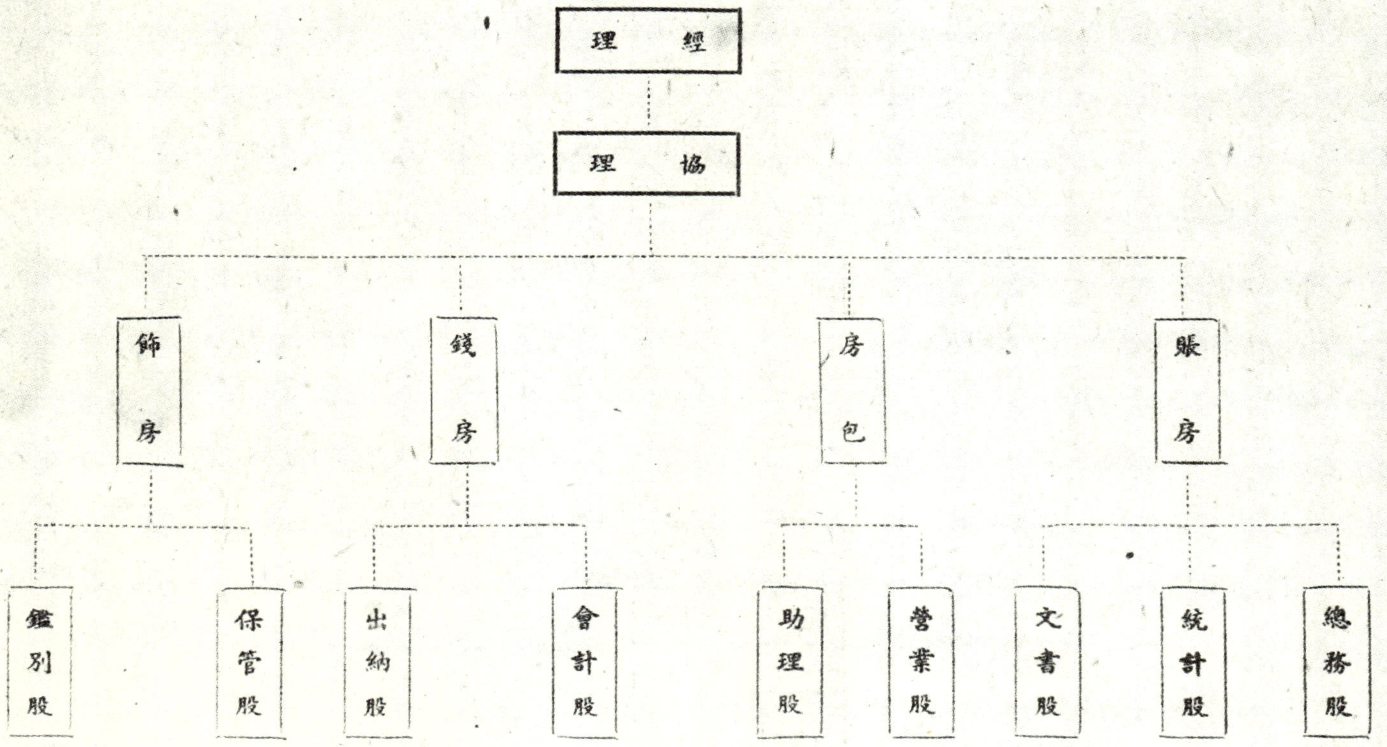

杭州市社會局公濟典受貸取贖程序

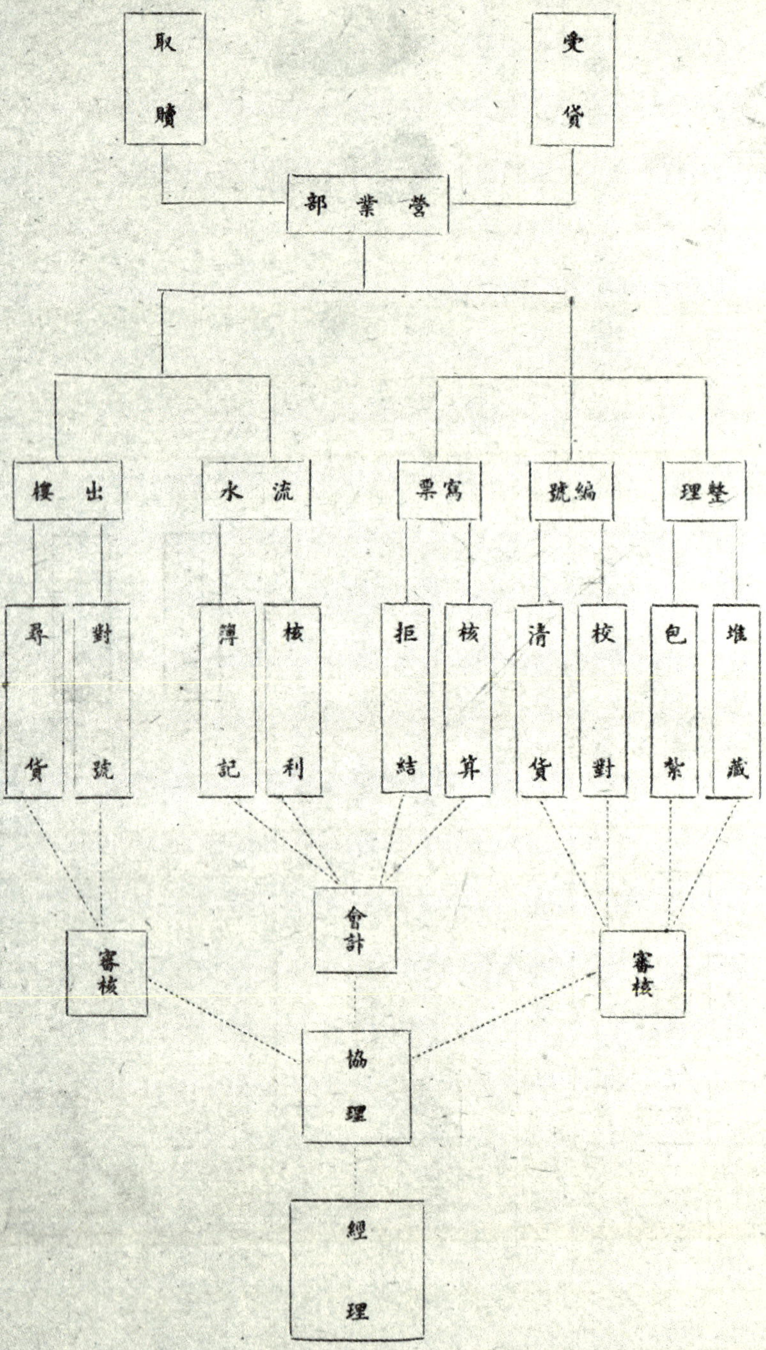

杭州市社會局公濟典逐月薪給辦公費百分比

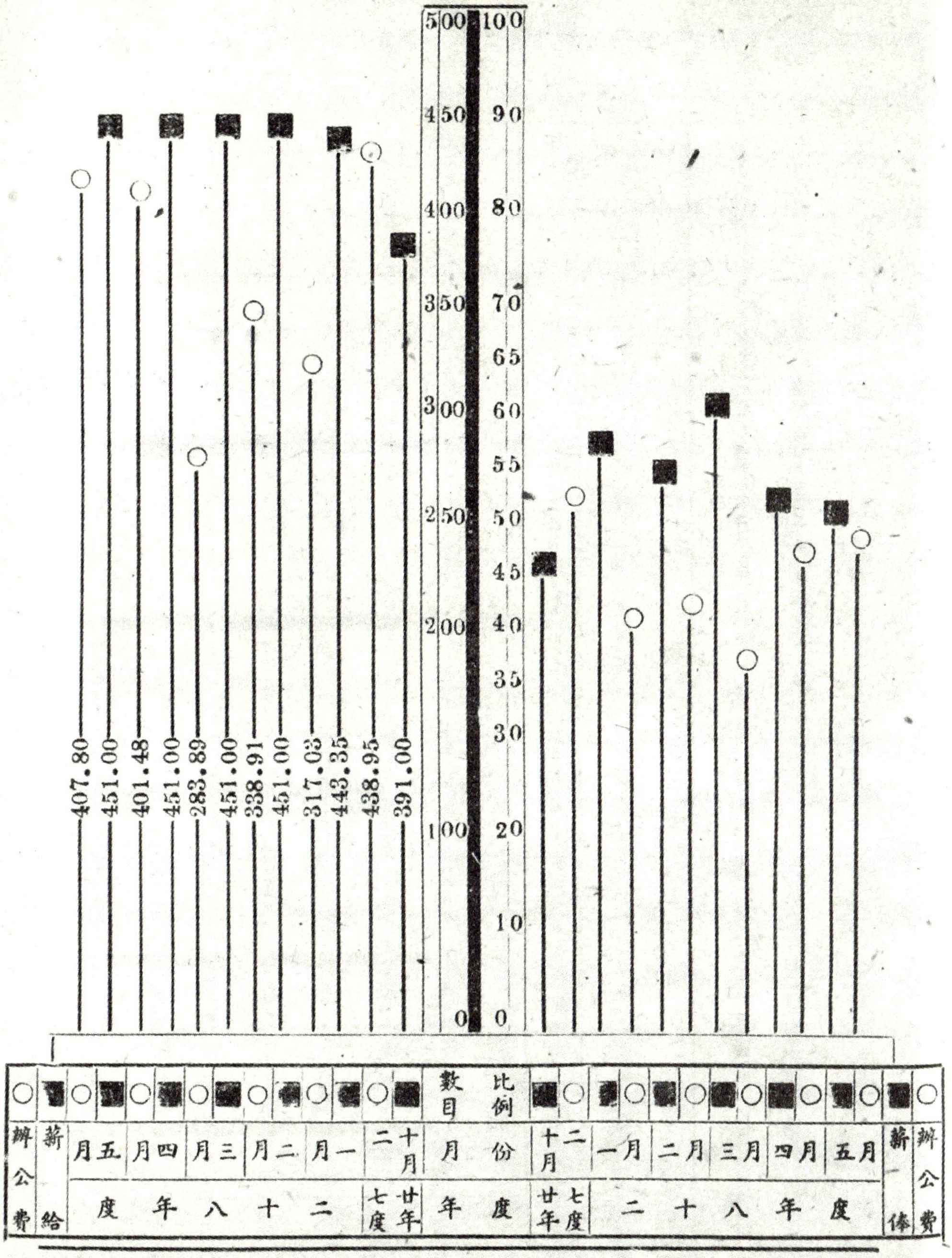

總數4,826.41元

杭州市社會局公濟典每月收支統計

二十七年十二月至二十八年五月

年度	月別	收入	支出	增減
二十七年度	十二月份	890.00	829.95	60.05
二十八年度	一月份	890.00	760.38	129.62
二十八年度	二月份	890.00	789.91	100.09
二十八年度	三月份	890.00	734.89	155.11
二十八年度	四月份	890.00	852.48	37.52
二十八年度	五月份	890.00	858.80	31.20

總數
支出 四，八二六·四一
收入 五，三四〇·〇〇

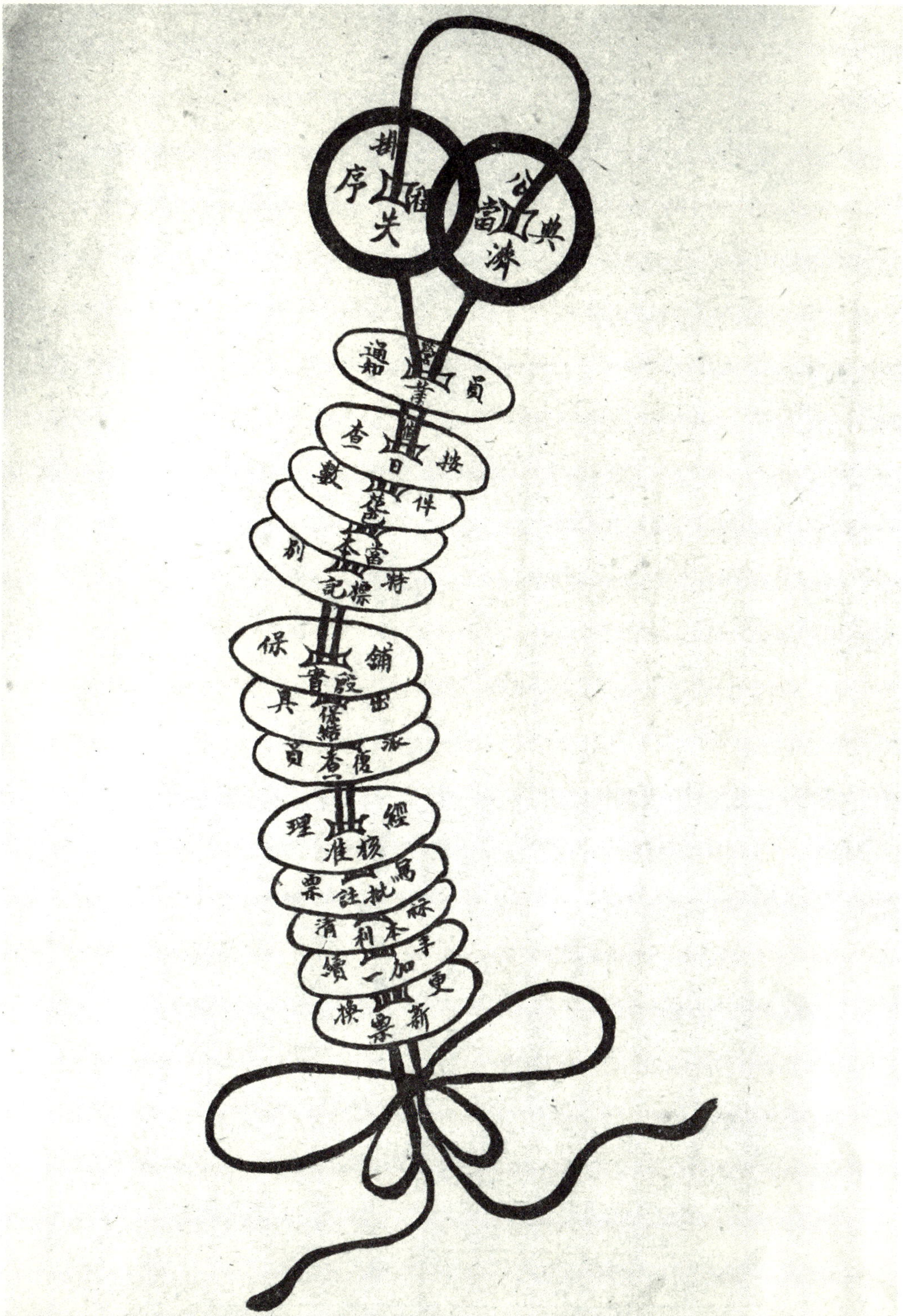

序
失
公
典
當
濟
通知
員
查
接
日
數
件
別
特
記標
保
鋪
殷實
具
員
經
理
核准
票
註
批
清
利
本
手
續
一
加
更
換
新
票

杭州市社會局公濟典逐月當入現金實存架本統計

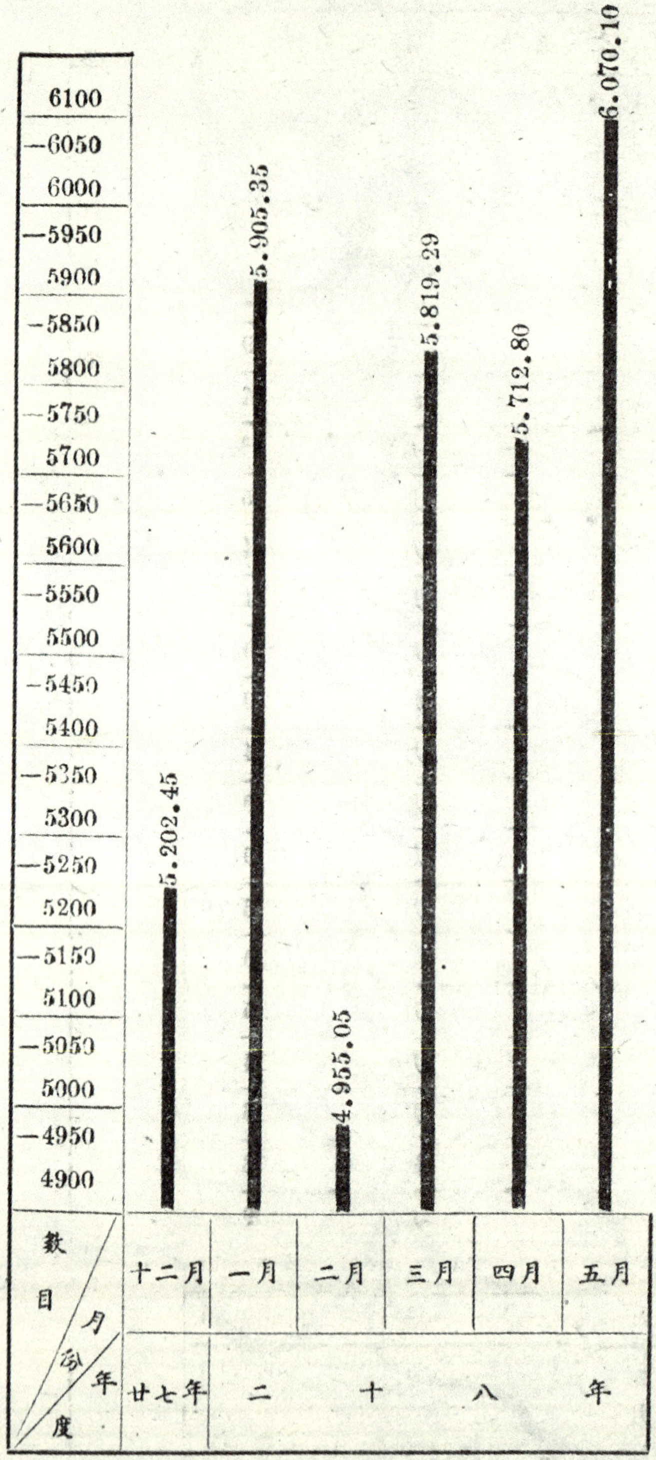

杭州市社會局公濟典逐月現金贖本統計

年度	月別	贖取月別	金額
二十七年度	十二月份	本月	478.60
		一月	677.30
		二月	362.60
		三月	452.70
		四月	672.60
		五月	1.309.10
		合計	3.952.90
二十八年度	一月	本月	558.35
		二月	595.40
		三月	514.60
		四月	671.35
		五月	980.10
		合計	3.319.80
二十八年度	二月	本月	244.10
		三月	540.35
		四月	559.60
		五月	816.70
		合計	2·160.75
二十八年度	三月	本月	365·10
		四月	564.90
		五月	686.90
		合計	1.616.90
二十八年度	四月	本月	299.80
		五月	709.60
		合計	1.009.40
二十八年度	五月	本月	306.25
合計			12.366.00

杭州市社會局公濟典逐月貸米贖本統計

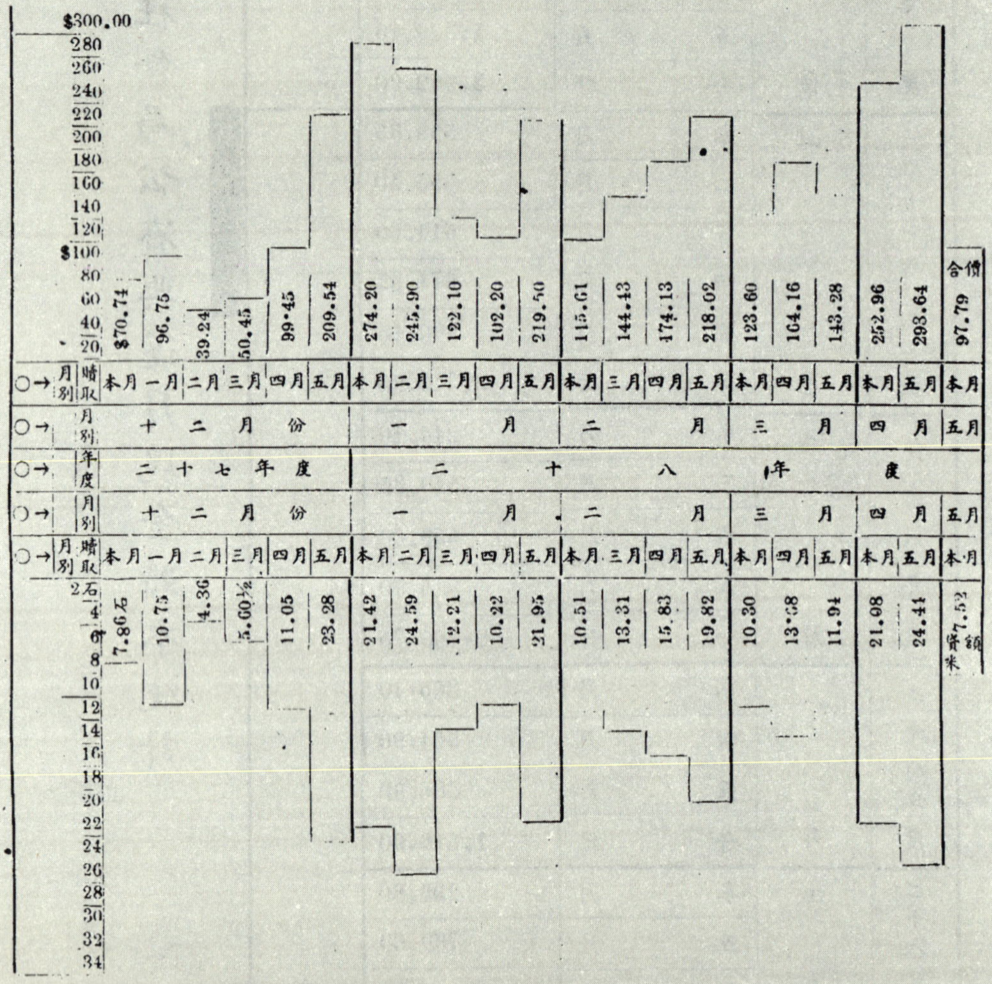
$300.00
280
260
240
220
200
180
160
140
120
$100
80
60
40
20
$70.74
96.75
39.24
50.45
99.45
209.54
274.20
245.90
122.10
102.20
219.50
115.61
144.43
174.13
218.02
123.60
164.16
143.28
252.96
293.64
合價
97.79
月別 贖取
本月 一月 二月 三月 四月 五月 本月 二月 三月 四月 五月 本月 三月 四月 五月 本月 四月 五月 本月 五月 本月
月別
十二月份
一月
二月
三月
四月
五月
年度
二十七年度
二十八年度
月別
十二月份
一月
二月
三月
四月
五月
月別 贖取
本月 一月 二月 三月 四月 五月 本月 二月 三月 四月 五月 本月 三月 四月 五月 本月 四月 五月 本月 五月 本月
2石
4
6
8
10
12
14
16
18
20
22
24
26
28
30
32
34
7.86石
10.75
4.36
5.60½
11.05
23.28
21.42
24.59
12.21
10.22
21.95
10.51
13.31
15.83
19.82
10.30
13.68
11.94
21.08
24.41
米貸額
7.52

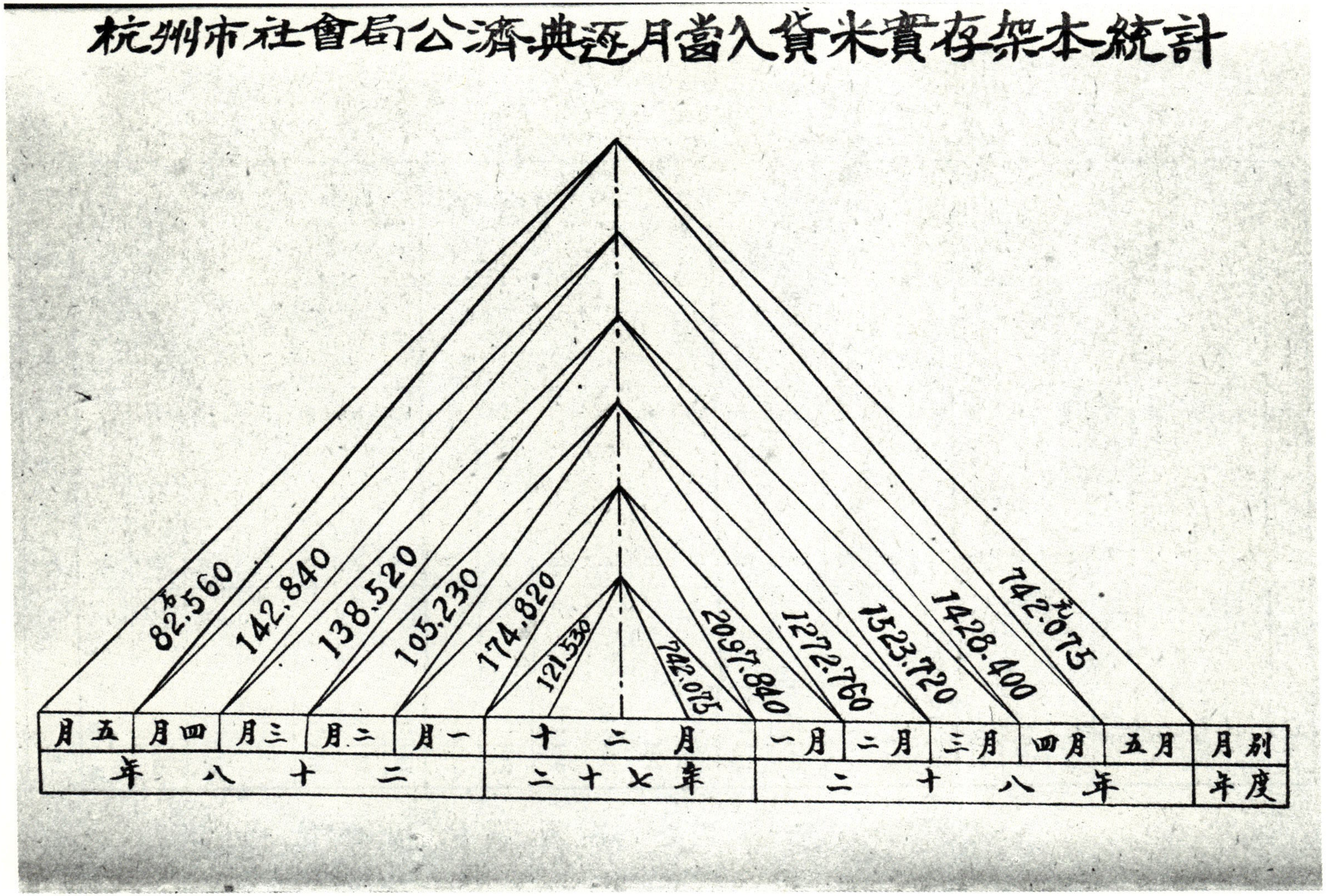
杭州市社會局公濟典逐月當入貸米實存架本統計
82.560
142.840
138.520
105.230
174.820
121.530
742.075
2097.840
1272.760
1523.720
1428.400
742.075
月五
月四
月三
月二
月一
十二月
一月
二月
三月
四月
五月
月別
年八十二
二十七年
二十八年
年度

杭州市社會局公濟典逐月現金贖利統計

年度	月份	贖取月別	金額 千元	金額 元 厘
二十七年度	十二月	本月		4.789
		一月		8.180
		二月		7.012
		三月		15.647
		四月		29.429
		五月		68.734
		合計		133.771
二十八年度	一月	本月		5.584
		二月		7.408
		三月		11.946
		四月	—	22.869
		五月		42.591
		合計		90.698
二十八年度	二月	本月		2.441
		三月		7.714
		四月		13.750
		五月		27.446
		合計		51.351
二十八年度	三月	本月		3.651
		四月		7.591
		五月		15.992
		合計		27.234
二十八年度	四月	本月		2.987
		五月		10.211
		合計		13.198
二十八年度	五月	本月		3.063

杭州市社會局輸出入貨物經理所組織系統表

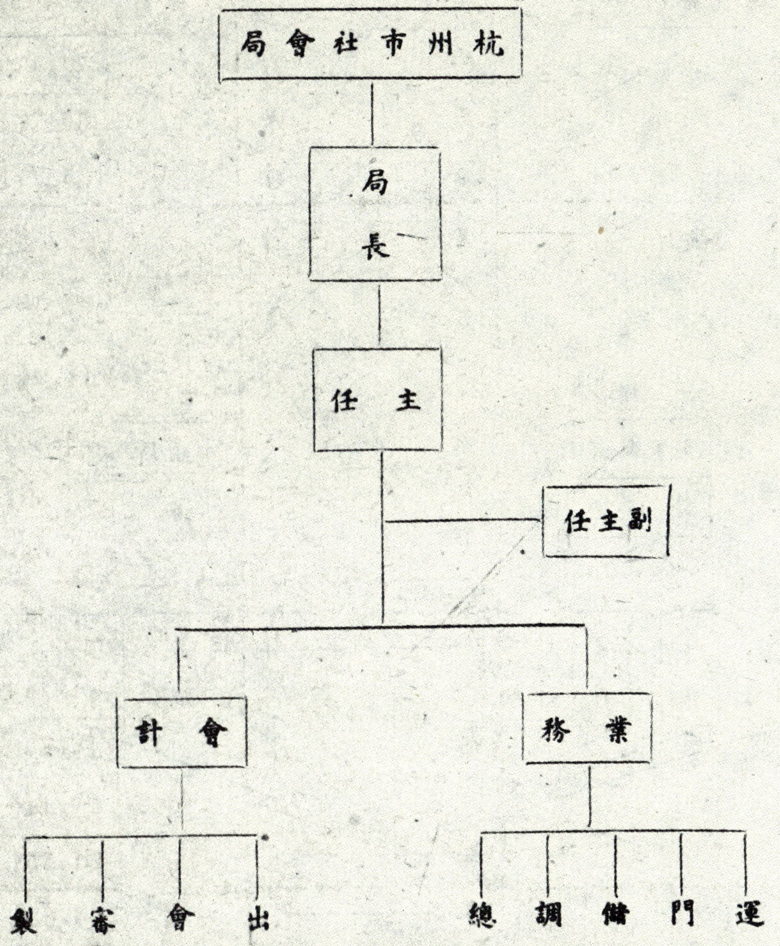

杭州市社會局輸出入貨物經理所商品運銷程序圖

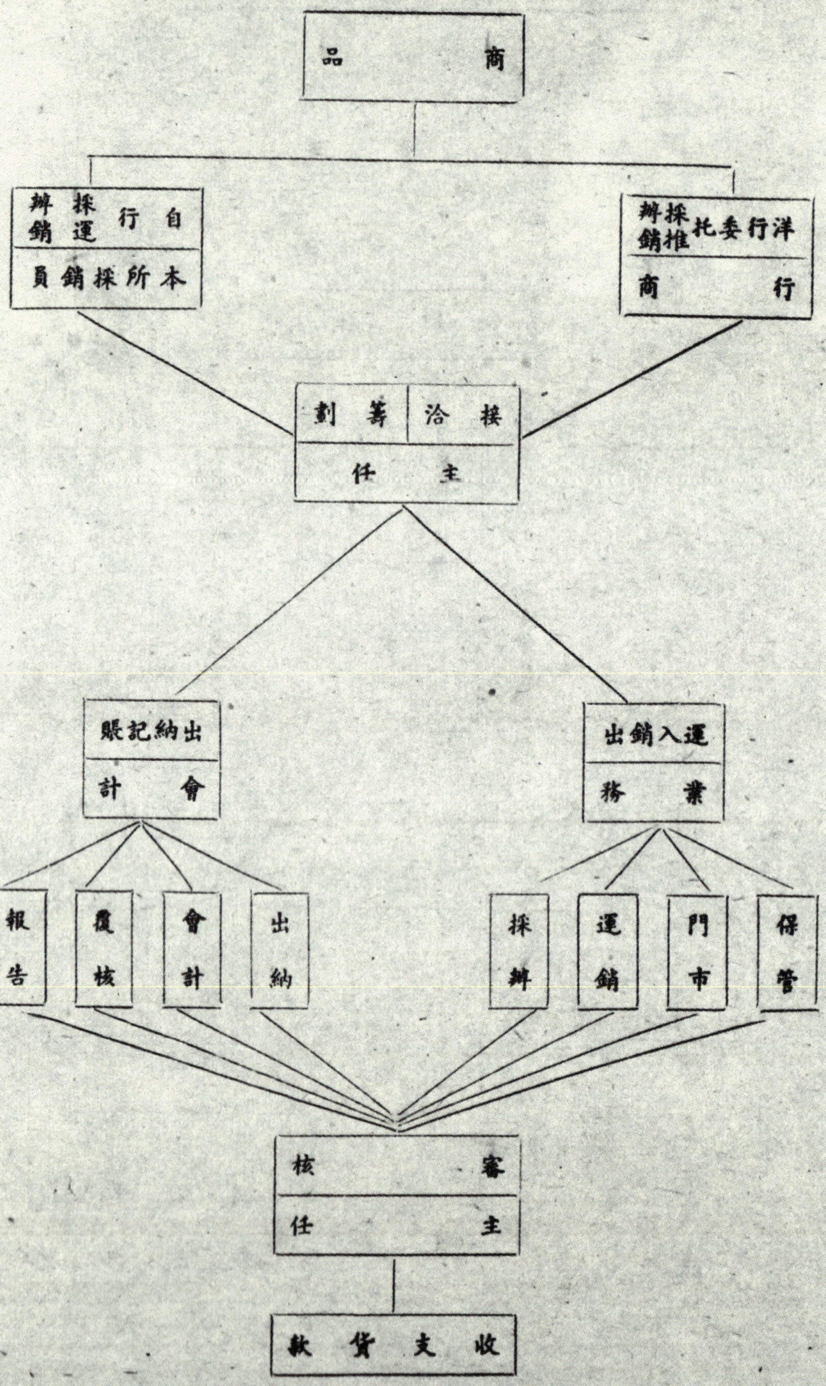

杭州市社會局輸出入貨物經理所購買貨物程序圖

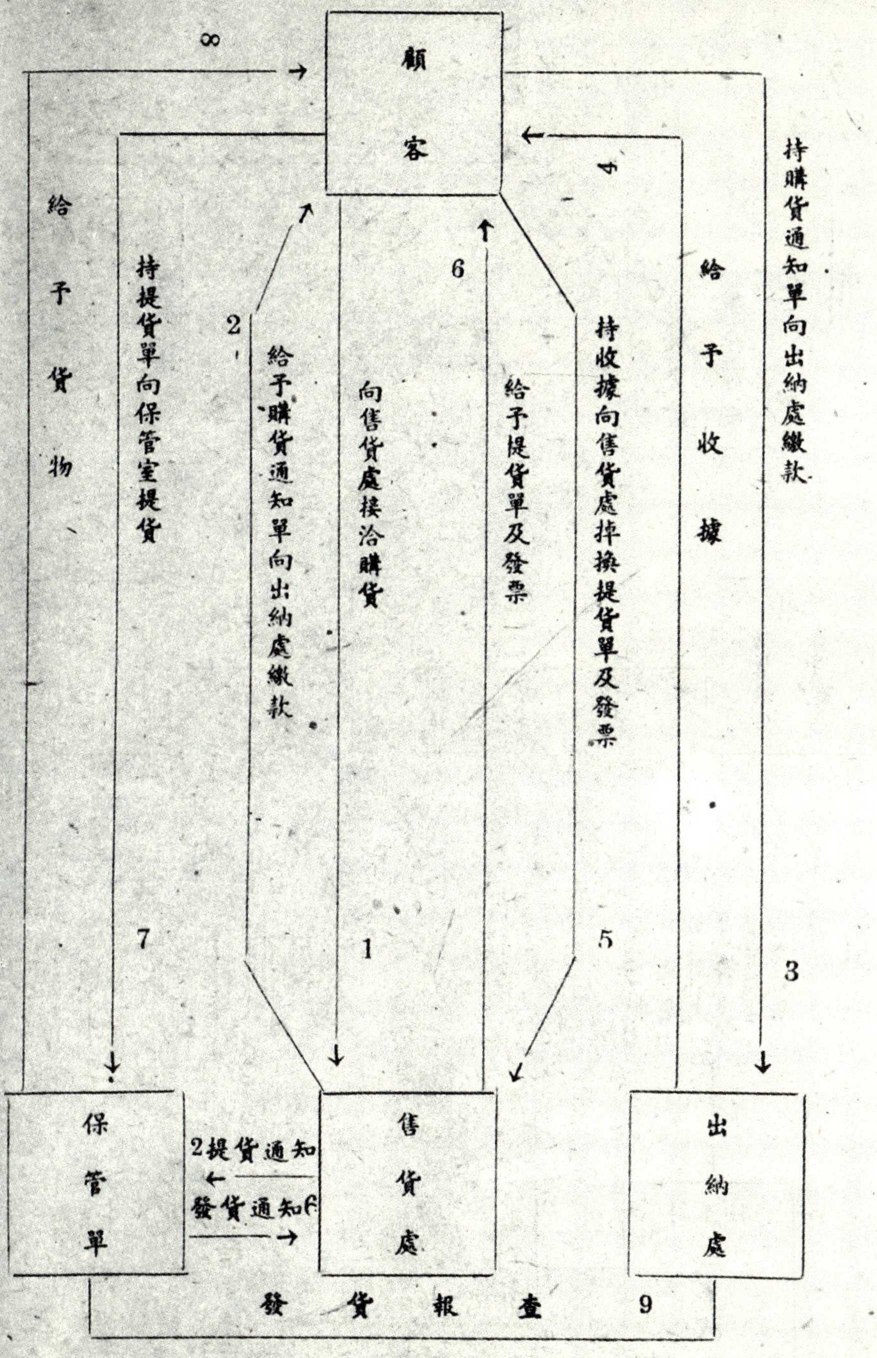

杭州市社會局輸出入貨物經理所會計記帳程序圖

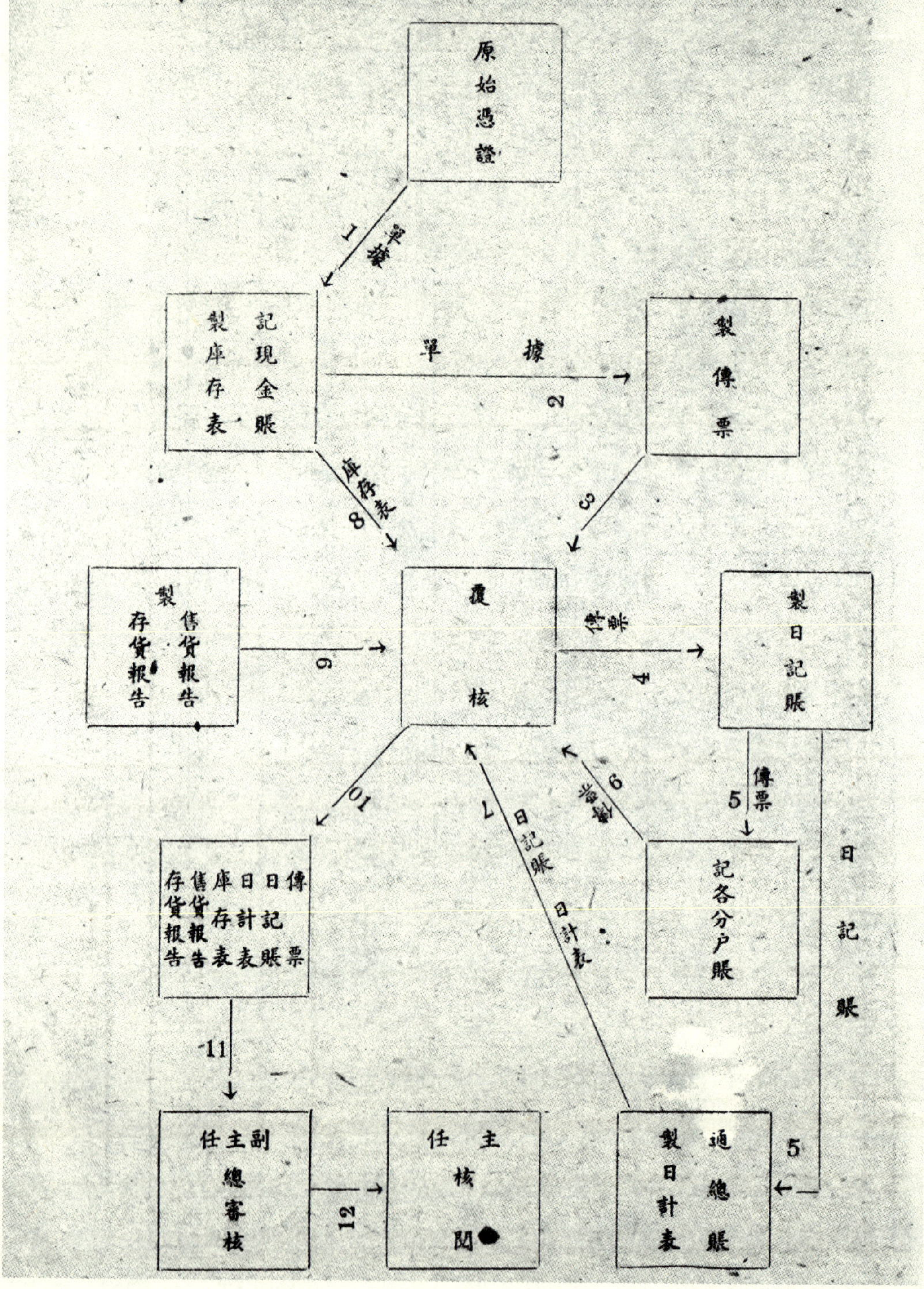

杭州市社會局輸出入貨物經理所營業支出統計表

（自二十七年六月至二十八年五月止）

年　月	俸給費			辦公費									
	俸薪	工餉	合計	文具	郵電	消耗	印刷	修繕	旅運費	雜支	購置	特別費	合計
二十七年六月份	129.30	10.20	139.50						70.68				20.68
二十七年七月份	357.29	72.65	429.94	60.17		.81	4.00	4.00	389.76	3.75			462.49
二十七年八月份	742.08	104.00	846.08	56.07	4.22	17.4?	238.75	27.33	274.61	65.94		65.73	760.07
二十七年九月份	665.00	170.00	785.00	78.14		17.20	106.00	24.14	235.59	117.11			573.18
二十七年十月份	795.33	170.00	915.33	35.73		29.80	136.39	24.89	176.16	91.56			494.53
二十七年十一月份	871.54	120.00	991.54	28.31	6.04	30.88	16.18	.30	33.78	709.53			365.0?
二十七年十二月份	487.00	304.00	1991.00	111.45	10.25	76·75	300.10	4.28	246.34	440.37			1189.54
二十八年一月份	838.00	154.00	992.00	57.56	24.48	10.60	67.50		140.49	33.38		50.20	379.21
二十八年二月份	838.00	154.00	998.00	10.29	8.07	100.60	35.76	1.15	104.92	109.68		75.21	445.68
二十八年三月份	798.00	154.00	952.00	19.95	5.30	3.47	15.40	1.48		47.66		52.61	145.87
二十八年四月份	748.00	146.00	894.00	28.15	5.00	47.96	15.48	6.89	4.86	67.00	14.40	7.16	191.90
二十八年五月份	685000	177.00	807.00	47.60	18.60	10.80	44.50	4.30	40.99	10.18	2.30	4.53	183.80
合計	9154.54	1580.85	10735.39	528.37	81.96	346.34	1020.06	108.76	1668.18	1191.16	16.70	25.44	5211.97

杭州市社會局貨物經理所資產負債表

民國二十八年五月三十一日止

資產	科目	負債
	資產之部	
18.690.07	現金	
29.185.06	商品	
2.938.61	寄售商品	
22.00	押金	
11.359.21	暫付款	
2.477.83	應收貨款	
1.041.53	預付貨款	
	負債之部	
	暫收款項	5.012.20
	未付款項	21.322.74
	應付貨款	2.044.18
	借入金	35.902.06
	純益	1.433.13
65.714.31	合計	65.714.31

杭州市社會局輸出入貨物經理所進貨金額分類統計表

（自二十七年六月至二十八年五月止）

年月	類別						合計
	日用品	食品	棉織品	毛織品	原料品	電器品	
二十七年六月份	12908.65	43729.40	46003.60	2508.00		211.87	105361.52
二十七年七月份	5475.91	61955.43	29516.41	2629.96			99577.71
二十七年八月份	13496.25	51888.98	25147.86	2571.91	14446.09		107551.09
二十七年九月份	9921.03	33928.33	46875.12	17335.20	87539.17	2.16	195601.01
二十七年十月份	5108.75	7219.80	11865.44	6551.57	5914.51		36660.07
二十七年十一月份	7634.33	12426.31	8404.68	1221.27	11554.17		41240.76
二十七年十二月份	2213.43	20247.44	1497.63	529.90	29384.71		53873.11
二十八年一月份	4593.60	21183.06	519.52		6499.34		32795.52
二十八年二月份	2527.17	4598.00			23730.42		30855.59
二十八年三月份	29.84				17212.82		17242.66
二十八年四月份	3751.10						3751.10
二十八年五月份		1425.87					1425.87
合計	67660.06	258602.62	169830.26	33347.81	196281.23	214.03	725936.01

杭州市社會局貨物經理所銷貨金額分類統計表

（自二十七年六月至二十八年五月止）

年　　月	類				別		合　計
	日用品	食品	棉織品	毛織品	原料品	電器品	
二十七年六月份	1477.30	13393.43	11665.20	1103.60			27639.53
二十七年七月份	7926.16	72537.24	21289.26	3228.45			104981.11
二十七年八月份	5517.73	24611.45	19866.59	924.33	13592.60	11.76	64524.46
二十七年九月份	19598.16	26351.32	16884.21	14400.01	32624.77	.67	109859.14
二十七年十月份	26641.26	31437.16	20125.76	9513.47	27847.44		115565.09
二十七年十一月份	2682.63	24473.73	19489.63	1365.29	29219.10	28.80	77259.18
二十七年十二月份	4431.58	23729.36	8946.36	1557.53	40251.05	9.60	78925.29
二十八年一月份	5746.58	35119.18	2176.69	916.99	15447.28	24.00	59430.72
二十八年二月份	3105.42	9939.53	628.66		1542.77		15216.38
二十八年三月份	403.39	1622.85	5078.81		16591.02	10.00	22706.15
二十八年四月份	2510.53	12.51	661.14		274.31		3458.49
二十八年五月份	338.60	1443.53	108.77		11365.90		13246.80
合　計	80379.25	264661.27	126921.08	33009.67	188756.24	84.83	693812.34

杭州市社會局貨物經理所交易行商統記表

行商名稱	交易時期	交易金額
光華公司	二十七年十月至二十八年四月	22.160.49
三井洋行	二十七年六月	85.50
福泰洋行	二十七年十月至二十八年三月	34.707.01
四通棉花公司	二十七年十二月至二十八年二月	15.070.74
敦泰盛煤號	二十七年十二月至二十八年一月	6.272.10
貧民工廠	二十七年九月至二十八年二月	5.075.68
傅華記	二十七年十二月	151.29
南洋襪廠	二十七年十二月	148.00
大興公司	二十七年十一月至十二月	141.857.36
協大洋	二十七年十二月	130.50
峯絹洋行	二十七年八月至十二月	88.490.06
三福洋行	二十七年十月至十二月	77.603.89
吉田洋行	二十七年六月	3.742.99
增幸洋行	二十七年八月至二十八年三月	400.879.75
阿部市洋行	二十七年八月至二十八年三月	236.478.69
福源洋行	二十七年九月至二十八年一月	166.682.34
天成洋行	二十七年九月	6.550.00
同盛源布號	二十七年十一月	680.00
順興花行	二十七年十月	421.00
洽昌花行	二十七年十一月	163.91
梅記商店	二十七年十一月	170.38
瑞興花行	二十七年十一月	919.60
禮中洋行	二十七年六月至七月	296.84
岡崎洋行	二十七年七月	760.00
特務機關十河先生	二十七月六月至七月	26.414.74
特務機關池田户下	二十七年六月至七月	10.447.84
永昇號	二十八年一月	1.728.00

杭州市社會局貨物經理所營業收入統計表

國民自27年6月至民國28年5月止

年　　月	佣金收入	雜項收入	合計
27年　6月份	1.815.33		1.815.33
27年　7月份	4.667.23	460.39	5.127.62
27年　8月份	4.296.62		4.296.62
27年　9月份	6.487.28	1.848.85	8.336.13
27年　10月份	6.692.01	597.59	7.289.60
27年　11月份	5.149.13	28.98	5.178.11
27年　12月份	5.265.96	1.55	5.267.51
28年　1月份	3.273.53	78.80	3.252.33
28年　2月份	519.97	2.923.75	3.443.72
28年　3月份	615.26	4.06	619.32
28年　4月份		59.39	59.39
28年　5月份		60.61	60.61
合　　計	38.782.32	5.945.19	4.4.737.51

杭州市政府社會局糧食管理委員會歷屆評定米價升降比較表

年月日	一號米價	二號米價	三號米價	四號米價	高蒸穀	中蒸穀	高糯陰	糯白	粳	五號米價	香粳
二七 一 一七	一一八	一一三	一〇六	一〇〇	一二四	—	一四六	一三六	一一六	九四	
二三	一一三	一〇八	一〇四	一〇〇	一〇八	一〇四	一二四	一一四	一一〇	九三	
一二 一四	一一六	一一三	一〇八	一〇二	一一〇	一〇六	一二四	一一六	一一〇		
二〇	一一五	一一一	一〇七	九八	一〇四	九九	一二四	一一五	一〇六		
二八 一 一二	一二〇	一一六	一一三	一〇六	一一四	一一〇	一三〇	一二二	一一二		一一六
一三	一二二	一一八	一一六	一〇八	一一八	一一四	一四〇	一三四	一一六		一二〇
二一	一二四	一二二	一一八	一一三	一二四	一二〇	一五〇		一二〇		一二四
二六	一二八	一二六	一二三	一一〇	一二八	一二〇	一五〇		一二〇		一二四
三一	一二八	一二六	一二三	一一八	一二八		一五〇		一二〇		一二四
二 四	一二六	一二三	一一八	一一四	一二八	一二三	一四四		一一八		一二三
一一	一二六	一二四	一二〇	一一四	一二八		一五〇		一一六		一二〇
二四	一三〇	一二八	一二四	一一六	一三四		一五四		一二〇		一二四
三 九	一三四	一三三	一二六	一一八	一三六		一五八		一二四		一二八
一七	一三四	一三三	一二四	一一六	一三六		一六八		一二四		一二八
一五	一四二	一四〇	一三二	一二三	一四二		一八六		一三六		一四〇
二九					一四四		一八〇				
四 六					一五〇		一七二				
一三	一四八	一四四	一三八	一二八	一五八		一七四		一三八		一四二
五 三	一四六	一四二	一三六	一二四	一五四		一七四		一三八		一四二
一一	一五〇	一四六	一四〇	一二六	一五八		一八〇		一四四		一四八
一七	一五四	一四八	一四二	一二六	一六二		一八四		一五〇		一五四
二四	一五八	一五二	一四六	一二八	一六四		一八八		一五八		一六二

韓疆士、徐世大、何之泰　擬定

改造杭州市街道計劃意見書

杭州：杭州市工程局，民國十六年（1927）鉛印本

改造杭州市街道計劃意見書

改造杭州市街道計劃意見書

工程局坐辦韓彊士
會辦徐世大
技士何之泰 擬訂

導言

都市之有街道。猶人身之有血脈。故街道之適用與否。其關係市民之幸福國家之文化至大且鉅。歐美各國。恆不惜以億兆金錢修治都市之街道。吾浙素稱文物之邦。杭州又爲省會所在。應有良善之街道。以利交通。壯觀瞻。爲鄉邦之模範者。毋待贅言。顧杭城街道建設既久千百年來。因陋就簡。寬纔盈丈。凹凸不平。徒步徑行。猶嫌狹陋。辛亥以還。國人漸知修治街道之不容緩。復賴前民政司長褚慧僧先生之提倡。暨主持諸君之毅力。西湖一角。首闢市場。而城站薦橋豐樂橋等路。亦相繼告竣。然終無通籌計劃。枝節爲之。未經修治之街道。其情形之惡劣固無論。已已修治者。亦仍寬狹失宜。或行旅擁擠。或養路靡費。長此因循。愈難收拾。況西湖勝地。中外知名。游蹤所至。每印惡象。不獨使湖山減色。是亦鄉里之羞也。是故通籌計劃。在所必要。蓋有通籌之計劃。而後街道方能井井有條。美善可觀。而工商業亦有蒸蒸日上之勢。

世。大彊土等任。重材輇。每凜隕越。而職責所在。不容玩忽。故任事之始。即徵求邦人意見。一面著手規畫。擬具意見。凡街路幅員之選擇。系統之設計。建築之方法。及預算暨分年籌款與修方法。數陳大概。條列於後。幸賜教焉。

路幅

歐美各國。規定路幅。嘗採用四十呎六十呎八十呎等十呎之倍數。以為整齊可取。結果不失之過寬。即失之過狹。均非所宜。近知其謬。已不復然。於計劃之先。悉心調查當時車輛情形。研究各種車輛所需之寬度。參酌街道改良後應有行旅之變化。及市況之進步。種種情形。而後分別規定。吾人規劃路幅。當知所取法矣。杭城現無電車。汽車馬車均少。行旅往來。端賴人力車。惟時勢所趨。汽車電車。終為交通利器。一旦全城街路築成。二者定能發達。計劃時所不可忽者也。按電車每一地帶。需寬十呎。方能行駛無阻。汽車每一地帶。需寬八呎。停靠之汽車。每一帶。需寬七呎。方可無碍橫向路肩停靠之貨車。每一地帶。需寬十呎。人力車每一地帶。需寬四呎。此外人行道之寬度。則視車道之大小而定。通常約當車道寬度三分之一與四分之一左右。又因路旁房屋之性質如何而異。如在批發區內。步行之人甚少。其寬度卽可以從小。但不得小於五呎。以便並行。至於各街應含何種地帶。及其條數。亦宜視其需要何如審愼定之。玆擬分杭城馬路路幅爲五等。第一等寬八十八呎。以二十呎爲人行道。其餘六十八呎爲車道。包括電車地帶二條共二十呎。汽車地帶四條共三十二呎。人力車地帶二條共八呎。第二等寬六十六呎。以十八呎爲人行道。其餘四十八呎爲車道。包括電車地帶一條十呎。汽車地帶二條十六呎。停汽車地帶二條十四呎。人力車地帶二條八呎。第三等寬四十四呎。以十六呎爲人行道。其餘二十八呎爲車道。包括汽車地帶二條占寬十六呎。停汽車地帶兼人力車地帶十二呎。第四等寬三十六呎。以十二呎爲人行道。其餘二十四呎爲車道。包括汽車地帶二條十六呎。人力車地帶二條八呎。第五等寬二十六呎。以十呎爲人行道。其餘十六呎爲車道。可以通行汽車二列。此外街巷之屬。需寬十三呎。以五呎爲人行道。八呎爲車道。又在批發區內。街寬需五十四呎。以十呎爲人行道。其餘四十呎爲車道。包括汽車地帶二條寬十六呎。停貨車地帶二條寬二十呎。人力車地帶二條寬八呎。

附注一　行車所占路面曰地帶。如通行電車者曰電車地帶。通行汽車者曰汽車地帶。

附注二　市民建築房屋。須按章讓進數呎。作爲種植樹木或花卉地位。故規定路幅時。不列入樹木或花卉地帶。

路線

市街系統。大致言之。可分爲二種。曰方格式。曰幾何式。方格式路線。恒彼此正交。井井有條。易於辨認。且地成方形。較爲經濟。惟由每方格之一角至對角路程加遠。是其缺點。若輔之以對角線路則善矣。幾何式路線。多由一中心點。或多數中心點。分向各方。且隨地形灣曲。不拘形式。可使風景優美。交通迅捷。又能免去高傾斜。保存貴重地帶。但建築地每成三角等形。爲不經濟耳。規劃新城市。以上二法。任採其一。或採二者。皆無不可。若修治舊城市。則貴在因地制宜。不可强爲也。杭城原有街道。實爲方格式。不得不仍其舊。若將來擴充市鄉聯絡路線。可採新法矣。今擬定第一等路與相鄰之同等路。或第二等路之距離。自十分之七哩至一哩左右。第三等路與相隣之同等路。或上等路之距離。自十分之三哩至十分至五哩左右。第四等路與相鄰之同等路或上等路之距離。自十分之一哩至十分之二哩左右。第五等路與相鄰之同等路或上等路之距離。自三百呎至六百呎左右。公衙之距離。隨地制宜。茲從署南之江干。北之拱宸。皆爲商輪輻輳之區。不可無幹路以連接之。江墅路線。舊擬經清和坊大街。倡議多年。迄未告成。然該路原定之寬度僅四十呎。用作幹路。殊厭狹窄。若加寬之爲八十八呎。則拆讓兩旁商店之損失甚大。且其位置偏西。亦不甚相宜。欲求位置適中。拆讓費省。莫若取道中河東岸。此線有二。若沿河建築。水陸相依。不惟交通倍加便利。風景亦極佳也。若靠河留出一排店面地位。於離河數丈處建築。則商市倍益興盛。兩線相較。後者爲佳。蓋臨河坡度頗大。前者建築較難。與越河來交各路之交點。又感不便耳。滬杭鐵路繞於東。西湖位於西。行旅往來極盛。應有一等寬度之東西幹路以導之。爲求位置適中。拆讓費省起見。延長平海路。新闢一道。似屬相宜。城牆有碍市面之發展及行旅之往還。觀滬上拆城。而貿易頓盛。可以概見。吾杭由錢塘門至清波門一段城垣。業經拆去。就城基建路。市場一帶之市面。遂一日千里。湧金門外。昔日一片荒涼。亦見蒸蒸日盛。將成爲住宅區之樂國矣。急應乘機拓展。續竣全功。拆去全城。建築環城馬路。除已成寬八丈之路。暫不更動。至必要時再行加寬外。均築第一等路。惟在兩旁市面未發達之前。可照南山路辦法。中留電車地帶。種植花木。至必要時。再行改築。以節經費。西湖爲天然公園。爲便利城南及城北居民公暇遊覽起見。更於城南及城北各闢東西第二等路一道。南北幹道。與城南東西幹道交會處附近。爲前省長公署舊址。其他公共機關在是處者。亦不在少數。且鄰近如佑聖觀育嬰堂錢塘學孔子廟等。多公家地產。路成後劃作政治中心區。以交通論。頗相宜也。以上一等路寬之城中十字幹道。與環形幹道。並二等路寬之城南及城北兩東西幹道。劃分全城爲八大區。爲設施市政之基礎。故逐條叙之。此外第三等路第四等路第五等路等。大概皆採舊有路線。興築較易。茲不一一。所有各路經過地點及其長度。詳見下表及附圖。

擬定杭州市街道路綫號數尺程一覽表

甲　一等街道

第一號　自鳳山門起。經萬松嶺至陸軍同胞社西北角止。約長九三〇〇呎

第2號　自陸軍同胞社西北角起經湧金門至平海路西端止約長四九〇〇呎
第3號　南自平海路西端起經錢塘門北至大教場止約長三七〇〇呎
第4號　自大教場起經武林門至水星閣西北角止約長七八〇〇呎
第5號　自水星閣西北角起經艮山門至機神廟東南角止約長八七〇〇呎
第6號　自機神廟東南角起經慶春門至工業學校東南角止約長四四〇〇呎
第7號　自工業學校東南角起經清泰門至城站止約長四五〇〇呎
第8號　自城站起經望江門候潮門至鳳山門止約長八五〇〇呎
第9號　南自鳳山門起沿中河東岸北至水亭址西端止約長六三〇〇呎
第10號　南自水亭址西端起沿中河東岸北至華光巷北端止約長四三〇〇呎
第11號　南自華光巷北端起沿中河東岸北至貢院街西端止約長三八〇〇呎
第12號　南自貢院街西端起沿中河東岸北至水星閣西北角止約長三四〇〇呎
第13號　西自平海路西端起經平海路東至華光巷北端止約長三二〇〇呎

第14號　西自華光巷北端起經薛衙前黃醋園巷東至工業學校東南角止約長五〇〇〇呎

乙　二等街道

第15號　西自陸軍同胞社西北角起經惠民巷東至水亭址西端止約長四五〇〇呎

第16號　西自水亭址西端起經水亭址板兒巷城站路東至城站止約長三六〇〇呎

第17號　西自大教場起經寶極觀巷東至貢院街西端止約長四六〇〇呎

第18號　西自貢院街西端起經文星巷東至機神廟東南角止約長五三〇〇呎

以上一等二等街道係城中最大幹路可通電車亦即分割市政區域之界路分爲清波湧金錢塘武林艮山慶春清泰鳳山八區區內街道爲三四五等路其起迄長度如下

丙　清波區

第A1號　西自長橋之南起經住宅區南邊東至環城幹道止約長一八〇〇呎

第A2號　西南自長橋之南起經往宅區之南部至環城幹道止約長二五〇〇呎

第A3號　西自外學士橋起經高德社東至天后宮止約長三〇〇〇呎

第A4號　西自天后宮起經城隍牌樓東至城隍牌樓東端止約長二三〇〇呎

第A5號　西自府前街直出經府前街外龍舌嘴東至西公廨西南角止約長三一〇〇呎

第A6號　西自西公廨西南角起經東都司巷大井巷起至望仙橋止約長二八〇〇呎

第A7號　南自天后宮起經城隍脚北至西公廨西南角止約長一六〇〇呎

第A8號　南自西公廨西南起北至衞生材料廠西北角止約長一〇〇〇呎

第A9號　南自鳳山門起經大學士牌樓北至察院前直街止約長三五〇〇呎

第A10號　經水師前直街約長一一〇〇呎

第A11號　經清河坊太平坊約長一五〇〇呎以上三等路

第A12號　清波門直街直出約長一二〇〇呎

第A13號　西自大井巷與后市街交角起經西河坊巷東至新宮橋止約長一二〇〇呎

第A14號　柳浪聞鶯之南約長七〇〇呎
第A15號　住宅區西邊沿湖濱新闢約長五六〇〇呎
第A16號　經陸官巷水溝巷約長一七〇〇呎
第A17號　運司河下之南段約長一〇〇〇呎
第A18號　南自東太平坊巷起北至十三灣巷止約長一〇〇〇呎以上四等路
第A19號　西自雲居山西南起經山背東至軍醫分院之南止約長九五〇呎
第A20號　西自軍醫分院之南起東至嚴官巷東端止約長二二五〇呎
第A21號　西自長橋之北起經住宅區南部東至環城幹道止約長一三五〇呎
第A22號　經太廟巷約長四五〇呎
第A23號　經察院前約長四五〇呎
第A24號　經十五奎巷約長一八〇〇呎
第A25號　自解神殿之南起經太歲廟之南至十五奎巷止約長一五〇〇呎

第A26號　經清波門直街及裏龍舌嘴約長一九〇〇呎
第A27號　與東太平巷正交約長四〇〇呎
第A28號　經高銀巷至三聖橋止約長一一〇〇呎
第A29號　經三元地約長三〇〇呎
第A30號　經太平坊巷約長五〇〇呎
第A31號　經錢王祠之北約長四〇〇呎
第A32號　縱貫住宅區約長四四〇〇呎
第A33號　經城隍山之西脚約長一三〇〇呎
第A34號　經孝子坊約長一二〇〇呎
第A35號　經荷花池頭約長八五〇呎
第A36號　南自蔡官巷起至府前街止約長一四〇〇呎
第A37號　南自花牌樓起經塔兒頭至道院巷止約長一二〇〇呎

第A38號　南自軍醫分院之南經山上至阮公祠止約長一九五〇呎
第A39號　南自阮公祠起北至司前街止約長一五五〇呎
第A40號　經舊藩署約長一〇〇〇呎
第A41號　經華光巷約長九五〇呎
第A42號　南自釘鞋巷南首轉灣起經釘鞋巷約長八五〇呎
第A43號　經大馬街約長一〇〇〇呎
第A44號　南自茶揪弄起經五奎衖北至大井巷止約長一四〇〇呎
第A45號　經上后市街約長九五〇呎
第A46號　經祠堂巷約長八〇〇呎
第A47號　經打銅巷及柳翠井巷南段約長一六〇〇呎以上五等路
丁　湧金區
第B1號　經興武路西段約長一一五〇呎

第B2號　西自興武路東段起東至西薦橋路止約長二〇〇〇呎
第B3號　經薦橋路在薦橋以西之一段約長六〇〇呎
第B4號　經迎紫路西段約長三五〇呎
第B5號　經迎紫路東段東至壽安坊巷約長一九五〇呎
第B6號　經豐樂橋直街在豐樂橋以西之一段約長五〇〇呎
第B7號　南自衞生材料廠之西北角起經紅門局之西至開市口止約長二〇〇〇呎
第B8號　南自延齡橋起經延齡路南段約長九五〇呎
第B9號　經延齡路北段約長一三五〇呎
第B10號　經保佑坊約長一五〇〇呎
第B11號　經三元坊至壽安坊南段約長一三〇〇呎
第B12號　南自壽安坊南段北經里仁坊止約長一四〇〇呎以上三等路
第B13號　經湧金門直街約長八五〇呎

第B14號　西自開市口直街起經三橋址東至羊壩頭西段止約長二一〇〇呎

第B15號　西自羊壩頭東段起東至柴垛橋止約長七五〇呎

第B16號　經將軍路約長一〇〇〇呎

第B17號　經慈幼路約長六〇〇呎

第B18號　自泗水路坊東段經積善坊巷約長一三〇〇呎

第B19號　西自日新橋起東至回回新橋至約長五五〇呎

第B20號　經花市路及鐵線巷約長二二〇〇呎

第B21號　西自里仁坊巷之東起東至大塔兒巷之西止約長五〇〇呎

第B22號　經仁和路西段約長五五〇呎

第B23號　經仁和路東段約長一五五〇呎

第B24號　南自花園橋之南起經運司河下北段及紫城巷北至興武路止約長二一〇五〇呎

第B25號　經柳營巷約長六五〇呎
第B26號　經東坡路南叚約長三五〇呎
第B27號　經吳山路南叚約長九五〇呎
第B28號　經吳山路中段約長一三五〇呎
第B29號　經板橋路南段約長三五〇呎
第B30號　南自興武橋起經河之西岸北至洪福橋止約長一五〇〇呎
第B31號　南自洪福橋起經河之西岸北至平海橋止約長八〇〇呎
第B32號　南自井亭橋起經河之東岸北至平海橋止約長一三五〇呎
第B33號　經火藥局衖約長一〇五〇呎
第B34號　經杭縣路南段約長一〇〇〇呎
第B35號　經杭縣路北段約長九〇〇呎
第B36號　拆通女子職業學校西邊約長六五〇呎

第B37號　經岳王路南叚約長四五〇呎以上四等路
第B38號　經提督衖約長四〇〇呎
第B39號　經甘澤坊巷約長三五〇呎
第B40號　西自甘澤坊巷直出經保佑橋東至貫橋止約長七五〇呎
第B41號　經横紫城巷約長四〇〇呎
第B42號　經横馬井巷約長七五〇呎
第B43號　經三元坊巷約長四五〇呎
第B44號　經水漾橋約長三〇〇呎
第B45號　經奉直會館北邊約長三〇〇呎
第B46號　經見仁里約長六五〇呎
第B47號　經東平巷約長六〇〇呎
第B48號　西自東平巷東端直出拆通至下缸兒巷止約長三〇〇呎

第B49號　經崔佳巷約長七〇〇呎

第B50號　經李博士橋約長三〇〇呎

第B51號　經飲馬井巷約長七五〇呎

第B52號　經三橋址河下約長一〇五〇呎

第B53號　經靈壽寺巷約長七〇〇呎

第B54號　經比勝廟巷約長六五〇呎

第B55號　經下后市街約長一一五〇呎

第B56號　經羊血街約長六〇〇呎

第B57號　南自柳翠井巷北段起經元福巷北至琵琶街止約長一四〇〇呎

第B58號　經上下缸兒巷約長一二五〇呎

第B59號　經枝頭巷約長一四〇〇呎以上五等路

戊　錢塘區

第C1號　西自陸軍監獄南邊起經大小車橋至錢塘路西段止約長一九〇〇呎
第C2號　經錢塘路東段至衆安橋止約長一八〇〇呎
第C3號　西自和合橋起經和合橋街至聯橋止約長六五〇呎
第C4號　經萬壽橋直街至响部前北端約長一九〇〇呎
第C5號　經孩兒巷約長二一〇〇呎
第C6號　經仙林寺巷約長七〇〇呎
第C7號　經延齡路北段約長一五五〇呎
第C8號　自南司街起經响部前約長一六〇〇呎
第C9號　南自响部前北頭直出至龍興橋止約長四五〇呎
第C10號　經弼教坊約長一四五〇呎
第C11號　經同春坊約長八〇〇呎
第C12號　自小厚前起經貫橋街止約長一五五〇呎以上三等路

第C13號　經學士路西段約長一〇〇〇呎
第C14號　經學士路東段至石貫子巷約長一八〇〇呎
第C15號　西自千勝橋起經宋高陶巷拆通東至司馬渡巷止約長五五〇呎
第C16號　經南浣紗路約長一五〇〇呎
第C17號　經北浣紗路約長二一五〇呎
第C18號　經長生路西段約長九五〇呎
第C19號　經長生路中段約長四〇〇呎
第C20號　經長生路東段約長一二五〇呎
第C21號　經竹竿巷約長一八〇〇呎
第C22號　經貫巷約長一一〇〇呎
第C23號　西自有玉橋起東至登雲橋止約長七五〇呎
第C24號　經白傳路約長五〇〇呎

第C25號　南自萬壽橋起經西大街南段北至教場橋止約長四〇〇呎
第C26號　經東坡路北段約長七〇〇呎
第C27號　經吳山路北段約長二五〇呎
第C28號　經板橋路約長五〇〇呎
第C29號　經孝女路約長九五〇呎
第C30號　經新開弄約長四〇〇呎
第C31號　經廣福營及麒麟街約長一七〇〇呎
第C32號　經西浣紗路北段約長一四五〇呎
第C33號　經東浣紗路北段約長五〇〇呎
第C34號　經岳王路北段約長一五〇〇呎以上四等路
第C35號　經上元寶街約長三〇〇呎
第C36號　經橫响部前約長六〇〇呎

第C37號　經橫廣福路約長五〇〇呎
第C38號　經太和巷約長四五〇呎
第C39號　經法輪寺巷約長三〇〇呎
第C40號　經橫堂子弄及穆家弄約長五五〇呎
第C41號　自白傅路北端拆通經模範監獄之西約長六〇〇呎
第C42號　大教場之東新闢約長一七〇〇呎
第C43號　南自大車橋起經喃部前北至萬壽橋止約長一一五〇呎
第C44號　經鳳凰街約長四五〇呎
第C45號　南自三支巷南叚起拆通至孩兒巷止約長七五〇呎
第C46號　拆通孩兒巷與貫巷之間約長五〇〇呎
第C47號　南自法輪寺巷南叚拆通至余官巷口止約長六〇〇呎
第C48　經永福寺巷約長九〇〇呎

第C49 經白澤廟巷約長六五〇呎
第C50 經荳腐弄約長六〇〇呎
第C51 經團子巷及延定巷約長一四〇〇呎
第C52 經楚妃巷約長七五〇呎
第C53 經軍督司巷約長七五〇呎
第C54 經普福弄及上焦營巷約長七五〇呎
第C65 經祖廟巷約長一三五〇呎
第C56 經廣興巷約長七五〇呎
第C57 南自廣興巷北出拆通北至王衙前之南止約長七五〇呎
第C58 經王衙前約長七五〇呎以上五等路

己 武林區

第D1號 經萬壽亭街西段約長一一二五〇呎

第D1號　經萬壽亭街東段約長一三五〇呎
第D2號　西自天水橋起沿河北岸東至梅東高橋止約長一四五〇呎
第D3號　自龍興橋起拆通至北倉橋約長二一〇〇呎
第D4號　南自北倉橋起拆通北接環城幹道止約長一四〇〇呎
第D5號　南自清遠橋起經天漢洲橋至天水橋止約長二〇〇〇呎
第D9號　天水橋直北約長一五〇〇呎以上三等路
第D7號　新闢乾元觀之北至雨宜亭約長一二五〇呎
第D8號　西自獅虎橋起東至文星閣止約長八〇〇呎
第D9號　經百井坊巷西段約長六〇〇呎
第D10號　經百井坊巷東段約長九五〇呎
第D11號　西自倉橋起東至平安橋止約長九五〇呎
第D12號　武林水門東出約長一一〇〇呎

第DI3號　西接DI2號東至慈雲庵之西止約長六五〇呎
第DI4號　西接DI3號東至小所橋北止約長七五〇呎
第DI5號　西接DI4號東至田家橋北止約長一二五〇呎
第DI6號　經西大街中段約長九〇〇呎
第DI7號　經西大街北段約長一四五〇呎
第DI8號　經王親巷約長八〇〇呎
第DI9號　經小打枝巷向北直出約長一二〇〇呎
第D20號　自菊皇庵之西向北約長六五〇呎
第D21號　南接D20號北至環城幹路約長七〇〇呎
第D22號　兜率院之北（與西大街成直角）約長七五〇呎
第D23號　經蔡家巷約長一二五〇呎
第D24號　經三佛殿前約長四五〇呎

第D25號　經砲台灣之東約長一〇五〇呎

第D26號　經戒壇寺之前約長九五〇呎

第D27號　經耶蘇堂街西段約長六〇〇呎

第D28號　經耶蘇堂街東段約長八五〇呎

第D29號　經大教場之東直北約長八五〇呎

第D30號　經乾元觀之東直北約長一一〇〇呎

第D31號　經鳳廷里約長三五〇呎

第D32號　經隆心巷約長四〇〇呎

第D33號　南自戒壇寺南出經戒壇寺拆通至戒壇寺巷北出止約長一八五〇呎

第D34號　自北倉橋之西起與北倉橋河下垂直約長七五〇呎

第D35號　接E34號約長六〇〇呎

第D36號　自北倉橋之東起與北倉橋河下垂直約長六五〇呎

第D37號　接D36號約長六五〇呎

第D38號　自小打枝巷之東起與小打枝巷平行約長一二〇〇呎

第D39號　南自天水橋之西起接D38號約長六五〇呎

第D40號　接D39號約長七五〇呎

第D41號　經小井頭巷約長九〇〇呎

第D42號　經余官巷約長八〇〇呎

第D43號　拆通余官巷北出約長六五〇呎

第D44號　經下焦營巷約長八〇〇呎

第D45號　經元壇弄約長九〇〇呎

第D46號　經胭脂橋直北約長七五〇呎

第D47號　接D46號約長八五〇呎

第D48號　經瑞壇巷約長八〇〇呎

第D49號　接D48號約長八〇〇呎
第D50號　拆通接D49號約長七〇〇呎
第D51號　接D50號約長八五〇呎以上五等路

庚　艮山區

第E1號　經第一師司令部及大操場之間約長一六〇〇呎
第E2號　經大倉前約長一一五〇呎
第E3號　經陳衙營東至環城幹路約長二二〇〇呎
第E4號　經大營前至大操場之東約長二〇〇〇呎
第E5號　經第一師司令部之東北接環城幹路約長一七〇〇呎
第E6號　經東街之一部約長一八〇〇呎
第E7號　南自東街之一部北至艮山門約長一八〇〇呎以上三等路
第E8號　西自小廟巷起向東拆通一段約長八〇〇呎

第E9號　經新橋弄約長六五〇呎
第E10號　經大營前約長八五〇呎
第E11號　經大衙巷向西拆通一段約長一二〇〇呎
第E12號　接E11號之東直出約長一〇五〇呎
第E13號　經慈孝庵之南約長四五〇呎
第E14號　接E13號約長五〇〇呎
第E15號　經永康巷約長一二〇〇呎
第E16號　接E15號約長八五〇呎
第E17號　經舊第一師範之東約長九五〇呎
第E18號　經大操場之西約長八〇〇呎
第E19號　經岳家灣約長七〇〇呎
第E20號　經青龍衙約長一〇〇〇呎

第E21號　經倉河下約長一〇〇〇呎

第E22號　經倉河下北頭直出約長七五〇呎

第E23號　經機神廟之西約長九五〇呎

第E24號　接E23號北頭約長九〇〇呎

第E25號　接E24號北頭約長一一〇〇呎

第E26號　接E25號北頭約長七〇〇呎以上四等路

第E27號　經奉化會館之南約長四五〇呎

第E28號　經所弄約長三五〇呎

第E29號　西自所弄起東至機神廟之西南角止約長一二〇〇呎

第E30號　接E29號約長一一〇〇呎

第E31'號　經文龍巷約長八〇〇呎

第E31號　經堂安弄約長三〇〇呎

第E32號　經堂安弄之東約長二五〇呎

第E33號　經東園巷約長一二〇〇呎

第E34號　接E33號約長一〇五〇呎

第E35號　經十五家衖約長八〇〇呎

第E36號　經東張御史巷約長八〇〇呎

第E37號　西自戴家弄起向東拆通約長一五〇〇呎

第E38號　經東嶽廟之南約長一〇五〇呎

第E49號　西自駱駝橋起東至李義菴之北止約長一一五〇呎

第E40號　接E39號約長九五〇呎

第E41號　經駱駝橋之北約長二五〇呎

第E42號　經御筆弄約長五〇〇呎

第E43號　經莫衙營約長一一五〇呎

第E44號　接E43號約長八五〇呎

第E45號　經頭營巷約長一二五〇呎

第E46號　接E45號約長八〇〇呎

第E47號　經奉化會館之東約長七〇〇呎

第E48號　經長道弄約長三五〇呎

第E49號　經王民巷約長六〇〇呎

第E50號　在東街之東與東街平行約長九〇〇呎

第E51號　接E50號之北端約長八五〇呎

第E52號　接E51號之北端約長一〇五〇呎

第E53號　接E52號之北端約長七〇〇呎

第E45號　與環城幹路平行約長九五〇呎

第E46號　接E54號之北端約長九〇〇呎

第E47號　接E55號之北端約長一一〇〇呎

第E48號　接E56號之北端約長七五〇呎以上五等路

辛　慶春區

第F1號　經聯橋街約長一三〇〇呎

第F2號　經菜市橋街約長一四〇〇呎

第F3號　經慶春門直街約長二二〇〇呎

第F4號　西自珠冠巷起拆通一段東至白蓮花寺止約長一三〇〇呎

第F5號　西自燕子弄起拆通一段東至知足亭之南止約長一四五〇呎

第F6號　新闢接E5號約長二三〇〇呎

第F7號　南自馬市巷北段起經肅儀巷約長一二〇〇呎

第F8號　經忠清巷及福聖巷南段約長一三〇〇呎

第F9號　南自福聖菴巷北段起經大東門直街約長一一五〇呎

第F10號　南自金洞橋北段起經普安街約長一三〇〇呎
第F11號　經東街南段約長一三〇〇呎
第F12號　經東街一段約長一二〇〇呎以上三等路
第F13號　與司馬渡巷垂直拆通一段約長五五〇呎
第F14號　經紫金觀之南約長四五〇呎
第F15號　經文福山人巷及馬所巷約長一〇〇〇呎
第F16號　經南瓦子弄約長七五〇呎
第F17號　經忠正巷約長五五〇呎
第F18號　經五福樓約長五五〇呎
第F19號　西自白井兒巷起向東拆通一段約長七五〇呎
第F20號　經王馬巷約長七〇〇呎
第F21號　西接F20號向東拆通一段至錦衣弄約長六五〇呎

第F22號　在慶春門直街之北而與之平行約長一一五〇呎
第F23號　接F22號約長八五呎
第F24號　新闢拆通東西兩段中經緯成公司之北約長六〇〇呎
第F25號　新闢拆通東西兩段中經同安弄約長七〇〇呎
第F26號　拆通西段經威乙巷約長八〇〇呎
第F27號　經毛坑弄拆通東段約長六五〇呎
第F28號　與東街垂直約長一三五〇呎
第F29號　接F28號之東端約長八五〇呎
第F30號　南自紫金冠巷起向北拆通約長一二〇〇呎
第F31號　南段拆通中經五福巷北至柳營巷南段約長一二五〇呎
第F32號　南自柳營巷北段起向北拆通約長一一五〇呎
第F33號　南自銀洞橋北段起經頭髮巷約長一二〇〇呎

第F34號　南自東清巷起經海獅溝約長一三〇〇呎
第F35號　經太平橋街約長一二〇〇呎
第F36號　南自工業學校之西南角起北至毛兒衖止約長一五五〇呎
第F37號　南自朱碧弄起新關向北約長一二〇〇呎
第F38號　接F37號約長九五〇呎以上四等路
第F39號　西自葉家弄起東至福緣菴之南止約長六五〇呎
第F40號　經田家園巷約長一〇五〇呎
第F41號　經天官弄約長三〇〇呎
第F42號　經四師司令部之南約長七〇〇呎
第F43號　經烏龍巷約長一〇五〇呎
第F44號　西段拆通一段中經臥霞巷一段約長三五〇呎
第F45號　經學官巷約長三〇〇呎

第F46號 經水陸寺巷西段約長二五〇呎

第F47號 西自三聖巷起東至菜市橋河下止約長七〇〇呎

第F48號 經趙聖廟巷約長三〇〇呎

第B49號 在慶春門直街之北與之平行約長一二五〇呎

第F50號 經長慶街西段約長五〇〇呎

第F51號 經長慶街東段約長七〇〇呎

第F52號 西自潮鳴寺巷起東至小天竺之南止約長一二〇〇呎

第F53號 接F52之東端約長九〇〇呎

第F54號 經池塘巷西段約長五五〇呎

第F55號 經池塘巷東段約長四五〇呎

第F56號 經雙眼井巷約長七五〇呎

第F57號 經太平橋弄約長三五〇呎

第F58號　西自花塘弄起東至砲兵一團五連之東南角止約長一三〇〇呎
第F59號　經武林鐵工廠之北約長八五〇呎
第F60號　經金郎中巷約長三〇〇呎
第F61號　經石板巷約長一一五〇呎
第F62號　在F61之東約長九〇〇呎
第F63號　經皇詰兒巷約長一三〇〇呎
第F64號　經七寶寺巷約長六五〇呎
第F65號　經小福清巷約長六五〇呎
第F66號　經皮市巷北叚約長一二〇〇呎
第F67號　經六克巷約長七〇〇呎
第F68號　經林司後南段約長五〇〇呎
第F69號　經林司後北段約長一〇五〇呎

第F70號　經阿彌陀佛弄北段約長四〇〇呎
第F71號　經大王巷約長四五〇呎
第F72號　經大王巷之北約長三〇〇呎
第F73號　南自百子巷起北至王馬巷止約長七五〇呎
第F74號　經燕子弄南段約長四五〇呎
第F75號　南自燕子弄北段起中段拆通北至孔聖廟巷止約長一一〇〇呎
第F76號　經遙祥寺巷南段約長四五〇呎
第F77號　經遙祥寺巷北段至孔聖廟巷止約長一一五〇呎
第F78號　經瓦子弄約長三五〇呎
第F79號　經花燈營約長七五〇呎
第F80號　經馬所巷南段約長四五〇呎
第F81號　南自馬所巷北段起經四條巷約長九〇〇呎

第F82號　經忠正巷約長五〇〇呎

第F83號　經蒲場巷北段約長一四〇〇呎

第F84號　接F83號北至潮鳴寺之東北角止約長一二五〇呎

第F85號　接F84號約長一二〇〇呎

第F86號　經四師軍樂連之東約長一〇五〇呎

第F87號　經刀茅巷之南段約長八〇〇呎

第F88號　經刀茅巷之中段約長六〇〇呎

第F89號　經刀茅巷之北段約長一二五〇呎　以上五等路

壬　清泰區

第G1號　經柴木巷約長九〇〇呎

第G2號　經薦橋直街約長一一〇〇呎

第G3號　經蕉棋杆約長一一五〇呎

第G4號　經清泰門直街約長一六〇〇呎
第G5號　經豐樂橋直街約長一一五〇呎
第G6號　經橫大方伯約長一二五〇呎
第G7號　西自葵巷起中經珍珠巷東至金衙莊止約長二一〇〇呎
第G8號　經佑聖觀巷南叚約長九五〇呎
第G9號　經佑聖觀巷北叚約長六〇〇呎
第G10號　南自豐禾巷起經金錢巷約長一三〇〇呎
第G11號　經馬市街之南叚約長一四〇〇呎
第G12號　經下板兒巷約長八五〇呎
第G13號　南自石牌樓起經小粉墻南叚約長一〇〇〇呎
第G14號　經小粉牆北叚及金洞橋南叚約長一四五〇呎以上三等路
第G15號　經管驛後約長三〇〇呎

第G16號　經安樂橋約長五〇〇呎
第G17號　經議會前約長一一五〇呎
第G18號　西自南板巷起經淳佑橋約長一一五〇呎
第G19號　經大塔兒巷向東拆通至馬市街止約長一三〇〇呎
第G20號　西自方谷園巷起東至蕭家弄止約長一二〇〇呎
第G21號　西自横河橋起經大河下東至環城幹路止約長二三五〇呎
第G22號　經淩木梳巷約長五五〇呎
第G23號　經高橋巷向北拆通至小塔兒巷口止約長一三〇〇呎
第G24號　經小塔兒巷向北拆通至薛衙前止約長一四〇〇呎
第G25號　經城頭巷約長一七〇〇呎
第G26號　經金芝麻巷至直大方伯南叚止約長一一〇〇呎
第G27號　南自直大方伯北叚起經銀洞橋南叚約長一四〇〇呎

第G28號　經羊市路約長九〇〇呎
第G29號　經上馬坡巷約長九五〇呎
第G30號　經下馬塍巷約長七五〇呎
第G31號　經軍械局之西約長五五〇呎以上四等路
第G32號　經荳腐三橋約長四五〇呎
第G33號　經九曲巷南頭轉灣約長二〇〇呎
第G34號　經靈芝路約長五五〇呎
第G35號　經毛家井頭義井巷約長四〇〇呎
第G36號　經狀元弄向東拆通約長五〇〇呎
第G37號　經潘衙弄約長三五〇呎
第G38號　經嚴衙弄約長五〇〇呎
第G39號　西自娘娘弄起向東拆通約長七五〇呎

第G40號　經小米巷約長四五〇呎
第G41號　經吉祥弄約長二五〇呎
第G42號　經鹽運使署之北約長七〇〇呎
第G43號　經高冠巷約長六五〇呎
第G44號　經小營巷約長一二〇〇呎
第G45號　經清吟巷約長四〇〇呎
第G46號　西自華藏寺巷起東至長冠弄止約長一二〇〇呎
第G47號　經楊凌芝巷約長四〇〇呎
第G48號　經寶善巷約長五五〇呎
第G49號　經忠孝巷至歡樂巷止約長一三〇〇呎
第G50號　南自三官巷起中經拆讓一段北至皇誥兒巷南段止約長一四〇〇呎
第G51號　經義井巷約長五五〇呎

第G52號　經茅廊巷約長四五〇呎

第G53號　經皮市巷南段約長一四〇〇呎

第G54號　經九曲巷約長四〇〇呎

第G55號　經瓦灰弄約長五五〇呎

第G56號　經金鎗板巷至銀鎗板巷約長九〇〇呎

第B57號　經阿彌陀佛弄南叚約長四五〇呎

第G58號　經道院巷約長五五〇呎

第G59號　經裏塘巷約長六五〇呎

第G60號　經許衙巷南叚約長三五〇呎

第G61號　經許衙巷北叚約長六五〇呎

第G62號　經新開弄約長八〇〇呎

第G63號　經長明寺巷約長八〇〇呎

第G64號　經裏橫河橋約長七五〇呎
第G65號　經蒲場巷南段約長五五〇呎
第G66號　經福緣路北段約長三五〇呎
第G67號　南自小米巷起北至珍珠巷止約長六〇〇呎
第G68號　經清泰大馬路約長九五〇呎
第G69號　經鐵路公園之西約長七〇〇呎以上五等路

癸　鳳山區

第H1號　西自舊撫前起經撫甯巷約長一三〇〇呎
第H2號　經望仙橋街約長九五〇呎
第H3號　經望江門直街約長六五〇呎
第H4號　自郭通園巷起經下羊市街約長一四五〇呎
第H5號　南自候潮門直街起經雄鎮樓北至車駕橋直街南段止約長二七〇〇呎

第H6號 南自車駕橋直街北段起經羊市街南段北至大獅子巷止約長一五五〇呎

第H7號 南自上板兒巷起經中板兒巷南段約長二〇五〇呎以上三等路

第H8號 經上倉橋約長一〇五〇呎

第H9號 經官井頭至五福弄約長八〇〇呎

第H10號 西自新宮橋起經宗陽宮前東至吉祥巷止約長一一五〇呎

第H11號 西首拆通一段中經西牌樓東至東牌樓止約長一一〇〇呎

第H12號 經保安橋直街約長八五〇呎

第H13號 經金釵袋巷約長一四〇〇呎

第H14號 經吉祥巷約長一九五〇呎

第H15號 經上羊市街北段約長五五〇呎

第H16號 經羊市街約長二一〇〇呎以上四等路

第H17號 經六部橋直街約長一〇〇〇呎

第H18號　經橫箭道巷約一〇〇〇呎
第H19號　經黃公廠街約長三五〇呎
第H20號　在車駕橋之北約長四〇〇呎
第H21號　經六聖堂至車駕橋止約長八〇〇呎
第H22號　西自過軍橋之南起東至保安橋之南止約長六〇〇呎
第H23號　經白芽巷約長三五〇呎
第H24號　經麻雀弄約長二五〇呎
第H25號　經茶店弄約長三〇〇呎
第H26號　西自舊撫署之北起經大菜園約長八〇〇呎
第H27號　經元寶街約長九〇〇呎
第H28號　經荳腐街約長七〇〇呎
第H29號　西首拆通一段經門富三橋約長五〇〇呎

第H30號　經長壽衖約長六五〇呎
第H31號　經財政廳之前約長三〇〇呎
第H32號　經門富二橋約長三〇〇呎
第H33號　經姚園寺巷約長一〇〇〇呎
第H34號　經師姑弄約長一五〇呎
第H35號　經金剛寺巷約長九五〇呎
第H36號　經福緣巷約長一〇〇〇呎
第H37號　經五聖堂約長四五〇呎
第H38號　經牛羊司巷長五五〇呎
第H39號　經百歲坊巷約長七〇〇呎
第H40號　經信餘里約長六〇〇呎
第H41號　南自崇甯閣起經梅花牌止約長一〇〇〇呎

第H42號　經斷河頭約長八〇〇呎

第H43號　南自演敎寺之東起北至四眼井止約長八〇〇呎

第H44號　經灰團巷約長六〇〇呎

第H45號　經福緣路南段約長三〇〇呎以上五等路

街道編號之說明　新擬各街名稱未定。爲便利查閱計。故採用編號之法。凡與同等之街相遇。或與上一等之街相遇。則易其號數。註於兩端。一等街道與二等街道。用1 2 3等字表之。各區內之三等四等五等街道。每區用一英文字母冠於號數之前。以相區別。編定各區街道。先及三等。次及四等。後及五等。同一等中。先編橫街(卽東西街)。由南而北數之。次編直街(卽南北街)。由西而東數之。

附杭州市已成馬路表

路名	起點	終點	長度(呎)	車道寬(呎)	人行道寬(呎)	擬定該路之等級	暫可毋庸改築之長度(呎)

★南山路	興武路	净寺	九三一〇	六〇 三〇	二〇 一〇	一等	三八〇〇
岳墳路	西泠橋堍	洪春橋	八〇九〇	三〇	一〇		
靈隱路	洪春橋	靈隱寺山門	六五六〇	三〇	一〇		
大營盤路	天水橋	大營盤	六四五〇	三〇			
白公路	聖塘閘	石塔兒頭	六三七〇	三〇	一〇		
松木塲路	石塔兒頭	松木塲	五七七六	三〇 二五	一〇		
★西大街路	風波橋	武林門	五三四三	三〇	一〇	四等	五三四三
薦橋路	三元坊	章家橋	四六五二	二〇	一〇		
★湖濱路	興武路西端	聖塘路南端	四二二八	六〇	二〇	一等	四二二八
★江墅路	三元坊 天水橋	官巷口 洗馬橋	四〇九〇	三〇	一〇	三等	四〇九〇
★延齡路	興武路	錢塘路	三九六〇	六〇	二〇	三等	三九六〇
★西浣沙路	興武路	錢塘路	三五八四	二八	一二	四等	三五八四

★豐樂路	東街路	壽安路	二九六〇	三〇	一〇	三等	二九六〇
★東浣沙路	興武路	長生路	二九〇〇	二八	一二	四等	二九〇〇
★平海路	弼敎坊	湖濱路	二五三〇	六〇	二〇	一等	二五三〇
★學士路	西浣沙路	湖濱路	二六二〇	二八	一二	四等	二六二〇
★興武路	三元坊	湖濱路南端	二五四六	二八	一二	三等	二五四六
★花市路	惠興路	湖濱路	二五四二	二八	一二	四等	二五四二
★板兒路	薦橋路	門富二橋	二五〇〇	三〇			
★北浣沙路	西浣紗路	風波橋	二二九〇	二八	一二	四等	二二九〇
蒲塲路	裏橫河橋	慶春路	二一七八	二〇			
★長生路	東浣紗路	湖濱路	二一四六	二八	一二	四等	二一四六
★仁和路	岳王路	湖濱路	二一一三	二八	一二	四等	二一一三
長明寺路	清泰路	裏橫河橋	二〇八〇	二〇			

北山路	聖塘閘	石塔兒頭	二〇八〇	二五			
★錢塘路	衆安橋	風波橋	二〇一〇	三〇	一〇	三等	二〇一〇
★南浣紗路	板橋路	風波橋	一九七六	二八	一二	四等	一九七六
★吳山路	興武路	平海路	一七〇八	二八	一二	四等	一七〇八
★迎紫路	惠興路南端	湖濱路	一六四四	六〇	二〇	三等	一六四四
佑聖觀路	梅花碑	薦橋路	一六〇五	二〇			
城頭巷路	三橋路西端	薦橋路	一五八一	二〇			
岳王路	仁和路	錢塘路東端	一五四九	二八	一二		
清泰路	清泰門直街	城站	一五〇〇	三〇	一〇		
聖塘路	湖濱路北端	聖塘閘	一二九八	二八	一二		
羊市路	羊市街北段	清泰路	一二八〇	三〇	一〇		
★東坡路	仁和路	南浣紗路	一二五七	二八	一二	四等	一二五七

福緣巷路	羊市路	板兒路	一〇八〇	二〇			
★杭縣路	興武路	迎紫路	一〇六六	二八	一二	四等	一〇六六
☆將軍路	延齡路	湖濱路	一〇三八	二八	一二	四等	一〇三八
★泗水芳路	杭縣路	吳山路	九九五	二八	一二	四等	九九五
★板橋路	仁和路	學士路	九九〇	二八	一二	四等	九九〇
★孝女路	學士路	錢塘路	九五〇	二八	一二	四等	九五〇
★東街路	薦橋路	葵巷口	九五〇	三〇	一〇	三等	九五〇
☆惠興路	迎紫路東端	仁和路	八三〇	二八	一二	四等	八三〇
馬街路	二橋路西端	三橋路西端	七七〇	二〇			
★許衙路	靈芝路四端	清泰路	七五一	二〇	一〇	五等	七五一
☆柳營路	興武路	湖濱路	六九三	二八	一二	四等	六九三
菩提寺路	平海路 長生路	南浣紗路 錢塘路	六四七	二八	一二		

城站路	許衙路	城站	六二〇	三〇	一〇		
慈幼路	西浣紗路	延齡路	五七三	二八	一二		
★壽安路	江墅路	惠興路南端	五七〇	三〇	一〇	三等	五七〇
福緣路	福緣巷路	靈芝路	五六六	二〇			
三橋路	板兒路	城頭巷路南端	五四八	二〇			
★白傅路	學士路	長生路	四九五	二八	一二	四等	四九五
二橋路	板兒路	馬衙路	四五二	二〇			
管驛後路	城頭巷路	佑聖觀路	四三七	二〇			
高冠路			三七五	一六			

備攷

一表中附有★號之各路其一段或全長之寬度較擬定經過該處之路線寬度爲大或所小無幾暫可毋庸改築者

二已成馬路總長一三二 七〇二呎（合二五・一哩）內中暫可毋庸改築之路屬於一等者長一〇五五八呎屬於三等者長一八 七三〇呎屬於四等者長三五 五三六呎屬於五等者長七五一呎

選擇路面材料及估計

杭州馬路晴則灰飛。雨則泥濘。似不及滬上遠甚。較良好之路面。固市民所要求者也。但市政幼稚。一切地下工程。皆未興建。此時若遽築上等路面。將來興建地下工程時。又須掘毀。損失過鉅。且經費困難。尤恐難期實現。況附近富產石料。擬卽建築黃沙石子路。或石塊路。以節經費。他日經費充裕。改良亦易。計第一等路共長七七八〇〇呎。除已築成一〇五五八呎不計外。須築六七二四二呎(合一一·八哩)。路寬八八呎。除二〇呎人行道。歸路傍業主建築不計外。須築車道寬六八呎。共計須築路面四五七二四五六平方呎。第二等路共長一八〇〇〇呎(合三·四哩)。路寬六六呎。除一八呎人行道外。須築車道寬四八呎。共計須築路面八六四〇〇〇平方呎。第三等路共長一二三四五〇呎。除已築成一八七三〇呎不計外。須築一〇四七二〇呎(合二〇哩)。路寬四四呎。除一六呎人行道不計外。須築車道寬二八呎。共計須築路面二九三二一六〇平方呎。第四等路共長一四三六五〇呎。除已築成三五五三六呎不計外。須築長一〇八一一四呎(合二〇·五哩)。路寬三六呎。除一二呎人行道不計外。須築車道寬二四呎。共計須築路面二五九四七三六平方呎。第五等路共長二〇〇〇〇〇呎（合三八哩）。路寬二六呎。除一〇呎人行道不計外。須築車道寬一六呎。共計須築路面三二〇〇〇〇〇平方呎。以上五等路。總長四九八〇七六呎。（合九四・七哩）。總車道面積一四一六三三五二平方呎。平均車道寬二八・四呎。若築黃沙石子路。須用石片費三九六三五〇元。石子費三三七七〇〇元。瓜子片費六九九二〇元。石粉費二〇二二五〇元。黃泥費一七一五五元。黃沙費二九六六五元。平土工費五〇八二〇元。路面工費二一八〇〇〇元。平側石費三五一〇一〇元。大窨井費五二〇七二元。小窨井費二五二一〇元。瓦筒管費三三一五六二元。共計需費二〇七一九一四元。（內中第一等路費五五四二二五元。第二等路費一一三二九〇元。第三等路費四二四一〇二二元。第四等路費三九六八七三元。第五等路費五八三四二〇元。）外加橋梁一百四十座。每座以二〇〇〇元計算。須洋二八〇〇〇〇元。路橋兩共需費二三五一九一四元。再加預備費一成。合計需費二五八七一〇五・四元。若築石塊路。需用石塊費五六〇八〇〇元。煤屑費一六九七六〇元。石片費二一九六五五〇元。平土工以下各費。與黃沙石子路中所列者同。共計需路費二〇七五七八四元。（內中第一等路費五五五七八五元。第二等路費一一三四八〇元。第三等路費四二四九二二元。第四等路費三九七三五三元。第五等路費五八四二四四元）外加橋梁費二八〇〇〇元。路橋兩共需費二三五五七八四元。再加預備費一成。合計需費二五九一三六二·四元。黃沙石子路與石塊煤屑路。以建築費而論。可謂相同。黃沙石子路較石塊煤屑路光平寂靜。而石塊煤屑路較黃沙石子路爲經久。養路費亦較省。且無晴則飛沙雨則濺泥之弊。兩者利害相權。似以石塊煤屑路爲較勝一籌也。（附估計表）

黃沙石子路估計表

類別	路別	車道寬（呎）	路長	舖厚（吋）	每方料價（元）	一〇〇平方呎路面所需之費（元）	一〇呎路長所需之費（元）	一哩路長所需之費（元）	全路長所需之費（元）	共計（元）
石片	一等	六八	六七 二四二呎 一二、八哩	八	四、一八	二、七九四	一九、〇〇	一〇 〇四〇	一二八 〇〇〇	三九六 三五〇
	二等	四八	一六 〇〇〇呎 三、四哩	八	四、一八	仝上	一三、四一	七 一〇〇	二四 一五〇	
	三等	二八	一〇四 七三〇呎 二〇、〇哩	八	四、一八	仝上	七、八二	四 一三〇	八三 〇〇〇	
	四等	二四	一〇八 一一四呎 二〇、五哩	八	四、一八	仝上	六、七〇五	三 六〇〇	七三 八〇〇	
	五等	一六	二〇〇 〇〇〇呎 三八、〇哩	八	四、一八	仝上	四、四七	二 三六〇	八九 四〇〇	
石子	一等	六八	仝石片欄	六	四、六三	二、三二一	一五、七三	八 二九〇	一〇六 〇〇〇	三二七 七〇〇
	二等	四八		六	四、六三	仝上	一一、一〇	五 八六〇	一九 九〇〇	
	三等	二八		六	四、六三	仝上	六、四七	三 四一〇	六七 八〇〇	
	四等	二四		六	四、六三	仝上	五、五三	二 九二〇	六〇 〇〇〇	
	五等	一六		六	四、六三	仝上	三、七〇	一 九五五	七四 〇〇〇	

類別	路別	車道寬（呎）	路長	舖厚（吋）	每方料價（元）	一〇〇平方呎路面所需之費（元）	一〇呎路長所需之費（元）	一哩路長所需之費（元）	全路長所需之費（元）	共計（元）
瓜子片	一等	六八	六七 二四二呎 一三、八哩	一	五、九四	〇、四九五	三、三六	一 七七五	二三 七〇〇	七〇 一三〇
	二等	四八	一八 〇〇〇呎 三、四哩	一	仝上	仝上	二、三七五	一 二五三	四 二七〇	
	三等	二八	一〇四 七三〇呎 二〇、〇哩	一	仝上	仝上	一、三八二	七三〇	一四 五〇〇	
	四等	二四	一〇八 二二四呎 二〇、五哩	一	仝上	仝上	一、一八七	六二七	一三 八三〇	
	五等	一六	二〇〇 〇〇〇呎 三八、〇哩	一	仝上	仝上	〇、七九一	四一七	一五 八二〇	
石粉	一等	仝瓜子片欄	仝瓜子片欄	二	八、三六	一、四三	九、七一	五 一三〇	六五 三〇〇	二〇三 二五〇
	二等			二	仝上	仝上	六、八五	三 六三〇	一三 三五〇	
	三等			二	仝上	仝上	四、〇〇	二 一一〇	四一 九〇〇	
	四等			二	仝上	仝上	三、四三	一 八一五	三七 一〇〇	
	五等			二	仝上	仝上	二、二八	一 二〇五	四五 六〇〇	

類別	路別	車道寬(呎)	路長	舖厚(吋)	每方料價(元)	一〇〇平方呎路面所需之費(元)	一〇呎路長所需之費(元)	一哩路長所需之費(元)	全路長所需之費(元)	共計(元)
黃泥	一等	六八	六七，二四三呎 一二、八哩	〇、五	二、八六	〇、一三	〇、八二三	四三五	五，五四〇	一七，一五五
	二等	四八	一八，〇〇〇呎 三、四哩	〇、五	仝上	仝上	〇、五八	三〇六	一，〇四五	
	三等	二八	一〇四，七二〇呎 二〇、〇哩	〇、五	仝上	仝上	〇、三三八	一七九	三，五五〇	
	四等	二四	一〇八，一一四呎 二〇、五哩	〇、五	仝上	仝上	〇、二九〇	一五四	三，一五〇	
	五等	一六	二〇〇，〇〇〇呎 三八哩	〇、五	仝上	仝上	〇、一九三五	一〇二	三，八七〇	
黃沙	一等	仝黃泥欄	仝黃泥欄	〇、五	四、八四	〇、二〇九	一、四二三	七五一	九，六〇〇	二九，六六五
	二等			〇、五	仝上	仝上	一、〇〇四	五三〇	一，八〇五	
	三等			〇、五	仝上	仝上	〇、五八五	三〇八	六，一三〇	
	四等			〇、五	仝上	仝上	〇、五〇二	二六五	五，四四〇	
	五等			〇、五	仝上	仝上	〇、三三五	一七七	六，六九〇	

類別	路別	車道寬（呎）	路長	一〇〇平方呎路面所需之費（元）	一〇呎路長所需之費（元）	一哩路長所需之費（元）	全路長所需之費（元）	共計（元）
平土工	一等	六八	六七 二四二呎 一二、八哩	〇、三三	二、二四	一 一八五	一五 一二〇	五〇 八二〇
	二等	四八	一八 〇〇〇呎 三、四哩	仝上	一、五八二	八三七	二 八五〇	
	三等	二八	一〇四 七二〇呎 二〇、〇哩	仝上	〇、九二四	四八七	九 七〇〇	
	四等	二四	一〇八 一二四呎 二〇、五哩	仝上	〇、七九一	四一八	八 五九〇	
	五等	一六	三〇〇 〇〇〇呎 三八哩	仝上	〇、五三八	二七八	一四 五六〇	
路面工	一等	仝平土工欄	仝平土工欄	一、五四	一〇、四六	五 五二〇	七〇 四〇〇	二一八 〇〇〇
	二等			仝上	七、三九	三 九〇〇	一三 三〇〇	
	三等			仝上	四、三一	二 二七〇	四五 一〇〇	
	四等			仝上	三、六九	一 九四五	四〇 〇〇〇	
	五等			仝上	二、四六	一 三〇〇	四九 二〇〇	

類別		路別	路長	每丈價目（元）	一〇呎路長所需之費（元）	一哩路長所需之費（元）	全路長所需之費（元）	共計（元）
平側石	料	一等	六七 三四三呎	一、三二	五、二八	二 七八〇	三五 六〇〇	四七 四五〇
	工		一二、八哩	〇、四四	一、七六	九三〇	一一 八五〇	
	料	二等	一八 〇〇〇呎	一、三二	五、二八	二 七八〇	九 五二〇	一二 六八〇
	工		三、四哩	〇、四四	一、七六	九三〇	三 一七〇	
	料	三等	一〇四 七三〇呎	一、三二	五、二八	二 七八〇	五五 四〇〇	七三 八三〇
	工		二〇、〇哩	〇、四四	一、七六	九三〇	一八 四三〇	
	料	四等	一〇八 一一四呎	一、三二	五、二八	二 七八〇	五七 二〇〇	七六 二六〇
	工		二〇、五哩	〇、四四	一、七六	九三〇	一九 〇六〇	
	料	五等	二〇〇 〇〇〇呎	一、三二	五、二八	二、七八〇	一〇五 六〇〇	一四〇 八〇〇
	工		三八、〇哩	〇、四四	一、七六	九三〇	三五 二〇〇	
共計								一 三五一 〇一〇

類別	路別		路長	每個價目(元)	一〇呎路長所需之費(元)	一哩路長所需之費(元)	全路長所需之費(元)	共計(元)
大	一等	料	六七 二四三呎	八、八	〇、八八	四六五	五 九二〇	
		工	一二、八哩	一、六五	〇、一六五	八七	一 一一〇	
							七 〇三〇	
	二等	料	一八 〇〇〇呎	八、八	〇、八八	四六五	一 五八二	
		工	三、四哩	一、六五	〇、一六五	八七	二九六	
							一 八七八	
簪	三等	料	一〇四 七二〇呎	八、八	〇、八八	四六五	九 三三〇	
		工	二〇、〇哩	一、六五	〇、一六五	八七	一 七二七	
							一〇 九四七	
井	四等	料	一〇八 二四〇呎	八、八	〇、八八	四六五	九 五三〇	
		工	二〇、五哩	一、六五	〇、一六五	八七	一 七八七	
							一一 三一七	
	五等	料	二〇〇 〇〇〇呎	八、八	〇、八八	四六五	一七 六〇〇	
		工	三八、〇哩	一、六五	〇、一六五	八七	三、三〇〇	
							二〇 九〇〇	
								五二 〇七二

類別		路別	路長	每個價目（元）	一〇呎路長所需之費（元）	一哩路長所需之費（元）	全路長所需之費（元）	共計（元）
小窨井	料	一等	六七 二四三呎	四、四	〇、四四	二三二	二 九六〇	三 四〇五
	工		一二、八哩	〇、六六	〇、〇六六	三四、八	四四五	
	料	二等	一八 〇〇〇呎	四、四	〇、四四	二三二	七九一	九一〇
	工		三、四哩	〇、六六	〇、〇六六	三四、八	一一九	
	料	三等	一〇四 七二〇呎	四、四	〇、四四	二三二	四 六一〇	五 三〇〇
	工		二〇、〇哩	〇、六六	〇、〇六六	三四、八	六九〇	
	料	四等	一〇八 一二四呎	四、四	〇、四四	二三二	四 七六〇	五 四七五
	工		二〇、五哩	〇、六六	〇、〇六六	三四、八	七一五	
	料	五等	二〇〇 〇〇〇呎	四、四	〇、四四	二三二	八 八〇〇	一〇 一二〇
	工		三八、〇哩	〇、六六	〇、〇六六	三四、八	一 三二〇	
								二五 二一〇

類別			路別	車道寬	路長	每個價目（元）	一〇呎路長所需之費（元）	一哩路長所需之費（元）	全路長所需之費（元）	共計（元）
瓦筒管	十六吋徑（直鋪）	料	一等	六八	六七 二四二呎 一三、八哩	一、四三	七、一五	三 七七〇	四八 一〇〇	五四 〇二〇	三三一 五六二
		工				〇、一七六	〇、八八	四六五	五 九二〇		
	九吋徑（橫鋪）	料				〇、七七	三、六二	一 三八五	一七 六五〇	一九 六六〇	
		工				〇、〇八八	〇、二九九	一五八	二 〇一〇		
	十六吋徑（直鋪）	料	二等	四八	一六 〇〇〇呎 三、四哩	一、四三	七、一五	三 七七〇	一二 八七〇	一四 四五一	
		工				〇、一七六	〇、八八	四六五	一 五八一		
	九吋徑（橫鋪）	料				〇、七七	一、八五	九七五	三 三三〇	三 七〇一	
		工				〇、〇八八	〇、二三一	一二二	三七一		
	十二吋徑（直鋪）	料	三等	二八	一〇四 七二〇呎	〇、八八	四、四	二 三三五	四六 一〇〇	五三 〇一〇	
		工				〇、一三三	〇、六六	三四八	六 九一〇		

類別			路別	車道寬(呎)	路長	每個價目(元)	一〇呎路長所需之費(元)	一哩路長所需之費(元)	全路長所需之費(元)		共計(元)
瓦筒管	六吋徑(橫鋪)	料	三等	二八	三〇、〇哩	〇、六六	〇、九二五	四八七	九 七〇〇	一〇 三四五	三三一 五六三
		工				〇、〇四四	〇、〇六一六	三二、五	六四五		
	十二吋徑(直鋪)	料	四等	二四	一〇八 二一四呎	〇、八八	四、四	二 三三五	四七 六〇〇	五四 七五〇	
		工				〇、一三三	〇、六六	三四八	七 一五〇		
	六吋徑(橫鋪)	料			二〇、五哩	〇、六六	〇、七九一	四一八	八 五九〇	九 一六一	
		工				〇、〇四四	〇、〇五二八	二七、八	五七一		
	十二吋徑(直鋪)	料	五等	一六	三〇〇 〇〇〇呎	〇、八八	四、四	二 三三五	八八 〇〇〇	一〇一 三〇〇	
		工				〇、一三三	〇、六六	三四八	一三 三〇〇		
	六吋徑(橫鋪)	料			三八、〇哩	〇、六六	〇、五二八	二七八	一〇 五六〇	一一 二六四	
		工				〇、〇四四	〇、〇三五二	一八、六	七〇四		

黃沙石子路總估計表

類別＼路別	第一等路	第二等路	第三等路	第四等路	第五等路	總計（元）
石片	一二八 〇〇〇	二四 一五〇	八二 〇〇〇	七二 八〇〇	八九 四〇〇	三九六 三五〇
石子	一〇六 〇〇〇	一九 九〇〇	六七 八〇〇	六〇 〇〇〇	七四 〇〇〇	三二七 七〇〇
瓜子片	三三 七〇〇	四 二七〇	一四 五〇〇	二三 八三〇	一五 八二〇	七〇 一二〇
石粉	六五 三〇〇	一三 五五〇	四一 九〇〇	三七 一〇〇	四五 六〇〇	二〇二 二五〇
黃泥	五 五四〇	一 〇四五	三 五五〇	三 一五〇	三 八七〇	一七 一五五
黃沙	九 六〇〇	一 八〇五	六 一三〇	五 四四〇	六 六九〇	二九 六六五
平土工	一五 一二〇	二 八五〇	九 七〇〇	八 五九〇	一四 五六〇	五〇 八二〇
路面工	七〇 四〇〇	一三 三〇〇	四五 一〇〇	四〇 〇〇〇	四九 二〇〇	二一八 〇〇〇
平側石	四七 四五〇	一三 六八〇	七三 八二〇	七六 二六〇	一四〇 八〇〇	三三一 〇一〇
大井	七 〇三〇	一 八七八	一〇 九四七	一一 三一七	二〇 九〇〇	五三 〇七二
小井	三 四〇五	九二〇	五 三一〇	五 四七五	一〇 一二〇	二五 二一〇
瓦筒管	七三 六八〇	一八 一五二	六三 三五五	六三 九一一	一一三 四六四	三三一 五六二
總計	五五四 三三五	一二三 三九〇	四二四 一〇二	三九六 八七三	五八三 四二四	二〇七一 九一四

備攷

以上五等路建築費共計二〇七一 九一四元加一四〇座橋梁建築費二八〇 〇〇〇元

兩共需費二 三五一 九一四元再加預備費一成合計共需費二 五八七 一〇五、四元

石塊路估計表

類別	路別	車道寬（呎）	路長	舖厚	每方料價（元）	一〇〇平方呎路面所需之費（元）	一〇呎路長所需之費（元）	一哩路長所需之費（元）	全路長所需之費（元）	共計（元）
石塊	一等	六八	六七 三四二呎 一二、八哩	〇、四呎	九、九	三、九六	二六、九	一四 二〇〇	一八一 四〇〇	五六〇 八〇〇
	二等	四八	一八 〇〇〇呎 三、四哩	〇、四呎	九、九	三、九六	一九、〇	一〇 〇二〇	三四 一〇〇	
	三等	二八	一〇四 七三〇呎 二〇、〇哩	〇、四呎	九、九	三、九六	一一、〇六	五 八五〇	一一六 〇〇〇	
	四等	二四	一〇八 一二四呎 二〇、五哩	〇、四呎	九、九	三、九六	九、五	五 〇二〇	一〇二 七〇〇	
	五等	一六	二〇〇 〇〇〇呎 三八、〇哩	〇、四呎	九、九	三、九六	六、三三	三 三四〇	一二六 六〇〇	
煤屑	一等	六八	六七 三四二呎 一二、八哩	六吋	二、六八	一、三四	九、一一	四 八二〇	六一 三〇〇	一九九 七六〇
	二等	四八	一八 〇〇〇呎 三、四哩	六吋	二、六八	一、三四	六、四三	三 三九〇	一一 五六〇	
	三等	二八	一〇四 七三〇呎 二〇、〇哩	六吋	二、六八	一、三四	三、七五	一 九八〇	三九 三〇〇	
	四等	二四	一〇八 一二四呎 二〇、五哩	六吋	二、六八	一、三四	三、二二	一 七〇〇	三四 八〇〇	
	五等	一六	二〇〇 〇〇〇呎 三八、〇哩	六吋	二、六八	一、三四	二、一四	一 一三四	四二 八〇〇	

類別	路別	車道寬（呎）	路長	舖厚	每方料價（元）	一〇〇平方呎路面所需之費（元）	一〇呎路長所需之費（元）	一哩路長所需之費（元）	全路長所需之費（元）	共計（元）
石片	一等	六八	六七 二四三呎 一二、八哩	六	四、一八	三、〇九	一四、二三	七 五二〇	九六 〇〇〇	二九六 五四〇
	二等	四八	一八 〇〇〇呎 三、四哩	六	四、一八	三、〇九	一〇、〇四	五 三〇〇	一八 〇四〇	
	三等	二八	一〇四 七二〇呎 二〇、〇哩	六	四、一八	三、〇九	五、八六	三 一〇〇	六一 四〇〇	
	四等	二四	一〇八 二二四呎 二〇、五哩	六	四、一八	三、〇九	五、〇三	二 六六〇	五四 三〇〇	
	五等	一六	二〇〇 〇〇〇呎 三八、〇哩	六	四、一八	三、〇九	三、三四	一 七六六	六六 八〇〇	
備考	平士工路面工平側石大井小井瓦筒管等費與石子煤屑路估計表中所列者同									

石塊煤屑路總估計表

類別＼路別	第一等路	第二等路	第三等路	第四等路	第五等路	總計（元）	備考
石塊	一八一 四〇〇	三四 一〇〇	一二六 〇〇〇	一〇二 七〇〇	一三六 六〇〇	五六〇 八〇〇	以上五等路建築費共計二〇七五七八四元加一四〇座橋梁建築費二八〇〇〇〇元兩共需費二三五五七八四元再加預備費一成合計共需費二五九一三六二・四元
煤屑	六一 三〇〇	二一 五六〇	三九 三〇〇	三四 八〇〇	四二 八〇〇	一九九 七六〇	
石片	九六 〇〇〇	一八 〇五〇	六一 四〇〇	五四 三〇〇	六六 八〇〇	二九六 五五〇	
平土工	一五 一二〇	二 八五〇	九 七〇〇	八 五九〇	一四 五六〇	五〇 八二〇	
路面工	七〇 四〇〇	一三 三〇〇	四五 一〇〇	四〇 〇〇〇	四九 三〇〇	二一八 〇〇〇	
平側石	四七 四五〇	一三 六八〇	七三 八二〇	七六 二六〇	一四〇 八〇〇	三五一 〇一〇	
大井	七 〇二〇	一 八七八	一〇 九四七	一一 三一七	二〇 九〇〇	五二 〇六二	
小井	三 四〇五	九一〇	五 三一〇	五 四七五	一〇 一二〇	二五 二二〇	
瓦筒管	七三 六八〇	一八 一五二	六三 三五五	六三 九二一	一一三 四六四	三三一 五六二	
總計	五五五 七八五	一二三 四八〇	四二四 九三二	三九七 三五三	五八四 二四四	二〇七五七八四	

附註一　表中所列工料費。係採用建築南山路之過去價目加高一成計算。大約與現價相同。將來生活程度加高。恐工料費仍須加大。籌劃經費時不可忽也。

附註二　大井小井分設街道兩旁。每百呎一個。兩兩相對。兩大井間直鋪十八吋徑或九吋徑之瓦筒管。以溝通之。大井與小井間橫鋪十二吋或六吋徑之瓦筒管以溝通之。

經費

總計以上五等路線。共長九十四哩七。完全建築黃沙石子路。路橋兩項。共需費二百五十八萬七千一百零五元四角。完全建築石塊煤屑路。路橋兩項共需費二百五十九萬一千三百六十二元四角。簡言之。建築黃沙石子路或石塊煤屑路。各需路橋費二百六十萬元。除原有路面石板約可抵償一成經費及工程監督測量事務等費不計外。凈需費用二百三十四萬元。設分五年建築。每年應籌經費四十六萬八千元。即分六年建築。每年應籌三十九萬元。分八年建築。每年應籌二十九萬二千五百元。分十年建築。每年應籌二十三萬四千元。按杭城人力車。不難發達至四千輛。每輛月捐以三元計。每月可得一萬二千元。又房捐若普及住屋。每月可得二萬元以上。共計每月可得三萬二千元之譜。若指定車房兩捐爲修治街道經費。實行徵收。是全部路線。可期於六年之內竣工也。萬一不能籌得此數。卽分作八年十年建築。亦無不可。惟馬路早一日成功。卽市民早享一日利益。完工年限。總以愈短爲妙。修治街道。卽費巨欵。不可視爲靡費。不特地價增漲。對於兩旁業主利益可見。且利便交通。改善衞生。種種無形之利益。尤不可數計。至沿路地畝最近者享利最大。稍遠者次之。更遠者又次之。拆讓費一層。自應歸兩旁業主。按其利益之大小。分別責成擔任。庶幾損失利益。兩得其平。且足爲市民贊助市政進行之表示也。當茲腥羶滌蕩。民治發揚。革命成功。繼以建設。覘國將於焉視吾政府吾民衆之能力。則名都勝地之改善與布置。國利民福所繫。豈容或緩。世大疆士等桑梓服務。司職工程。數月以來。迫於時勢。愧無建樹。差幸計劃粗具。又值革新之會。用敢陳述於吾政府吾民衆之前。尙望我政府主持提倡於上。市民協助監督於下。戮力同心。共成大業。行見康衢坦蕩。佳樹鬱葱。車馬喧闐。工商發達。方之歐美名都。而無愧色。則私心所頌禱者也。

附註　全城水平測量尙待興辦。故窨溝制及街道坡度。暫付缺如。

中華民國十六年二月　杭州市工程局

坐辦　韓彊士

會辦　徐世大　擬訂

技士　何之泰

杭州市區設計圖

趙秋帆 繪

杭州市區街道圖

民國三十五年（1946）绘制

國家圖書館出版社簡介

國家圖書館出版社，原名書目文獻出版社，一九七九年成立。一九九六年更名為北京圖書館出版社，二〇〇八年改為現名。

本社是文化部主管、國家圖書館主辦的中央級出版社。二〇〇九年八月新聞出版總署首次經營性圖書出版單位等級評估定為一級出版社，並授予『全國百佳出版單位』稱號。

建社三十年來，依託國家圖書館的豐富館藏，並與各圖書館密切合作，形成了兩大專業出版特色：一是編輯出版圖書館學和資訊管理科學著譯作，出版各種書目索引等中文工具書。二是整理影印中文古籍等各種稀見歷史文獻；此外還編輯出版各種文史著作和傳統文化普及讀物。

國家圖書館出版社設有社長總編辦公室、財務部、營銷策劃部、古籍影印編輯室、圖書館學情報學編輯室、綜合編輯室、文史編輯室、中華再造善本編輯室、發行部、儲運部等部門。